U0532301

国家社会科学基金重大项目
"突发重大公共卫生事件防控的法治体系研究"的阶段性成果
（项目批准号：20&ZD188）

中国医院
法律问题研究

周秀龙 著

中国社会科学出版社

图书在版编目（CIP）数据

中国医院法律问题研究／周秀龙著 .—北京：中国社会科学出版社，2024.4
ISBN 978-7-5227-3403-3

Ⅰ.①中… Ⅱ.①周… Ⅲ.①医药卫生管理—法规—研究—中国 Ⅳ.①D922.164

中国国家版本馆 CIP 数据核字（2024）第 073742 号

出 版 人	赵剑英
责任编辑	孔继萍
责任校对	赵雪姣
责任印制	郝美娜

出　　版	中国社会科学出版社
社　　址	北京鼓楼西大街甲 158 号
邮　　编	100720
网　　址	http://www.csspw.cn
发 行 部	010-84083685
门 市 部	010-84029450
经　　销	新华书店及其他书店

印　　刷	北京君升印刷有限公司
装　　订	廊坊市广阳区广增装订厂
版　　次	2024 年 4 月第 1 版
印　　次	2024 年 4 月第 1 次印刷

开　　本	710×1000　1/16
印　　张	31.25
字　　数	482 千字
定　　价	178.00 元

凡购买中国社会科学出版社图书，如有质量问题请与本社营销中心联系调换
电话：010-84083683
版权所有　侵权必究

主　　编：周秀龙
副 主 编：岳　伟　郭金贵　陈　欣　李　超
编　　委：左　妍　夏　彬　周　娟　韩耀东
　　　　　张临正　王正伟　赵翰卿　骆　达
　　　　　王　茜　常可盈　杜　汋　李文飞
　　　　　费忠利　刘　甫
医学顾问：张大宁（中医）　　明　东（管理）
　　　　　孙大强（管理）　　胡海龙（泌尿外）
　　　　　张西波（肝胆胰）　赵路军（肿瘤）
　　　　　徐　茜（产科）　　张志广（消化内）
　　　　　孙晓叶（移植内科）
　　　　　王兴强（移植外科）
　　　　　王耀光（中医）　　袁红霞（中医）
　　　　　张　楠（胃肠外）　郑向前（甲状腺）
　　　　　李曦铭（心内）　　尹朝晖（肛肠外）
　　　　　姚庆君（整形）　　徐鹏程（肾病）
　　　　　史晓峰（急诊）　　景成伟（骨科）
　　　　　井万里（骨科）　　李建平（血液）
　　　　　周　方（胸外）　　史可梅（疼痛）
　　　　　徐燕颖（妇科）　　柯屹峰（眼科）
法学顾问：才　华　蒋宏建　郝山涛　陆　岩
　　　　　宋华琳

序 一

我从事中医药工作60余年，主要致力于中医肾病临床及科研工作。"杏林春暖""誉满杏林"等词语，一方面用来称颂医家的高尚品质，另一方面要求医者需要有精良医术。在中国几千年的文化中，医患关系一直处于比较稳定的状态，正如古籍中记载："有张子求疗背疾，谓之曰：非吾背，任君治之。询医之即愈，必有所委，然后能有所任也。"古代的医家与患者之间，为了治愈疾病、恢复健康这一共同目标，在医疗过程中相互信任、积极配合。

到了近代，治疗疾病"机械化"、医患交往"商业化"、医患信息"不对称化"、医患要求"多元化"、医患道德"参差化"、疾病的"复杂化"、医学的"局限化"、社会舆论"偏激化"等问题，导致医患关系异常紧张。在天津，近些年就发生了3起严重"暴力伤医"案件，这些都严重损害了从医者的工作热情。我的不少同事、学生、朋友也曾遭遇过不少纠纷，有的还被患者告到了法院。

受专业壁垒的限制，我们只能用提升医德和提高医术来减少医患纠纷的发生。我和我的学生们都深感我国现在没有一本系统介绍医院法律问题的专著，也没有从医院和医生视角解读医患纠纷的专业书籍。所以，周秀龙博士这本《中国医院法律问题研究》的专著摆在我的面前，并希望我能够为这本专著撰写序言，我欣然同意。

本书按照三甲医院科室的编排方式：外科、内科、妇产科、儿科等，同时，还涉及月子会所、养老机构、整形美容、中医养生等大健康领域。此外，还系统总结了医院劳动人事争议、科室综合管理及常用法律文书模板，这对于医院管理者而言，尤为重要。难能可贵的是，周博士不仅在理论方面有较深的造诣，还是一名兼职律师，下编的有关纠纷还是其本人和律师团队代理的，以实际行动维护医院和医生的合法权益。

"但愿世间人无病，何惜架上药生尘"，这是为医者追求的最高境界。虽然本书的出发点是为了解决纠纷、保护医院和医生的合法权益，但本人更希望医患关系更加和谐，医院管理更加科学，病人更加健康，健康中国早日实现。

是为序！

张大宁

"国医大师"、国际欧亚科学院院士
天津市中医药研究院名誉院长
"张大宁星"命名者
2022年5月于天津

序 二

　　我国卫生法体系目前已具雏形，已颁布《基本医疗卫生与健康促进法》《医师法》《药品管理法》《疫苗管理法》等法律，但卫生法领域依然存在法律制度不健全、法律制度不衔接、制度滞后或虚置、配套法律制度不完备等问题。卫生法研究关系公众健康福祉，关系生命安全，关系社会稳定与可持续发展，关系相关产业竞争力，是一门具有很强学理性和实践性，但缺少太多深入、务实研究的领域。

　　法学界已有研究多为围绕传统法学学科、传统法学问题展开的研究，卫生法的学术研究成果相对较为寂寥，相关高质量、体系性的成果并不多见。我国目前法学研究多以学科为导向，而较少以现实问题为导向，卫生法领域的高质量法治理论成果与应用成果都不多见，这既是当前研究要面对的现状，也是开展相关研究的应用价值和社会意义所在。

　　法学研究并非阳春白雪之学，也不是象牙塔里自娱自乐的学问。卫生法研究要直面医疗活动实践，关注医疗活动给法律提出的挑战。我们要立足社会这个"实验室"。我们的潮流或许不应是崇拜"高深"，而是秉承"研究真实世界"的质朴手法，去关注真实世界中的卫生法课题。

　　在问题具有综合性、交叉性、应用性的情况下，不如暂时抛却体系化的思维，转而对问题进行彻底性的研究，这有助于加厚卫生法的研究，使得研究更加"接地气"，使得卫生法研究可以更好地回应中国现实。而周秀龙博士这部《中国医院法律问题研究》的专著，站在医疗机构、医护人员的立场，直面我国医院管理、医务活动中的真实问题，通过梳理我国现行医疗法律制度的实态，分析我国现行医疗纠纷的实际类型，整理医疗管理常用法律文书范本，对在医务活动中防范法律风险，提升医疗机构法治化水平，都大有裨益。

特别需要指出，医护人员合法权益的保障在我国法律领域尚属空白。对于医院管理中如何规避法律风险，之前尚缺少较为体系化的整理。周秀龙博士针对医疗机构不同的医疗活动，针对不同的疾病谱，针对不同的科室，以实例为基础，综合利用民法、刑法、行政法等部门法的原理，给出了法律上的因应方案与范本，具有很强的实践性，相信这部著作对卫生行政部门、医疗机构、医护人员有裨益，也会成为相关人士手边一部常备的工具书。

周秀龙博士不仅是一名大学教师，也是一名兼职律师，他多年来专攻卫生法的理论研究，参与医疗法律实务，这样一部著作的出版，将有助于提升我国卫生法研究的实践性。本书的出版将为我国卫生法学研究添砖加瓦。通过本书非常具有可读性的论述，对我国卫生法治的司法判例、临床实践、哲学反思加以探究，阐述法律争点，阐发法理要义，给出法律实务的操作指南。本书框架简洁，简明易读，且体系完整，内容丰富；既阐述最基本的学理知识和最前沿的司法和学术动态，又指引深入研读的扩展方向；既严密编织法学的核心内容，又分析哲学、伦理、临床等领域与法律的关联方式。对于卫生法律实务工作者和医护人员而言，通过对本书的阅读，有助于提升其法律实践能力和临床风险防控能力。

衷心期待秀龙博士未来在卫生法领域推出更多更好的学术成果，并结合真实世界的判例和问题，抽象出更为一般性的法律领域，为我国卫生法学理体系的建构做出更多贡献。

宋华琳[1]
2022 年 9 月

---

[1] 教育部"长江学者奖励计划"青年学者、第十届"全国杰出青年法学家"、南开大学法学院院长、南开大学医药卫生法研究中心主任，中国卫生法学会常务理事、学术委员会副主任，教授、法学博士、博士生导师。

序三（自序）

2010年，我从四川大学硕士毕业后，进入天津市某三甲医院工作。至此，本不是医科学术背景的我，和医学圈进行了深度融合。在8年的工作、学习和生活中，我发现许多医护人员虽然在专业技术领域是专家，但是许多人法律知识比较匮乏，这不仅体现在医疗纠纷方面，也体现在他们的工作和生活中。所以，我想如果能够将医学圈和法律圈融合起来，提升医护人员的整体法律意识水平，将是一件很有意义的事情。

但现实情况却不容乐观，这两个圈子有着较深的鸿沟。笔者曾就数起医疗纠纷案件的法院判决理由咨询过两位医学专家：一位是著名的中医专家，她说"法院判决的理由很荒唐，按照这样的判法，几乎所有的医生都不敢看病了"；另外一个是肿瘤学的主任医师，他说"法院这是在瞎判"。可见，医疗和法律圈的人，由于教育背景、学科属性和立场角度的不同，导致他们对同一法律问题存在两种或者多角度的解读。从教育背景和工作经历看，我其实拥有"三重背景"：医药圈＋法律圈＋大学圈，我现在做的很多工作是"医药圈里讲法律，法律圈里讲医药"，所以，对我来说，选择"医药法律"作为研究方向，从学术理论、法律研究、临床实践综合解读医院纠纷，可谓恰到好处。

促使我下决心研究医疗法律还有一个重要的原因：暴力伤医。近些年，暴力伤医不绝于耳。2013年8月16日的《京华时报》报道：目前中国每所医院平均每年发生的暴力伤医事件高达27起，并且这种趋势近些年愈演愈烈。2018年，发生了包括兰州某医院、北大附属医院、武汉大学医院医生被刺等多起恶性伤医事件；在天津，近些年就发生了3起暴力伤医：一名中医科主任、一名消化科大夫被杀害，一位B超科医生被砍30多刀，造成重伤……这些严重的暴力伤医事件不绝于耳……我们不仅要追问：为什么随着我们经济生活水平越来越高，老百姓受教育程度不断提高，而暴力伤医案件却不断出现？可以肯定的是，暴力伤医事件，不会是第一例，也不会是最后一例……出于职业的敏感和法律人的使命感，我觉得自己有责任、更有义务为维护医护人员合法权益贡献自己的一份力量。

人类文明发展到今天，其重要的途径在于人类善于总结、虚心学习、勇于提升。在医院工作多年，我深感医院之间、医生之间对于各种纠纷的产生羞于开口，很多纠纷的总结往往限于口口相传，目前所能检索到的很多书籍，往往都是从法官视角、律师视角去谈医疗纠纷，专著也是乏善可陈。就医院法律问题而言，尚没有专著系统讲授涉及医院的法律问题；就医疗纠纷而言，尚没有专著从医院角度、医生视角去谈医疗纠纷，更没有在今后工作实践中遇到此类病例的临床应对。

2014年1月1日，《最高人民法院关于人民法院在互联网公布裁判文书的规定》正式实施。本书尝试以中国裁判文书网公布的判例为基础，主要以三级甲等医院为主，同时结合各省市人民法院公布的判例，详细如下：在案件名称中输入"医院"；"案由"选择"民事案由"；审判程序选择"民事案件"；"文书类型"选择"判决书"；"法院层级"中优先选择高级法院和中级法院。

本书的主要特色：第一，通过中国裁判文书网检索法律文书，对医院的大额败诉案件从法律角度进行解读；第二，对于医院大额败诉案件，通过相关临床科室的专家解析，总结出在临床实践中应如何应对；第三，笔者对近十年的医院法律问题撰写的一系列文章，从学术角度进行阐述；第四，关于医生合法权益保障，笔者及律师团队进行了一系列诉讼案件，包括医护人员劳动人事争议、医疗纠纷、医生被患者暴力威胁等相关法律实践。本书在撰写中立足于弥补我国当前在医院法律研究的空白。

需要说明的是，本书以医院法律问题为研究对象，包括医院劳动人事争议，医院设备、耗材、药品等买卖合同纠纷，以及整形美容、月子会所、月嫂服务、养老机构、体检中心等，还包括与医药有关的行政诉讼、刑事诉讼、医疗风险投资等法律案例。医疗纠纷主要从医院的临床科室角度进行划分,包括外科、内科、妇科、产科、儿科、口腔科、眼科、中医科等。医院劳动人事争议,以作者处理的十多起案件为背景,包括医院员工代理案件的相关手续、协议书、代理词、授权委托书、犯罪员工的辞退手续、信访员工的处理等一系列法律文书的模板,而且这些模板都经历过实践的检验,用人单位员工可以直接适用。本书涵盖了整个大健康板块的纠纷,对于医院管理、纠纷的预防、临床医生相关案例的检索和学习,将产生积极的意义。

1845年,马克思在《关于费尔巴哈的提纲》中指出:"费尔巴哈把宗教的本质归结于人的本质。但是,人的本质不是单个人所固有的抽象物,在其现实性上,它是一切社会关系的总和。"马克思的这一段话告诉我们,人类不仅具有自然属性,还具有社会属性,因为人类是一切社会关系的总和。对于医院管理而言,不仅要提升自身业务技能与水平,更需要一本适合于医院管理的书籍。对于医疗纠纷而言,医生需要提升的不仅是医疗技术方面,更需要包括提升"情商"等。所以,希望本书的出版能够为公立医院、医护人员、民营医院以及一切和医疗大健康相关的从业人员提供一个提升管理水平、避免纠纷的蓝本,也希望能够为和谐医患关系、和谐社会和两个"一百年"奋斗目标,贡献自己的知识和力量。

当然,本书还有很多不完善的地方,书中的很多案例也仅代表个人观点,希望大家多多批评指正。

周秀龙

2021年8月 天津大学北洋园校区

目 录

上编 医院管理篇

第一章 医院管理理论篇 ……………………………………（3）
第一节 我国现阶段医疗纠纷法律规制实证研究 …………（3）
第二节 民法典时代医疗纠纷争议解决机制实证研究 ……（19）
第三节 医院胜诉案件法律分析 ……………………………（27）
第四节 "医疗纠纷"中加强对医护人员法律保护的建议 ………（36）

第二章 医院管理常用法律文书范本 ……………………（40）
第一节 "停薪留职""自动离职"人员法律适用范本 ……（40）
第二节 医疗纠纷和解案件法律适用范本 …………………（49）
第三节 服刑人员解除劳动（聘用）合同法律适用范本 …（49）
第四节 医院对"工伤"员工经济补偿协议范本 …………（54）
第五节 医院职工为单位代理诉讼案件手续 ………………（55）
第六节 退休员工返聘协议与援外协议书范本 ……………（60）
第七节 定向医学生解除定向协议书范本 …………………（63）

第三章 医院劳动人事管理 ………………………………（66）
第一节 事业单位劳动人事管理概述 ………………………（66）
第二节 医院劳动人事变动的法律性质及主体 ……………（78）
第三节 用人单位是否同意劳动者辞职的法律问题 ………（92）

第四节 编制内员工辞职是否继续工作 6 个月的问题 …………… (97)
第五节 "专业技术培训"与"培训费用"的界定 ……………… (102)
第六节 "服务期"和"违约金"的法律分析 ……………………… (119)
第七节 加班费、节假日及带薪年休假工资问题 ……………… (151)
第八节 医院辞退、处罚员工相关法律问题 …………………… (161)
第九节 医院员工工伤的法律问题 ……………………………… (188)
第十节 "人事档案"及"诚信档案"问题 …………………… (192)

第四章 医院科室综合管理 …………………………………… (195)

第一节 医护人员与他人发生肢体冲突的法律责任 …………… (195)
第二节 总值班记录的法律效力问题 …………………………… (196)
第三节 患者长期占床引发的诉讼 ……………………………… (199)
第四节 医政科 …………………………………………………… (201)
第五节 护理部 …………………………………………………… (208)
第六节 物业后勤部门 …………………………………………… (210)
第七节 房管科 …………………………………………………… (214)
第八节 保卫科 …………………………………………………… (215)
第九节 病案统计科 ……………………………………………… (217)
第十节 财务科 …………………………………………………… (220)
第十一节 设备科 ………………………………………………… (223)
第十二节 基建科 ………………………………………………… (229)
第十三节 耗材科 ………………………………………………… (233)

中编 医疗大健康篇

第五章 内科 …………………………………………………… (239)

第一节 呼吸系统疾病：呼吸内科 ……………………………… (239)
第二节 循环系统疾病：心脏内科 ……………………………… (243)
第三节 消化系统疾病：消化内科 ……………………………… (249)

第四节 泌尿系统疾病：肾病—血液透析科 …………………………… (253)
第五节 血液系统疾病：血液内科 …………………………………… (256)
第六节 内分泌和代谢性疾病：内分泌科 …………………………… (259)
第七节 脑部疾病：神经内科 ………………………………………… (261)

第六章 外科 ………………………………………………………………… (266)
第一节 颅脑疾病：神经外科 ………………………………………… (266)
第二节 颈部疾病：甲状腺外科 ……………………………………… (271)
第三节 乳房疾病：乳腺外科 ………………………………………… (276)
第四节 胸部疾病和损伤：胸外科 …………………………………… (279)
第五节 结直肠疾病：胃肠外科 ……………………………………… (283)
第六节 肛管疾病：肛肠外科 ………………………………………… (288)
第七节 肝胆胰疾病：肝胆胰外科 …………………………………… (294)
第八节 泌尿、男生殖系统疾病：泌尿外科 ………………………… (300)
第九节 骨科疾病及损伤：骨科 ……………………………………… (304)
第十节 肝肾移植：移植外科 ………………………………………… (320)
第十一节 急诊医学：急诊科—重症医学科 ………………………… (325)
第十二节 疼痛与康复科 ……………………………………………… (332)

第七章 妇产科 ……………………………………………………………… (336)
第一节 妇科 …………………………………………………………… (336)
第二节 产科 …………………………………………………………… (340)
第三节 试管婴儿等辅助生殖相关的法律问题 ……………………… (350)
第四节 代孕相关法律问题 …………………………………………… (352)

第八章 儿科—新生儿科 …………………………………………………… (353)
第一节 新生儿科 ……………………………………………………… (353)
第二节 儿科 …………………………………………………………… (357)

第九章　五官科 (364)
　第一节　口腔科 (364)
　第二节　眼科 (372)
　第三节　整形美容 (380)

第十章　肿瘤科 (386)
　第一节　肿瘤内科 (386)
　第二节　肿瘤外科 (395)

第十一章　医疗大健康 (402)
　第一节　中医科 (402)
　第二节　老年病科 (405)
　第三节　体检科 (407)
　第四节　养老机构 (414)
　第五节　月子会所内发生的损害赔偿责任 (418)
　第六节　精神科 (423)

下编　法律实践篇

第十二章　卫生健康领域的行政诉讼案件 (429)
　第一节　医院购买设备引发的行政处罚案 (429)
　第二节　医生被患者殴打，不服公安机关处罚案 (430)
　第三节　医疗机构未取得资质，不服行政处罚案 (435)
　第四节　患者不服行政机关未吊销医生执业资质案 (441)

第十三章　医疗领域有关刑事犯罪 (444)
　第一节　医疗事故罪与非法行医罪的区别 (444)
　第二节　非法行医罪 (446)
　第三节　医生收受回扣的刑事责任 (447)

第四节 国有医院信息管理员"拉统方"的刑事责任 …………(448)
第五节 "冒牌医生"做终止妊娠手术的刑事责任……………(448)

第十四章 医疗投资管理风险防控 ……………………………(450)
第一节 医疗投资的土地使用权纠纷 ……………………………(450)
第二节 疫情防控期间医疗投资中的房屋租赁合同纠纷 ………(452)

第十五章 律师团队代理部分案件 ……………………………(454)
第一节 劳动人事争议案件 ………………………………………(454)
第二节 医生被患者侵犯人格权、名誉权案 ……………………(462)
第三节 医疗损害纠纷案 …………………………………………(465)
第四节 民商事案件 ………………………………………………(472)
第五节 刑事诉讼案件 ……………………………………………(476)

后　记 ……………………………………………………………(481)

上 编

医院管理篇

第 一 章

医院管理理论篇

第一节 我国现阶段医疗纠纷法律规制实证研究

一 研究背景

习近平总书记在党的二十大报告中指出,必须坚持在发展中保障和改善民生,推进健康中国建设,把保障人民健康放在优先发展的战略位置。这是党中央立足全面建成社会主义现代化强国,实现第二个百年奋斗目标,以中国式现代化全面推进中华民族伟大复兴作出的重大战略部署。我们要坚决贯彻落实党的二十大部署和要求,推动健康事业发展,增进民生福祉。

"健康中国"的建设,医护群体处于社会大健康的核心位置,因此,加强对医护群体的保护是实现"健康中国"的重要前提条件。加强对习近平法治思想的研究,加强法治思维、法治理念、法治建设,充分利用好法治工具,对广大医护群体的合法权益进行保障,对于"健康中国"的建设具有重要意义。

在从2020年开始的新冠疫情防控中,医护人员在党的坚强领导下,按照党中央的要求,取得了疫情防控的决定性胜利。但不可否认的事实是,疫情防控期间仍有暴力殴打医生等行为的出现,[1] 虽然这只是极少数人的行为,但也从侧面反映出当前我国的医疗安全环境并不良好,广大

---

[1] 《疫情防控期间有人"医闹",必须严惩!》,中国法院网:https://www.chinAourt.oR/article/dail/2020/02/id/4803871.shtml。

医生普遍感到缺乏安全感。① 加强在医疗纠纷中医生合法权益的保护，需要构建系统性的机制，这也是本书研究的出发点和意义所在。

本书的撰写主要考虑以下两方面因素：其一，医疗纠纷解决得好坏与否，关系到司法公平与公正，从长远看，也影响了医生队伍的整体素质。② 其二，对于纠纷的解决，医院、医生、科室主任、法院、医调委等部门都有不同的角度与立场，甚至持有对立性的观点，笼统分析医疗纠纷可能无法准确把握医护人员合法权益保障所面临的真实问题。在这一思路指引下，笔者于2010—2020年间，对于中国东部某市的40余家医院进行调研；同时，为了增加代表性，笔者还收集了媒体公开报道的有关医疗纠纷解决的相关案例。

以下分析证明，我国当前医疗纠纷的处理模式缺乏权威性与统一性，医护人员对于纠纷的争议与解决结果并不信服，很多呈现出对医院领导旨意的"迷信"。令人遗憾的是，正是这些问题造成了对医护群体保护力度不够，这也是医疗机构存在"官僚体制"的必然结果。针对调研中所揭示的问题，本书提出加强对医护群体法律保障的路径，这既是对医疗体制改革方向的倡导，也是对医护人员司法权益保障所提出的具体举措。

---

① 笔者接触过一位三甲医院的主任医师，利用中医手段给患者看病，但是，由于没有结合西医的检查手段，例如CT、核磁等，检查了几年后，发现患者的左肾萎缩。患者遂提起医疗损害赔偿诉讼，一审、二审裁判后，判决医院承担30%的损害赔偿责任，约合15万元。按照该医院赔偿责任比例4∶3∶3，即医院承担40%，科室承担30%，医生承担30%的责任比例，医生个人负担4.5万元左右。该案件一审、二审历时4年左右。现在患者家属又找到该医生，提出之前的判决还没赔偿其残疾赔偿金，现对医院继续索赔60万元，医院拒绝后，又将医院起诉。患者家属多次找到该主任，并多次扬言，如果这件事情解决不好，一定会诉诸暴力解决。最后，双方协商以医院赔偿40万元结案。

② 根据澎湃新闻"2016高考状元调查问卷"（全国22个省份36位状元填写了有效问卷）数据显示，61.11%的状元倾向于报考经济类专业（多选），33.33%倾向于报考管理类专业，选择哲学的为8.33%，竟无一人选择医学！医患比例失调，在导致医生"太忙太累"的同时，也加剧了患者"看病难"的问题，使医患关系更为脆弱。《中国医师执业状况白皮书》显示，2015年，仅27.14%的医护人员未遭遇过暴力事件。参见《比医保危机更可怕的是：中国最优秀的孩子都不学医了》，https：//www.sohu.com/a/215386794_119622。

二 我国现阶段医疗纠纷处理机制的现状

笔者通过对 alpha 数据库的检索，检索到近九年的医疗纠纷的数量。总体来说，2011—2019 年，医疗纠纷处于上升的趋势。全国各级法院一审的医疗纠纷接近 6000 例。① 从医疗纠纷发生的数量来讲，冬季明显多于其他季节，因为冬季属于流感等呼吸疾病的高发时期，天寒地冻导致人体抵抗能力下降、意外摔伤等原因，门急诊量和住院人数急速增加，由于庞大的求医基数，导致医疗纠纷的数量激增。② 但是，每年 2 月前后是中国传统节日——春节，按照中国人的传统，春节是喜庆的日子，所以，医疗纠纷的比例比较低。

就医院科室发生医疗纠纷的数量而言，妇产科、骨科、儿科排在前三位，所以，这些科室的医生尤其应当加强法律知识的培训。③ 妇产科尤其是产科的纠纷数量高居不下，主要是由于产检过程中主客观原因没有及时发现可能存在的缺陷，一旦新生儿有缺陷而医生没有尽到提醒的义

---

① 一个无法否认的事实是：司法程序时间久、程序烦琐、律师费用较高，患者并不掌握医疗知识与法律知识，中国人传统的"息讼"等因素，大量纠纷最终并没有进入司法程序。笔者所调研的三甲医院，门诊量 200 万人次左右，营业收入在 16 亿元左右，几乎每天都会接到患者的投诉，该医院每年最终走到司法途径的仅为 2—3 例。所以，虽然法院审理纠纷数量为 6000 例左右，但实际纠纷法律数量应远远高于这个数字。

② 以儿科为例：众所周知，儿童对于疾病的预防与抵抗能力比较弱，幼儿园中一个班只要有一个幼儿感冒，全班的幼儿很快都会传染上。这就导致一个特别的现象：每到冬季，三甲医院儿科的门诊人流量剧增，经常排队 10 多个小时才能看上医生。由于家属长时间等待，身心疲惫，导致家属的情绪比较激动，极易引发医疗纠纷。而到了春夏季，传染性疾病属于低发病率季节，儿科门急诊和住院床位绝大部分都处于闲置状态。

③ 笔者在医院工作期间，曾经历一起儿科纠纷案件。2014 年 12 月，一场寒流导致大量儿童感冒，医院儿科瞬间爆满。晚上 10 点前后，笔者朋友的 4 岁小孩过来看病，已经排队 5 个小时了，还是看不上，按照正常的挂号顺序需要在凌晨 4 点前后才可以看上。该朋友找到笔者，笔者穿着白大褂到了儿科，看到候诊大厅至少有上百患儿及家属在等待，患儿家属对于身穿白大褂的医护人员极其敏感，紧盯着他们的一举一动。笔者在厕所里看到一位儿科医生，和医生说了句给这个患儿看看，医生在走廊里对该患儿家长询问病情，并嘱咐其到化验室验血，询问总时间不超过 30 秒。这时，患者家属开始出现骚动，后来导致患者家长在儿科诊室内和医生发生口角，指责该医生不应该允许病人插队。患者家属越说越激动，最后，把听诊器、诊室内的电脑屏幕、键盘都扔到该儿科医生头上。儿科医生全部停诊。由于当天值班的 3 名医生都是女医生，所以她们全部都躲到一间屋子里，派出所民警赶到后，对患者家属进行安抚，医院在每一儿科诊室安排 1 名保安守护，才恢复出诊。

务，产妇家属往往会向医院要"说法"。

就一审而言，有86.36%的案件，人民法院支持或者部分支持原告的诉讼请求。二审程序中，有75.29%的案件，人民法院维持一审判决。所以，在医疗纠纷中，我们必须重视一审程序，二审中除非有法定的情形，人民法院都会维持一审判决。就案件的审理期限而言，医疗纠纷的审理期限比较长，30.83%的医疗纠纷案件的一审审限都在半年以上，27%的一审案件的审限在一年以上。所以，医疗纠纷由于较强的专业性，需要熟悉医疗知识与法律知识，审限周期较长，鉴定程序复杂，目前专业从事医疗纠纷的法律人员屈指可数。

天津学者为了解医护人员受到攻击的情况以及攻击医生行为发生的起因和应对措施，在天津市4所医院500名医护人员中发送500份问卷，以调查医护人员在1年内是否受到患者及家属的暴力攻击，调研结果如下：共有69.89%的人表示在工作场所受到暴力攻击；30岁以下、本科及以下学历、工作年限少于5年、护理岗位人员容易受到攻击；性别和医院级别影响不大；工作10年以上、博士学位、行政及后勤人员受到攻击较少。被攻击的形式为：83.40%的医护人员"受到辱骂""13.50%被患者及家属推搡""33.70%被限制自由"。[1] 邹湘君等对西安15所不同级别的综合医院的1398名临床医护人员的调查发现，超过半数的医护人员经历过医疗工作场所暴力，以语言暴力为主，另有少数医护人员经历过躯体攻击，极少数经历过性攻击。[2]

其实，医疗纠纷不仅是中国的问题，也是世界各国都比较棘手的问题。从有关媒体的报道可以看出，包括奥地利、德国等，也经常出现医护人员被殴打的情况。

三 存在的问题

1985年医疗卫生体制改革以来，尤其是2009年新医改的启动，政府

---

[1] 杨扬、刘惠军：《医疗场所医务人员被攻击事件的调查分析》，《天津医科大学学报》2019年第11期。

[2] 朱伟、杨力沣、娄小平、赵晓媛、王珂：《郑州市综合医院医务场所暴力现状调查》，《中国卫生事业管理》2011年第5期。

投入逐步加大，为进一步推动医疗制度与卫生体系的完善提供了坚实后盾。《公报》显示：2019年全国卫生总费用预计达65195.9亿元，卫生总费用占GDP的百分比为6.6%，全国卫生人员总数达1292.8万人，我国居民人均预期寿命由2018年的77.0岁提高到2019年的77.3岁，婴儿死亡率从6.1‰下降到5.6‰。[1] 总体来讲，我国的医患关系是和谐的，正如国家卫生计生委宣传司司长毛群安所指出："2015年，我国各级医疗机构77亿人次的诊疗量，产生了10万左右的医疗纠纷，其中有4700起涉医案件。因而总体来讲，我们的医患关系是和谐的。"[2] 不可否认的是，医护人员在应对医疗纠纷时普遍感到无助，主要有以下问题。

我国现阶段对医疗纠纷处理机制的批评可谓车载斗量，主要集中在：患者处于主动、医院处于非常被动之角色，纠纷解决所需的时间长、聘请律师等专业人士的费用过高等问题。就医疗纠纷的产生原因而言，存在着双方信息不对等、维权渠道不畅通、医疗资源不均衡、社会舆论误导等诸多原因，这些原因交织在一起，导致医患矛盾紧张。就医疗纠纷的解决办法而言，主要有医患双方自行和解、第三方调解、卫生行政机构调解、商业保险模式、司法诉讼等，其中调解已经成为主要解决模式，目前超过六成的纠纷通过调解方式予以解决。[3]

第一，医生面对纠纷处于"个体化"应对，通常需要医生个人"买单"。

无论法律还是地方性法规、规章，对于医疗纠纷的处置有较完善的规定，但医护人员普遍感觉法律对其保护力度远远不够。当前，医护人员应对医疗纠纷采取的方式是"个体应对"，主要有以下几种情况。

---

[1] 2019年卫生健康事业统计公告发布，新华网：http://www.xinhuan.com/heal/2020-06/08/c_1126086019.htm。

[2] 毛群安：我国医患纠纷概率仅为1/77000，健康界：https://www.cn-healcare.com/article/20161218/content-488116.html。

[3] 司法部的数据显示，截至2018年9月，全国已建立医调委3565个、人民调解工作室2885个，覆盖全国80%以上的县级行政区域。2010年以来，全国共调解医疗纠纷54.8万件，每年超过60%的医疗纠纷采用人民调解方式，调解成功率在85%以上。参见《免费高效解决"医疗纠纷"，大家都在用!》，《人民日报》2019年2月17日。

1. 并非所有的纠纷医院都会派员出庭

医院作为法律意义上的被告，对于是否派员参与应诉这个问题往往视情况而定。如果医政科认为该案件比较重大，或者科室的领导比较有权威，往往选择派员和涉案医生一起参与法庭应诉；如果医政科认为此案比较简单，或者所在科室与主任影响力不大，往往不会派员出庭应诉，由医生个人代表医院应诉。所以，很多情形下，医院不派人应诉而会通知涉案科室，科室再通知涉案医生个人，医生往往个人代表医院去应诉。

2. 聘请律师的费用并非完全由医院负担

医院一般支付所聘请的法律顾问的基础性费用，遇到纠纷案件则需要额外支付费用。有个别医院支付所有的律师费用，但大多数情况下，医院充当"中间人"的角色，联系所聘的律师事务所和律师，需科室或者医生个人承担额外律师费用。对于经济状况比较宽裕的科室，科室主任也乐意承担律师费用由科室负担费用；对于经济状况一般，科室主任不乐意承担这笔费用的，医生个人往往选择不聘请律师，自己独立去法庭应诉。

3. 绝大多数医护人员并非专业法律人士

就派员出庭而言，有些医院有合作律师的会有律师和涉事医生出庭。但很多医院为了节省律师费用，医院领导认为聘请律师效果不明显，往往不委派律师出庭，而由本单位工作人员和涉事医生出庭。医院从事医疗纠纷处理的员工，大部分是非法学专业出身的，所以，绝大多数人对法律知识并没有系统学习，很多人对法律的运用仅限于"经验"和"口口相传"。有个别工作人员通过"国家法律职业资格考试"，但由于法律并不允许其从事"兼职律师"，所以通过"法考"的人士也并非专职法律工作者。

4. 医院不允许医生自费聘请律师

某些医院没有聘请法律顾问，或者法律顾问签约期限已到并未续聘，导致医院法律顾问缺失。有的医生由于深陷医疗纠纷，所以想自费聘请律师，但是，领导以医院才是法人为由，不允许医生个人聘请律师维权。所以，医护人员在面对纠纷时，普遍感觉到无助，缺乏归属感和安全感。

另外，医院承担赔偿责任后，医院为了对医生起到惩戒和警示作用，一般会要求医生个人承担责任，以避免类似纠纷再次发生。医院、科室和医生个人按照比例偿付，大部分医院的分担比例是4∶3∶3；个别医院经济状况较好，采取了6∶3∶1的分担比例。某直辖市三甲医院泌尿外科一场纠纷历时3年结束，法院判决医院赔偿患者80万余元，医生个人承担30%的责任，即24万余元。这种工作的风险性成为高悬在医生头上的"达摩克利斯之剑"。

第二，医院通常采取赔偿或者补偿方式来解决纠纷。

笔者通过《中国裁判文书网》2019年天津市医疗纠纷大数据分析，患者起诉医院的医疗案件中，大约94%的案件医院需要承担赔偿或者补偿责任。从法官角度而言，患者是弱势群体，往往基于公平责任，通常选择让医院承担部分赔偿或者给予患者一定的补偿。从医院角度而言，承担赔偿或者补偿责任通常考虑如下因素：维护医院形象；应对患者上访压力；避免患者的纠缠；为医院争取更大经济效益等。笔者所调研的一所三甲医院，核定床位为1000张，平均每张床一年收入约为130万元，一个房间一般为2—3张床（核定床位为2张，但实际上加床到3张），平均一个房间年收入为300万—400万元。该医院泌尿外科曾经有个病人，对手术效果不满意，一直不予出院，并占据医院一间病房，在房间里面大小便、做饭、洗衣服。医院不胜其烦，曾经数次报警，但警察表示此事应通过法院解决，这不是警察的管辖权限。医院试图通过民事诉讼方式维权，法院立案庭最终不予立案。最后，在患者非法侵占病房半年多后，以医院补偿40多万元终了。①

第三，医生私力法律救济面临"立案难"。

在出现医疗纠纷后，尤其是"暴力伤医"后，医生合法权益得不到有效保障。每次发生"暴力伤医"后，医院大都表态"零容忍"，但通常措施是让医生带薪休假、协助申请工伤、晋升职称时予以照顾等。很多医生对这种处理方式非常不满意，有的医生想通过法律方式来维权，却

---

① 这是发生在笔者身边的一个典型案例，持续了5年多时间，最后以医院赔偿结案。

步履维艰①。某直辖市三甲医院医生与患者发生冲突，患者多次在门诊、病房里跟踪该医生，并多次威胁与其同归于尽。经过多次报警，公安机关以患者对医生没有造成实质性损害为由，不予立案。该医生多次去精神病医院看病，支付医药费用2000余元。该医生认为患者对其精神、身体造成了极大损害，导致其长期失眠、中轻度抑郁，应当依法追究其刑事责任。经过咨询律师后，该医生提起刑事自诉，法院不予受理后，又提起民事侵权诉讼，经过多次和立案庭沟通，一年后终于立案。② 现实中，能够通过私力方式救济的医生屈指可数。③ 绝大多数医生被打，甚至被砍伤后，完全寄托于国家公权力救济，当对公权力的处理结果不满时，大部分选择了沉默和容忍。

第四，法律对于医生轻微暴力伤害案件的刑事处罚缺失。

对于正当防卫的司法认定不仅是理论上的热点，也是司法实务中的难点。2020年9月3日，《最高人民法院、最高人民检察院、公安部关于依法适用正当防卫制度的指导意见》出台，对于正当防卫、防卫过当等10方面的问题提出具体指导意见。尤其是第五条，关于防卫行为与相互斗殴行为的认定问题上，实践中存在"和稀泥"和"各打五十大板"的现象，这在轻微暴力伤医案件中成为常态。在司法认定中，医生受到患者暴力袭击时，只要医生有明显的还手行为，公安派出所通常会认定为互殴，对双方都要进行行政处罚。

---

① 笔者的一位朋友，医学博士，外科医生，8年前晚上在医院急诊室，有一位患者因为酒后打架斗殴被送到医院，该医生负责接诊。后双方发生口角，患者家属直接用钝器朝医生的后脑勺砸过去，导致该医生后脑被缝3针。该伤医事件发生后，医院领导表示"零容忍"，遂安排该医生休息，工资照发，后在职称晋升方面给予照顾。该医生已经离开该医院，到新的医院后成为该专业领域的专家。

② 在法庭调解阶段，由于对方是国家公务员身份，提出赔偿2万元，但该医生认为自身受到极大侮辱，所以要求赔偿5万元，双方遂没有达成和解协议。最后，法院判决对方赔偿该医生6000元。这是笔者代理的首起医护人员被语言暴力的伤害案件。在国内，这种类型的案件也是屈指可数。

③ 在本案的立案阶段，该医生也曾出现过犹豫，因为周围所有的亲人、朋友都不支持该医生走法律程序。笔者曾多次劝说该医生：您现在不仅代表您自己，其实也代表医生群体，您这样的大主任、教授都没有维权意识，那么年轻大夫谁又有勇气站出来呢？您应当对医生群体的委屈起到一个表率作用。后来，该医生经过深思熟虑后，决定走法律程序维权。

医院是国家差额拨款的事业单位，按照 2014 年 7 月 1 日施行的《事业单位人事管理条例》第二十九条规定：事业单位工作人员违纪行为给予处分，处分的形式包括：警告、记过、降低岗位等级或者撤职、开除。作为医生而言，维权时间久，后果不确定性，医生为了避免维权可能失败给自身带来的负面影响，通常也不会采取法律手段维权，而采取和解、调解，乃至赔偿的方式来解决争议。[①] 对于医生遭受轻微暴力伤医事件中医生的反击行为很难认定为正当防卫，而通常被认定为互殴行为，如果双方不能和解而走司法途径，其结果是双方都会被行政拘留，即使对肇事方的处罚较重，但是由于医生是国家体制内人员，不仅要受到法律制裁，还要受到纪律处分，所以，很多医护人员不得不选择"息事宁人"。

四　新制度主义分析视角下的我国医疗纠纷处理机制

新制度主义是一种经验主义的研究方法，它通过关注个体行为的视角来关注社会政治生活的制度基础，强调通过制度因素来进行解释性的权利。新制度主义本质上就是通过对制度的迎合而获得合法性。笔者认为，中国医疗纠纷的处理模式正是在遵循新制度主义方式下的价值依归。

第一，作为宏观的制度环境，法律制度和价值选择为处理医疗纠纷勾勒了基本模块。

《民事诉讼法》第九条规定了法院调解原则，这奠定了作为民事纠纷框架体系内医疗纠纷的处理方式，优先选择调解的原则。调解作为法律

---

① 笔者调研过某三甲医院的骨科主任，医学博士、副主任医师，周一早上查房期间，在医院病房遭受 4 名患者家属的殴打，该医生进行了反击，导致双方衣服都撕裂、防火消防栓的玻璃被打碎，双方的身体均有明显的伤痕，均构成轻微伤。派出所经过调查后，认定为双方是互殴行为，按照法律规定进行调解，对方提出要医生赔偿 5 万元。理由是医生是国家事业单位工作人员，互殴双方都需要被治安处罚；此外，该医生还需要被医院进行纪律处分，只要医生被处分，行政职务就会被免掉。所以，肇事方提出 5 万元的赔偿要求，否则双方一起被行政拘留。这就是民间所说"光脚不怕穿鞋的"在医疗纠纷领域的具体体现。最后，经过公安部门和医院的调解，医生除了被暴力殴打之外，还免除病人家属 1 万元住院费结案。目前，该医生已经辞职，去外地医院执业。

规定的一项非常重要的原则，贯彻到医疗纠纷过程处理的始终。在医疗纠纷发生后，医院的医政、信访、调解中心等部门，负责院内的和解工作，只要没有造成患者人身的重大损害或者双方存在重大分歧，九成以上通过院内和解得以解决。① 院内和解无法解决的纠纷，就会按照程序交到医疗调解委员会，医调委的首选方案还是主持和解。如果双方分歧太大，当事人诉讼到人民法院，人民法院无论是在诉前、还是诉中，都会主持双方调解，以节约司法资源。

按照中央提出的"把非诉纠纷解决机制挺在前面"的要求，各级法院把多元化的纠纷解决机制进行常态化制度设置，加快构建多元化的纠纷解决机制，促使社会矛盾快速解决，保障人民群众合法权益。北京法院形成的"多元调解+速裁"的长效机制，形成了"一站式"的纠纷解决机制，增强了人民群众的司法获得感。② 同时，还需要进一步加强医疗纠纷的调解和人才队伍建设，建立医疗纠纷调解组织，健全组织网络。③

第二，在适应制度环境的过程中，医生与法官选择大量解决的"同形"和"耦合"。

新制度主义的第二大假设解释了为何医疗纠纷发生的原因千变万化，但是，总体上仍然按照"和解—调解—诉讼"的模式来进行。"同形"分为"强制同形"和"自致同形"，前者是因为外部压力、社会舆论等导致被动"同形"，后者是由于环境的变化导致内心的变化而主动"同形"。④ 因为医疗卫生机构是有编制的国家事业单位，党委领导下的

---

① 按照相关规定，医院给予医疗损害赔偿的权限为1—9999元，超过1万元的部分医院无权自主做决定。

② 《北京法院深化"多元调解+速裁"机制解纷明显提速》，《法制日报》2019年10月24日第6版。

③ 截至2014年，全国共建立医疗纠纷人民调解组织3396个，人民调解员2.5万多人，55%的医疗纠纷人民调解委员会有了政府财政支持。2013年共调解医疗纠纷6.3万件，调解成功率达88%，全国医疗纠纷人民调解工作现场会在天津召开，中央政府门户网站，www.gov.cn，2014-05-06。

④ ［美］W. 理查德·斯科特：《制度理论剖析》，姚伟译，上海人民出版社2008年版，第189页。

院长负责制是主要的行政管理模式，医院是国家差额拨款的事业单位，国家财政拨款只占很小一部分。① 医院的科主任一般极度关心科室的营业收入和员工收入②，对于医疗纠纷这样专业的法律问题，科室主任自己也并非科班出身；同时，如果支持医生自己维权，曾经出现过患者家属天天到科室去"讨要说法"，会占用科室大量精力，所以，通常的做法是不鼓励医生维权，一般采用给医生休假、工资奖金正常发放，还有将来晋升职称时予以照顾等方法，这就是医疗卫生行业的"强制同形"。③

而医生个人由于领导的不支持、社会舆论可能存在的负面影响、聘请律师费用过高、法律诉讼周期漫长、自身法律知识有限等客观原因，导致自身也放弃了法定合法权益的保障，导致"自致同形"。笔者及律师团队曾经给很多医生维权，立足点并不在于个案的胜利，笔者更希望这些医生成功维权的经典案例能够给当下的法治建设、医患关系的和谐带来一些思考和启示，也希望这些案例能够成为中国医生维权史和中国法治进程中留下浓重的一笔。

---

① 笔者从调研的几所三甲医院中了解到，A医院编制床位1000张，实际床位拓展到1300张，每年12亿元左右的营业收入，财政拨款只有0.5亿元左右，财政拨款只占5%，剩下的资金靠医院自筹；B医院是大学附属医院，由于发展空间限制建设新院区，总预算为30亿元左右，省级财政拨款0.5亿元，大学拨款0.5亿元，财政拨款占3%左右，换言之，剩下的29亿元左右的建设资金都得靠商业贷款来解决，这样，每年年底都会有大量的银行客户经理到医院催债，或者直接起诉到法院。因此，院长们都感觉经济压力颇大。

② 笔者从一所全国排名60位左右的综合性三甲医院中了解到，在一次分论坛的发言中，有位年长的科主任说，我经历了从国家全额负担工资到现在医院科室需要自筹工资的时代，我觉得现在科主任最大的责任是把科室发展好，多收治病人，使员工的腰包鼓起来，才是真正的好领导。

③ 医院作为差额拨款的事业单位，和全额拨款事业单位最大的不同在于，后者纳入国家财政支付系统，而医院的基础建设、日常开支、员工工资、医生出国进修等费用都需要自己来赚取。另外，医院内部的财务都是独立核算的，即每个月科室所有医生的收入扣除成本，就是分配的绩效。医院医生和护士的工资、医生进修的费用、援外的费用等，都要从科室费用中扣除。如果医生们这个月收入很少，相关科室主任就得开会研究，如何提高科室收入、如何提高员工收入。

五　完善医疗纠纷法律处理机制的路径

现行医改过程中，医疗机构以体制内的身份去应对市场化的挑战，导致医患关系矛盾凸显。作为患者而言，一方面支付了高额的医疗费用，另一方面治疗效果达不到预期；作为医生而言，治疗疾病、解释疾病、预测疾病的能力有限，同时又有医院的考核指标和创收任务，这两种对立风险长期存在，使"暴力伤医"成为一种必然；而某一具体病例如果达不到患者预期的治疗效果，则可能成为风险的爆发点，成为"暴力伤医"的偶然中之必然。疫情期间，所有的费用由医保支付后，个人负担的部分转为财政补贴，这样患者就没有经济上的负担。[①] 这期间，医患关系非常和谐，这是医患关系应有的状态，从侧面说明如果医生没有过度参与到患者的救治费用中或者说患者没有承受过重经济负担时，医患关系则应当呈现其真实面目，这也是未来医疗体制改革的方向与着眼点。

第一，对医护人员开展针对性的法律培训，对相关案例进行归纳总结。

目前，医院管理层和医生们对于如何避免纠纷，以及发生纠纷的应急处置，还停留在传统的"口口相传"和网络普及上，无论是医院的法律顾问，还是律师协会，都缺少针对医生的专业法律培训。医院的管理者对于"暴力伤医"，往往是请示汇报，而自身可能并不具备处置医疗纠纷的专业法律知识。可以考虑以当前的《民法典》《医师法》普法为契机，对医院管理层和医生开展针对性和整体性培训，提升其整体法律意识水平，尤其是培训如何避免医疗纠纷，以及发生纠纷后的应急反应和处置能力。关于加强医院的安全措施，早在2014年原国家卫计委和公安部要求二级以上医院，按照不低于在岗医护人员总数的3%或每20张病床1名保安或日均门诊量3%的标准配备。但这些措施能否加重敌对情

---

① 国家医保局和财政部联合发布了《关于做好新型冠状病毒感染的肺炎疫情医疗保障的通知》，特别规定：对于确诊新冠肺炎患者的医疗费用，在基本医保、大病保险、医疗救助等按规定支付后，个人负担部分由财政给予补助，并实行先救治后结算等措施，保证人民群众不会因经济负担而耽误治病。

绪，能否更好地保护医护人员，却存在诸多争议。① 在天津，很多医院已经开始了安检，禁止患者携带刀具、汽油等危险品进院，笔者认为，这些都是有益的尝试。通过多年实证研究，笔者总结出：占医疗纠纷中90%左右的纠纷，可以通过提高服务态度、加强对患者知情权、隐私权的保护、提升医院的管理水平等措施来避免。另外，医生不要和病人有私下经济往来，同时还要学会"自救"。②

第二，司法部门应放宽"涉医"案件的立案门槛。

《刑事诉讼法》第二百一十条第三款规定了自诉案件的立案标准，即："被害人有证据证明对被告人侵犯自己人身、财产权利的行为应当依法追究刑事责任，而公安机关或者人民检察院不予追究被告人刑事责任的案件。"因此，对于暴力伤医案件，在人民检察院未提起公诉的情况下，当事人有权依法提起刑事自诉。而现实情况是，法院立案庭以种种理由推诿，最常见的理由是该暴力行为并未对医生造成实质性损害，故不予立案，导致医生司法维权受阻。

根据《最高人民法院关于人民法院登记立案若干问题的规定》，刑事自诉案件实行立案登记制，人民法院应当一律接收诉状。即使如立案法官所说，该损害并未对医生造成实质性损害，但这也应当是审判后得出的判决结论，立案庭法官不能以不予立案来剥夺当事人"诉"的权利。对于医生而言，即使最后法院判决肇事方不承担刑事责任，但通过国家司法机关的审判程序，也可以对肇事方起到威慑作用，这才是最大限度

---

① 戴先任：《"安检门"不是医患关系的"安全门"》，《商丘日报》2020年1月13日第5版。

② 笔者曾经接触过一位三甲医院耳鼻喉科医生，该医生曾经坦言，如果不是他自救成功，很可能会受到暴力伤害。在医学界，很多医生调侃，耳鼻喉科医生被伤害的频率最高，因为耳鼻喉直接关联到呼吸系统，人一旦没有了呼吸几分钟之内就会死亡，所以，耳鼻喉科医生被暴力伤害的概率最大。该医生在对患者进行诊疗过程中，患者认为其损害是医生的医疗过错造成的，医院多次解释其应当通过司法途径解决问题，通过医疗损害鉴定解决问题，该患者以经济状况困难、不懂相关医学知识为由，对医院的建议不予理睬。该医生出门诊、在病房、回家路上，该患者一直跟随，多次扬言要对该医生进行报复。后来，该医生心理压力很大，遂休假半年。正好这期间媒体上多次报道温州某医院耳鼻喉科医生被砍的事件，该医生多次坦言，现在他睡觉都不踏实，多次睡梦中浮现被砍的情景，如果他不是休假半年，患者一时找不到他，否则被砍的很可能是自己。

保护医生的合法权益。① 因此，建议人民法院立案部门针对此类案件应予以放宽，及时立案。

第三，设立专项基金、鼓励医生维权、对专业律师进行补贴。

此基金以财政拨款的形式予以保障，专门保障医生在"暴力伤医"案件中的维权。医生通过聘请专业律师维护自身合法权益，所需要支付的律师费用从该基金中列支，免除医生个人承担费用的后顾之忧，以实际行动鼓励医生通过法律方式维权。

发生"暴力伤医"案件，医院层面通常表示"零容忍"，但之后鲜有医院支持员工通过法律途径维权。对于损害医生的轻微暴力案件，通过相关部门鉴定为轻微伤后，公安机关一般按照《治安管理处罚法》处以10日以下行政拘留、200—500元的罚款。有的医生对于公安机关处理意见不满意，试图提起行政复议或者行政诉讼，医院层面一般都会以影响和公安机关的关系为由，给医生施加压力，让医生撤诉。②

由于处理医疗纠纷诉讼周期较长（一般至少需要1—3年才能结案），预期效益不明显，诉讼风险较大，所以很多律师对医疗纠纷并不擅长也无兴趣，很多律师从未处理一起医疗纠纷案件。因此，可以考虑通过对相关律师群体进行针对性的医疗法律知识培训，对于处理相关案件律师予以一定的补贴，增加律师从事医疗法律研究的兴趣点和责任感，提升

---

① 在某直辖市全国排名前100位的三甲医院，该医院在正常接诊过程中，由于患者排队人数较多和X医生发生口角，并威胁要报复。之后，X医生在门诊、急诊工作，该患者多次携带空啤酒瓶来对其进行威胁。医院和X医生多次报警，但派出所仅对其罚款500元。据了解，该患者还是某单位在编公务员，所以，X医生先提起刑事自诉，法院不予受理；后提起民事侵权诉讼。X医生坦言，就是希望通过国家司法机关的审判程序起到威慑作用，即便对方不承担刑事责任，对肇事方也是一种警示。X医生的这番话，其实和中南大学湘雅医院的江某医生的态度异曲同工。殴打江医生的患者是湖南某著名大学的副处级领导干部，江医生也是希望通过司法程序对方施加压力，即便二审败诉，但是希望学校能够对肇事者刘某追责，给予其党纪政纪处分。https://www.360kuai.com/pc/9ba78052cefc59ab8?coT=3&kuai_so=1&_url=so_vip&sign=360_57c3b1&refer_scene=so_1。

② 笔者接触到一位三甲医院的主任，被患者多次暴力威胁。该医生和医院保卫科多次报警，派出所民警出警后认为患者没有造成医生实质性损害，只是语言威胁，派出所管不了。该医生认为民警这种做法是错误的，是一种不担当、不作为的表现，想投诉民警或者提起行政复议、行政诉讼，都被医院保卫科、院领导给阻止了，理由是医院属于派出所管辖范围，如果走法律途径，会破坏派出所和医院的关系，对于医院发展不利。

律师处理医疗纠纷法律问题的能力，切实保障医生通过法律途径维权的积极性和主动性。

第四，进一步完善失信行为的联合惩戒制度。

2018年10月，国家发改委、人民银行、卫生健康委、中组部、中宣部等28部门联合发布《关于对严重危害正常医疗秩序的失信行为责任人实施联合惩戒合作备忘录》，将对涉医违法犯罪活动实施联合惩戒，以备忘录的形式将跨部门、跨领域的协作引入联合失信惩戒的共治隔绝，成为我国社会诚信体系推进的重要手段，也是解决当前暴力伤医事件的新路径。相关的黑红名单管理和联合惩戒，体现了政府为主导的模式来系统性解决暴力伤医问题，应当说，这是一种全新的、有益的尝试。

当然，有些医院和医生曾自发尝试"民间黑名单"制度来规避医疗风险。对于"专业"医闹人员，很多医生会把患者相关信息在同学群、同事群等内部交流群转发，以此来提醒同行。从法律上讲，这可能会剥夺患者的生命健康权，而导致纠纷的发生；从情感上讲，很多专业的"医闹"在各个医院之间进行讹诈，他们并不会走司法程序，而是选择了"医闹"的方式。医生们的行为也是为了自保而采取的自发行为。如果这种行为能够得到国家立法的确认和肯定，国家诚信体系得到建设与完善，这对于推动医疗秩序的良性运行，无疑将起到积极的推动作用。笔者基于当前立法学说、法律规范与司法实务，通过法律规范的梳理，进一步明确医护人员司法保护的法律制度，这些有益的尝试将为医疗纠纷解决机制的法治化发展提供借鉴。

第五，修改完善相关法律，设立"袭医罪"[①]。

屡屡发生的袭医事件，不仅让医护人员寒心，也不利于社会的良性健康发展。如果从立法上设立"袭医罪"，将对试图"暴力伤医"的人员起到震慑作用。目前，对于袭医的处罚和其他行政违法处罚一样，经过鉴定为轻微伤的，可以按照《治安管理处罚法》进行罚款或拘留；鉴定为轻伤二级及以上，才可以追究肇事者的刑事责任。医生在工作场所履

[①] 全国政协委员、北京市台联会长高峰建议："袭医"与"袭警"同罪，《人民日报》2020年5月25日。

行工作职责，只有在遭受严重暴力袭击且造成轻伤二级及以上损害结果时，肇事者才能受到刑罚制裁，这样的威慑作用明显不足，以至于违法者有恃无恐、暴力伤医事件屡禁不止。

同时，我们还应当认识到袭击医生和普通的打架斗殴不同，因为医生是在履行职务行为，在工作场合遭受袭击，应当属于刑法意义上的扰乱社会公共秩序的行为，其情节和程度应当比一般的打架斗殴行为严重，其处罚也应当更加严厉。因此，我们应当通过立法切实加强对医生的保护。可以予以比照的是，《刑法》第二百七十七条规定了"妨害公务罪"，但很多警察认为此罪的量刑明显过轻。《刑法修正案（十一）》2022年3月1日起正式施行，修正案将刑法第二百七十七条第五款修改为："暴力袭击正在依法执行职务的人民警察的，处三年以下有期徒刑、拘役或者管制；使用枪支、管制刀具，或者以驾驶机动车撞击等手段，严重危及其人身安全的，处三年以上七年以下有期徒刑。"这是首次对袭警单独设置法定刑，最高刑期由3年变7年。根据《关于依法惩治袭警违法犯罪行为的指导意见》，袭击民警不能仅以造成民警身体伤害作为构成犯罪的标准，即无须致伤就可以构罪。"袭医罪"的设立，可以参照"袭警罪"，因为二者都是在工作时间、工作场合、履行职务过程中遭受到袭击，应当着重加强对二者的保护力度。

六　总结

从法律上看，由于我国缺乏医疗风险规制的基础性法律，对于医疗风险的治理与防范处理力度不够，没有形成系统性的医疗风险预防体制与机制。同时，应当建立伦理与法律上的医疗风险预防与处理机制，畅通医务内部的沟通机制。而真正解决医患关系紧张的问题，需要深化医疗改革，解决一些深层次问题，包括公立医院综合改革、药品加成、医保支付、薪酬制度等，总之，重塑医患关系需要综合施策。[①] 同时，医患关系的治理可以视为社会治理现代化的一个方面，情感治理可以视为社会治理的一个新的维度。目前，我国医疗纠纷双方的泛化对立心态已经

---

① 秦平：《重塑医患关系需要综合施策》，《法制日报》2020年3月30日第1版。

成为阻碍医患关系和谐发展的重要因素,可以从两个方面进行尝试,一方面,从医患情感的动力角度进行分析,发展社会卫生服务建设,将相关医疗活动置于"熟人"社会中;另一方面,从情感策略的角度看,蕴含着强烈情感色彩的医患共同决策范式在临床中的应用。[①]

我们在医疗纠纷的处理中,以习近平法治思想为指引,理顺医疗纠纷处置的司法流程,需要从制度上予以完善。[②] 中国自古以来就有尊师重医的传统美德,2020 年的新冠疫情中,医患关系非常和谐,这才是医患关系间应有的尊重与感恩,这也是世代医患关系美好祝愿与关爱的体现。

第二节　民法典时代医疗纠纷争议解决机制实证研究

一　研究背景

党的二十大报告指出,推进健康中国建设,把保障人民健康放在优先发展的战略位置。积极贯彻落实党的二十大精神,走出一条中国式现代化健康治理新道路,更好保障广大人民群众健康是实现中国式现代化的题中之义,具有重要现实意义。医护群体处于社会大健康的核心位置,加强对医护群体的保护是实现"健康中国"的重要条件。

近年来,随着改革的不断深入与社会转型期的发展变化,社会矛盾在个别领域呈现严重态势,医疗纠纷愈演愈烈,广大医务工作者,一方面,需要面对越来越多的新发疾病及众多求生欲望的患者;另一方面,当患者对治疗效果不满意抑或其他原因发生纠纷时,还要面临心理与精神的双重压力,甚至人身威胁。医疗纠纷,尤其是暴力伤医案,现在已经成为全社会关注的热点和焦点。

针对暴力伤医问题频发,有两方面经验可供参考:第一,加强医生学法、懂法、用法势在必行。"送法助医"不仅停留在口头上,而是在切

[①] 汪新建、姜鹤:《医患社会心态的情感治理》,《西北师大学报》(社会科学版)2020 年第 1 期。

[②] 齐晓霞:《重塑医患信任关系需要制度保障》,《社会科学报》2020 年 4 月 23 日第 4 版。

实的行动中。① 中共中央印发《法治社会建设实施纲要（2020—2025年)》，要求全面加强公共卫生领域相关法律法规建设。这也代表着从国家层面对医护群体普法的重视，更需要医护人员加强自身学习，做到学法、懂法、用法。第二，可以采取第三方见证和保险制度，这不仅是落实《民法典》中有关消费者"知情同意"的制度保护，也是将有关医疗风险转移，提升医护人员安全幸福指数。加强医疗纠纷中医生合法权益的保护，需要系统性的构建，包括增加财政投入、增加医护人员福利待遇、扩大医保报销比例、增加医院的安全保卫措施等。在此，笔者仅讨论第三方见证和医疗保险责任制度。

二 中国医疗纠纷产生的理论根源

在伦理学思想史上，主要存在着义务论与目的论两种哲学观点。具体到医学伦理的领域，可以衍生出义务论伦理学和目的论伦理学。义务论伦理学以传统的医德为代表，从道德层面规范着古今中外医生的行为与规范。转型期的中国将部分医疗行为作为公共服务推向市场，其医疗行为具有目的性，符合目的伦理学的价值理念。人道主义与功利主义由于在价值理念、道德选择和现实路径方面存在着巨大的差异，导致其义务理念发生激烈的思想碰撞，不断剧烈挑战着中国传统的伦理学思想，深深影响着当前的医患关系。

第一，义务论的医学哲学思想。

义务论的哲学思想可以追溯到古希腊时期。苏格拉底曾经提出"美德即知识"来规定道德的属性，其从道德理性的角度来理解社会契约。亚里士多德提出了理性主义的伦理学思想，托马斯·阿奎那提出了道德

---

① 截至2022年3月，笔者已经给包括南开大学、天津大学等32所高校和医院的老师和同学们进行普法宣讲，应当说这些问题都是在校老师和学生们亟须了解的法律问题，也是在校大学生触犯法律底线的重要问题。就普法讲座的初衷而言，笔者发现自2020年9月开学后，已经有某著名大学退休教授被诈骗300余万元，某著名大学在职教师被电信诈骗13万元，某"双一流"高校在校学生被电信诈骗13万元等事件发生。随着科学技术的发展，网络诈骗已经成为主要的诈骗手段，广大人民群众、广大师生深受其害，因而对于大学生普法教育刻不容缓、势在必行。

原则具有善的价值,康德认为人本质上是善良的,善良意志是一种理性。① 罗尔斯在《正义论》中指出:人是目的而不能被当作手段。②

中国传统的伦理学思想中,"仁与义"一直占据着儒家思想的主导地位,始终强调"唯义无利""舍利取义""重义轻利"的义务论标准。如《礼记·中庸》中指出:"仁者,人也";《论语·里仁》中提出的"君子喻于义,小人喻于利"等。这些道德标准超脱了功利主义的价值追求,更加突出了"仁与义"的价值地位和在道德教化中的作用。

义务论的伦理学思想强调医生的道德义务和行为执业规范,更加注重医生医德的养成和人格的塑造。正如《希波克拉底誓言》中所倡导的那样:"我愿尽余之能力与判断力所及,遵守为病家谋利益之信条。我之唯一目的,为病家谋幸福,并检点吾身,不作各种害人及恶劣行为。"③

第二,功利主义的医学哲学思想。

功利主义的理论渊源可以追溯到古希腊时期的快乐主义伦理学思想,其代表人物是伊壁鸠鲁,其思想的核心是:快乐是幸福生活的开始与目的,认为快乐是人生最大的善。边沁构建了古典功利主义的基本框架,提出了功利主义的理论。他在《道德与立法原理绪论》一书中,对功利主义原则作出更清晰的解读:"当我们对任何一种行为予以赞成或不赞成的时候,我们是看该行为是增多还是减少当事者的幸福,换句话说,是看该行为增进或者违反当事者的幸福为准。"④

中国传统的哲学思想中,重义轻利的义务论一直占据统治地位,但是这并未否定功利主义思想。《论语·里仁》中提出的"富与贵,人之所欲为也";《管子·牧民》中提出的"仓廪实而知礼节,衣食足而知荣辱";《河南程氏遗书〈卷十八〉》中提出的"人无利,直是成不得,安得无利?"但由于中国传统的儒家思想占据主导地位,这就导致功利主义的哲学思想在中国一直处于弱势地位。就医疗体制改革而言,将本属于公益性的医疗卫生公共服务推向市场,这其中是义务论与功利主义两种

---

① [德]康德:《道德形而上学原理》,苗力田译,上海人民出版社2012年版,第7页。
② [美]罗尔斯:《正义论》,何怀宏等译,中国社会科学出版社1988年版,第30—31页。
③ 綦彦臣:《希波克拉底誓言》,世界图书出版公司2004年版,第3页。
④ 周辅成:《西方伦理学名著选辑》(下卷),商务印书馆1987年版,第211—212页。

哲学思想的激烈交锋。

第三，两种哲学思想在医改过程中的激烈碰撞。

改革开放40多年，中国的医疗纠纷及其治理可以分为三个阶段：医疗行为导致的调整与冲突能量的逐渐积累阶段、冲突能量大规模示范与治理新机制的探索阶段、治理新机制的权威性提升与冲突能量的再规范阶段。[①]

改革开放后，国家的经济体制开始转轨，这些变化也深深影响了国家医疗体制改革。1979年后，随着卫生部、财政部、国家劳动总局联合发布《关于加强医院经济管理试点工作的通知》等一系列文件，运用市场经济手段来管理和规范医疗卫生机构，其价值遵循是功利主义的指导思想。随着医改的开展，医药卫生行业全面放开，医疗成本普遍上涨，政府无力承担巨额亏损，导致"以药养医"现象的产生。1992年，在《关于深化卫生医疗体制改革的几点意见》中，提出了"建设靠国家，吃饭靠自己"的口号，允许医院通过创收来解决自身发展的问题，这样可以很好地解决资金短缺和发展问题，但其负面效果是医院的公益性被严重削弱。

从理论上讲，国家并没有放弃公立医院的公益性理论。1997年《中共中央、国务院关于卫生改革与发展的决定》明确规定了公立医疗机构是非营利性公益事业单位。但现实情况是，医改直接套用国企改制的思路，按照经济规律办事，运用经济手段来经营医院，鼓励医院创收，这些措施客观上加速了公立医院的市场化进程。2000年，国务院公布《关于城镇医疗卫生体制改革的指导意见》明确提出医药分开、收支两条线、实行药品集中招标采购等措施，标志着全面医改的展开。

2006年，国家发改委《关于进一步整顿药品和医疗服务市场价格秩序的意见》中规定了公立医院可以顺加15%的药品加成，来弥补医院收入的不足。由于政府对公立医院补偿机制的不完善，药品收入成为医院收入的重要来源，所以，各大医院为了维持收入稳定，就导致了大处方、

---

① 许尧、毛讷讷：《改革开放40年中国的医疗纠纷及其治理》，《中国医院管理》2019年第10期。

高价药的出现,这就导致了患者医药费用持续上涨。据统计,20多年来,我国人均收入提高了十几倍,而药品价格却上涨了100倍,有的甚至上涨了200倍。① 但其实自2009年新一轮医疗改革以来,我国一直将取消药品加成作为破除"以药养医"的突破口。按照2017年政府工作报告的承诺要求,2017年底在全国推开公立医院综合改革,全部取消药品加成,至此取消了60年的药品加成政策。我国居民个人卫生支出占卫生总费用比重从2008年的40.4%降至2016年的30%以下,百姓健康与幸福感不断提升。②

义务论哲学思想要求医生牢记"救死扶伤"的宗旨,而患者要健康、医护人员要体面的收入、医院要创收,这就导致了医方存在着利益的冲动。因此,医方在利用自身专业知识治病救人的同时,利用医疗信息不对称追求经济利益最大化,成为不二选择。因此,中国当前的医改就是在义务论与功利主义哲学二者的纠葛中向前发展,可以说这就是当前中国医疗纠纷成为社会关注的热点、医护人员心目中痛点的理论根源。我们当前的医疗卫生体制改革,从本质上说,就是在义务论与功利主义哲学思想中寻求一种动态的平衡,使医疗服务能够在维持其公益性的本质属性基础上,解决当前财政在医疗投入不足的问题,维持医疗机构的运转与良性发展。

医患问题通常被认为是"多输"型的社会问题,即"政府闹心、社会揪心、患者伤心、医生寒心",彼此都认为自己是受害者。不可否认的是,包括中国在内的当今世界的医学水平得到极大的提升,但这种技术性水平的提升并没有带来患者的满意感与信任感的同步提升。医患关系信任是技术信任与关系信任的统一,三甲大医院的医患关系往往比非三甲、人流量小的医院医患关系更为紧张。从历史的眼光看待医学模式的转变,医学模式的现代化过程即(自然)科学化过程,就是医患关系不

---

① 陈文玲:《药品价格居高不下究竟原因何在——对药品价格问题的调查研究与思考(上)》,http://news.sohu.com/20050107/n223824357.shtml,2021年1月10日访问。

② 《全面取消药品加成 我国医改吹响攻坚号》,http://www.xinhuan.com/politics/2017-12/28/c_1122181948.htm,2021年1月20日访问。

断从治疗中心被放逐到边缘化的过程。①

三　完善医疗纠纷解决机制的路径

（一）《民法典》对患者"知情同意"提出了更高的要求

根据我国《民法典》第四百九十六条之规定，如果格式条款涉及当事人重大利害关系或者不合理免除或者减轻对方责任的，那么当事人可以主张格式条款不成为合同内容或者格式条款无效。第一千二百一十九条规定，医护人员需要手术、特殊检查情形，应当向患者具体说明并取得其明确同意（注：侵权责任法第五十五条规定应当向患者说明，并取得其书面同意）。从"说明"到"具体说明"，体现出立法者立法设计的宗旨是保护处于相对弱势一方的合法权益，"具体说明"二字蕴藏着深厚的立法内涵，其不仅说明了对于患者"知情保护"，更对医护人员提出了更高的要求。

通过2019年医疗纠纷大数据分析得知，"未尽到合理注意义务导致败诉"排在案件首位。大约有40%的纠纷是医院未尽到"合理注意义务"。排在第二位的原因是患者认为医生侵犯其"知情同意权"，由于损害"知情同意"而导致败诉的比例在2018年大约为43%，由于《医疗纠纷预防和处理条例》的生效，这方面的比例在2019年降为23%。导致败诉的第三方面的原因是病例的不完善，大约占到案件总数的19%。

（二）第三方见证与医疗保险制度存在的意义

医疗意外险对于医护人员而言，可以保障医护人员安心诊疗，减轻医院因医疗纠纷带来的经济压力和医护人员的心理压力；对患者而言，可以化解因患者经济条件恶化而导致恶性伤医案件的发生。投保意外险的意义在于，发生医疗意外情形时，一方面，使患者有能力支付后续的治疗费用；另一方面，对其心理和情绪上能够缓解因医疗意外而导致的心理与生理压力。医疗责任险是在当前国家对医疗经费投入不足的情形下，医院与患者自发采取的相对能够缓解生活、心理与生理压力的一种全新的尝

---

① 吕小康：《从关系治理到共同体建设：重建医患信任的协同路径》，《南京师大学报》（社会科学版）2020年第4期。

试，这种尝试已经经过国家的认可并得到鼓励与提倡。实践证明，这种模式能有效防范医疗风险，化解医患矛盾，有利于医患关系的和谐。

2016年11月1日，国家卫计委颁布的《医疗质量管理办法》第三十六条规定了利用医疗责任保险、医疗意外保险等风险分担形式，提出以医疗意外险作为医疗风险的一种分担形式，用来保障患者合法权益。此后，多部行政法规和相关文件通知，鼓励并倡导通过社会保险、第三方见证等多种途径来进行风险分担，保障医患双方的合法权益。引进第三方见证与医疗意外险，是响应国家政策号召，探索医疗风险分担机制作出的有益尝试。[①]

（三）第三方见证的流程

（1）工作人员向医患双方告知第三方见证的目的、意义及流程，征求医患双方意见负责解答疑问。

（2）医患双方身份确认，非患者本人需填写委托书。

（3）见证过程中医患双方及见证人员三方需全程在场，因一方离场，征求相对方意见后可暂停，直至三方同时在场。

（4）谈话结束后，见证人员需向双方沟通：①医方是否将诊疗方案、替代医疗方案、手术名称、并发症风险等告知完整；②患方是否完全知情，是否还有其他问题咨询，疑问由医方解答。

（5）明白无误后患方作出选择签署手术知情同意书、第三方见证确认书并按手印。

[①] 具体规章制度参见：《医疗质量管理办法》（2016年11月）第三十六条规定："医疗机构应当提高风险防范意识，建立完善相关制度，利用医疗责任保险、医疗意外保险等风险分担形式，保障医患双方合法权益。"《医疗纠纷预防和处理条例》（2018年10月正式施行）第七条规定："国家建立完善医疗风险分担机制，发挥保险机制在医疗纠纷处理中的第三方赔付和医疗风险社会化分担的作用，鼓励医疗机构参加医疗责任保险，鼓励患者参加医疗意外保险。"《国务院关于印发十三五深化医药卫生体制改革规划的通知》规定："加快发展医疗责任保险、医疗意外保险，探索发展多种形式的医疗执业保险。"2018年9月13日中国政府法制信息网发布《医院投诉管理办法（征求意见稿）》第十五条规定："医院可以结合实际情况，制定医疗风险告知和术前谈话制度，规范具体流程，对于高风险手术等诊疗活动，可通过录音录像等方式记录相关告知过程；必要时，可以邀请公证员或律师等第三方人员进行公证或见证。"2019年4月颁布的《医疗机构投诉管理办法》第二十一条规定：医疗机构可以结合实际情况，制定医疗风险告知和术前谈话制度，规范具体流程，以患者易懂的方式和语言充分告知患者，并取得其书面同意。《中华人民共和国基本医疗卫生与健康促进法》（2019年12月28日）第四十七条规定：国家完善医疗风险分担机制，鼓励医疗机构参加医疗责任保险或者建立医疗风险基金，鼓励患者参加医疗意外保险。

(6) 根据手术风险，见证人员向患方手术风险承担方式，告知本例手术可以自愿购买医疗意外险，征求患方意愿。

(四) 第三方见证对于降低医疗纠纷的作用

第一，从主体上看，见证人是独立于医生与患者外的第三人。

在医院安排下，由独立于医患之外的驻医院工作人员，以"第三方"见证人的身份，给患者详细说明诊疗措施和治疗方案，参与术前谈话和签署手术同意书的全过程，并对谈话过程录音录像，保障了患者的知情同意与选择权，同时强化了医护人员的告知义务。

第二，从告知内容与形式上看，见证医师对患者的告知是否合法。

在见证的内容上，第三方见证患者对医师告知的内容是否真正知情，知情同意书的签署是否规范、合法、有效等。除此之外，还包括：见证医方是否充分履行告知义务、手术的项目及存在的风险，以及约定的免责事由等。

在见证的形式上，有录制、面谈、咨询、解答等多种形式。术前谈话结束，增加《高风险手术谈话见证确认书》，医生、患者、见证人三方签字确认。第三方工作人员见证结束后，具有是否投保医疗意外保险的选择权。术前谈话见证视频由医院存档三年，出现纠纷随时调阅，作为参考证据。

第三，见证可以使患者知情权得到最大程度保障。

见证手术的术前谈话，能够对医患双方进行规范，有效促进医患沟通，减少医疗纠纷。同时，通过加强医疗质量安全全过程管理，获得各个临床科室并发症的精准数据，可以使患者知情权得到最大程度保障。

四 结语

医疗纠纷的解决，从道德层面而言，需要学会敬畏、学会感恩、学会珍惜，[1] 尤其是学会感恩。在纪录片《手术两百年》里有这样一句话："医学，实际上是人类善良情感的一种表达，它起源于人类最朴素的救助

---

[1] 余霞：《补好三堂"课"》，《江西日报》2020年2月20日。

愿望。"当前，应以《民法典》生效作为切入点，以对于患者的"知情同意"保护作为着力点，第三方见证与手术意外险的引入，能够在义务论哲学思想与功利主义哲学思想中寻求一种动态的平衡，这无疑是对《民法典》相关精神落实的有益尝试。

第三节　医院胜诉案件法律分析

在司法实践中，法院驳回原告诉讼请求的（原告一般作为患者及其他合同相对人，医院通常作为被告出现），主要有以下几种情形：超过诉讼时效，医疗诊疗行为的过错与受损事实无法举证，拒不委托鉴定，委托鉴定后不交费，鉴定机构因材料不全而退案，与被告达成协议后再起诉被驳回，举证不能代理权限被否定、医院监控等设备的完善、管理制度的完善等情形。下面主要分析医院胜诉案件的几种情形。

一　超过诉讼时效的诉讼请求可否得到法律支持？[①]

鉴定结论：患者在 2010 年 5 月 10 日入住被告医院儿科期间，儿科经检查考虑颅咽管瘤伴脑积水，诊疗过程不存在误诊。后三次入住被告医院神经外科，疾病诊断明确，具有手术指征，术前已向家属尽到说明义务，操作过程符合医疗规范。根据赵继宗主编的教科书《颅脑肿瘤外科学》记载同位素肿瘤囊内注射是囊性颅咽管瘤的治疗手段之一。患者出现的下丘脑及全垂体内分泌功能减退等一系列临床症状为疾病本身所致，医方的诊疗行为符合规范，法院予以确认。

对于原告提出的不认可医学会的鉴定意见而应通过司法鉴定或由中华医学会再次进行鉴定的主张，法院不予支持。被告对本案诉讼时效提出了抗辩，认为患者于 2013 年 10 月 6 日死亡，于 2015 年 12 月 21 日向法院主张权利，超过了一年的诉讼时效期间，法院支持了被告的抗辩请求。

医疗风险提示及律师点评：《民法典》第一百八十八条：向人民法院

[①] 天津市和平区人民法院（2016）津 0101 民初 2978 号民事判决书。

请求保护民事权利的诉讼时效期间为三年。对于起诉至法院的案件,应首先看其是否超过诉讼时效,如果案件超过了诉讼时效,当事人丧失了胜诉权。

本案中,二原告虽提出在患者死亡后一直与被告协调此事,但未提供诉讼时效中止、中断等相关证据,至二原告向法院主张权利时已超过一年(《民法通则》规定的人身损害赔偿的诉讼时效为一年),二原告的诉讼请求亦无法得到支持。

二 患者主观行为:患方认为医院医护人员不负责任,是否应承担相应法律责任?这种情况下,是医方还是患方承担举证责任?当事人认为医院应当提供监控录像,而医院则主张过期,不能提供,法院将会如何处理?①

涉及科室:保卫科

判决理由:宫某与他人因琐事产生纠纷,被他人所打。宫某拨打120急救中心电话,由急救中心救护车将其送至医院处。宫某认为,自到医院处后,医院医护人员始终不对其进行救治,医护人员反复询问宫某姓名、年龄。为此双方发生争执并报警,宫某配合出警的派出所民警做完笔录后,便找到医院主管医师理论。宫某认为,医院的行为严重耽误了宫某的救治,并阻碍宫某第一时间保留被打证据,属于严重的不作为,故成诉。

双方当事人对宫某被120送至医院急诊处接诊的事实没有争议,医院应当履行提供医疗服务的义务。宫某主张医院医护人员始终不对其进行救治,反复询问其姓名、年龄等问题,严重耽误了宫某的救治。医院表示,问诊有利于医护人员尽快了解病人病情,另提交了为宫某进行检查的相关证据,证实其已在宫某未自行交费挂号的前提下,为其开通绿色通道进行检查救治。然而,宫某未向一审法院提交相关证据证实其损害行为与医院的医疗行为之间存在的因果关系,故宫某的诉讼请求法院不予支持。关于事发当日的录像问题,经本院核实,被上诉人单位的录像

---

① 天津市南开区人民法院(2015)南民初字第6593号民事判决书。

保存时间仅为 22 天左右，上诉人提出调取录像申请时该录像已经不存在，并不存在故意不调取录像、偏袒被上诉人的情形。综上，驳回原告宫某全部诉讼请求。

医疗风险提示及律师点评：在我国民事法律中，实现"谁主张，谁举证"的规则。本案中，宫某认为，医院耽误其治疗，应当对其主张承担举证责任。宫某未向一审法院提交相关证据证实医院存在过错以及因过错导致损害结果的发生，故宫某的诉讼请求法院不予支持。

三　经过医调委调解成功的医疗纠纷案件，患者反悔，可否再诉？[①]

涉及科室：神经外科

案情经过：原告急诊行开颅血肿清除+去骨瓣减压术，后再次颅内出血，再次急诊开颅，清除血肿，术后对症治疗。原告就被告手术操作不当，造成患者意识不清，请求市医疗纠纷人民调解委员会予以调解。经调解，双方协议如下：1. 此纠纷中，医方应承担 40% 医疗损害侵权责任；2. 医方一次性赔偿患方 8 万元；3. 患方欠医方的医药费用 18.3 万元医方自愿免除，患方签订协议之日办理出院手续，患者离院；4. 案结事了，无其他争议。后区人民法院出具了民事裁定书，对上述调解内容予以了确认。

判决理由：原、被告双方自愿达成的协议有效，对双方有拘束力。原告本次诉讼中向被告主张经济赔偿的内容，与双方签订的协议内容相悖，故法院不予支持。

医疗风险提示及律师点评：《民法典》第一百四十三条规定了有效民事法律行为的要件：行为人具有相应的民事行为能力；意思表示真实；不违反法律、行政法规的强制性规定，不违背公序良俗。一般情况下，双方签订的协议，没有违反法律强制性规定，都应当认定为合法有效。如果医患任何一方，认为当初签订协议存在不公平、不合理、重大误解等情形，除非能够证明确实存在该情形，否则该调解协议合法有效，应当得到法律保护。

[①] 天津市津南区人民法院（2018）津 0112 民初 9352 号民事判决书。

四 患者单方面委托：鉴定机构的选择应当经过法庭许可，并经双方共同委托，方为有效；对于单方面委托的鉴定机构出具的结论，法院如何认定其效力？[①]

涉及科室：产科

判决理由：原告自行委托机构鉴定，通常情况下，不应将其作为认定案件事实的依据：1. 鉴定中心于 2015 年 3 月 11 日向被告寄送的《听证会告知函》中称司法鉴定委托人为山东 T 律师事务所，但其出具的《法医临床司法鉴定意见书》中载明委托人为 T 医调委，存在矛盾之处；2. T 医调委于 2015 年 4 月 24 日接受原告的调解申请，但其于 2015 年 3 月 11 日向被告寄送《听证会告知信》，时间早于其接受原告申请时间，时间存在矛盾。

医疗风险提示及律师点评：诉讼中的鉴定需要由法院主持，经过当事人双方共同认可的鉴定结论才可能被法院采信。任何一方单方面委托所做的鉴定结论，如果对方不认可，法院将不予采信。本案中，依原告申请，T 医调委单方委托 J 鉴定中心对原告伤残程度、被告过错等事项进行司法鉴定，并未与被告达成一致，被告拒绝参加听证会，且原告提供的鉴定材料并未经被告书面确认。按照规定，J 鉴定中心应当不予受理或受理后终止鉴定。

庭审中，法院依法委托某医学会进行司法鉴定，但原告拒绝配合鉴定，致使某医学会无法受理鉴定委托，故原告诉讼请求于法无据，法院不予支持。

五 鉴定无因果关系：原告胎死宫内的后果，被告未尽到相应的说明义务，是否会承担责任？[②]

涉及科室：产科

鉴定结论：1. 胎儿死因分析：孕期死胎情况时有发生，其原因多种多样，有些情况受目前医疗水平限制无法解释。结合本鉴定产妇高龄，

---

① 天津市南开区人民法院（2015）南民初字第 7801 号民事判决书。
② 天津市和平区人民法院（2019）津 0101 民初 2042 号民事判决书。

死胎的发生率较高，考虑胎死宫内可能与其自身发育缺陷有关。2. 被告未尽相应的说明义务：B 超结果提示脐带囊肿增大后，医方没有对原告强调胎动变化的记录，未尽到说明义务。鉴定结论为：医方未尽到相应的说明义务，但与产妇胎死宫内的后果无因果关系。

判决理由及结果：被告虽没强调对原告胎动变化进行记录，未能尽到相应的说明义务；但胎儿脐带囊肿这一事实，在诊疗检查中原告应早已知晓，况且，胎死宫内可能与其自身发育缺陷有关；故此不能依据上述多种情况，出现胎儿脐带囊肿，导致胎死宫内的后果，认定被告的责任。原告胎死宫内的后果，与被告没有因果关系；原告请求被告责任的主张，法院不予支持。

医疗风险提示及律师点评：结合本案原告系高龄产妇，胎儿持续存在脐带囊肿与胎儿染色体异常及胎儿畸形密切相关；考虑到胎死宫内可能与其自身发育缺陷有关；对于原告 B 超结果提示脐带囊肿增大后，被告没有对原告强调胎动变化记录。鉴定结论为：医方未尽到相应的说明义务，但与产妇胎死宫内后果无因果关系。原告虽因胎死宫内的后果，精神上造成痛苦，但胎死宫内的后果与被告无关，故原告的诉求法院难以支持。

六　病人在医院死亡，是否意味着医院一定承担责任？

涉及科室：呼吸内科

鉴定结论及判决结果：《医疗事故技术鉴定书》鉴定意见为：1. 徐某为慢性阻塞性肺疾病急性加重期、Ⅱ型呼衰、肺心病、冠心病、心律失常、心功能不全、脑梗。医院的诊疗及抢救过程符合医疗、护理常规；医院根据重症病人临床常规使用头孢唑肟，后又根据病情、药敏试验更换及联合使用抗生素，符合用药原则；2. 医院根据病情需要将患者转ICU，转科过程中医护人员携带使用简易呼吸囊，对可能发生的意外已经有所准备，途中徐某突发呼吸心脏骤停，医院的抢救措施符合医疗常规；3. 医院在病历记载及病情告知上存在一定不足，但与徐某死亡无因果关系；4. 因未做尸体解剖，患者确切死因不明。从临床医学科学角度考虑，徐某病情严重，其死亡为疾病的转归所致，本病例不属于医疗事故。

《医疗事故技术鉴定书》鉴定意见为：1. 影像表现与医院的报告结论基本一致，与徐某疾患的临床表现相符。2. 床边片对心影有放大作用，对心影大小形态不易确定，报告单上描述"心影大小形态正常"略有不妥，但不影响临床诊治。故驳回原告的诉讼请求。①

医疗风险提示及律师点评：《补充鉴定》内容为：1. 徐某为慢性阻塞性肺疾病急性加重期、Ⅱ型呼衰、肺心病、冠心病、心律失常、心功能不全、脑梗。医院根据重症病人临床常规使用头孢唑肟，后又根据病情、药敏试验更换及联合使用美罗培南、万古霉素、氟康唑等抗生素符合用药原则，未发现存在用药失当或过失的行为。2. 徐某病情危重，医院根据病情需要将徐某转 ICU，转科过程中医护人员携带使用简易呼吸囊，对可能发生的意外已经有所准备。途中徐某突发呼吸心脏骤停，医院的抢救措施符合医疗常规。医院在病历记载及病情告知上存在一定不足，但与徐某的死亡无因果关系。3. 因未做尸体解剖，患者确切死因不明。从临床医学科学角度考虑，徐某的病情严重，其死亡为本身疾病的转归所致。故法院判定医院不承担赔偿责任。

七　右膝化脓性膝关节炎：病例是否存在涂改的法律认定？

涉及科室：骨科

判决理由及结果：最高人民检察院作出高检民抗〔2014〕119号民事抗诉书。谢某住院期间，包括入院时、手术前以及出院前，医院对其进行的多次检查中诊断的病症均是右膝化脓性膝关节炎，其中出院小结当中载明入院诊断右膝化脓性膝关节炎，病理诊断右膝化脓性膝关节炎，最后诊断右膝化脓性膝关节炎。对于谢某住院期间形成的病历资料，谢某申请文字鉴定的范围并不包括病症名称"右膝化脓性膝关节炎"的书写鉴定，谢某在历次审理中也未对病症名称的书写是否存在涂改提出异议。

谢某在历次审理中对上述两份检验报告单的形成日期未提出文字书写异议，但认为，该两份检验单是同一日送检，而检验结果形成日期不

---

① 最高人民法院（2016）最高法民申820号民事裁定书。

一致，医院存在医疗过错。法院认为，上述两份检验报告单均作为鉴定素材，提交给湖北省医疗事故技术鉴定委员会进行鉴定，鉴定意见未指明两份检验报告单形成时间必须是一致的，或者是医院的医疗行为不符合医疗规范流程。两份检验报告单中，关节液涂片报告形成在前，而细菌培养加药敏报告形成在后，由于两份报告单检验事项不相同，并不能认定检验结论相互涵盖或者推翻。谢某提出细菌培养加药敏报告能够证明关节液涂片报告是错误的理由，法院不予支持。

医疗风险提示及律师点评：鉴定意见说明《术前小结》"抽出关节液脓球"后的"＋＋＋"存在涂改，但这一涂改不能排除医院是由于笔误实施的正当修改，故不能认定医院实施了篡改谢某病历的行为。《术前小结》的记录存在涂改现象，但所涂改部分并未影响对谢某病症的诊断，也未影响对案涉病历进行医疗事故鉴定。因此，医院虽然未对鉴定意见指出的《术前小结》中"抽出关节液脓球＋＋＋"的涂改问题作出明确答辩，但谢某据此认为再审判决认定医院不存在医疗过错，缺乏证据理由不成立，法院不予支持。

八 不申请鉴定的法律后果：原告并未提供证据证实被告的医疗行为存在过错以及与其身体的损害结果之间的因果关系，是否承担法律责任？[①]

判决理由及结果：原告到被告处挂耳鼻咽喉科，病历记录载明，前症，耳痛，用药后改善，被告给原告出具医疗门诊收费票据载明，头孢地尼胶囊，肿痛安胶囊。现被告否认其医疗行为存在过错，且原、被告均表示不鉴定。法院驳回原告诉讼请求。

医疗风险提示及律师点评：民事诉讼中实行"谁主张，谁举证"的举证规则。现原告并未提供证据证实被告的医疗行为存在过错以及与其身体的损害结果之间的因果关系且原告明确表示不鉴定，故法院无法支持其诉讼请求。

---

① 天津市第一中级人民法院（2019）津01民终4046号民事判决书。

九 患者与医院已经和解的行为，可否再诉？[①]

判决理由及结果：原告因感冒、泌尿系统感染到被告医院就诊，在医生对其输液治疗过程中，原告的手臂上肢出现麻木、肿胀、疼痛，后停止输液。复查发现，其右侧桡静脉血栓形成，需要住院继续治疗，原告提出异议。后经双方协商达成协议，由被告医院一次性补偿原告9990元了结此事，被告已将该赔偿款项给付原告。后原告与被告医院签订了医患纠纷调解终结协议书，该协议书第四条记载：本协议原、被告双方对协议内容充分予以了解的情况下签订，且已实际了解和掌握了相关的法律法规之规定，完全基于当事人自愿而签订。原、被告双方签名、加盖公章予以确认。最终，法院驳回原告的全部诉讼请求。

医疗风险提示及律师点评：《民法典》第一百四十三条规定了有效的民事法律行为的要件。本案中，合同系双方真实意思表示，并无无效的情形，应认定为有效。所以，任意一方以合同无效而诉讼的，法院一般不予支持。

十 患者主张医院病历记载与实际不符，要求更改病例，能否得到支持？[②]

判决理由及结果：原告对其住院期间接受了"全脑血管造影术"并无异议，被告在原告的出院病历中有对提供该项治疗经过的具体描述，亦有相应检查报告单，描述了检查经过及检查结果，被告的病历记录与原告所认可事实基本一致，可以认定被告的病历记录真实。通过审理可见，原告的主要异议来自对《病人费用清单》中列明的"1000mA计算机介入影像系统"和"选择性血管介入治疗"，因该清单显示的是收费项目名称，医疗机构的收费项目使用何种名称不属于法院审理核查范围，且原告在此次住院期间的费用已经结算。关于导尿一节，因原告之妻已经签署自费项目确认书，其中载明的自费项目有尿袋一项，原告

---

① 天津市第一中级人民法院（2017）津01民终6700号民事判决书。
② 天津市第一中级人民法院（2015）一中民四终字第1281号民事判决书。

如有异议，应在结算费用时及时提出，现其住院期间全部费用已经完成结算，且未提供其他证据证实其诉讼请求，对该项诉讼请求，法院亦不予支持。

医疗风险提示及律师点评：医生书写的病历是医院对患者整个诊疗过程的体现。本案中，患者主张医院书写的病历与实际诊疗项目不符。对此，医院提供了诊疗过程的全部病案，证明患者进行诊疗的全部过程与病历记载的内容相同，同时对于手术名称与医院电脑系统中自动设置名称不符的问题进行了解释和说明，也进一步证实了全脑血管造影术和选择性血管介入治疗是同一项，只是电脑中没有这个名称，实际是同一项治疗。因此，患者主张医院病历记载与实际诊疗不符的请求，事实依据不足，其要求医院更改病历的上诉请求，法院不予支持。

十一 患者在医院电梯口受伤，医院是否应承担赔偿责任？患者是否可以要求实习学生承担责任？[①]

涉及科室：物业管理

判决理由：原告前往被告医院就诊，在乘电梯前往门诊三楼准备挂号过程中，于电梯口处摔倒。第二被告推一辆医用实验车与原告同乘一部电梯。原告摔倒后，该被告上前扶起原告，带原告就医并垫付医药费180元。原告经诊断为：左侧股骨颈骨折，共住院10日。

第二被告系研究生在读，在被告医院实习。实习期满后，第二被告自行到被告医院收集相关医疗数据。原告称第二被告推实验车将其鞋挂住并被实验车拉倒摔伤，但其未出具相关证据予以证实，且事发后原告并未报警。法院依原告申请，就事发过程进行调查，未调取到事发过程的有效录像记录。被告医院向法院说明其监控录像是循环覆盖式，一般保存30日，原告向法院起诉立案于事发30日后。

原告前往被告医院就诊，在电梯口摔倒的事实，原、被告各方均予以确认。原告作为完全民事行为能力人，在外出时应尽到注意观察周边环境的义务，其称第二被告所推实验车挂其鞋并将其拉倒的事实，并未

[①] 天津市南开区人民法院（2015）南民初字第0213号民事判决书。

向本院提供相关证据予以证实，也无其他证据来证明原告的主张，故对于原告的诉求法院不予支持。

医疗风险提示及律师点评：患者在医院就诊时受伤，是医院潜在的安全隐患，可以说每天都可能发生。本案中，医院之所以不承担赔偿责任，主要在于两方面做得比较到位：1. 医院监控录像存储时间比较长，而患者没有意识到 30 天的录像保存时间，属于患者自身证据不足的问题。2. 医院对电梯里的各项措施比较完善，如果医院提供不了完善的电梯管理规定，可能会承担不利的法律后果。

第四节 "医疗纠纷"中加强对医护人员法律保护的建议[①]

医护人员，一方面，在疫情防控中被称为"抗疫英雄"，另一方面，有关严重的"暴力伤医"事件被屡见报端。一方面，认为公权力对其保护的力度和方式表示不满；另一方面，用私权力维权步履维艰。本书建议：对于符合法定立案标准的，"暴力伤医"案件应予及时立案，不能推诿；以《民法典》的普法为契机，开展针对相关人员的医疗纠纷法律培训；鼓励医护人员通过法律途径维权；设立"医护人员维权专项基金"，加大对医疗法律律师的专项培训和补贴等措施，多渠道、多层次、全方位地保障医护人员的合法权益。

一 医护人员面对"医疗纠纷"时的现状

（一）医护人员在面对纠纷处于"个体化"的应对状态

当前，医护人员应对医疗纠纷采取的方式是"个体化应对"的模式，其具体方式为：医院作为被告，通常不会派人应诉而会通知涉案科室，科室再通知涉案医护人员，医护人员个人代表医院应诉，律师费用往往由科室或者个人来负担。所以，医护人员们在面对纠纷时普遍感觉到无助，缺乏归属感和安全感。

---

① 本节被天津市法学会 2018 年 8 月成果要报采纳，本书在收录时略有改动。

（二）医院通常采取赔偿或者补偿方式来解决纠纷

通过《中国裁判文书网》2019年天津市医疗纠纷的大数据分析，约占94%的医疗纠纷案件，医院需要承担赔偿或者补偿责任。从法官角度而言，患者是弱势群体，基于公平责任通常让医院承担部分赔偿或者补偿；从医院角度而言，承担赔偿或者补偿责任通常考虑如下因素：维护医院形象、应对患者上访压力，避免患者的无理纠缠、为医院争取更大经济效益等。

（三）医护人员个人通常需要为医院的赔偿或者补偿行为"买单"

医院承担赔偿责任后，为了对医护人员起到惩戒和警示作用，一般会要求医护人员个人承担责任。医院、科室和医护人员个人按照比例偿付，最常见的分担比例是4∶3∶3；个别医院经济状况较好，采取了6∶3∶1的分担比例。市三甲医院泌尿外科一场纠纷历时3年结束，法院判决医院赔偿患者80多万元，医院赔付后要求医护人员个人承担30%的责任，即24万余元。这种工作的风险性成为高悬在医护人员头上的"达摩克利斯之剑"。

（四）医护人员私力法律救济面临"立案难"

每次发生"暴力伤医"后，医院大都表态"零容忍"，通常采取的措施有：让医护人员带薪休假、协助申请工伤、晋升职称时予以照顾等。对于损害医护人员的轻微暴力案件，公安机关一般处以10日以下行政拘留，200—500元的罚款。有的医护人员对于公安机关处理意见不满意，试图提起行政复议或者行政诉讼，医院层面一般都会以影响和公安机关的关系为由，给医护人员施加压力并让其撤诉。就医护人员个人而言，通过司法途径维权面临立案困难、周期长、单位不鼓励、法律知识匮乏、聘请律师费用昂贵等诸多问题，所以，鲜有医护人员通过法律途径维护自己的合法权益。

二 加强对医护人员保护的法律建议

（一）对相关人员开展医疗纠纷的预防与处置的法律培训

通过医疗纠纷大数据分析，90%左右的医疗纠纷，可以通过提高医疗服务态度、加强对患者知情权、隐私权的保护、提升医院的管理水平等措施来避免。可以考虑以《民法典》《医师法》普法为契机，对医院管理层和医护人员开展培训，培训如何避免医疗纠纷和发生纠纷后的应急反应和处置能力。可以考虑先以三甲医院为重点，个别纠纷频发的高危科室，以科室为单位进行培训。

另外，根据多年的工作经验，我们总结出：医护人员不要和病人有私下经济往来[①]，同时还要学会如何在有征兆的"严重暴力伤医"案件中学会自救。

(二) 人民法院应放宽"涉医"案件的立案门槛

按照法律规定，对于轻微暴力伤医案件，在人民检察院未提起公诉的情况下，当事人有权依法提起刑事附带民事诉讼。而现实情况是，法院立案庭不予立案。人民法院立案部门针对"涉医"案件应及时立案，对于没有正当理由不及时立案的有关人员，发现一起查处一起，切实保障医护人员的维权行为。

(三) 多渠道鼓励医院和医护人员通过法律途径进行维权

可以考虑以行政文件的形式鼓励医护人员维权，使医院放下政策上和思想上的包袱；对无故打压医护人员维权的领导人员，给予相关党纪政纪处分；对于医护人员维权存在政策障碍的有关信访案件，信访部门

---

① 笔者曾经协调一起医护人员和患者有私下经济往来，最后被患者敲诈的案件。该医生通过朋友介绍一病人从外地过来看病，该病人家属通过微信给医生转账4000元，该医生点击收款。后病人家属对于治疗效果不满意，向市卫健委投诉该医生，由于患者有当时医生收款的转账截图、当时谈话的录音录像，所以，该医生不得不承认。经过市卫健委和医院纪委查实，给予该医生停止执业六个月的处罚。但患者家属仍感到不满意，向该医生索赔40万元，声称如果不给钱，就将该医生举报到国家卫健委纪委监委。后来该医生通过朋友找到笔者，笔者询问了当时双方的诉求，该医生同意给予患者家属40万元，但是担心患者家属以后继续来敲诈该医生，遂找律师咨询。笔者认为，家属的行为涉嫌犯罪。《刑法》第二百七十四条规定了敲诈勒索罪。敲诈勒索罪是指以非法占有为目的，对被害人使用恐吓、威胁或要挟的方法，非法占用被害人公私财物的行为。敲诈勒索公私财物，数额较大或者多次敲诈勒索的，处三年以下有期徒刑、拘役或者管制，并处或者单处罚金；数额巨大或者有其他严重情节的，处三年以上十年以下有期徒刑，并处罚金；数额特别巨大或者有其他特别严重情节的，处十年以上有期徒刑，并处罚金。《最高人民法院、最高人民检察院关于办理敲诈勒索刑事案件适用法律若干问题的解释》第一条规定，敲诈勒索公私财物价值二千元至五千元以上、三万元至十万元以上、三十万元至五十万元以上的，应当分别认定为刑法第二百七十四条规定的"数额较大""数额巨大""数额特别巨大"。笔者向患者家属指出，如果家属继续敲诈，涉嫌犯罪，可能被判处10年以上有期徒刑。最后患者家属了解情况后，双方和解。

应及时从快处置。在医院和卫生部门的年度汇报总结中，在涉及"暴力伤医"案件中，应增加医护人员对案件处理的结果进行"评价"制度，如果医护人员对案件结果不满意，应追踪医护人员是否有其他维权途径。这样，就能够使医护人员的意见得到及时的反馈，从体制机制上保障医护人员维权。

（四）设立"医护人员维权专项基金"并加大对律师的支持力度

此基金以财政拨款的形式予以保障，专门保障医护人员在"暴力伤医"案件中的维权。医护人员通过聘请专业律师维护自身合法权益，所需要支付的律师费用从该基金中列支，免除医护人员个人承担费用的后顾之忧。

处理医疗纠纷需要同时兼具医疗和法律专业知识，诉讼周期较长（一般需要1—3年才能结案），经济效益不明显，诉讼风险较大，所以很多律师对医疗纠纷并不擅长也无兴趣。可以考虑通过对相关律师群体进行针对性的医疗法律知识培训，对于处理相关案件律师予以一定程度的补贴，提升律师处理医疗纠纷法律问题的能力与水平，切实保障医护人员通过法律维权社会效果和社会影响。

第 二 章

医院管理常用法律文书范本

第一节 "停薪留职""自动离职"人员法律适用范本

一 "停薪留职"人员法律适用范本

(困难补助:适用于个人向医院申请)

申 请 书

尊敬的院领导:

　　本人×××(身份证号),＿＿＿年＿＿月出生,＿＿＿年＿＿月进入＿＿＿医院工作,现为＿＿＿科职工。2006年至今,本人身体状况欠佳、曾多次住院(2006年度病休将近六个月;2007年全年病休;2008年病休九个月);2008年10月,医院停发了我的工资及医保。因本人生活困难,现申请院方对我进行适当补助。

申请人:

年　月　日

(退休申请:适用于个人向医院提出申请)

申 请 书

尊敬的院领导:

　　本人×××,＿＿＿年＿＿月出生,＿＿＿年＿＿月进入＿＿＿医院工作，现为_____科职工。2006年至今，本人身体状况欠佳，曾多次住院，已经不能胜任本职工作。鉴于以上情况，请医院为我办理内部退休手续。

申请人：
年　月　日

（红头文件发文模板：适用于医院）
关于给×××生活补助的决定

×××（身份证号_____）原系本院职工，自19_____年____月起至20_____年____月办理停薪留职，2006年至2008年10月一直病休。由于其身体原因已无法胜任本院的任何工作，因此，本院从2008年10月起停发了×××的工资。因×××生活困难，经其本人申请，并经本院研究，本着人道主义的原则，决定对×××给予如下生活补助：

1. 补发2008年10月至2011年12月的工资及福利；
2. 在医保卡停用期间所产生的医疗费用，给予　万元补助；
3. 从现在起至正式退休之前给×××以退休待遇。

年　月　日

（会商纪要：适用于信访部门、院方和劳动者共同签订）
关于联合接待、解决A某来访事项的会商纪要

_____年____月____日上午，由信访办来访接待处召集××医院工作人员和上访人员A某，在政府信访办一楼会议室，就A某上访事项召开了联合接待会。

会议首先听取了上访人A某提出的诉求，他对_____年____月至____年____月工资按病假补发有意见，并要求解决职称问题。

针对来访人提出的问题，经信访办和医院工作人员进行了沟通和磋商后，达成共识，会商纪要如下：

A某_____年____月至____年____月的病假工资（其本人自2006年开始病休，至今未上班）、福利及困难补助累计一次性补发____元（明细附后）；

医院按_____年____月____日市信访办协调会商日期之次月执行，由A某提出退休申请后，医院协助其办理内部退休手续；

对于其所反映的职称问题，因不符合当年的晋升条件，故未予晋升；

磋商双方主动做好来访人的思想疏通和解释工作，将信访事项案结事了。

会议由信访办　主持。

参加联合接待会人员：

信访办来访接待处工作人员：

医院工作人员：

后附明细：

（案结事了协议书：适用于院方与个人）
案结事了协议书

甲方：医院

乙方：A某　身份证号码：

乙方于1993年至2004年12月办理停薪留职。2006年至今，身体状况欠佳，曾多次住院（2006年度病休将近六个月；2007年全年病休；2008年病休九个月），已经不能胜任本职工作。

根据信访办公室_____年_____月_____日召开的联合接待会《会商纪要》精神，甲乙双方达成如下协议：

乙方2008年10月至2011年11月的病假工资（其本人自2006年开始病休，至今未上班）、福利及困难补助累计一次性补发____元；

甲方按_____年____月____日市信访办协调会商日期之次月执行，由乙方提出退休申请后，甲方协助其办理内部退休手续（根据我院内部退休规定，工龄不再连续计算、住房公积金停止缴纳）；

对于其所反映的职称问题，因不符合当年的晋升条件，故未予晋升；

乙方今后不再以任何理由，对此次信访事项所涉及的问题提出请求，从此息诉罢访；

本协议书一式两份，甲乙各执一份。

甲方（盖章）：　　　　　　　　　　　　乙方（签字）：

　医院

　年　月　日　　　　　　　　　　　　　　年　月　日

（答复书：适用院方向上级信访部门的回复）
告 知 书

____信访办：

关于 A 某同志 20____年____月____日所反映的情况，我院经过查阅相关材料并了解有关当事人，现答复如下：

一、据查阅职称晋升的相关文件，晋升"师"级职称应当取得与现工作岗位相关的大专毕业证书，并在现岗位工作满 3 年，考取英语合格证书后才可以参与评审。

A 某于_____年入院，属工人编制；_____年____月至_____年____月在_____医学系基础医学专业学习，取得大专学历；1993 年，A 某开始办理停薪留职直到 2004 年 12 月。

根据医院文件规定，停薪留职期间保留专业技术职务资格，复职后按岗位需要，经考核合格后可重新聘任，停薪留职期间不计算任职年限。依据天津市职称改革领导小组 1991 年《关于下发〈天津市企事业单位专业技术职务聘任管理办法（试行）的通知〉》第九章第 33 条规定：属工人编制的专技人员不在受聘期内，不再按专业技术人员管理。

A 某_____年就办理了停薪留职，其任现职时间未到 3 年；本人并未参加职称英语考试。因此，其不符合晋升"师"级的条件。

二、_____年____月医院停发其工资，依据是：按照劳动部 1994 年《企业职工患病或非因工负伤医疗期规定》第 3 条，企业职工因患病给予最长不超过 24 个月的医疗期，A 某本人休假已超出法定最长期限。（2006 年度将近六个月病休，2007 年全年病休；2008 年 1—9 月病休）

三、关于停用医保卡的问题，根据医疗保险相关规定，个人缴付2%，单位缴付9%。据审计科工作人员介绍，由于其不同意缴纳自付部分医保费用，故医院也没有为其缴纳单位缴付部分的医保费用，因此导致其医保卡的停用，而并非无故停止其医保卡的使用。目前，在其同意个人缴费2%的基础上，2012年1月医保卡已经恢复使用。

对于A某所反映的情况，我院领导高度重视，人事科查阅大量与反映问题有关的原始材料，并多次与其本人沟通。＿＿＿＿年＿＿＿月＿＿＿日，人事科再次与A某本人进行沟通，双方已经就下列问题达成一致：

1. 医院本着构建和谐社会的原则，从关心职工困难的角度出发，同意为A某补发＿＿＿＿年工资；为其办理内部退休手续；

2. 对于其所反映的职称问题，人事科依据相关政策进行了大量的解释工作，因为不符合"士"进"师"的晋升条件，所以不予晋升；

3. 由于A某本人不能提供医保卡停用期间所产生医疗费用的票据，院方同意以生活困难补助的形式给予＿＿＿万元补助。

××医院
年　月　日

二 "自动离职"人员法律适用范本

（困难补助申请书：适用于个人）
申请书

尊敬的院领导：

本人Q某（身份证号），＿＿＿年＿＿＿月＿＿＿日生，＿＿＿年高中毕业后，＿＿＿年＿＿＿月＿＿＿日经过社会招工进入医院工作。自1987年至1996年，本人每年休病假的时间都超过半年，为此，医院自1997年3月起停发了我的工资，1997—1999年我与医院办理了停薪留职手续。由于我始终未上班工作，2004年3月医院对我作出了按自动离职的决定。现因本人生活困难，向医院申请生活补助，请院领导本着人道主义原则，对我进行适当补助。

此致

医院

申请人：

年 月 日

（困难补偿协议书：适用于院方和个人）

协 议 书

甲方（医院）：

乙方：Q某，身份证号码：

因乙方于1987年开始长期休假，甲方根据相关法律、法规及本院的有关规定，于2004年3月10日下发"医院院发［20］8号"文件，对乙方作出"自动离职"处理决定。

乙方自2010年4月起多次找到甲方人事科、院领导反映情况，要求回单位上班。对此，甲方多次明确答复乙方不同意其要求。

现鉴于乙方自行提出生活出现困境，甲方本着构建和谐社会、关怀困难群体的原则，并结合乙方的实际情况，根据乙方的申请，双方经充分协商达成如下协议：

一、依据乙方辞职申请，甲方可以协助其将档案转至其户口所在地人社局，其他事宜由乙方自行到人社局办理。

二、考虑到乙方现状，为使乙方办理上述手续及可能缴纳的各项费用，甲方一次性向乙方提供＿＿＿＿＿元（大写金额：＿＿＿＿＿）作为救助。乙方承诺今后不再以任何理由，向甲方提出任何要求和主张。

三、乙方保证不以本协议达成的任何条款之内容，作为今后向甲方提出其他要求的依据。

四、本协议书一式两份，具有同等法律效力。

甲方： 乙方：

2012年 月 日 2012年 月 日

（办理保险等相关手续协议书：适用院方和个人）
协议书

甲方：医院

法定代表人：

地址：　　　　　　　联系电话：

乙方：

联系电话：

现甲乙双方在自愿、平等原则下达成以下协议：

甲方协助乙方将有关的档案转至乙方户口所在地的×区人力资源和社会保障局。

甲方将协助乙方办理养老保险手续。

甲乙双方再无其他纠纷。

甲方：　　　　　　　　　　　　　　　乙方：

年　月　日　　　　　　　　　　　　　年　月　日

（给人社局的情况说明：适用于院方）
情况说明

____区人力资源和社会保障局：

今有本单位职工Q某，身份证号：_____，于____年____月____日与本单位解除劳动合同。因本人提出辞职，造成没有按照规定日期办理退档手续，现该员工与本单位协商一致，无任何纠纷。档案内材料均由原单位整理，如缺失任何材料，由单位负责补办。现该员工工作期间工龄由本单位负责协助审定；如审定不通过，所有工龄问题均由本单位负责解决，与贵单位无关。该员工自愿将其档案转入贵单位，并自愿缴纳相关费用。在审定工龄期间，档案由本单位负责保管，如有材料丢失，由本单位负责。

医院

年　月　日

注：给人社局的情况说明，主要适用于双方争议解决后，用人单位将档案等进行转移时适用。档案接受部门为了防止出现诸如：手续不全、工龄审定等方面的问题，通常会让原用人单位出具情况说明。

（收条：适用于当事人）

收　条

今收到×医院困难补助款人民币×万元整（￥0.00）。

收款人：

年　月　日

（借条：适合于个人向医院借款）

借条（1）

为了本人治病（2）今收到（3）　医院（4）（如果个人写明身份证号）（5）以现金（6）出借的 50000.00 元（人民币五万元整）（7），借期一年，从 2019 年 1 月 1 日至 2020 年 12 月 31 日（8），月利率 1%（9），2021 年 12 月 20 日本息一并还清。如到期未还清，愿按月息 2%（10）计算逾期利息。立此为据。

借款人：李四（11）

身份证号码：（12）

家庭住址：具体到门牌号（13）

联系方式：（14）

20　年　月　日（15）

注：借条 15 个要点都写齐了，才算一个完整的借条。（1）名称为"借条"而非欠条、收条等其他单据；（2）指出了借款的用途，是用于看病或者其他用途；（3）要写"收到"，实践合同除了有借条外，还应有付款行为的发生。笔者曾经代理过一起借款纠纷：借款人出具借条，但没有付款行为，该借条不具备法律效力。因此，需要注明"已收到"；（4）要注明，借款从哪里借出的；（5）如果个人作为出借人，应当注明出借人身份证号码，避免重名等问题的发生；（6）注明是"现金""微信""支付宝""银行转账"等形式的借款；（7）要注明借款的金额，大

小写都要写明；（8）借期要注明起止时间；（9）关于利息的特殊规定，注明年息、月息均可。如果借款合同中没有约定利息的，通常认为是无息借款。如果需要支付利息，应进行约定；如果没有约定或约定不明的，通常不需要支付利息。如果逾期还款的，则可以主张逾期利息。

（欠条：适合双方当事人）
欠　条

欠款人张某（身份证号：＿＿＿＿）因到医院看病，向＿＿＿＿＿医院借款，经双方协商达成以下协议：

一、借款金额：张某向甲方借款人民币＿＿＿＿元整（￥00.00）。

二、借款期限：自＿＿＿年＿＿月＿＿日起至 ＿＿＿＿年＿＿月＿＿日止。

三、借款交付：＿＿＿＿＿＿＿＿医院于＿＿＿＿年＿＿月＿＿日前通过银行转账将借款交给张某（账户：＿＿＿＿＿＿＿账号：＿＿＿＿＿＿）

四、借款利息及支付：按月利率＿＿＿＿＿％计算利息，即每月利息＿＿＿＿元。若借款到期乙方未能归还全部本息，则每天按借款本息总金额的＿＿＿＿＿％承担违约金。

五、若张某违约，则＿＿＿＿＿医院主张权利而支付的相关费用由张某承担。

贷款人：
借款人：
年　月　日

注：借条，如果没有约定还款日期，债权人在任何时候都可以索要；如果约定了还款日期，诉讼时效从还款期满之日起算；如果债务人拒绝还款，时效从债务人拒绝还款时计算。按照《民法典》的规定，诉讼时效为3年，但最长不超过20年。

第二节　医疗纠纷和解案件法律适用范本

（医疗纠纷协议书：适用院方和个人）
协议书

甲方：某医院，法人代表：_____，职务，院长，联系电话：_____
乙方：W 某，身份证号码：_____，工作单位：_____，住址_____
（可接受邮寄单位地址）

患者 W 因乙肝肝硬化，肝性脑病于 2020 年 5 月 1 日在 Y 医院住院。2021 年 5 月 22 日自愿到 H 市 D 医院接受肝脏移植。术后肝功能恢复良好，医患双方对肝移植手术成功没有争议。后患者因鼻腔大量出血，误吸后继发肺感染并持续加重，于 2021 年 6 月 10 日返回 Y 医院继续治疗。患者因重症肺炎、血流感染、腹腔感染、感染性休克、呼吸衰竭、多脏器功能衰竭，于 2021 年 6 月 13 日放弃治疗并自动出院。

关于乙方 W 患者家属的有关问题，双方经协商，甲方出于补偿乙方人民币_____元，本合同签订后 10 日内支付。

乙方承诺不再就本次事件通过任何方式主张请求。甲方不承担任何责任。

本承诺书一式两份，具有同等法律效力。

甲方：　　　　　　　　　　　　　　　　乙方：
日期：　　　　　　　　　　　　　　　　日期：

第三节　服刑人员解除劳动（聘用）合同法律适用范本

（公职处理决定：适用于医院红头文件）
关于对 L 某公职问题的处理决定

L 某，男，_____ 年 ____ 月 ____ 日出生，汉族，文化程度：_____。____年____月参加工作，____年____月调入医院工作，曾任我院____科成员。

2006年12月21日，L某被刑事拘留，2007年1月4日因涉嫌受贿罪被依法逮捕，_____人民法院于_____年____月____日作出"____号"刑事判决：犯受贿罪，判处有期徒刑十一年。L某不服提出上诉，天津市第二中级人民法院于20____年____月____日作出"____号"刑事裁定：驳回上诉、维持原判。在服刑期间，L某仍提出上诉，天津市第二中级人民法院于2010年6月2日作出"（2009）二中刑终字第____号"终审裁定：裁定其有期徒刑十年零六个月。

依据天津市第二中级人民法院"（2007）二中刑终字第____号"刑事裁定书，并参照国办发（2002）35号、津政发（2003）75号中的有关条款，解除其聘用合同，终止一切福利待遇，自2010年6月2日起执行。

年 月 日

主题词：解除 公职 决定

（解除聘用合同通知书：适用于医院通知个人）

通 知 书

_____：_____

由于你犯_____，根据_____人民法院（20____）二中刑终字第____号刑事裁定书，我院决定与你解除聘用合同（劳动关系）。根据国家相关法律规定，你并不符合法定支付补偿金之情形，我院不予支付经济补偿金。

医院

年 月 日

注：解除聘用关系合同书，是用人单位履行告知义务的一种形式。由于对方是服刑人员，需要到监狱或者看守所进行告知，并要求对方签字确认。

（领取失业金通知书：适用于医院通知本人）
通　知　书

　　我院已于_____年___月___日与你解除劳动关系，你的档案已经转到户口所在地_____区_____，待你刑满释放后，请带相关证件到_____区办理领取失业金等相关手续。如逾期未领失业金等，所产生的一切不利后果，将由你个人承担。

医院
年　月　日

　　注：领取失业金通知书，是用人单位履行告知义务的一种形式，其适用于当事人同意将其档案从单位移交到其户口所在地的情形。当事人领取失业金，用人单位应当进行告知，否则，可能出现当事人刑满释放后，没有生活来源，继续找到原单位，以原单位没有履行失业金的告知义务而进行信访。

（协助送达通知书：适用于医院）
协助送达通知书

_____同志：

　　张某原系我单位职工，由于犯____罪，根据____人民法院（20____）二中刑终字第____号刑事裁定书，现该犯已被送到你处服刑。根据相关法律规定，我院决定与其解除聘用合同（劳动关系），由于其拒不签收解除该通知书，特请您协助查收。

　　此致

医院
年　月　日

　　注：协助送达通知书，适用于当事人被监狱或者看守所羁押，用人单位履行解除合同的告知义务时，当事人以种种理由不签收的情形。针对此种情况，医院可以请求狱警帮助签收，协助送达。此种协助送达和当事人签收，具有同等法律效力。

（办理保险等相关手续：适用于医院通知个人）
通 知 书

_____：_____

由于你犯_____，根据____人民法院（20____）二中刑终字第____号刑事裁定书，我院决定与你解除聘用合同（劳动关系）。待你刑满释放后，请自行到户口所在地____市____区____街道____号办理保险等相关手续。如逾期未办，后果自负。

特此声明！

医院
年 月 日

（退档材料：适用于原存档单位向新存档单位作出的情况说明）
情况说明

_____区人力资源和社会保障局：

我院欲将 Z 某的档案退档，现做如下说明：

Z 某，男，____年____月____日出生，____年____月调入医院____科工作。____年____月____日，Z 某以涉嫌"受贿罪和巨额财产来源不明罪"被依法逮捕；____年____月____日，____人民法院终审判决其有期徒刑四年。

在 Z 某服刑期间，我院与其解除了聘用合同，但其本人并不认同将档案转出，导致未及时退档。现本人同意将其档案转出。另外，Z 某与我院并无其他劳动纠纷。

医院
年 月 日

（关于解除聘用合同的注意事项）

1. 关于解除聘用合同是否合法？

答：按照《劳动合同法》第 39 条第（六）款之规定、国办发〔2002〕35 号、津政发〔2003〕75 号中的有关条款，对于受到刑事处罚的员工，用人单位可以与之解除聘用合同（劳动关系）。

2. 用人单位应如何履行告知义务？

答：按照法律规定，用人单位解除聘用合同（劳动关系），应尽到合理的告知义务。鉴于告知相对人在监狱服刑，所以医院应派人到监狱或者看守所去告知相对人。但是，如果相对人拒绝签收，我们可以考虑采取《民事诉讼法》中有关当事人拒绝签收的做法即请监狱的狱警帮忙签收，然后将告知书留置在监狱。这种方式，法律上同样视为送达。

3. 关于转档案的费用？

答：经过到南开区和河西区劳动局的咨询，转档案的费用为人民币10元（2010年收费标准）。

（对于受过刑事处罚员工解除聘用合同的经过）

一、去监狱局会见Z某

总体来讲，会见相当顺利。Z某较为通情达理，态度甚为诚恳。在周老师介绍完情况、Z某看完我院"关于解除聘用合同（劳动关系）"的红头文件后，签收了"解除聘用合同通知书"和关于其刑满释放后自行办理保险等相关手续的"声明"。应当说，我们达到了此行的目的。

二、现场咨询区人保局工作人员

由于Z某情况较为特殊，区人社局在请示市人社局后，给予答复如下：由于医院未在法定60日内为其办理失业保险申请手续，所以在其刑满释放后不能申领失业保险金。

（关于失业保险金申请的相关法律法规条文）

天津市失业保险条例（津人发〔2001〕10号）

第二十条 失业人员应当自失业之日起六十日内，持终止或者解除劳动关系的证明和失业、求职登记凭证，到户口所在地的社会保险经办机构办理失业保险金申领手续。

第四节 医院对"工伤"员工经济补偿协议范本

医院关于对____同志经济补偿的协议

甲方：_____医院，地址：_____

乙方：_____（系____科职工），身份证号码____

家庭地址：_____

现甲乙双方本着平等、自愿的原则，双方愿对____同志工作期间受伤一事，达成如下经济补偿协议：

1. 按照法律规定，甲方决定对该同志住院期间的基本医药费予以报销，报销金额为____元人民币；

2. 该同志住院期间的工资、奖金等均已按时、足额发放给乙方，合计金额为____元。同时，甲方考虑到乙方经济上的困难，对乙方在住院期间给予适当经济补贴。双方协议补贴标准为年____元人民币/天，补贴日期为____天，补贴总额共计____元人民币；

3. 鉴于乙方在岗期间的表现，也考虑到乙方的现实处境，甲方本着人道主义的原则，愿意再次给予乙方生活上资助。但下述四个问题双方必须明确：

（1）从法理上讲，甲方并无支付此款的法定义务。按照法律规定，其赔偿的标准和方式，应以工伤鉴定为前提，且提起鉴定申请的期间为1年。即乙方应于_____年_____月_____日受伤后提出申请，截止日期为_____年_____月_____日。但劳动行政主管部门至今仍未接到相关的鉴定申请。这就意味着乙方自动放弃其工伤认定申请权。

（2）鉴于乙方目前的身体健康状况，即使申请了工伤鉴定，至多只能鉴定为十级伤残，其本人只能享受5—6个月的残助金。

（3）甲方本着对职工人文关怀的原则，甲方仍愿意对乙方给予经济上的资助，但以乙方不再频繁到甲方驻地为条件。资助标准为乙方2009年退休前最高工资_____元，资助期间为10个月，合计资助____元人民币。

（4）对于乙方提出后续治疗费用，甲方只承诺支付乙方受伤部位人工关节修复、更换的费用，实报实销（具体以发票为准）。

以上协议双方签署后，即发生法律效力。甲方应在15日内向乙方支付____元人民币；对于协议签署之日起，乙方身体损害的其他医疗费用甲方概不负责（乙方修复、更换人工关节除外）；乙方不得因为此事再到甲方驻地反映情况，否则乙方应返还甲方资助款项，同时，甲方保留对乙方寻求法律解决的权利。

甲方：____医院　　　　　　　　　　乙方：
年　月　日　　　　　　　　　　　　年　月　日

第五节　医院职工为单位代理诉讼案件手续

法定代表人（或者主要负责人）身份证明书

_____同志现任我单位_____职务，为法定代表人（或主要负责人），特此证明。

附：法定代表人（或主要负责人）：_____
　　身　份　证：_____
　　性　　　别：_____
　　年　　　龄：_____
　　民　　　族：_____
　　住　　　址：_____
　　联系电话：_____
　　邮政编码：_____

单位盖章：
年　月　日

授权委托书

_____法院：

你院受理_____一案，按照法律规定，特委托下列人员为我方代理人：

1. 姓名_____身份证号_____性别_____工作单位_____ 职务_____ 住址_____ 联系电话_____

2. 姓名_____身份证号_____性别_____工作单位_____ 职务_____ 住址_____ 联系电话_____

委托事项和权限如下：

委托人：
受托人：
　年　月　日

（仲裁代理意见：适用于劳动人事争议仲裁时，医院向仲裁庭提供）

代　理　意　见

仲裁员：_____

针对C某诉_____医院劳动争议一案，代理人接受被诉人委托，现发表如下代理意见：

由于被诉人提供了一份申请人C某的新情况说明，因此代理人就被诉人此前提交给仲裁庭的书面答辩意见作出更正。

1. 对于申请人第一项请求，因为申请人曾经离开过被诉人单位去其他单位就业，所以，至申请人提出仲裁请求时，2010年12月以前的工资差额请求已经超过仲裁时效，被诉人只同意补偿其自2011年3月至仲裁时的工资差额；

2. 对于申请人第二项请求，由于其并未提交任何加班的证据，因此，该项请求不应予以支持；

3. 对于申请人第三项请求，因被诉人已经为其安排过休假，所以申请人无权再主张休假工资。退一步讲，即便应当支付该项请求，也由于申请人从2011年3月才在被诉人处第二次就业，因此年休假工资也仅应按照2011年3月至2013年4月的期间进行计算；

4. 第四、五项请求,基于同上理由,被诉人仅应支付其2011年、2012年的防暑降温和采暖补贴;

5. 因为工资待遇问题,申请人自行提出离职,所以违法解除劳动合同赔偿金也无从谈起,该项请求不应当予以支持;

6. 对于申请人要求被诉人支付双倍工资的请求,同样因为没有在被诉人处连续工作,所以2010年12月以前的双倍工资请求已经超过仲裁时效,被诉人仅应支付其2011年3月至2013年4月申请人工资低于市最低工资标准的部分。

综上,代理意见于法有据,恳请仲裁庭依法裁决。

此致
市劳动人事争议仲裁委员会

代理人:
年 月 日

(答辩状:用于一审二审时向法庭提供)

答 辩 状

答辩人:＿＿＿＿医院

地址:＿＿＿＿

法定代表人:＿＿＿＿ 职务:院长

答辩人因C某诉答辩人支付双倍工资、解除劳动合同一案,提出答辩如下:

答辩人对申请人提出的补发2005年5月至2013年4月低于最低工资标准的工资差额,合计＿＿元不予认可。据答辩人查证:

(1) 2005年1月至2007年12月,答辩人给予申请人的工资数额为每月600元;而天津市月最低工资标准2005.7.1—2006.3.30为670元,合计10个月,低于最低工资标准的差额为(670-600)×10=700元。

天津市月最低工资标准2006.4.1—2007.3.30为740元,低于最低工资标准的差额为(740-600)×12=1680元;天津市月最低工资标准

2007.4.1—2008.4.1 为 820 元，低于最低工资标准的差额，（820 – 600）× 9 = 1980 元。

2005 年 1 月至 2007 年 12 月，合计补发总额为 4360 元。

2008 年 1 月至 2010 年 11 月，答辩人给予申请人的工资数额为每月 700 元；2008.1—2008.4，低于最低工资标准的差额为（740 – 700）× 4 = 160 元；天津市月最低工资标准 2008.4.1—2010.4.1 为 820 元，低于最低工资标准的差额，（820 – 700）×24 = 2880 元，天津市月最低工资标准 2010.4.1—2011.4.1 为 920 元，低于最低工资标准的差额，（920 – 700）× 8 = 960 元；

2008 年 1 月—2010 年 11 月，合计补发工资总额为 4000 元。

（2）2010.12—2011.3，答辩人给予申请人的工资数额为每月 800 元，低于最低工资标准的差额，（920 – 800）×4 = 480 元；

（3）2011.4—2012.4，答辩人给予申请人的工资数额为 1000 元，天津市月最低工资标准 2011.4—2012.4 为 1160 元，低于最低工资标准的差，（1160 – 1000）×12 = 1920 元；

（4）2012.5—2013.4 答辩人给予申请人的工资数额为 1350 元，天津市月最低工资标准为 1310 元。故，不需支付工资差额。

综上，2005.5—2013.4 合计支付工资差额为 4360 + 4000 + 480 + 1920 = 10760 元。

对于申请人要求答辩人支付费用的请求不予认可。

申请人自 2005 年 5 月开始在答辩人处工作，担任____的职位，该工作的性质就意味着不能按时上下班。但是，答辩人本着关心职工和人道主义精神，及时安排申请人进行休假，到法定节假日也支付一定数额的加班费，并不存在申请人所阐述的情形，因此，对于申请人的请求，答辩人不予认可。

申请人请求补发的 2005—2012 年防暑降温费和冬季采暖补贴的数额不予认可。

2005—2012 年，医院人事科发放的防暑降温费用为 180 元、180 元、180 元、268 元、312 元、312 元、375 元、424 元，合计 2231 元；2005—2012 年，医院人事科发放的冬季采暖补贴为 235 元、235 元、235 元、

235元、235元、335元、335元、335元，合计2180元。故，二者总计4411元。

对于申请人提出的支付经济补偿金的请求不予认同。

申请人自2005年5月进入医院工作。2013年4月，申请人自动向答辩人提出辞职，并不是法定赔付经济补偿金的情形，因此，答辩人对于申请人的主张不予认同。

申请人C某申请支付2008年1月至2013年4月双倍工资的申诉请求缺乏法律依据，答辩人不予认同。

综上所述，答辩人同意支付其2005.3—2013.4工资差额10760元；2005—2012年防暑降温费、冬季取暖补贴4076元。除此之外，答辩人对于申请人的其他请求不予认可。请求仲裁院依法裁决。

此　致
市劳动人事争议仲裁委员会

答辩人：医院
年　月　日

（情况说明：用于仲裁、一审、二审时向法庭提供的相关事项的证明）
情 况 说 明

仲裁庭（法院）：

　　_____年___月___日，C某诉××医院案再次开庭审理，双方对相关证据材料再次进行质证。仲裁庭要求我院提供C某等临时工的工资台账和工作记录等资料，经过我院多方查找，由于历史原因，均未能找到相关材料。

特此说明

医院
年　月　日

第六节　退休员工返聘协议与援外协议书范本

一　退休员工返聘协议

返聘协议

甲方（用人单位）：××医院

法定代表人：_____　职务：_____

地址：_____

乙方（员工）：姓名：_____　性别：_____　文化程度：_____

职称：_____　住所：_____

身份证号：_____

联系电话：_____

原工作科室：_____　拟返聘科室：_____

甲方根据工作需要，决定返聘退休人员乙方，甲乙双方在平等、自愿的基础上协商一致，签订以下返聘协议。

一、返聘期限

甲、乙双方本着互相信任的原则，经商定聘用期限为_____年，自____年___月___日起至____年___月___日。

二、工作内容

甲方聘任乙方在_____科从事_____工作。

三、双方权利和义务

1. 甲方应尽的责任和义务

（1）遵守国家的法律、行政法规和规章制度。

（2）提供符合国家有关法规和标准的环境和工作设施。

2. 乙方应尽的责任和义务

（1）乙方在聘用期内必须全心全意为甲方服务，服从甲方及科室的安排。

（2）乙方应严格遵守国家的各项法律，服从甲方的领导和指挥。

（3）乙方在签订返聘合同前，应当自主决定是否购买商业保险，对于乙方在返聘期间出现的任何意外伤害或疾病均由其本人承担责任。

四、报酬待遇

1. 乙方保持原工资标准，退休后工资与原工资的差额部分由甲方所聘的科室支付；乙方享受科室的奖金，具体数额由所聘科室核定。

2. 乙方在甲方工作期间，如遇意外伤残、死亡，部分或全部丧失劳动能力或恶性病变、手术治疗等，由乙方自行处理，与甲方无关。

3. 乙方病休不满一个月者，仍享受返聘人员待遇；病休时间达一个月以上者按退休同等待遇对待。

五、返聘协议的变更、解除和终止

（一）乙方提出解除返聘协议，须提前三十日向甲方提出。

（二）甲方未按时支付劳动报酬或者提供劳动条件的，乙方可以随时解除协议。

（三）乙方严重违反劳动纪律和规章制度的；严重失职、营私舞弊；被依法追究刑事责任的等情形，甲方可以随时解除返聘协议。

（四）乙方患病或者非因公负伤，或者其他原因不能完成聘任工作的，可以解除返聘协议，但应提前三十日以书面形式通知乙方本人。

（五）具有下列情形之一，返聘协议终止：

1. 返聘协议期限届满。

2. 乙方严重违反医院的有关规定。

3. 乙方被开除、除名或因违纪被辞退。

4. 乙方完全丧失劳动能力或者死亡。

5. 法律、法规规定的其他情况。

六、其他约定

（一）乙方须提供由本院出具的全面体检报告或健康检查证明书。

（二）本返聘协议未尽事宜，按现行法律、法规及医院的规章制度执行。

七、本协议经双方签字后生效，一式两份，双方各执一份。

甲方： 乙方：

法定代表人：

年 月 日 年 月 日

二　援外协议书范本

援外协议书

甲方（医院）：_____

乙方：_____

乙方是____科主任医师，现为天津市第____批援刚果（布）医疗队队员。本人自愿申请加入第____批援刚果（布）医疗队工作，工作期限为两年。双方达成如下协议：

甲方责任：

一、甲方在乙方援外期间为乙方保留公职和正常的工资待遇。

二、乙方在受援工作期间所发生的个人问题，如：身体问题、家庭问题等，原则上应自行解决。如确有不能克服的实际困难，甲方协助乙方解决。

乙方责任：

一、乙方在援外医疗队工作期间应做到：

1. 服从使馆党委、经商处、医疗队队（组）长和外事处的领导，严格遵守各项外事纪律，遵守受援国的法律、法规，尊重当地的风俗习惯、和睦相处，发扬高尚的职业道德，勤奋工作，自觉维护医疗队内部的团结和对外形象，搞好与受援国医护人员的合作，全心全意为受援国人民服务。

2. 严格执行援外医疗队的工作条例，履行医疗队员职责。如因个人原因违反相关规定，受到相关部门的处分，甲方有权按照相关政策对乙方作出处理。

3. 乙方在受援国工作期间，自费旅游、回国休假及家属探亲均按照卫国际发〔2001〕第346号《援外医疗队队员自费回国休假、赴邻国参观游览及其配偶自费出国探亲暂行办法》执行。因个人行为，如私自外出等原因造成的经济损失及发生意外伤害、死亡的应由乙方个人承担一切责任。

4. 乙方如在国外期间生病，其医疗费用、病假天数均按照财政部财行（2007）526 号《援外出国人员生活待遇管理办法》的有关规定执行。

5. 乙方离开医疗队回国或无论何种原因中途回国，即终止本协议，甲乙双方解除一切关系。

二、乙方在外期间的人身意外伤害和疾病保险，按照相关规定办理，甲方协助。

本协议未尽事宜，或在执行中有异议时，由甲乙双方协商解决。

本协议甲乙双方各执一份，经双方签章后生效。

甲方：（签章）　　　　　　　　　　　乙方：（签章）

　　　　　　　　　　　　　　　　　　委托人：

年　月　日　　　　　　　　　　　　　年　月　日

第七节　定向医学生解除定向协议书范本

关于解除《定向就业协议书》的协议

甲方：某市卫生健康委员会

乙方：某市人力资源和社会保障局

丙方：王某（身份证号：×××）

甲乙丙三方于 2017 年 8 月 31 日签订了《定向就业协议书》（以下简称协议）。协议第二条"一经取得毕业资格即服从甲方安排，到甲方指定的县级以下医疗卫生机构（以下简称定向服务单位）定向就业且在定向服务单位连续工作 6 年（以下简称服务期），其中前 3 年应按照规定住院医师规范化培训"。第二十一条"丙方无法定或约定的正当理由，毕业后未按本协议规定时间报到或未按甲方要求时间到定向服务单位工作，并未作出说明的，视为丙方违约。丙方须应甲方要求立即退还已享受的减免教育费用并支付甲方相当于前述教育费用 50% 的违约金。"

第二十九条"有下列情形之一的，如丙方提出终止协议申请，甲方应予以同意：（一）在校期间，经校方指定的三级甲等医院专家集体诊断，并出具书面诊断书，确因身体原因不能完成学业；（二）在服务期内,经省级卫生行政部门指定的三级甲等医院专家集体诊断,并出具书面诊断书,确因身体原因不宜从事医疗卫生职业"。(有身体原因写身体原因,没有身体原因写个人原因,比如考上硕士、博士等)

经过核算,王某 2017 年 9 月至 2022 年 6 月已享受减免费用的金额计算,已享受减免费用 31848 元,生活补助 5060 元,共计 36908 元。王某需向甲方退还已享受的减免教育费用 36908 元,违约金 18454 元,共计 55362 元。

对于《定向医学生免费培养定向就业协议书》第二十一条、第二十五条王某本人及父母愿意承担。

经某市卫生健康委员会、某市人力资源和社会保障局、王某三方协商于　年　月　日解除某省某市农村订单《定向医学生免费培养定向就业协议书》。

甲方(盖章):

法定代表人签章:

签订日期:　　　年　　　月　　　日

乙方(盖章):

法定代表人签章:

签订日期:　　　年　　　月　　　日

丙方(签字):

签订日期:　　　年　　　月　　　日

丙方代理人(签字):

签订日期:　　　年　　　月　　　日

注:此协议一式四份,甲、乙、丙三方各执一份,一份存入丙方档案。

解除定向协议通知书

区卫健委、区人力资源和社会保障局:

本人于 2017 年 6 月与区卫生局、人社局签订了《定向就业协议书》,

协议规定"第十四条 乙方欲解除本协议，除因疾病、工伤及其他不可抗力等原因无法履行本协议的，须在承担相应责任的前提下，提前30个工作日以书面形式告知甲方，甲方应在10个工作日内办理相关手续，可解除本协议"。

本人2022年毕业后，于2023年12月1日与区卫健委下辖单位签订了《事业单位聘用合同书》。依据双方于2022年6月签订的《就业协议书》第十四条之规定，特向贵方通知解除协议，具体理由如下：

1. 依据《就业协议书》第十四条规定，本人依法解除协议，贵方应在10个工作日内办理相关手续；

2. 《就业协议书》的效力截止到2019年12月1日本人入职之日为止。

特此通知。

签名：

日期：　　年　月　日

第 三 章

医院劳动人事管理

第一节 事业单位劳动人事管理概述

一 我国事业单位的基本状况

我国事业单位从业人员的具体数字,没有非常详细的记载。但依据国家统计局的统计,截至2020年,我国有812962个事业单位。[1] 国家行政学院教授竹立家称,目前中国财政供养人员约5000万人,扣除716.7万人的公务员身份,事业单位身份的人员大约为4300万人。[2]

2019年,全国的医生为321.05万人,护士444.5万人[3],从人数来讲,这不是一个特别庞大的群体,但是就医疗行业的专业属性来讲,是维护人民群众身体健康的重要群体。保障医护人员的合法权益,不仅是保持医护群体稳定,也是保障社会基本医疗卫生健康服务的重要途径。医院事业单位人事管理法律问题的研究,属于法律研究中的小众群体,专业从事这方面研究的法律工作者也较少。

总体来讲,我国劳动人事争议的法律适用比较宽泛,主要有:《劳动法》《劳动合同法》、国办发2002《关于在事业单位试行人员聘用制度意见的通知》、人事部2005年《关于印发〈事业单位聘用合同(范本)〉

---

[1] 国家统计局, https://data.stats.gov.cn/easyquery.htm?cn=C01&zb=A010302&sj=2021, 2022年3月8日。

[2] 中国公务员总数716.7万人,专家称财政供养人员约5000万人,人力资源和社会保障部:2015年度人力资源和社会保障事业发展统计公报。

[3] 国家统计局, http://www.sts.gov.cn/, 2021年2月15日访问。

的通知》《事业单位工作人员处分暂行规定》(2012)、《事业单位人事管理条例》(2014)、《劳动人事争议仲裁办案规则》(2017)等。

二 医护人员劳动人事争议的基本状况

笔者在医院工作 8 年,曾经有 4 年从事人事管理工作,为数十位医护人员办理劳动人事变更手续。这些办理劳动人事变动的医护人员大多处于人生最好的年华,许多人更是同行中的佼佼者,所以有更高的人生追求是正常的现象,属于人才的正常流动。至于人事变动的原因,诸如:家庭原因、房价问题、气候不适应、待遇低等,但大多数是对人生的追求,都想在人生有限的时间里作出不平凡的贡献。作为国家事业单位的医院,具有医疗技术岗的专业属性,其离职手续与企业相比,有很大差别。企业员工辞职,除个别高管和特殊的专业技术人才外,用人单位通常会让员工顺利离职;但对于医护人员人事变动,由于前期存在的住院医师规范化培训、攻读硕博学位、出国进修等,用人单位投入大量人力、物力、财力,当劳动者提出离职时,用人单位通常会让劳动者按照合同约定进行补偿或赔偿。而劳动者则认为不需要补偿或者赔偿,或者仅需少量补偿,双方在认识上的巨大分歧,导致这方面的法律问题凸显。

对于医护人员的人事变动,医院通常采取以下策略:

第一种是不同意离职。当劳动者提出辞职申请后,科主任、人事科长、主管人事副院长、院长拖延签字或者拒绝签字,遂出现很多员工辞职多年未果,其间,大部分员工仍坚持上班工作,最后,由于时间过长(很多都是辞职 2—3 年未果),新的接受单位无法接受劳动者长期不到岗,而导致医护人员辞职失败。

第二种情形是医院同意劳动者离职,但需要员工缴纳几万元,甚至是几十万元的违约金(笔者了解到北京市区某医院索要 80 万元违约金,天津市很多所医院索要 40 万元违约金;笔者代理的最多的一起案件为医院向医生索要 193 万元违约金),很多员工被巨额违约金震慑住,不得不选择在原单位继续工作。如果金额不高(一般是指 10 万元以下),很多医护人员选择缴纳违约金;如果违约金数额太高,大多数人选择通过医院领导疏通关系,最终少缴纳违约金而离职,仅有极少数的医护人员在咨询过相关的法律人士后会选择依法维权。

应当说，医护人员在医学专业领域是专家，但是在法律方面很多人却是乏善可陈。正是在医院工作8年，笔者一直有这种情怀，应当替医护人员发出心声，维护医护人员的合法权益。截至2023年1月底，笔者共给天津市、山东省各大医院医护人员举办"送法助医"普法讲座42场，受众达万余人。普法过程中，很多高校教师、医护人员遇到各种纠纷，包括电信诈骗、借款纠纷、恋爱中的纠纷、医疗纠纷等。这些问题都是医护人员在工作、生活中发生的带有普遍性的问题，这些问题能否得到合理而妥善的解决，对提升医护人员的工作热情，提高幸福生活指数，具有重要的标杆作用。

由于法律维权周期过长（仲裁45天，一审简易程序3个月，二审3个月）、医护人员法律知识的匮乏，以及专业从事医护人员法律问题研究的学者与律师较少，导致许多医护人员通过法律途径维权心存疑虑。医护人员，一方面不想与原单位的关系"搞僵"，另一方面担心档案里留下"维权"的案底。尤其是后者的疑虑，引发了笔者的深思，这说明中国延续了数千年儒家传统思想的"息讼"思维仍深深地印刻在国人的思维中，形成了巨大的历史惯性。医护人员对于通过正当途径维权的方式还担心留下"案底"，这也促使法治教育的效果进行反思，处于精英群体的医护人员尚且有这样的思维方式，对于社会普通大众而言，法治中国的道路仍然很漫长。

三 劳动人事争议解决的几个基本问题

问题一：合同解除的时间问题。

第一种情形：劳动者无编制。按照《劳动合同法》第三十七条规定，劳动者辞职，应提前三十日以书面形式通知用人单位。如果劳动者没有事业编制，那么双方签订的就是劳动合同，30日期满，双方劳动合同解除，无论医院是否同意。

第二种情形：劳动者有编制。《事业单位人事管理条例》（2014）第十七条：事业单位工作人员提前30日书面通知事业单位，可以解除聘用合同。但是，双方对解除聘用合同另有约定的除外。如果劳动者具有事

劳动人事争议仲裁工作流程图

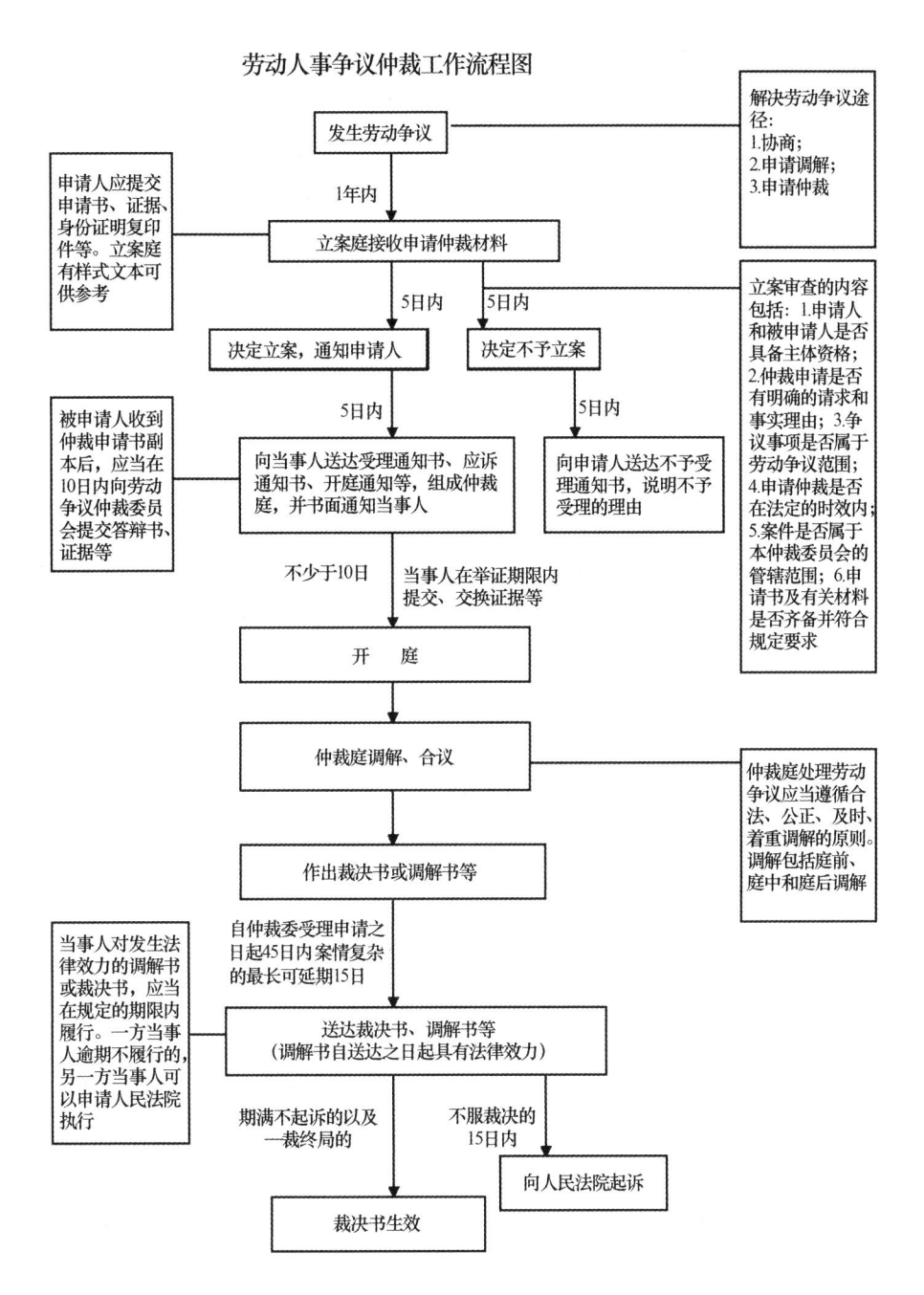

```
                              ┌─────────────────┐
                              │ 解决劳动争议途径：│
           ┌──────────┐      │ 1.协商；          │
           │ 发生劳动争议 │←─────│ 2.申请调解；       │
           └──────────┘      │ 3.申请仲裁        │
                 │ 1年内       └─────────────────┘
                 ↓
┌──────────┐ ┌──────────────────┐
│申请人应提交│ │立案庭接收申请仲裁材料│
│申请书、证据│→│                  │
│、身份证明复│ └──────────────────┘
│印件等。立案│      │       │
│庭有样式文本│    5日内    5日内
│可供参考   │      ↓       ↓              ┌──────────────┐
└──────────┘ ┌──────────┐ ┌──────────┐    │立案审查的内容  │
             │决定立案， │ │决定不予立案│    │包括：1.申请人  │
             │通知申请人 │ │          │    │和被申请人是否 │
             └──────────┘ └──────────┘    │具备主体资格； │
                 │ 5日内       │ 5日内      │2.仲裁申请是否 │
┌──────────┐    ↓             ↓           │有明确的请求和 │
│被申请人收到│ ┌──────────────┐ ┌────────┐ │事实理由；3.争  │
│仲裁申请书副│ │向当事人送达受理│ │向申请人│ │议事项是否属于 │
│本后，应当在│→│通知书、应诉   │ │送达不予│ │劳动争议范围； │
│10日内向劳动│ │通知书、开庭通知│ │受理通知│ │4.申请仲裁是否 │
│争议仲裁委员│ │等，组成仲裁庭，│ │书，说明│ │在法定的时效内；│
│会提交答辩书│ │并书面通知当事人│ │不予受理│ │5.案件是否属于 │
│、证据等   │ └──────────────┘ │的理由  │ │本仲裁委员会的 │
└──────────┘      │             └────────┘ │管辖范围；6.申  │
            不少于10日 当事人在举证期限内       │请书及有关材料 │
                 │    提交、交换证据等         │是否齐备并符合 │
                 ↓                          │规定要求      │
             ┌──────────┐                    └──────────────┘
             │  开  庭  │
             └──────────┘
                 │
                 ↓                           ┌──────────────┐
             ┌────────────┐                  │仲裁庭处理劳动 │
             │仲裁庭调解、合议│                │争议应当遵循合 │
             └────────────┘                  │法、公正、及时、│
                 │                          │着重调解的原则。│
                 ↓                          │调解包括庭前、 │
             ┌────────────────┐              │庭中和庭后调解 │
             │作出裁决书或调解书等│              └──────────────┘
             └────────────────┘
                 │  自仲裁委受理申请之
                 │  日起45日内案情复杂
┌──────────┐   │  的最长可延期15日
│当事人对发生│   ↓
│法律效力的调│ ┌──────────────────┐
│解书或裁决书│ │送达裁决书、调解书等  │
│，应当在规定│ │(调解书自送达之日起 │
│的期限内履行│ │具有法律效力)       │
│。一方当事人│ └──────────────────┘
│逾期不履行的│   │            │
│，另一方当事│ 期满不起诉的以及  不服裁决的
│人可以申请人│ 一裁终局的       15日内
│民法院执行 │   │             ↓
└──────────┘   │         ┌──────────┐
                │         │向人民法院起诉│
                ↓         └──────────┘
            ┌────────┐
            │裁决书生效│
            └────────┘
```

业单位编制，那么双方签订的是人事聘用合同，劳动者提出 30 日内，会产生两种法律后果：

如果医院同意解除聘用合同，则聘用合同解除。如果医院 30 日内明

确答复说不同意解除聘用合同或者没有明确答复的,这时应看双方对聘用合同是否有约定(注意必须是对聘用合同另有约定,不能是其他合同的约定,包括规培合同、进修合同、出国合同、读硕博合同等,这些合同都不是具有人身属性的合同,这些约定不产生对聘用合同另有约定的法律后果)。如果双方对于聘用合同没有其他约定,那么聘用合同解除;如果聘用合同中有关于六个月的约定,如果用人单位不同意,劳动者还需要继续工作。距离第一次提出辞职六个月后,劳动者再次提起辞职,聘用合同解除。

问题二:档案转移时间。

如果劳动者没有编制,按照《劳动合同法》第五十条的规定,用人单位应当在解除或者终止劳动合同时出具解除或者终止劳动合同的证明,并在十五日内为劳动者办理档案和社会保险关系转移手续。如果劳动者有编制,按照《事业单位试行人员聘用制度有关问题的解释》第十九条:聘用合同解除后,单位和个人应当在3个月内办理人事档案转移手续。单位不得以任何理由扣留无聘用关系职工的人事档案;个人不得无故不办理档案转移手续。

问题三:劳动人事仲裁的时间问题。

第一,仲裁的时间节点:《劳动争议调解仲裁法》(第二十九条、第四十三条)规定:自当事人向仲裁委员会提交仲裁申请之日起五日内,劳动争议仲裁委员会应决定是否受理;决定受理后,应当自受理仲裁申请之日起四十五日内结束。

第二,诉讼的时间节点:

第一审案件:《民事诉讼法》第一百六十一条规定,对于适用简易程序审理案件,应当在立案之日起三个月内审结。第一百四十九条规定,人民法院适用普通程序审理的案件,应当在立案之日起六个月内审结。第二审案件:《民事诉讼法》第一百六十七条规定:人民法院审理对判决的上诉案件,应当在第二审立案之日起三个月内审结。

问题四:劳动人事争议是前置性程序。

需要说明的是,解除聘任合同与劳动合同案件,提起仲裁程序是前置性程序,也就是说必须提起劳动人事仲裁或劳动仲裁后,法院才能受理；如果劳动者直接向人民法院提起诉讼，法院将不予受理。针对人事争议或劳动争议，仲裁庭应当在立案之日起 45 日内作出裁决结果。如果双方任何一方当事人对仲裁结果不服，可以向医院所在地的基层人民法院提起诉讼，一审法院如果适用简易程序应当在 3 个月内审理完毕（绝大多数案件都适用简易程序），如果适用普通程序应当在 6 个月内审理完毕。如果双方任何一方对于一审判决不服的，可以提起二审程序，二审判决是终审判决，也是生效判决。

问题五：劳动人事争议，可否不经过仲裁，直接向人民法院提起诉讼？如果劳动人事争议仲裁委员会 60 日内未作出仲裁结果，可否直接向法院起诉？

《劳动争议调解仲裁法》（2018）第二十九条：劳动争议仲裁委员会收到仲裁申请之日起五日内，认为符合受理条件的，应当受理，并通知申请人；认为不符合受理条件的，应当书面通知申请人不予受理，并说明理由。对劳动争议仲裁委员会不予受理或者逾期未作出决定的，申请人可以就该劳动争议事项向人民法院提起诉讼。第四十三条：仲裁庭裁决劳动争议案件，应当自劳动争议仲裁委员会受理仲裁申请之日起四十五日内结束。案情复杂需要延期的，经劳动争议仲裁委员会主任批准，可以延期并书面通知当事人，但是延长期限不得超过十五日。逾期未作出仲裁裁决的，当事人可以就该劳动争议事项向人民法院提起诉讼。

所以，如果仲裁委认为劳动者的申请不符合受理条件的，应当出具不予受理通知书，这也是仲裁委的法定义务，劳动者可以拿着"不予受理通知书"直接去人民法院提起民事诉讼。这里面有一种特殊情况，就是如果在仲裁委接到仲裁申请之日起五日后，没有作出任何说明，也没有出具不予受理通知，或者超过 45 日（最长 60 日）没有作出仲裁裁决的，当事人可以直接向人民法院提起诉讼（此种情况比较少见，很多地方法院立案庭工作人员没有接触到此种情况，所以，立案时可能会有一定波折）。

问题六：劳动人事争议可否当庭提出反仲裁？

《劳动人事争议仲裁办案规则》（2017）第三十三条：仲裁委员会受理仲裁申请后，应当在五日内将仲裁申请书副本送达被申请人。被申请人收到仲裁申请书副本后,应当在十日内向仲裁委员会提交答辩书。仲裁委员会收到答辩书后,应当在五日内将答辩书副本送达申请人。

第三十六条:被申请人可以在答辩期间提出反申请,仲裁委员会应当自收到被申请人反申请之日起五日内决定是否受理并通知被申请人。决定受理的,仲裁委员会可以将反申请和申请合并处理。反申请应当另行申请仲裁的,仲裁委员会应当书面告知被申请人另行申请仲裁;反申请不属于本规则规定应当受理的,仲裁委员会应当向被申请人出具不予受理通知书。被申请人答辩期满后对申请人提出反申请的,应当另行申请仲裁。

由此可见,用人单位必须在答辩期内,即收到仲裁申请书副本后十日内提出反仲裁,如果答辩期没有提出反仲裁,不能当庭提出反仲裁,只能另行仲裁。

需要说明的是,第一,在审限方面,大部分案情比较简单,不存在延长审限的情形,因此,本书不讨论延长的情形。第二,劳动人事仲裁程序是必经程序,后面的一审二审不是必经程序。作为劳动者而言,对于劳动人事仲裁,需要考虑的时间成本大部分为仲裁的时间成本,而非从仲裁到二审的所有时间成本。

四 医生与医院发生争议,能否适用1979年的《暂行规定》?

1979年12月7日,教育部、国家劳动总局《关于职工高等院校脱产、半脱产学习的学员工资福利等待遇的暂行规定》并不适用于医院和医生的劳动人事争议。理由主要有:

第一,该规定明确了适用范围。开篇即指出:现对职工高等院校脱产、半脱产学习的学员在校学习期间的工资福利等待遇暂作如下规定,这就界定了本暂行规定的适用范围和适用主体为高等职工院校的职工。第七条再次对法律适用范围进行了界定,即:本规定适用于七二一大学、广播电视大学等职工高等院校。医院的性质在我国法律上定义为事业单位,并不属于职工高等院校,因此,本暂行规定不能作为判决医院和医生之间进行劳动人事争议裁决的依据。

第二,该规定对于工资待遇发放的有关规定。第一条规定:全脱产学习的学员，在学习期间由原单位发给工资（标准工资和地区生活费补贴）。职工原来享受的附加工资、副食品价格补贴、粮（煤）补贴、冬季取暖补贴、企业职工家属半费医疗和其他劳保福利待遇仍继续享受。全脱产学习的学员，由于不参加原单位的生产劳动和工作，生产奖金和岗位津贴不再享受。

1995年，劳动部印发《关于贯彻执行〈中华人民共和国劳动法〉若干问题的意见》的通知第五十三条规定："工资"是指用人单位依据国家有关规定或劳动合同的约定，以货币形式直接支付给本单位劳动者的劳动报酬，一般包括计时工资、计件工资、奖金、津贴和补贴。"工资"是劳动者劳动收入的主要组成部分。

五 关于事业单位劳动人事争议的法律适用问题

我国的人事争议仲裁主要经历了四个阶段：第一个阶段是从1980年开始到1997年《人事争议处理规定》出台，这是地方人事争议处理制度的探索阶段。第二个阶段是1997年到2003年最高人民法院出台法释〔2003〕13号文件。第三个阶段是2003年到2007年《人事劳动争议仲裁调解法》出台，并将人事仲裁和劳动仲裁合二为一，此阶段是人事仲裁和劳动仲裁实体法趋于融合一致的阶段。第四个阶段是2008年至今，也是人事仲裁和劳动仲裁合二为一、仲裁与司法联动的阶段。

2003年，最高人民法院《关于人民法院审理事业单位人事争议案件若干问题的规定》（法释〔2003〕13号）第一条规定：事业单位与其工作人员之间因辞职、辞退及履行聘用合同所发生的争议，适用《中华人民共和国劳动法》的规定处理。该司法解释将有关人事争议纳入了国家司法审查的范围，同时明确了适用的相关法律是《劳动法》。2004年，《最高人民法院关于事业单位人事争议案件适用法律等问题的答复》中，对于相关问题做了限制性解释。即：（法释〔2003〕13号）规定的"适用《中华人民共和国劳动法》的规定处理"是指人民法院审理事业单位人事争议案件的程序运用《中华人民共和国劳动法》的相关规定。人民法院对事业单位人事争议案件的实体处理应当适用人事方面的法律规定，但涉及事业单位工作人员劳动权利的内容在人事法律中是没有规定的，适用《中华人民共和国劳动法》的有关规定。

按照最高人民法院的司法解释，人事争议首先适用有关人事方面的法律，没有人事法律才适用有关劳动法律。但除了 2002 年国务院办公厅转发的《关于在事业单位实行人员聘用制度的意见》（国办发〔2002〕35 号），2014 年国务院制定的《事业单位管理条例》，再无其他针对人事聘用合同的相关法律和法规。现在的问题是（国办发〔2002〕35 号）成为规范事业单位人事聘用制度和司法机关判例依据的"最高指南"，其位阶较低，只能算是"规定"，并无有关人事方面的专门性法律。

有关"服务期"和"违约金"的有关理论依据是"对价关系理论"和"利益归属理论"。"对价关系理论"是指一方从另一方或者某种利益，作为对价，另一方应支付或者该利益的代价。例如：一方提供劳动，另一方应支付工资、福利、五险一金等；如果劳动者获得了其他额外的利益，那么就产生了新的对价关系。"利益归属理论"是指作为用人单位而言，劳动者通过专业技术培训获得了一种利益，且该利益具有人身属性。用人单位对其进行投资的目的是获取更大的回报，但如果劳动者进行培训后便离开该单位，那么用人单位的利益无疑会受损。

从违约金的类型来讲分为任意违约金、禁止违约金和限制违约金三种模式。第一种是任意违约金，是指当事人之间可以随意约定，对于违约金没有任何限制和约束。第二种是禁止违约金，是指双方在任何条件下都不能约定违约金。前面两种违约金模式，都不能适应我国社会发展实践的需要。第三种是限制违约金，是指允许服务期违约金的适用，但是应受到法律的约束和限制。[1]

美国学者的研究表明，用人单位替换掉一名劳动者需要付出的成本，相当于该劳动者全年收入的 25%—30%，对于紧缺的高技能岗位甚至可以达到该劳动者全年收入的一倍多。[2] 双方约定的服务期条款能否排除法律赋予的辞职自由？在学理上，这也被称为"弃权条款"。在劳动法理论

---

[1] 郑禾彬：《劳动合同服务期违约金制度的法律问题与完善》，硕士学位论文，四川省社会科学院，2021 年。

[2] 井妍、胡浩：《人才流失的危机管理探讨》，《市场周刊》（研究版）2005 年第 1 期。

中,"弃权条款"无效的法理依据在于它违反了劳动法的立法精神和宗旨。①

六 双方签订的合同是劳动合同还是劳务合同?

丛某主张自 1998 年 10 月至 2009 年 3 月期间,确认其与日报社之间存在劳动关系。丛某提出上述诉请的法律依据是劳社部发〔2005〕12 号《通知》,但该《通知》的性质是部门规范性文件。因《劳动法》未明确规定用人单位和劳动者之间具备劳动关系的标准,而劳社部发〔2005〕12 号《通知》是专门判断用人单位和劳动者之间是否具备劳动关系的规范性文件,该《通知》属于对《劳动法》未规范内容的创设性规定,不能当然溯及《劳动法》实施之时。丛某主张确认劳动关系的开始时间是 1998 年 10 月,早于劳社部发〔2005〕12 号《通知》的施行时间,劳社部发〔2005〕12 号《通知》不能作为判断 2005 年 5 月 25 日之前丛某与日报社之间法律关系的依据。丛某认为再审判决未适用劳社部发〔2005〕12 号《通知》属于法律适用错误的观点,法院不予支持。需要说明的是,判断劳动者与用人单位之间是否具备劳动关系,并不必然以签订劳动合同为前提条件。再审判决以丛某与日报社在 2008 年之前未签订劳动合同,不受《劳动法》调整为由,认定双方不存在劳动关系,法院予以纠正。最高人民检察院认为:依据《关于确立劳动关系有关事项的通知》(劳社部发〔2005〕12 号)(以下简称劳社部发〔2005〕12 号《通知》)第一条、第二条规定,若用人单位与劳动者没有签订劳动合同,但是构成事实劳动关系的,应确认劳动关系成立。事实劳动关系认定的要素包括:主体资格,从属关系,劳动性质。综合考察本案证据情况,应认定丛某与日报社构成事实劳动关系。法院分析如下。

第一,日报社最初与其前妻约定报刊投递、征订工作,2002 年后丛某才接手相关事务,并且丛某在庭审中亦认可系以家庭为单位负责报纸投递。法院认为,丛某为日报社投递、征订报刊并不具有专属性,

---

① 赵毅:《事业单位法治的盲区:辞职难与高额违约金之反思》,《东南大学学报》(哲学社会科学版)2017 年第 5 期。

其家庭成员均可从事，这一事实亦与日报社所称丛某可找他人代替完成投递工作的说法相印证。故日报社对丛某不具有劳动力使用上的专属性。

第二，丛某向法庭提交《发行工作基础读本》并提出日报社为丛某办理工作证、发放工作服以及进行考评等，目的在于说明其与日报社之间存在人身隶属性。对此，日报社认为办理工作证、发放工作服，仅是方便其进入相关客户单位投递报纸，收取押金的做法已经取消，星级考核只是激励员工，并不区分正式员工还是临时员工。法院认为，《发行工作基础读本》并未明确规定适用人员范围，丛某也未举证证明曾接受具体管理措施处理的事实，并且办理工作证、发放工作服以及进行考评等事实在劳动关系之外的其他法律关系中亦有存在的可能性，日报社的辩称具有一定的合理性，丛某诉称事实及理由并不能达到认定具备劳动关系的证明标准。

第三，日报社为丛某办理银行卡，按月发放一定数额的款项。日报社认为发给丛某的报酬是承包费，并非固定工资加薪酬，具体数额是根据投递报纸的份数决定的，每个月都不一样。丛某认为工资是根据征订报纸的份数、投递报纸数量和路程、时间决定的，工资是每个月发放的。本院认为，劳动力作为生产要素存在，用人单位支付工资是获得这一生产要素的对价。庭审中，丛某并未提供证据否认日报社关于每个月的具体报酬数额均不相同的事实，同时其陈述投递报刊用的摩托车、车油费由丛某本人提供，日报社并不提供投递报刊的交通工具等。故丛某向日报社提供的不是单纯的劳动力这一生产要素，而是结合了其他生产要素包括投递工具之后形成的劳动产品，与劳务关系更为接近，故双方存在的是劳务关系而非劳动关系。[1]

七 关于高某诉请补缴社会保险金、住房公积金是否属于人民法院受案范围？

依据《劳动争议调解仲裁法》第二条第（四）项的规定，因社会保

---

[1] 最高人民法院（2016）最高法民再148号再审民事判决书。

险发生的争议属于劳动争议。但是，并非所有的社会保险争议都属于人民法院受理劳动争议的范围，应区分两种情形：1. 已经由用人单位办理了社会保险手续，但因用人单位欠缴、拒缴社会保险费或者劳动者对缴费年限、缴费基数有异议等发生的争议，应由社会保险管理部门解决处理，不属于人民法院的受案范围。这是因为，《社会保险费征缴暂行条例》《劳动保障监察条例》等行政法规赋予了劳动行政部门对用人单位为劳动者办理社会保险的专属管理权、监察权和处罚权，用人单位、劳动者和社会保险机构就欠费发生争议，是征收与缴纳之间的纠纷，属于行政管理的范畴，带有社会管理的性质，不是单一的劳动者与用人单位之间的社会保险争议。因此，此类纠纷应由社会保险管理部门解决处理，不属于人民法院受案范围。2. 用人单位没有为劳动者办理社会保险手续，且社会保险经办机构不能补办导致劳动者不能享受社会保险待遇，要求用人单位赔偿损失的，属于典型的社会保险争议，人民法院应予以受理。高某关于补缴社会保险金的诉讼请求属于第一种情形即已经由用人单位办理了社会保险手续，但因用人单位欠缴保险费引发的争议，不属于劳动争议解释三第一条所规定的人民法院应予受理的社会保险争议。

关于补缴住房公积金是否属于人民法院受案范围的问题。国务院《住房公积金管理条例》第三十七条规定："违反本条例的规定，单位不办理住房公积金缴存登记或者不为本单位职工办理住房公积金账户设立手续的，由住房公积金管理中心责令限期办理；逾期不办理的，处1万元以上5万元以下的罚款。"第三十八条规定："违反本条例的规定，单位逾期不缴或者少缴住房公积金的，由住房公积金管理中心责令限期缴存；逾期仍不缴存的，可以申请人民法院强制执行。"依据上述规定，劳动者与用人单位因住房公积金发生争议，应当由住房公积金管理中心负责催缴，故高某要求补缴其住房公积金的诉求不属于人民法院审理劳动争议案件的受案范围。[①]

---

① 最高人民法院（2017）最高法民申1123号再审审查与审判监督民事裁定书。

八 劳动者博士后工作获奖后的奖金绩效引发的争议，是否属于劳动争议？

黄某 2010 年至 2012 年期间在大学从事博士后研究工作，申报论文并获奖的情况发生在 2017 年，绩效 5000 元、奖励 5000 元。本案中，黄某与大学的劳动关系在 2012 年已经终止，获奖情况发生在劳动关系终止以后，因此，本案的争议不属于履行聘用合同所发生的争议。此外，黄某的诉讼请求是要求大学支付绩效和奖励，而绩效和奖励的核算属于用人单位自主经营权的范围，不属于人民法院司法审查的范围。因此，本案不属于人民法院受案范围，应当裁定驳回起诉。本案争议由黄某与中南某大学 2010 年至 2012 年期间的劳动关系或人事关系引发，属于人民法院受案范围。一审法院认为绩效和奖励不属于人民法院司法审查的范围，没有法律依据，法院予以纠正。[①]

第二节 医院劳动人事变动的法律性质及主体

一 医院人事变动是劳动争议还是人事争议？

（一）事业单位编制内人员离辞，有关违约金、专项培训费用、服务期等问题是否适用劳动合同法？

2003 年 9 月 5 日起施行的《最高人民法院关于人民法院审理事业单位人事争议案件若干问题的规定》第一条规定，事业单位与其工作人员之间因辞职、辞退及履行聘用合同所发生的争议，适用《中华人民共和国劳动法》的规定处理。因本案系事业单位与其工作人员之间因履行聘用合同所发生的争议，且发生在《中华人民共和国劳动法》《中华人民共和国劳动合同法》《中华人民共和国劳动合同法实施条例》等法律法规实施之后，故应当适用上述法律法规处理本案。虽依据《最高人民法院关于事业单位人事争议案件适用法律等问题的答复》（2004）第一条的规定，人民法院在审理事业单位人事争议案件的程序应适用劳动法的相关规定，实体处理应当适用人事方面的法律规定。但涉及事业单位工作人

[①] 湖南省长沙市中级人民法院（2018）湘 01 民终 5008 号二审民事裁定书。

员劳动权利的内容在人事法律中没有规定,则适用劳动法的有关规定。另外,《中华人民共和国劳动合同法》第九十六条规定,事业单位与实行聘用制的工作人员订立、履行、变更、解除或者终止劳动合同,法律、行政法规或者国务院另有规定的,依照其规定;未作规定的,依照本法有关规定执行。本案中因《事业单位人事管理条例》并未对事业单位与其工作人员因培训费用的争议作出实质性的规定,故本案应适用劳动法相关法律法规的规定。

本案双方争议的违约金是在双方共同签订的《协议书》里约定的,与职工进修培训有关,而《中华人民共和国劳动法》第八章对职业培训有专章规定,因此,进修培训属职工劳动权利的内容。虽然在《国务院办公厅转发人事部关于在事业单位试行人员聘用制度意见的通知》第四条"聘用合同由聘用单位的法定代表人或者其委托的人与受聘人员以书面形式订立。聘用合同必须具备下列条款:(一)聘用合同期限;(二)岗位及其职责要求;(三)岗位纪律;(四)岗位工作条件;(五)工资待遇;(六)聘用合同变更和终止的条件;(七)违反聘用合同的责任。经双方当事人协商一致,可以在聘用合同中约定试用期、培训和继续教育、知识产权保护、解聘提前通知时限等条款"中第(七)项有关于违反聘用合同的责任的相关规定,但在双方签订的聘用合同中约定违约责任也应以不违反相关法律规定为前提,超出法律规定部分应属无效。因本案在涉及事业单位工作人员劳动权利的内容在人事法律中没有相关规定,应适用《中华人民共和国劳动法》及相关法律的有关规定处理。

(二)"停薪留职"期满后未上班,按照"自动离职"处理发生纠纷,是否属于人事争议?"停薪留职",用人单位和劳动者"两不找",是否属于人事争议?

本案存在两份停薪留职合同,第一份是时间为1985年8月1日的《关于钱某同志停薪留职自谋职业的合同书》。第二份是时间为1989年3月15日的《停薪留职合同书》,该合同第四条约定:"钱某每月向医院交本人工资的30%作为管理费。"两份停薪留职合同上均无钱某的签名,仅加盖钱某名章。1991年11月20日,因停薪留职期满,钱某未回医院上班,医院向卫生局申请将"钱某按自动离职处理",卫生局于同年12月

16 日批准医院的申请。从这一过程可知,钱某与医院之间的争议系因履行《停薪留职合同书》产生,根据《最高人民法院关于人民法院审理事业单位争议案件若干问题的规定》第三条关于"本规定所称人事争议是指事业单位与其工作人员之间因辞职、辞退及履行聘用合同所发生的争议"的规定,双方之间的上述争议并非人事争议的范畴,原审裁定驳回钱某的起诉,适用法律并无错误。①

再审申请人于 1994 年 8 月与被申请人签订了为期三年的《停薪留职协议书》,在再审申请人停薪留职期限届满前,被申请人通知再审申请人限期调出,并将再审申请人的人事关系、工资关系及人事档案送交人才交流咨询服务中心托管。此后,再审申请人一直未到被申请人单位工作。由于再审申请人与被申请人之间既未签订书面的人事聘用合同,又无事实上的劳动关系,亦未履行辞职、辞退的相关书面手续,故双方的纠纷不属于人民法院受理人事争议案件的范围。②

(三)由于历史原因,部分老职工未签订聘用合同发生纠纷,是否属于人事争议?劳动者竞聘岗位失败而发生纠纷,是否属于人事争议?劳动者对于医院处分决定不服,可否提起诉讼?

虽然医院与王某在 1989 年至 2009 年期间签过两次劳动合同,但随着事业单位用工制度改革的推行,2002 年人事部发布《关于在事业单位实行人员聘用制度的意见》,事业单位对编内人员逐步实行聘用制管理,但由于历史的原因,存在有的签订聘用合同有的没有签订聘用合同的情形。本案王某作为事业编内工勤人员,一直享受政府规定的编内人员待遇,并按照编内人员办理退休。其与单位之前存在的劳动关系并签有劳动合同,是聘用关系产生的基础,不能因为之前签订的是劳动合同而非聘用合同,就认为其不是人事争议。③

本案上诉人李某与被上诉人医院之争议均因竞聘岗位引发。而医院就李某竞聘岗位过程中是否存在不当行为及竞聘岗位所引发的后续争议,

---

① 吉林省高级人民法院(2016)吉民再 176 号裁定书。
② 辽宁省高级人民法院(2014)辽审三民申字第 975 号裁定书。
③ 湖南省高级人民法院(2017)湘民申 1554 号裁定书。

按照规定均不属于人民法院就人事争议案件的受理范围。李某因竞聘岗位引发与医院之间争议而提出要求医院撤销 2014 年 1 月 8 日《告知书》、恢复原行政管理类岗位、支付绩效奖金之请求，不属于人民法院审理人事争议案件的受理范围，李某提出的再审事由均不能成立。①

被申请人医院对申请再审人李某的处分决定，是单位对其工作人员因工作中出现差错或违反本单位的工作纪律、规章制度等所做的一种行政处分。本案属于用人单位对职工进行行政管理而与劳动者发生的争议。依照相关法律规定，申请再审人对该处分决定不服，不属于人民法院受理范围。②

（四）申请"遗属生活困难补助"，是否属于人事争议？员工已经离职且办理完相关手续，可否要求用人单位再出具相关离职手续及补充档案材料？

杨某于 2005 年生，系医院职工杨某 2 之女。杨某 2 于 2017 年去世。杨某的法定代理人华某于 2017 年退休，退休金为每月 2059 元。二审法院认为，杨某的父亲生前系医院职工，杨某应当享受医院发放的各项法定待遇。杨某提起本案诉讼，请求医院向其发放遗属生活困难补助，但依据相关规定，杨某及其母亲华某现月平均收入超过本市城乡最低生活保障标准，不符合享受该项经济补助的法定条件，故一审法院驳回其诉讼请求，二审法院维持原判。杨某起诉主张医院向其支付遗属生活困难补助，因其不属于事业单位与其工作人员之间因辞职、辞退及履行聘用合同所发生的争议，故本案不属于人民法院人事争议的受案范围。③

刘某于 2012 年 3 月从大学离职时，已按大学要求在《大学人员调出审批表》上书写个人申请，大学根据人事管理规定，为其办理了离职手续并出具《大学办理工作调转离校手续通知单》。现刘某诉讼请求大学再为其出具有效的离职手续及补充其档案材料，原审判决根据《民事诉讼法》第一百一十九条、《最高人民法院关于适用〈中华人民共和国民事诉

---

① 上海市高级人民法院（2015）沪高民一（民）申字第 1224 号民事裁定书。
② 辽宁省高级人民法院（2009）辽立三民申字第 00054 号民事裁定书。
③ 天津市高级人民法院（2018）津民再 34 号民事裁定书。

讼法〉的解释》第二百零八条的规定，认定刘某的请求不属于人民法院民事案件受理范围并无不当。①

（五）劳动者被用人单位"除名"，是否属于人事争议？

在我国劳动人事领域，辞退与除名系两个不同的概念，其内涵和处理程序均不相同。辞退分为违纪辞退和正常辞退；违纪辞退一般是指对严重违反劳动纪律或犯有严重错误，但不够开除、除名条件的职工，用人单位决定终止与之劳动关系的制度；正常辞退是指用人单位根据生产经营状况和富余职工的情况，按照有关规定与职工结束劳动关系的行为。而除名则是在职工无正当理由旷工超过一定期间，用人单位依法从职工名册中除掉该职工姓名的行为。除概念内涵外，《工会法》第十九条第一款规定，"企业辞退、处分职工，工会认为不适当的，有权提出意见。"该条第二款规定，"全民所有制和集体所有制企业在作出开除、除名职工的决定时，应当事先将理由通知工会，如果企业行政方面违反法律、法规和有关合同，工会有权要求重新研究处理。"即企事业单位作出除名决定和辞退决定的处理程序亦不相同。

因此，根据《最高人民法院关于人民法院审理事业单位人事争议案件若干问题的规定》第三条有关人民法院受理人事争议范围的规定，在因除名引发的人事争议和因辞退引发的争议中，仅辞退所发生的人事争议属于人民法院受案范围，而除名引发的人事争议不属于人民法院受案范围。本案中，赵某的诉讼请求系要求医院支付其相关工资。该请求的依据是赵某认为医院作出的《关于将赵某同志予以除名的决定》错误，不应按该决定对其除名并停发工资及福利待遇，故而成诉。由于本案系因除名引发的人事争议，不属于《最高人民法院关于人民法院审理事业单位人事争议案件若干问题的规定》第三条规定的"因辞职、辞退及履行聘用合同"所发生的人事争议，故本案不属于人民法院人事争议受理范围，原终审裁定驳回其起诉有法律依据，赵某认为本案属于人民法院受案范围的再审事由不成立。②

---

① 辽宁省高级人民法院（2017）辽民申 4584 号民事裁定书。
② 湖北省高级人民法院（2017）鄂民申 2205 号民事裁定书。

（六）医院是否有权给员工调整工作岗位？给员工调岗后奖金降低，劳动者是否可以要求补足差额？因工龄问题导致的争议是否属于人事争议？

劳动者与用人单位建立劳动关系后，劳动者的工作岗位并非一成不变，用人单位可以根据其生产经营的需要、劳动者的工作能力和工作表现与劳动者协商变更工作岗位。卫某原在护理部岗位工作，但2014年双方签订的聘用合同中明确卫某的工作岗位为供应室内勤护士、专业技术职务为护师，卫某在该聘用合同上签字确认。卫某未提供证据证明医院欺骗、胁迫卫某签订该聘用合同，故该聘用合同系双方真实意思表示。同时，该聘用合同中亦无法律禁止性规定的内容，双方均应当按照该聘用合同履行各自权利义务。现卫某要求确认该聘用协议部分条款无效，无事实与法律依据，法院不予支持。劳动者的劳动报酬与其工作岗位的要求、职业技能的高低等因素相对应。卫某的工作岗位由护理部调整到供应室内勤护士，工作内容、工作要求均发生变化，且卫某亦陈述其现在供应室内勤护士岗位的绩效工资系数0.8是由医院职代会讨论通过的，故医院对卫某的工资报酬相应地予以调整亦无不妥，卫某要求支付工资差额的请求，法院亦不予支持。[①]

蔡某经省教育厅和省人力资源和社会保障厅批准退休。蔡某因工龄计算减少导致退休待遇降低问题与大学发生争议。因退休的审批是由相关行政机关作出，属于行政管理的范畴，不是劳动者在履行劳动合同过程中发生的纠纷。省人力资源和社会保障厅作出《信访事项复查意见书》，认定蔡某参加工作时间，并告知"如申请人对本意见不服，可在收到本意见之日起30日内向上级有权复核机关申请复核"，蔡某向人民法院提出民事诉讼法律依据不足。原审裁定认定因参加工作时间起算点发生争议，不属于人民法院受理民事案件的范围事实和法律依据充分。[②]

[①] 上海市高级人民法院（2016）沪民申1456号裁定书、上海市第二中级人民法院（2015）沪二中民三（民）终字第1038号民事判决书。

[②] 辽宁省高级人民法院（2016）辽民申2629号民事裁定书。

（七）退休职工是否延聘发生争议，是否属于法院审理范围？双方没有签订聘用合同，但已经进行了规培等，是否仍需要支付双倍工资的差额？

黄某于2012年1月21日达到法定退休年龄，根据相关法律规定，其与大学之间的聘用合同终止。本案黄某以其符合延聘条件而大学不为其办理延聘手续以及其达到法定退休年龄后继续在岗、大学已默认双方存在延聘的人事关系为由，请求大学按照其在岗时的原工资、奖金标准补足2012年3月至2014年12月工资、奖金。退休职工是否符合延聘条件和是否获得延聘，属其所在单位的内部管理职权。其主张既不属于双方当事人之间因解除人事关系发生的争议，亦不属于双方当事人之间因辞职、辞退及履行聘用合同发生的争议，故本案争议不属于人民法院受理民事诉讼的范围。[1]

对于未签订劳动人事合同是否一定双倍支付工资差额的问题，现实中存在一定的复杂性，需要具体问题具体分析。法律这样规定的初衷在于保障劳动者的合法权益，打击违法不签订劳动聘用合同的行为。对于虽然没有签订劳动人事合同，但以实际行为履行义务的行为，仍旧不应承担双倍支付工资差额的法律责任。关于高某请求自2016年8月9日至2017年7月8日期间的双倍工资应否支持的问题。高某于2016年7月入职医院，8月与医院签订《住院医师规范化培训协议书》，医院按照协议约定为其联系了其他医院进行住院医师规范化培训，培训期间除规培医院为其发放相应报酬外，法院仍为其缴纳社会保险及支付相应工资。现高某以2016年8月9日至2017年7月8日未与其签订书面劳动合同为由请求医院向其支付双倍工资的差额22430.9元的主张不应予以支持。[2]

（八）对于员工在竞聘中落选，是否可以要求单位恢复工作、赔礼道歉、追究加害人的法律责任、补发被无理克扣的7年奖励工资？

第一，对于牛某要求单位纠正违法违规、滥用职权的行为，恢复被非法剥夺的工作岗位或在协商一致的基础上妥善合理地解决其工作问题，做好善后事宜的再审请求。牛某要求纠正违法违规、滥用职权的行为不

---

[1] 四川省高级人民法院（2016）川民申2553号民事裁定书。
[2] 河南省濮阳市中级人民法院（2021）豫09民终2860号民事判决书。

属于人事争议案件的受案范围。单位按照《关于事业单位人事制度改革的实施意见》决定在学校各学院及学校其他部门开展教职工聘任工作，牛某在竞聘中落聘，故其要求恢复原工作岗位的诉讼请求，明显缺乏事实和法律依据。牛某要求在协商一致的基础上妥善合理地解决其工作问题，做好善后事宜的诉讼请求，因牛某系单位在编职工，单位应依据有关人事政策为牛某尽可能地提供上岗机会，故牛某要求单位解决工作问题的诉讼请求，一、二审法院予以支持，应予确认。

第二，对于牛某要求判令单位公开赔礼道歉，并依法追究加害人的法律责任的再审请求，不属于人事争议案件的受案范围。对于牛某要求判令单位补发牛某被无理扣发的工资和岗位津贴的再审请求。牛某在待岗后的待岗工资，一、二审法院依据自治区《关于事业单位人事制度改革的实施意见》规定，对牛某多扣（或少扣）的工资部分予以调整并确认为1150.33元，判令由单位予以补发，并无不当。

第三，对于牛某要求判令单位补发被无理克扣的7年奖励工资的再审请求。第13个月奖励工资发放的前提条件是，年终考核为称职以上。牛某属于待岗，不符合参加考核的条件。对于牛某要求判令单位纠正并赔偿两年升一级的四级工资损失及纠正并赔偿2005年、2010年固定并向上浮动一级的工资损失的再审请求。正常晋升工资和浮动工资的条件是连续年终考核为称职以上。因牛某待岗，不符合参加年终考核的条件。

第四，对于牛某要求判令单位赔偿被非法剥夺工作岗位期间所扣发的劳务费、奖金、工会福利待遇的再审请求。因牛某待岗，一、二审法院不予支持其该诉讼请求亦无不当。对于牛某要求判令单位赔偿牛某长达9年不准其评职称晋级所导致的直接和间接损失的再审请求：牛某的该诉讼请求予以支持的前提条件是在工作岗位连续工作。现牛某待岗，并未在工作岗位连续工作，不符合评职称晋级的前提条件。故，虽然牛某在仲裁委开庭之前增加了仲裁请求（包含该请求），一、二审法院以该诉讼请求未经过人事争议案件的前置程序而不予审理不当，但是鉴于牛某不具备评职称晋级的前提条件，该诉讼请求亦应驳回。[1]

---

[1] 新疆维吾尔自治区高级人民法院（2016）新民再151号民事裁定书。

（九）员工认为单位篡改档案，应提起行政诉讼还是民事诉讼？

根据《档案法》和《档案法实施办法》的规定，一切国家机关、武装力量、政党、社会团体、企业事业单位和公民都有保护档案的义务。机关、团体、企业事业单位和其他组织的档案机构或者档案工作人员，负责保管本单位的档案，并对所属机构的档案工作实行监督和指导。故档案工作是机关、团体、企业事业单位和其他组织的内部人事管理事项。因此，不论其起诉大学恢复蒋某原档案内容，还是撤销市档案局《关于蒋某人事档案材料调查的复函》的诉讼请求，均不属于人民法院行政诉讼的受案范围。再审申请人如若认为大学篡改蒋某人事档案，抽走相关资料，请求恢复蒋某档案原貌，赔偿精神损失，根据最高人民法院《关于人事档案被原单位丢失后当事人起诉原用人单位补办人事档案并赔偿经济损失是否受理的复函》的规定："保存档案的企业事业单位，违反关于妥善保存档案的法律规定，丢失他人档案的，应当承担相应的民事责任。档案关系人起诉请求补办档案、赔偿损失的，人民法院应当作为民事案件受理。"属民事案件。如若对市档案局的复函不服，应及时向市档案局提出异议，而不是提起行政诉讼。[①]

（十）聘用合同由妻子签字代签，医院认为这是经过劳动者同意才由妻子代签，合同是否具有法律效力？聘用合同解除时间如何界定？

2018年的聘用合同由原告妻子代签，被告抗辩经过了原告同意才由其妻子代签，原告认为妻子代签未经过其同意，被告未对抗辩主张举证。根据《事业单位试行人员聘用制度有关问题的解释》（2003年）第二十三条第一款第（四）项，未经本人书面委托，由他人代签的聘用合同，本人提出异议的，聘用合同无效。该规定与《中华人民共和国民法典》第一百七十一条的规定一致，行为人没有代理权，仍然实施代理行为，未经被代理人追认的，该行为对被代理人不发生效力。依法确认原告妻子代签的2018年聘用合同为无效合同。

原、被告在2010年的聘用合同到期后签订的2018年聘用合同虽然无效，但原告在被告处工作，且在原合同到期后，被告还派原告去进修，

[①] 湖南省高级人民法院（2017）湘行再83号行政裁定书。

原告也获取了工资报酬。故原、被告之间成立事实人事聘用关系，只是相关权利义务不适用2018年聘用合同。根据法律规定，原告与被告就解除聘用合同不能协商一致的，原告应继续履行合同，6个月后再次提出解除，如不能协商，原告才可以单方解除合同。因原告提出离职后未再回被告处上班，原告已在其他单位就职，合同已无法实际履行。故依法确认原、被告之间的人事关系于2018年9月30日解除。[①]

（十一）劳动者可否要求医院在"医师资格变更地点"一栏盖章？可否要求医院出具工龄的证明文件？可否要求医院赔偿其无法就业而造成的损失？

根据法律规定：医师变更执业地点、执业类别、执业范围等注册事项的，应当到准予注册的卫生行政部门依法办理变更注册手续。因此，李某《医师执业资格证》的地点变更应由卫生行政管理部门办理，属于行政行为，医院不同意李某在《医师变更执业注册申请审批表》相应栏中签署意见（盖章），应由卫生行政部门根据相关的法律法规进行处理。李某与医院由此产生的争议不在《劳动争议调解仲裁法》规定的范畴之内，因此，李某要求医院配合其在《医师执业资格证》地点变更事项中"原执业机构意见"栏签署意见（盖章）的诉讼请求，于法无据，该院不予支持。因医院作为用人单位没有为作为劳动者的李某出具工龄证明的义务，李某要求医院为其出具工龄证明，法律依据不足，该院不予支持。因李某没有证据证明其损失，也没有证据证明其损失系因医院所致，故对于李某要求医院赔偿其因无法办理《医师执业资格证》地点变更事项，导致其无法就业损失的诉请，依据不足，该院不予支持。[②]

（十二）如何判断劳动者与用人单位建立的劳动关系，还是建立了医师规范化培训合同关系？是否双方签订了《普通高等学校毕业生就业协议书》就一定建立起劳动关系？

本案中，廖某与医院于2014年12月19日签订《普通高等学校毕业生就业协议书》时，廖某大学尚未毕业，该协议只是表明廖某愿意被派

---

① 江西省吉安市中级人民法院（2019）赣08民终1564号民事判决书。
② 广西壮族自治区桂林市中级人民法院（2015）桂市民四终字第385号民事判决书。

遣到医院，而医院也同意接受廖某，其中并未明确双方劳动关系的权利义务内容，因此不具有劳动合同的效力。2015 年 7 月，廖某完成大学学业，到医院报到后双方并未签订劳动合同，其既未提出异议，也未向医院主张违约金。因廖某作为高等院校医学类专业本科学历毕业生，符合住院医师规范化培训社会招收类对象条件，于同年 7 月 31 日以"社会人"身份与医院签订《住院医师规范化培训协议》。作为培训基地，医院自 2015 年 8 月 1 日起为廖某提供相应的培训条件，对其进行日常管理、监督、考核，履行对培训对象的带教和管理职能，以确保培训计划的实施，并根据国家、省、市的相关规培政策，依约向廖某支付了工资并缴纳了社会保险。2018 年 7 月，培训结束，按照《住院医师规范化培训协议》约定，双方培训关系自动解除。故，其间双方并未建立劳动关系，而是建立了医师规范化培训合同关系。医院的《关于规范化培训人员管理暂行办法》，针对"取得执业资格并独立执业"的专科医师规范化培训学员的工资及社会保险待遇作出了相关规定，廖某以此主张在其取得执业医师资格证后即与医院建立了劳动关系，无事实依据，且于法无据，法院不予支持。①

（十三）《全国普通高等学校毕业生就业协议书》即"三方协议"的效力如何？如果用人单位违约，是否应当对劳动者进行赔偿？如果协议中没有约定违约金，将如何赔偿？②

原（劳动者）、被告（医院）签订的《全国普通高等学校毕业生就业协议书》虽有毕业院校和人力资源管理部门参与，但要约和承诺是在原、被告之间形成的，该合同应在原、被告之间具有约束力，双方应共同遵守。合同签订后，原告到被告处试工后，被告并未向原告提供应聘时的职位，致使原告应聘的目的无法实现，被告存在违约行为，但因该协议书并未对违约金或者违约责任进行约定，故原告要求被告支付违约金没有事实依据，法院不予支持，但被告的违约行为使原告遭受信赖利

---

① 四川省攀枝花市中级人民法院（2021）川 04 民终 111 号民事判决书。
② 高校毕业生就业协议，源自 1997 年 3 月 24 日国家教委颁布的《普通高等学校毕业生就业工作暂行规定》（以下简称《暂行规定》），要求毕业生、用人单位以及高等院校应当签订毕业生就业协议书，以此来制订就业计划、进行就业派遣，就业协议也因此一直沿用至今。

益损失、机会损失和直接的经济损失,原告主张的损失即为因租房造成的租金和佣金损失。因被告的违约行为致使原告无法继续租住租赁房屋,造成租金和佣金损失无法收回,该损失被告应当予以赔偿。①

(十四)劳动者和单位签订《就业协议书》违约金条款空白,是否还需要支付违约金?

陈某与单位签订的《就业协议书》第五条约定"在履行协议期间,发生以下情况,应认定为违约,责任方应向无责任方支付违约金"。上述违约金数额一栏并未填写,陈某与单位对此存有异议,陈某主张违约金数额一栏为空白应视为双方约定违约金数额为零,单位则主张系工作人员疏忽遗漏填写,应支付违约金8000元。因该《就业协议书》系单位提供的格式合同,在格式条款出现两种以上解释时,依法应当作出不利于提供格式条款一方的解释。

此外,按照合同约定"毕业生报到时不能提供毕业证、学位证(指原件),用人单位有权单方解除该协议,同时毕业生需赔偿用人单位8000元违约金"的约定,针对的是毕业生报到时无法提供毕业证、学位证情形下的违约责任,而本案中,陈某并未到单位报到,不适用该约定。故原审认定陈某无须向单位支付违约金,并无不当。②

二 如何理解控制总量备案管理的人员的法律适用？如何理解没有明确证据证明是否具有编制人员的法律适用？

医院属于公益性质的事业单位,取得事业单位编制的工作人员与单位之间的关系属于人事关系,双方产生的争议应适用我国现行人事管理方面的法律。就本案而言,一是医院没有提供必要证据证明程某入职后取得当地编制部门批复的事业单位编制,当地人力资源和社会保障部门也未出具证明材料证实程某被录用并安排到医院工作时业已取得事业单位编制；二是医院提供了省组织人事部门发布的相关文件,市人社部门也出具说明,但控制总量备案管理的人员是否属于原来的事业编制人员,

---

① 河南省郑州市中原区人民法院（2017）豫0102民初7178号民事判决书。
② 福建省高级人民法院（2019）闽民申1121号民事裁定书。

有关编制部门并未作出权威解释，医院主张控制总量备案管理的人员就是原来的事业编制人员缺乏政策依据；三是医院与程某签订的用工协议系劳动合同，而非人事聘用合同。①

因此，在遇到没有明确说明该职工是否具有事业编制的情形下，人民法院应当综合考虑其所签订的合同类型、员工年度考核表、入职职工登记表、缴纳社会保险、公积金等因素，来确定劳动者是否具有事业单位编制，以此来确定是聘用合同还是劳动合同。

三　人事管理的主体：人事科或者医务科是否具有诉讼主体资格？通常情况下是医护人员仲裁医院，医院可否仲裁医护人员？

在实践中，有的医院是医务科，或是人事科代表医院与医护人员签订相关协议书，最后落款盖章是部门印章。产生纠纷后，医护人员认为这是部门盖章，没有法律效力。实际上，医院医务科、人事科与医护人员签订的《医院外出进修学习协议书》等，该院医务科系代表其单位签订协议，故医院具有原告主体资格②，该协议具有法律效力。另外，法律规定了双方均具有仲裁的权利，选择仲裁的权利并非劳动者所专有，用人单位也可以仲裁劳动者。③

四　医院如何证明劳动者具有事业编？劳动者先以劳动合同入职，后转为事业编，但是没有签订聘用合同，发生纠纷后是劳动争议还是人事争议？④

劳动者是否具有事业编制这个问题，作为当事人的劳动者并不是特别清楚，用人单位通常并不会给劳动者颁发相关的证明文件来证明其具有事业编制。在法律上，劳动者是否有编制关系到劳动关系的性质，因此，确定劳动者是否具有事业编制非常重要。如果双方对于人员编制没有明显争议时，仲裁庭与法院通常依据双方认可的事实进行审理，但双

---

① 山东省高级人民法院（2020）鲁民再 554 号民事判决书。
② 湖南省绥宁县人民法院（2019）湘 0527 民初 1130 号民事判决书。
③ 湖南省邵阳市中级人民法院（2020）湘 05 民终 75 号民事判决书。
④ 四川省高级人民法院（2017）川民再 299 号民事判决书。

方认可的事情经审查与实践不符的除外；如果双方对于劳动者是否有编制存在争议时，用人单位通常需要出具相关的证明文件来支持自己的主张。下面通过这个案例可以详细了解。

王某与医院于 2010 年 8 月 1 日签订了劳动合同，双方由此建立了劳动法律关系。王某又于 2011 年 7 月，自愿填写了《事业单位招聘工作人员审批表》，表明其愿意转为事业单位的在编人员。王某经医院考核合格并逐级呈报审批，主管行政部门市卫生局同意聘用王某，审批机关人社局于 2011 年 7 月 19 日作出 2 号《关于同意聘用赵某等六位同志的复函》及附件《事业单位聘用工作人员名册》，同意聘用王某为事业单位的在编医护人员。据此，王某的身份因行政主管部门的批准，其与医院由原来的劳动关系转变为人事法律关系，成为医院的事业在编人员。

王某与医院未签订聘用合同，并不因此就否定王某的事业编制身份及医院之间建立的事实上的人事关系。医院并未与王某签订人事聘用合同，违反了前述法规的规定，存在过错，应受到相应的行政处罚。但法律法规并未规定，事业单位未与具有事业编制身份的人员签订聘用合同，就否定他们之间建立的人事关系。同理，王某是经考核合格并经行政审批机关审查同意的事业在编人员，不能因为医院未与其签订聘用合同，就否定其与医院之间建立的事实上的人事关系。事实上，王某的事业编制身份在其辞职前从未改变，医院亦一直将王某作为事业编制的医护人员进行管理和对待。

五　单位人才引进给予员工住房，该住房是引进人才的福利待遇还是福利分房？该纠纷是否属于法院受理范围？

2006 年 7 月，单位通过人才引进计划招录王某为本校教师，并签订有《劳动合同》和《补充协议书》，双方劳动关系自 2007 年 12 月 28 日至 2014 年 6 月 30 日止。合同约定：甲方提供乙方已装修的复式商品房一套，乙方在甲方服务满 8 年，甲方将该房的房产权移交乙方。2014 年 11 月，王某向单位递交辞职报告，申请离职获批后遂按《劳动合同》约定要求单位履行移交房屋的义务，未果，遂发生纠纷。

本案是因履行劳动合同而引发的纠纷，双方争议的主要是《补充协议书》的履行问题,该协议是双方劳动合同的一部分,协议中的住房奖励约定并不是职工参加单位公有住房改革,而是劳动争议中的福利待遇纠纷,属于人民法院受案范围。《通知》本身与本案《补充协议书》的履行并不矛盾,其中并没有禁止高校对高级人才引进的奖励。原二审裁定以《通知》为由,认为所涉房产处置而产生的争议不宜作为劳动争议来处理,本案不属人民法院受理民事诉讼的范围,并驳回单位起诉,系适用法律错误,应予纠正。[①]

六 当事人为其妻子提供服务期履约担保,可否要求法院确认其不承担担保责任?

郭某、王某与单位签订的出国(境)留学协议书约定,王某留学回国后应当至少为单位服务两年,如无正当理由终止服务,则应当按照其剩余服务年限双倍赔偿学校为其学习期间提供的工资等费用;如出现违约,则郭某需承担应由王某承担的经济责任。本院认为,王某与单位订立的留学协议是主合同,郭某自愿为王某的合同义务作出担保并与单位达成的协议,是从合同。经查明,王某于2017年8月起一直未返岗工作,但迄今为止单位并未就该行为向王某主张权利,也未提起诉讼要求其承担违约责任。在主合同的权利义务及违约责任尚未最终确定的情况下,作为从合同的义务人郭某,无权主动要求人民法院确认其不承担担保责任。郭某是否应当为王某的违约行为承担担保责任,不属于本人事争议案件的审理范围,本院不予审理。[②]

第三节 用人单位是否同意劳动者辞职的法律问题

一 医生如何证明自己提出过辞职?

劳动者书面辞职,应当有详细的证据证明曾经提交辞职报告。如果劳动者向用人单位提出辞职申请,用人单位不同意,劳动者可以采取邮

---

① 江西省高级人民法院(2018)赣民再12号民事裁定书。
② 黑龙江省大庆市中级人民法院(2018)黑06民终280号民事判决书。

寄的方式（注意应用中国邮政 EMS 特快专递，最好不用其他邮寄方式，因为 EMS 邮寄为法定认可的方式，曾经有法院判例，只承认 EMS 的快递方式）。需要注意的是，一方面，劳动者需要证明邮寄的内容为辞职信，可以考虑与 EMS 快递回单一起拍照存档；另一方面，辞职信当场交到人事部门，并要求人事部门出具书面回执并盖章。

申请人主张 2020 年 9 月 18 日向被申请人（医院）邮寄辞职申请，但其提供的证据中 EMS 邮递回单未能显示邮寄内件名称，且该邮件于 2020 年 9 月 22 日被退回。综合查明事实，申请人未能提供证据证明 2020 年 9 月 18 日以书面形式向申请人提交辞职申请，对此应承担举证不利的法律后果。①

二　合同解除的时间

（一）合同解除时间一般应以劳动者提交辞职报告或者未提供劳动服务期满之日起计算

按照《事业单位人事管理条例》及《聘用合同书》之规定，医护人员一年内累计旷工 30 个工作日或者连续旷工超过 15 个工作日，医院可以单方面解除与劳动者的聘用合同。朱某自 2017 年 9 月 1 日起未到岗工作且未履行请假手续，15 日后，医院有权单方面解除聘用合同。所以，朱某如果要提起劳动人事争议仲裁，必须在 9 月 16 日以后提起，否则，仲裁委员会以双方聘用合同尚未解除为由，驳回了朱某的全部仲裁请求。②

张某自 2017 年 3 月起一直处于不在岗状态，大学从 2017 年 4 月起就停发了张某的工资，并停缴了社会保险费用。而某大学也未提交证据证明 2017 年 4 月以后为张某安排工作，但张某不服从工作安排的情形，故某大学和张某之间的人事聘用关系已经于 2017 年 4 月实际解除。③

---

① 天津市劳动人事争议仲裁委员会津劳人仲裁字【2021】第 55 号。
② 天津市河西区人民法院（2018）津 0103 民初 36 号民事判决书。
③ 安徽省高级人民法院（2019）皖民再 210 号民事判决书。

(二) 聘用单位应当在接到受聘人员的书面通知后20—30日内予以答复。超过20—30日，聘用合同自行解除？

本案被告于2017年12月5日以书面形式向原告提交《解除劳动聘用合同申请书》，次日原告心内科、医务部负责人以及副院长均签字同意被告吴某解除聘用合同，且被告吴某上班至2018年1月9日，已满30日，原告超过30日未向被告答复是否解除聘用合同，根据《四川省事业单位人员聘用制管理试行办法》第三十七条"受聘人员解除聘用合同，应当提前30日以书面形式告知聘用单位"以及第三十八条"聘用单位应当在接到受聘人员的书面通知后30日内予以答复，超过30日，聘用合同自行解除"的规定，原告与被告签订的《聘用合同续订书》自2018年1月9日自行解除，依法确认原告与被告的人事关系自2018年1月9日自行解除。[1]

《浙江省事业单位人员聘用制度施行细则》第三十三条规定"聘用单位应当自受聘人员提出解聘合同之日起20日内予以答复，未予答复的，视为同意解除合同"，被告可以提出解除聘用合同，由于原告未能举证证明其已于收到被告的辞职报告之日起20日内作出不同意被告辞职的答复，故原、被告之间的人事关系应予以解除。[2]

三 劳动者辞职的法律依据：医院不同意其辞职，是否合法？能否以医护人员辞职影响医院正常工作为由，不同意辞职？

《劳动合同法》第37条规定了劳动者解除劳动合同需要提前30日以书面形式通知用人单位。所以，劳动者不仅有选择辞职的权利，法律还规定了解除劳动关系的两种方式：协议解除和提前30日单方面解除（《劳动合同法》第三十八条与第三十九条规定了单方面解除劳动合同的情形，本文在此不予讨论）。

劳动者辞职是宪法与法律保障的权利，双方不能以合同形式限制劳动者的辞职自由；如果合同中对此进行约定，那么这种约定是无效的。

---

[1] 四川省巴中市中级人民法院（2019）川19民终468号民事判决书。
[2] 浙江省湖州市吴兴区人民法院（2020）浙0502民初314号民事判决书。

医护人员大部分都是普通的技术人员，不涉及国家秘密或商业秘密，所谓的业务技术骨干，即使与原单位签订了竞业禁止协议，也不应因此否认劳动者辞职的权利。

四 医院能否以医护人员是医院业务骨干，不同意其辞职？医院能否以住院医师规范化培训合同约定，或者劳动者违反了《全民所有制事业单位专业技术人员和管理人员辞职暂行规定》为由，拒绝其辞职？

在郑某与医院人事争议纠纷案中，医院以郑某是事业编制人员，与原告签订《住院医师/全科医师规范化培训合同》约定：新招聘医师必须规范化培训3年合格后方可回院上班，提出辞职人员必须提前4年向医院提出申请，以便医院招聘人才补充相应缺编岗位。

郑某承诺在医院工作的期限未满，医院认为可以不为其办理解除人事关系的手续，因为郑某的行为已经违反了《全民所有制事业单位专业技术人员和管理人员辞职暂行规定》（1990年）第七条的规定，而郑某作为业务骨干，辞职需要经过单位批准。

法院认为，该医护人员并非国家、省市业务骨干，医院应依法为该医护人员办理解除人事关系的手续；对于医院所述住院医师规范化培训制度，仅是部门规章制度，其规定与法律法规相抵触的部分无效。双方签订的《住院医师、全科医师规范化培训合同》与《劳动合同法》中关于劳动者有权提出辞职的规定相违背，因此医院拒绝为被告办理相关辞职手续的诉讼请求无法律依据，法院不予支持。[①]

五 非初次就业的劳动者，是否有12个月的试用期？是否可以随时解除聘用合同？

《事业单位人事管理条例》第十三条规定：初次就业的工作人员与事业单位订立的聘用合同期限3年以上的，试用期为12个月。"初次就业"并非特指初次到事业单位就业，2014年7月至2015年6月某公司为申请人办理并缴纳社会保险，与申请人自行填写的《干部履历表》中的工作

---

① 天津市宁河区人民法院（2016）津0117民初1647号民事判决书。

经历相互印证，时间段也相吻合，法院对申请人 2014 年 7 月至 2015 年 6 月期间就业情况予以认定。因此，申请人入职被申请人处后不再享有《事业单位人事管理条例》第 13 条规定的 12 个月的法定试用期，申请人不能随时解除《聘用合同》。①

六 劳动者提供相关截图、录音等聊天记录证明其受到排挤导致辞职，这种说法法院是否认可？

李某向法院递交《医院肛肠外科运行方案》《普通外科专业细化调整方案》及其丈夫孙某与市医院领导聊天记录截图等证据，意在证实其丈夫孙某在市医院处工作期间被闲置、排挤，经其丈夫孙某多次向市医院反映，仍未解决，因此导致夫妻二人离职。但以上证据均为截取的部分内容，并不能客观地反映真实情况，且为其个人主观感受，亦无法提供相关证据予以佐证，因此对于李某的该辩称理由不予采纳。②

七 劳动者和单位签订服务期协议，是否意味着放弃劳动合同解除权？

上诉人学院（单位）属于事业单位，对在其单位任职的教师已实行聘用制管理，与被上诉人周某之间形成聘用制合同关系，被上诉人（劳动者）作为上诉人聘用的人员，根据上述规定有权解除与上诉人之间的聘用合同，现被上诉人提出与上诉人解除聘用合同符合规定，应予以支持。上诉人学院主张被上诉人周某在 2013 年 11 月 28 日与其签订的协议书中，就服务期 8 年等事项进行了约定，应视为被上诉人已放弃了解除权。该协议并未对被上诉人的辞职权作限制性约定，不属于《事业单位人事管理条例》第十七条所规定的另有约定的除外情形，故对上诉人（单位）此上诉主张，法院不予支持。③

---

① 福建省劳动人事争议仲裁委员会闽劳人仲案字（2022）第 082—1 号裁决书。
② 河南省三门峡市中级人民法院（2020）豫 12 民终 79 号民事判决书。
③ 江苏省淮安市中级人民法院（2016）苏 08 民终 3423 号二审民事判决书。

第四节　编制内员工辞职是否继续
工作 6 个月的问题

一　关于是否需要继续工作 6 个月，法律是如何规定的？

《关于在事业单位试行人员聘用制度的意见》（国办发〔2002〕35 号文件）规定："有下列情形之一的，受聘人员可以随时单方面解除聘用合同：（一）在试用期内的；（二）考入普通高等院校的；（三）被录用或者选调到国家机关工作的；（四）依法服兵役的。除上述情形外，受聘人员提出解除聘用合同未能与聘用单位协商一致的，受聘人员应当坚持正常工作，继续履行聘用合同；6 个月后再次提出解除聘用合同仍未能与聘用单位协商一致的，即可单方面解除聘用合同。"

2014 年 7 月 1 日实施的《事业单位人事管理条例》第十七条规定：事业单位工作人员提前 30 日书面通知事业单位，可以解除聘用合同，但是双方对解除聘用合同另有约定的除外。需要指出的是，双方对于聘用合同另有约定的除外，一定是针对聘用合同，而不能是其他合同，包括：规培合同、进修合同等。[①]

通过上述的比较可以看出，2002 年的《意见》要求劳动者提前 30 天提出解除聘用合同后，如果用人单位不同意，劳动者必须工作满 6 个月；而 2014 年的《条例》则只要求劳动者提前 30 日提出离职，如果合同没有其他规定的，30 日后就可以解除聘用合同，对于劳动者是否需要再继续工作 6 个月，不再做强制性要求。但《聘用合同书》都是制式合同，笔者看到大多数的合同书都约定：如果双方未协商一致，劳动者需要继续工作 6 个月。

二　医护人员提出辞职 1 个月，医院没有回复的，是否需要工作 6 个月？

依据 2003 年颁布的《天津市事业单位实行人员聘用制实施办法》第

[①] 笔者曾经与江苏某基层法院法官进行沟通，该法官坦言，自己审判案件 30 多年，从来没有接触过有编制的事业单位人员离职的问题，他们认为规培合同、读研合同均属于法律另有约定的除外的情形，并且这是和包括庭长、副庭长沟通的结果。

四十条规定："受聘人员提出解除聘用合同，聘用单位在30日内予以答复，逾期未予答复的，视为同意解除聘用合同。"按照上述规章制度及合同约定，如果劳动者是有事业编制的，双方就合同解除不能达成一致，医护人员通常有两种做法：1. 提出解约请求，如果单位30日内未答复的，视为解除合同；2. 第一次提出解约，医院未同意，医护人员需要正常工作6个月再次提出，如果院方仍未同意的，视为解除聘用合同。如果劳动者没有事业编制，签订的是劳动合同，那么劳动者提前30天提出辞职即可，30天后合同单方面解除。①

原告朱某于2017年6月14日向被告（医院）申请辞职，被告应在30日内即2017年7月14日之前答复，逾期视为同意。但朱某在2017年7月14日之后仍继续在医院工作，被告亦未向原告提出解除《聘用合同书》，此客观情形应视为双方仍继续履行《聘用合同书》。② 因此，如果医护人员确定辞职，提出辞职申请满1个月尚没有得到明确辞职答复的，如果继续工作的，视为延续聘用合同。

三　劳动者试用期离职，是否需要继续工作6个月？合同约定"八年内不得离职"，是否有效？③

所谓试用期，是用人单位与个人之间的关系还处于非正式状态，是一种双方双向选择的表现。相关法律法规对试用期内受聘者可以解除合同的规定是一致的，故劳动者在试用期内提出辞职要求解除聘用合同符合法律规定。

乙方（劳动者）到甲方（某大学）工作，自2017年2月起8年内不得要求调离甲方……但该约定违反了劳动者在试用期内可以解除合同的

---

① 有类似规定的省份还有：《浙江省事业单位人员聘用制度试行细则》第三十三条：聘用单位应当自受聘人员提出解除聘用合同之日起20日内予以答复；未予答复的，视为同意解除合同。《四川省人民政府办公厅关于印发四川省事业单位人员聘用制管理试行办法的通知》（2002）第三十八条：受聘人员解除聘用合同的，聘用单位应当在接到受聘人员的书面通知后30日内予以答复。超过30日，聘用合同自行解除。

② 天津市河西区人民法院（2018）津0103民初36号民事判决书。

③ 河北省邯郸市中级人民法院（2018）冀04民终1934号民事判决书。

相关法律规定,该约定无效,现某大学以"双方对解除合同另有约定"为由要求继续履行合同,法院不予支持。①

四 编制内劳动者离职,是否还需要继续工作 6 个月?

国办发〔2002〕35 号文第六部分"规范解聘辞聘制度"明确规定:"受聘人员提出解除聘用合同未能与聘用单位协商一致的,受聘人员应当坚持正常工作,继续履行聘用合同;6 个月后再次提出解除聘用合同仍未能与聘用单位协商一致的,即可单方面解除聘用合同。"由此可知,首先,该规定从程序上为人事争议中受聘人员单方提出解除聘用关系设置了两次申请制度,在第一次单方申请解除未获批准的情况下,必须再次提出解除聘用合同申请;其次,第二次提出解除聘用合同的前提是受聘人员继续在聘用单位上班,双方聘用合同继续履行;再次,第二次提请解除聘用合同申请与第一次提出申请并被聘用单位拒绝的时间间隔至少为 6 个月;最后,受聘人员按规定提请再次解除聘用合同申请后,用人单位一般应予同意。作出以上规定,旨在给聘用单位留有招用或调配人员的时间,以免影响单位的正常运行,也给聘用人员就是否单方解除聘用关系予以充分考虑。

反之,该规定并没有就受聘人员自第一次提出解除聘用关系后,拒绝继续履行聘用合同情形予以规范。由于人事聘用合同的双方需要互相信任和配合,合同才能得以顺利履行,而聘用人员与受聘人员之间具有一定的人身隶属性,决定聘用人员从事受聘工作具有一定的人身性,在受聘人员拒绝继续履行聘用合同的情形下,双方继续履行合同已经成为不可能,故法律不得强行要求双方继续履行具有人身关系的合同。②

五 如果劳动者不辞而别,用人单位应如何应对?双方的聘任合同关系是否已经解除?

徐某自 2014 年 3 月 10 日提出辞职,于 2014 年 4 月 18 日离开工作岗

---

① 河北省邯郸市中级人民法院(2018)冀 04 民终 1934 号民事判决书。
② 重庆市第四中级人民法院(2015)渝四中法民终字第 00135 号民事判决书。

位，再未回单位上班，且以提请人事争议仲裁、人事争议诉讼等方式不断寻求救济，至一审判决作出之日 2014 年 12 月 10 日，已历时 10 个月，继续履行合同已无可能，故本案中不适用国办发〔2002〕35 号文的前述规定。考虑到人事聘用合同的履行带有强烈的人身依附性，难以强制履行，且徐某不愿再履行该合同，自 2013 年 4 月 18 日徐某离开彭水某医院之日起，双方聘用合同关系实质已经自然终止。①

某大学 2017 年 4 月 17 日出具的《工资停发证明》和 2017 年 5 月 31 日学院出具的《关于张某不在岗情况的说明》，以及张某的中国农业银行卡交易明细单和张某 2017 年 4 月 18 日的社会保险个人参保证明等，证明张某自 2017 年 3 月起一直处于不在某大学上岗的状况，某大学从 2017 年 4 月起就停发了张某的工资，并停缴了张某的社会保险费用。而某大学也未提交证据证明 2017 年 4 月以后为张某安排工作，但张某有不服从工作安排的情形，故某大学和张某之间的人事聘用关系已经于 2017 年 4 月实际解除。②

被告（医生）已于 2020 年 12 月 16 日向原告（医院）提出书面辞职申请，被告一直在原告医院工作至 2021 年 1 月 16 日，被告已提前 30 日以书面形式通知原告医院，《聘用合同书》约定的期限也已于 2020 年 9 月 1 日届满，且被告也于 2021 年 1 月 16 日离开原告某医院，原告也未再为被告支付工资并缴纳社会保险、公积金等，双方的权利义务已实际终止，法院确认原告与被告的聘用关系于 2021 年 1 月 16 日解除。③

六 劳动者提出辞职，用人单位不同意，劳动者继续工作 6 个月，如果 6 个月期满后，用人单位还是不同意，合同是否解除？用人单位可否以劳动者违反劳动合同约定为由，不予办理离职手续？④

胡某于 2020 年 8 月 18 日向医院提交书面辞职信，医院未批准后，

---

① 重庆市第四中级人民法院（2015）渝四中法民终字第 00135 号民事判决书。
② 安徽省高级人民法院（2019）皖民再 210 号民事判决书。
③ 贵州省安顺市中级人民法院（2021）黔 04 民终 1422 号民事判决书。
④ 湖南省郴州市中级人民法院（2021）湘 10 民终 2164 号民事判决书。

胡某继续在该医院工作半年后自动离职,根据上述法律规定及合同约定,胡某离职后与医院已解除劳动关系。

根据法律规定,聘用关系解除后,医院应当为胡某开具《解除聘用合同证明书》及办理人事档案转移手续。医院称胡某单方解除聘用合同,严重违反合同约定,其有权不予办理相关手续的理由不能成立。

七 合同单方解除权的行使:双方签订的《事业单位人员聘用合同书》约定了被上诉人经上诉人同意考研或参加规培,毕业规培结束后,须在医院服务 10 年以上,违约者除支付上诉人付出的一切费用外,需向上诉人交纳违约金 10 万元。是否限制了当事人行使合同单方解除权?

按照法律规定,劳动者解除合同,应提前 30 天通知用人单位。该规定实质上赋予了事业单位工作人员的单方合同解除权,但在合同双方对该单方解除权的行使约定了限制条款时,事业单位工作人员行使单方解除权受合同约定的限制。双方签订的《事业单位人员聘用合同书》约定了被上诉人(医生)经上诉人(医院)同意考研或参加规培,毕业、规培结束后,须在医院服务 10 年以上,违约者除支付上诉人付出的一切费用外,须向上诉人交纳违约金 10 万元。该合同条款系对被上诉人违反服务期约定应当承担违约责任以及责任承担方式的约定,并未限制被上诉人行使合同单方解除权。[①]

八 合同单方解除权行使的限制:在合同聘期内,当事人和医院签订《攻读硕士学位协议书》,是否意味着对服务期的变更?在职攻读硕博,劳动者是否可以单方面行使合同解除权?

《聘用合同书》载明的合同期限是 2015 年 12 月 29 日至 2018 年 12 月 28 日,但聘用期内,双方当事人又签订了《脱产攻读医学硕士及以上学位协议书》,对服务期限进行了变更,当事人(劳动者)认为《聘用合同书》期满,人事聘用关系终止的理由不成立。当事人攻读全日制硕士学位时,并未选择解除人事聘用关系辞职,而是选择与医院签订

---

① 贵州省安顺市中级人民法院(2021)黔 04 民终 1422 号民事判决书。

《脱产攻读医学硕士及以上学位协议书》。当事人在攻读硕士学位期间，在即将毕业的当年，即 2019 年 2 月 11 日以计划继续攻读全日制专业型博士为由申请辞职，不符合"考入普通高等院校"可以单方解除人事聘用关系的条件，当事人认为其享有单方解除人事聘用关系的权利，双方人事聘用关系应于 2019 年 2 月 14 日医院收到其辞职申请时解除的理由不成立。[1]

九 考入国外的大学是否属于"普通高等院校"？考入国外高校是否可以要求单方解除聘用合同？

合同约定邓某考入普通高等院校可以随时单方解除聘用合同，现邓某提交电子邮箱截图及公证书，主张考入德国某大学，要求按照约定解除双方聘用合同。根据《普通高等学校设置暂行条例》第二条规定，"普通高等学校是指以通过国家规定的专门入学考试的高级中学毕业学生为主要培养对象的全日制大学、独立设置的学院和高等专科学校高等职业学校。普通高等学校的设置，由国家教育委员会审批"。据此，德国某大学不属于《北京市事业单位聘用合同书》中"普通高等院校"的范围，邓某依据考入普通高等院校要求单方解除聘用合同缺乏依据。[2]

第五节 "专业技术培训"与"培训费用"的界定

一 医院和劳动者对于培训费用：没有约定的，不能收取；有约定的，不能超过培训费用的支出，并按照每年 20% 递减

《事业单位试行人员聘用制度有关问题的解释》（2003）第 17 条规定："在聘用合同中对培训费用没有约定的，受聘人员提出解除聘用合同后，单位不得收取培训费用；有约定的，按规定收取培训费，但不得超过培训费的实际支出，并按培训结束后每服务一年递减 20% 执行。"

因此，用人单位与劳动者如果对于培训费用没有约定的，用人单位

---

[1] 贵州省毕节市中级人民法院（2019）黔 05 民终 4981 号民事判决书。
[2] 北京市昌平区人民法院（2021）京 0114 民初 3784 号民事判决书。

不能以后来出现培训费用为由,向劳动者收取培训费用。如果双方对于培训费有约定的,不能超过实际支出的费用,同时,应该按照服务年限递减,与此规定相悖的约定都是无效的。这也凸显了双方签订规范、合理、合法的"聘用合同"与"劳动合同"的重要性。

二 培训费用的界定

《劳动合同法实施条例》第十六条、第二十二条第二款规定的培训费用,包括用人单位为了对劳动者进行专业技术培训而支付的所有凭证的培训费用、培训期间的差旅费用以及因培训产生的用于该劳动者的其他直接费用。

(一)工资、社会保险和住房公积金是否属于培训费用?医院主张进修期间的工资待遇属于进修所支付的费用,根据合同约定,劳动者应当退还;劳动者主张发放进修期间的基本工资和福利是医院作为用人单位应承担的基本义务。哪方说法可以得到法律支持?劳动者是否可以主张医院返还未支付工资的利息?

首先,医院公派劳动者至其他医院进修,属于用人单位安排的专项培训,进修费用、规培费用应属于专项培训费用范畴。

其次,劳动者参加进修是在聘用合同履行期间,由医院安排,目的是提升劳动者的个人技能,使其能够为医院创造更大的效益,劳动者参加进修的行为并非个人行为,应当视为履行对医院的劳动义务。因此,医院支付给劳动者进修期间的工资不属于专项培训费用。

最后,劳动者是否可以主张医院返还未支付工资的利息?

双方签订的《合同书》约定:"在乙方(冯某)进修期间,甲方(医院)给乙方提供的工资、福利及其他待遇。"冯某与医院存在人事聘用合同关系期间,医院向冯某支付工资及福利待遇是医院作为用人单位的法定义务,冯某有权享受医院提供的工资、福利等待遇。冯某要求医院返还进修期间工资12万余元,法院予以支持。关于医院应否向冯某支付利息的问题,缺乏依据,法院不予支持。[①]

---

① 广东省广州市中级人民法院(2020)粤01民终11904号民事判决书。

法院认为，工资、社会保险和住房公积金系劳动报酬，不属于上述条款规定的培训费的范畴。本案中，原告参加的住院医师规范化培训费用由市财政统一支付，标准为4.3万元/年，故被告（医院）要求原告支付的违约金2万元，并没有超过上述规定的限额，原告（劳动者）请求返还违约金2万元的诉讼请求，法院不予支持。被告（医院）于原告（劳动者）离职时要求其支付培训期间的工资54765.3元、社会保险15282.34元和公积金5357元，共计75404.64元，没有法律依据，应当予以返还。[①]

因工资、社会保险及公积金系劳动报酬及社会保险，不属于法律规定的培训费用的范畴，天津某医院以贺某违反双方关于服务期的约定为由主张其返还培训期间取得的工资、社会保险及公积金，缺乏依据。[②]

（二）财政对于学员的财政补贴是否属于培训费用？医院主张的导师费、培训器材及设备的票据是否属于培训费用？

对于白某在一审庭审中已经确认收到的76400元（含市财政对培训学员的生活补贴38400元），上述费用应属于《劳动合同法》第二十二条规定的直接费用，为此医院提供了培训补助发放表加以证实，一审法院予以确认。医院主张的导师费、培训器材及设备的票据等，因无法证实该费用系为白某花费，一审法院难以采纳。

白某在一审庭审中主张政府投入的生活补贴不能作为计算违约金的基数，对于某医院另外支付的38000元系奖励款。法院认为，市财政的补贴是专项补贴，用于补贴培训学员的住房、交通、学习用品等，并通过各医院支付给学员，故此笔费用属于培训费用。白某主张系奖励款，但未能提供充分的证据加以佐证，另结合某医院的举证情况和白某接收上述款项的方式与时间，一审法院认定上述费用为培训费用。[③]

（三）培训费用是否以合同约定为标准？培训费用如何界定？

本院再审认为，谢某与医院签订的进修协议明确约定谢某培训后在

[①] 天津市第一中级人民法院（2021）津01民终642号民事判决书。
[②] 天津市高级人民法院（2018）津民申1210号民事裁定书。
[③] 天津市第一中级人民法院（2017）津01民终3626号民事判决书。

医院的服务期限不得少于10年，而谢某培训后仅服务了3年。因此，谢某已构成违约，应当承担违约责任。本案中谢某与医院约定的16.4万元的违约金是针对因未达最低服务年限所需承担的违约责任，而《关于在事业单位试行人员聘用制度的意见》第六条只涉及培训费用的补偿问题，并没有涉及未达最低服务期限的违约责任，不能涵盖谢某与医院约定的全部违约事项，并不适用于本案的实际情况。

按照《劳动合同法》第二十二条规定，劳动者支付的违约金的数额不得超过用人单位提供的培训费用的规定，谢某与医院在进修协议中有关违约方给付16.4万元违约金的约定，属于无效约定。因实际培训费为7320元，服务期为10年，谢某培训后实际服务3年，按此计算，违约金应为5124元（7320元/年÷10年×7年）。①

（四）用人单位不可以同时要求返还培训费和支付违约金

被申请人孙某于2014年3月到申请人处工作，双方未签订书面劳动合同。3月27日被申请人与申请人签订的医院进修学习合同约定了培训时间、培训费用及违约责任等内容，约定申请人送被申请人到外地进修，其间每月发放生活费600元，培训费用由医院承担70%，期满后被申请人在申请人处服务不得少于3年。后被申请人辞职，医院要求其承担各项损失4万余元。

认定某项费用是否属于培训费用，关键在于该费用是否因培训而产生。本案中，生活费是基于法律规定和劳动关系而产生的，不是基于专项培训产生的，所以不能将其计算在培训费用里面，从而要求劳动者予以返还。仲裁委员会仅对申请人提交的进修费发票、申请人为被申请人报销的车票及租房费用收费单据作为培训费共计2476元予以认可。鉴于劳动者规培后继续服务了5个月，故仲裁委认定服务期尚未履行部分所应分摊的培训费用为2132元，这也是劳动者应付违约金的具体数额。②

---

① 四川省高级人民法院（2016）川民再207号民事判决书。
② 2015年度山东省劳动人事争议典型案例之六：用人单位不可以同时要求返还培训费和支付违约金，http://hrss.shandong.gov.cn/articles/ch00444/201601/55709.shtml。

（五）劳动者与用人单位签订的《协议书》中的违约责任，是否适用《关于在事业单位试行人员聘用制度的意见》？林某与某医院由于解除聘用合同引发争议，是否适用《劳动合同法》？

对违约金的数额问题，人事部《关于在事业单位试行人员聘用制度的意见》第六条规定，受聘人员经聘用单位出资培训后解除聘用合同，对培训费用的补偿在聘用合同中有约定的，按照合同的约定补偿。本案中，林某与某医院签订的《进修协议书》中约定的违约金是针对因未达到最低服务年限所需承担的违约责任，而人事部《关于在事业单位试行人员聘用制度的意见》第六条只涉及培训费的补偿问题，并没有涉及未达到最低服务年限所需承担违约责任的问题，故不适用于本案的实际情况。

《四川省事业单位人员聘用制管理试行办法》（2002）系四川省的规范性文件，不属于法律、行政法规或者国务院另有规定的范畴，而原人事部发《全民所有制事业单位专业技术人员和管理人员辞职暂行规定》（1990）已经废止不再适用，因此未达到最低服务年限的违约责任问题现法律、行政法规或者国务院均没有明确规定，依照《劳动合同法》第九十六条"事业单位与实行聘用制的工作人员订立、履行、变更、解除或者终止劳动合同，法律、行政法规或者国务院另有规定的，依照其规定，未作规定的，依照该法有关规定执行。"林某与某医院是由于解除聘用合同引发的争议，因此本案应当适用《劳动合同法》的有关规定。[①]

本案双方在《古田某医院外出学习（进修）协议》中约定若徐某进修后服务未满5年，徐某应退还在进修期间由古田某医院支付的工资、各种福利、保障款、培训费。但该约定内容明显加重了徐某的义务，排除了权利，根据《中华人民共和国劳动合同法》第二十六条规定，应认定此约定内容无效。《中华人民共和国教育法》第四十一条规定："从业人员有依法接受职业培训和继续教育的权利和义务。国家机关、企业事业组织和其他社会组织，应当为本单位职工的学习和培训提供条件和便利。"进修期间的徐某仍有权利享受法定的工资福利待遇等，故古田某医

---

① 四川省攀枝花市中级人民法院（2018）川04民终1730号民事判决书。

院要求徐某退还进修期间向徐某发放的工资、奖金及津贴、文明奖、养老、职业年金、医保、公积金及花费的培训费缺乏依据。一审对此判决错误，本院予以纠正。①

（六）住院医师规范化培训的法律性质应如何认定？《医务人员外出规培协议书》关于违反服务期违约责任的约定是否有效？

《国家卫生和计划生育委员会、中央机构编制委员会办公室、国家发展和改革委员会、教育部、财政部、人力资源和社会保障部、国家中医药管理局关于建立住院医师规范化培训制度的指导意见》（2013）规定："住院医师规范化培训是培养合格临床医师的必经途径……（一）指导思想。深入贯彻落实科学发展观，实施'科教兴国、人才强国'战略，紧密结合我国经济社会发展要求，按照深化医药卫生体制改革的总体部署，立足基本国情，借鉴国际经验，遵循医学教育和医学人才成长规律，从制度建设入手，完善政策，健全体系，严格管理，建立健全住院医师规范化培训制度，全面提高我国医师队伍的综合素质和专业水平……（三）工作进程。到2015年，各省（区、市）全面启动住院医师规范化培训工作；到2020年，基本建立住院医师规范化培训制度，所有新进医疗岗位的本科及以上学历临床医师均接受住院医师规范化培训……（四）制度内涵。住院医师规范化培训是指医学专业毕业生在完成医学院校教育之后，以住院医师的身份在认定的培训基地接受以提高临床能力为主的系统性、规范化培训……"国家卫生和计划生育委员会制定的《住院医师规范化培训管理办法（试行）》第一条规定："为贯彻《关于建立住院医师规范化培训制度的指导意见》，规范住院医师规范化培训实施工作，培养一支高素质的临床医师队伍，制定本办法。"第二条规定："住院医师规范化培训是毕业后医学教育的重要组成部分，目的是为各级医疗机构培养具有良好的职业道德、扎实的医学理论知识和临床技能，能独立、规范地承担本专业常见多发疾病诊疗工作的临床医师。"第三条规定："住院医师规范化培训对象为：（一）拟从事临床医疗工作的高等院校医学类相应专业（指临床医学类、口腔医学类、中医学类和中西医结合类，

---

① 福建省宁德市中级人民法院（2021）闽09民终1217号民事判决书。

下同）本科及以上学历毕业生；（二）已从事临床医疗工作并获得执业医师资格，需要接受培训的人员；（三）其他需要接受培训的人员。"根据前述规定可知，住院医师规范化培训是医学专业毕业生完成医学院校教育之后进行的继续教育，目的在于培养合格的临床医师，我国建立住院医师规范化培训制度是为了全面提高医师队伍的综合素质和专业水平，培训对象最终覆盖所有新进医疗岗位本科及以上学历临床医师，即住院医师规范化培训是为了培养合格的临床医师而对劳动者进行的必要职业培训，并非用人单位给予的特殊待遇，不属于用人单位提供专项培训费用对劳动者进行的专项培训。本案中，雷某到外院接受的是住院医师规范化培训，因该培训是对临床医师必要的职业培训，不能以雷某参加该培训为由与其约定服务期，故双方签订的《医务人员外出规培协议书》关于服务期的约定及违反服务期违约责任的约定均为无效。[①]

（七）服务期内用人单位未给劳动者缴纳社会保险费，劳动者单方解除劳动合同无须返还培训费用

2012年12月被申请人刘某以申请人（单位）未为其缴纳社会保险费为由通知用人单位提出辞职，且被申请人工作期间多次要求申请人为其缴纳未果，被申请人据此离职。申请人（单位）提起仲裁申请，请求被申请人刘某支付其剩余服务期的培训费用12000元。《劳动合同法实施条例》第二十六条规定，用人单位与劳动者约定了服务期，劳动者依照劳动合同法第三十八条（用人单位提供劳动保护或者劳动条件的、未及时足额支付劳动报酬的、未依法为劳动者缴纳社会保险费的、用人单位的规章制度违反法律、法规的规定，损害劳动者权益等情形）的规定解除劳动合同的，不属于违反服务期的约定，用人单位不得要求劳动者支付违约金。因此，本案用人单位属违法在先，不能依照用工后签订的《培训协议》来强行约束被申请人刘某，故驳回申请人的仲裁请求。[②]

[①] 四川省乐山市中级人民法院（2021）川11民终1158号民事判决书。
[②] 2015年度山东省劳动人事争议典型案例之二：服务期内用人单位未给劳动者缴纳社会保险费劳动者单方解除劳动合同无须返还培训费用，http://hrss.shandong.gov.cn/articles/ch00444/201601/55709.shtml。

（八）培训费用不应包含培训期间的工资

黄某于2014年3月1日入职某科技公司，从事工程师工作，双方订立了为期5年的劳动合同。2015年6月1日，科技公司与黄某订立服务期协议，约定将黄某送到国外进行专业技术培训3个月，培训费用为15万元（含黄某培训期间的3个月工资6万元），黄某回国后须为科技公司服务满5年，否则应承担违约责任。黄某培训回国后工作满2年即提出辞职。双方因违约金发生争议，科技公司提出仲裁申请，要求黄某支付违约金10万元。

仲裁委审理后认为，科技公司将黄某在培训期间获得的工资列入培训费用没有法律依据，故只支持扣除6万元后服务期尚未履行部分所应分摊的培训费用。

从法律规定来看，并未将培训期间的工资列入培训费用。用人单位安排劳动者培训，虽然有提高劳动者个人技能的一面，但更多的是为了让劳动者为用人单位创造更大的经营效益，故即使用人单位安排劳动者脱产培训，上述培训期间仍应当视为劳动者在为用人单位提供劳动。因此，用人单位应当依法、依约足额支付劳动报酬，而不应因劳动者提前离职而扣减。①

三　劳动者读硕博的法律问题

（一）劳动者在医院工作期间在职攻读硕博，当劳动者离职后是否需要返还培训费？

医院方面认为，医护人员因系研究生在读，在读期间没有获得劳动报酬的权利。法院认为，即使脱产学习期间，继续教育的劳动者仍有权利享受法定的工资福利待遇，该医护人员在本院攻读硕士研究生，研究生在读期间的大部分时间仍在医院正常上班，为医院付出劳动，更应依法享有该期间正常的劳动报酬。②

---

① 2018年北京劳动争议仲裁10大典型案例评析之四：评析培训期间付工资，不应计入培训费用。
② 福建省厦门市中级人民法院（2017）闽02民终4730号民事判决书。

安徽某大学未举证证明其为郜某支付过相关培训费用,故其请求判令郜某支付服务期未满的违约金的诉讼请求没有事实依据,不予支持。工资是劳动合同履行期间用人单位支付给劳动者的劳动报酬,取得劳动报酬的权利是劳动者的基本权利。郜某经安徽某大学同意攻读委培博士研究生,应当视为履行对安徽某大学的劳动义务。安徽某大学主张郜某应退还脱产学习期间学校发放的工资津贴的诉讼请求,违反了《劳动法》第三条规定的劳动者享有"取得劳动报酬的权利"和第五十条规定的"不得克扣或者无故拖欠劳动者的工资",依法不予支持。关于郜某向安徽某大学借取的读博学费9200元系借款,一审将该9200元认定为学费没有依据,安徽某大学可另行主张权利,故驳回某大学的申请。[①]

很多劳动者在原单位就业后,在职攻读硕士、博士学位。硕士培养年限一般为2—3年,博士培养年限一般为3—5年,在此期间,劳动者往往脱产半年到一年,其余2—3年都和正常上班一样,需要出门诊、急诊、夜班等。毕业后,劳动者提出离职申请,此种情形下,医院应如何应对?劳动者应返还医院多少培训费用?可以参考以下案例。

医院主张的17万余元培训费构成为2013年9月10日至2016年7月1日李某在职研究生期间的工资、住房公积金、社会保险费、代办费及奖金,实际上即李某该期间所获得的劳动报酬,而非因培训产生的费用,故医院要求李某返还17万余元于法无据。

根据查明事实,双方签订的劳动合同覆盖2013年9月10日至2016年7月1日,医院有法定义务按约支付李某期间的劳动报酬。医院虽上诉主张李某在上述期间内脱产学习,但亦承认李某只在学校学习5个月,之后跟随其导师在该院临床实习。根据医院提供的考勤统计表,李某接受医院的考勤管理,与其他在职工作人员并无区别。《教育法》第四十一条规定:"从业人员有依法接受职业培训和继续教育的权利和义务。国家机关、企业事业组织和其他社会组织,应当为本单位职工的学习和培训提供条件和便利。"由此可见,即使脱产学习期间,继续教育的劳动者仍有权利享受法定的工资福利待遇,本案李某研究生在读期间的大部分时

[①] 安徽省蚌埠市中级人民法院(2021)皖03民终307号民事判决书。

间仍在医院正常上班，为医院付出劳动，更应依法享有期间正常的劳动报酬，所以，医院要求劳动者返还17万余元培训费用的请求，不能得到法律支持。①

（二）读博协议是普通民事合同还是劳动合同？

一审法院认为，被告（劳动者）作为已入职原告单位的工作人员，在原告单位工作期间需要全脱产攻读博士学位，在其攻读期间不能向原告提供相应劳动履行劳动关系的义务，但却需继续保留与原告的人事关系，原告仍需向其履行支付相关工资福利待遇的义务。鉴于该特殊情况，原告与被告经协商达成《教职工攻读学历学位协议书》。该协议系双方对被告在职期间全脱产攻读博士学位的条件及要求的具体约定，双方基于各自的需要而订立，就该协议而言，协议中的双方系平等的民事主体。故上述协议系原、被告之间就脱产攻读博士学位达成的民事合同，不属于劳动人事争议。二审法院认为《学校2008年引进人才合同书》和《学历攻读协议》不能分开单独看，两者之间是承前启后的连接关系，都是高校教师聘任合同。因此，不应该将《学历攻读协议》简单看作是民事合同，应直接根据《劳动合同法》第2条第2款将高校教师聘任合同认定为劳动合同。②

四　劳动者违约后签订的《还款协议》是否具有法律效力？原单位未为劳动者交付学费，能否据此认定原单位未尽培养义务？

2013年11月16日，徐某在《还款协议》上签字确认："本人于2008年与云南某学院就攻读博士研究生签订协议，合同规定如博士毕业后不能在云南某学院工作满十年，则需双倍赔偿工资的约定条款，本人于2011年7月5日博士毕业后回到云南某学院，于2012年3月6日正式离开云南某学院。"

按照我国法律规定的民事诉讼中"谁主张，谁举证"的原则，徐某主张云南某学院并未向上海某大学支付任何培训费，所以不应承担赔偿

---

① 福建省厦门市中级人民法院（2017）闽02民终4730号民事判决书。
② 贵州省六盘水市中级人民法院（2018）黔02民终778号民事判决书。

责任。对此，因被上诉人已经按约培养上诉人攻读完博士研究生，不能以被上诉人未支付学费为由认定其未尽培养义务，按照协议约定，上诉人负有在学成后按约定的服务期限履职的义务，根据我国《劳动合同法》第二十二条的规定，上诉人在接受专业技术培训后，违反服务期约定擅自离职并到其他单位就职，其行为已构成违约，应当按照双方培养合同约定及还款协议约定的期限承担违约责任。①

五　用人单位认为发放的工资属于培训费用，不服二审判决，可否再审？② 参加学术会议的费用是否属于专项培训费用？

按照四川省高院发布《关于审理劳动争议案件有关问题的会议纪要》第14条的规定，中医院并未实际支付任何培训费用，仅向陈某发放了劳动报酬，而劳动报酬不属于专项培训费用的范围。③ 中医院基于陈某违反服务期的约定，在向陈某主张违约金时应当首先举证证明其支出的培训费用，而该培训费用应包括用于支付培训的税务发票或其他符合财务制度的凭证的费用、劳动者培训期间的差旅费、因培训产生的用于该劳动者的其他直接费用，但不包括劳动者培训期间的工资、奖金、福利待遇等。虽中医院举证证明其在陈某培训期间向其发放了工资、补助费等费用，但该费用不属于培训费用，故中医院并未举证证明其为陈某提供培训所支出的培训费用，故中医院该项申请再审的理由不能成立。

原告（劳动者）参加"亚太玻璃体视网膜会议""全国眼科学术讨论会""全国眼底病专题研讨会"等，被告医院为原告报销以上费用共计9362元。学术会议应视为法律上的专项技术培训，因而参加学术会议所支付的差旅费、住宿费、注册费等，也应视为专项技术培训费用，如果劳动者违约，对相关费用应按照未服务年限，按照相关比例予以返还。因原告系具有高级职称的女性专业技术人员年满60周岁退休，原告应于2017年2月退休，履行期限应为247个月，原告已经履行了70个月，还

---

① 云南省昆明市中级人民法院（2018）云01民终1499号民事判决书。
② 四川省高级人民法院（2020）川民申4929号民事裁定书。
③ 参见2020年3月10日，四川省高级人民法院、四川省劳动人事争议仲裁委员会印发《关于审理劳动争议案件有关问题的会议纪要》（川高法〔2020〕39号）。

有177个月服务期未完成。原告应向被告承担违约金数额为6708.80元（培训费9362元×177月÷247月）。①

六 用人单位主张"岗位损失费"，能否得到法院支持？② 劳动者提供的录音的效力如何？能否证明系医院逼迫劳动者辞职？

根据《劳动合同法》第九十条规定，劳动者违反本法规定解除劳动合同，或者违反劳动合同中约定的保密义务或者竞业限制，给用人单位造成损失的，应当承担赔偿责任。本案中，葛某在职全脱产读博是省某妇幼保健院批准的，并不存在上述规定中的情形。故对于省某妇幼保健院要求葛某支付读博期间的岗位损失费3万元，无事实和法律依据，法院不予支持。

二审中张某提供录音资料证明医院暂停其医疗工作等，即使录音资料真实，亦需要与其他证据相佐证才能作为认定案件事实的依据。且即使上述录音资料能够证明相关事实，其证明的事实也发生在张某在医院工作期间，现张某出具的辞职报告显示其因个人原因主动辞职，此录音资料也不足以证明医院逼迫其辞职。③

七 "精神文明奖"是否属于科室奖金？④

在本案中，葛某经省某妇幼保健院批准全脱产读博，不从事单位劳动，但是其与省某妇幼保健院并未解除人事关系，省某妇幼保健院仍应保障葛某在职攻读博士期间除体现工作量和实际贡献的奖励性绩效工资之外的工资待遇，并依法为其缴纳社会保险与公积金。又因省某妇幼保健院发放的财政工资由岗位工资、薪级工资和无房补贴构成，院发工资由住房补贴、物业补贴、独生子女费、基础绩效、补发项构成，其中的基础绩效主要用于扣除养老、医疗、失业、社保等支出，"精神文明奖"与13个月工资也是在编职工年度考核合格按照基本工资统一发放，不属

---

① 四川省绵阳市中级人民法院（2019）川07民终2124号民事判决书。
② 山东省济南市历下区人民法院（2020）鲁0102民初10438号民事判决书。
③ 江苏省高级人民法院（2015）苏审二民申字第01079号民事裁定书。
④ 山东省济南市历下区人民法院（2020）鲁0102民初10438号民事判决书。

于科室奖金。因此，省某妇幼保健院并没有给葛某发放奖励性绩效工资。因此，法院对于省某妇幼保健院要求葛某返还其读博士期间的发放的工资、精神文明奖、13个月工资、取暖费、无房补贴以及代缴的社会保险费（单位承担部分）的诉讼请求不予支持。

八 劳动者能否以原单位无规培资质，而不承担培训费用？

冯某规培期间，相关待遇由原单位按照同期同类人员水平发放，但在此期间，冯某并未为原单位提供服务，二审认定除基本工资、社会保险费、住房公积金等冯某仅基于人事关系即可取得的费用及规范化培训财政补助外，原单位向冯某支付的其他费用均系额外培训支出，并无不当。冯某主张其未能为原单位提供服务的原因在于原单位无规培资质，但原单位按照法规、政策规定选送冯某至具有规培资格的医院参加培训亦并无过错，冯某因该理由认为其无须返还培训费用，显然不能成立。[①]

九 关于培训费用的返还问题，法院能否以公平和诚信原则进行判决？仲裁裁决作出后，用人单位仍然为劳动者缴纳五险一金是否是对劳动者的赠与？

本案中，医院在一审中增加的诉讼请求是劳动人事争议仲裁委员会作出仲裁裁决后缴纳的五险一金费用15711.14元的返还问题，系本案所涉纠纷的一部分，原审法院合并审理并无不当。罗某主张该笔费用应当视为医院对其的赠与，但其举示的证据不足以证明其主张。[②]

医院主张李某承担的违约责任既包括双方约定的10万元，也包含医院的实际损失的费用，但违约金的数额应以损失为限，不应过分高于实际损失。结合培训期间医院支付给李某的工资、福利待遇、奖金等共计6万余元及双方协议履行等情况，兼顾李某的过错程度等因素，二审法院根据公平和诚信原则酌定李某赔偿医院损失5万元，并无不当。[③]

[①] 浙江省高级人民法院（2019）浙民申1039、1040号民事裁定书。
[②] 重庆市高级人民法院（2020）渝民申1511号民事裁定书。
[③] 安徽省高级人民法院（2021）皖民申969号民事裁定书。

十 劳动者出具违反服务期补偿费用的借条，是否需要承担付款义务？

国务院办公厅转发原人事部的《关于在事业单位试行人员聘用制度的意见》（2002）第六条规定：受聘人员经聘用单位出资培训后解除聘用合同，对培训费用的补偿在聘用合同中有约定的，按照合同的约定补偿。本案规培委培协议第五条对刘某参加规培后违反服务期的补偿事项进行了约定，后刘某向县医院出具《欠条》一份，承诺对约定款项分期偿付至2023年，其父刘某自愿签字担保，一、二审法院根据刘某已支付18万元事实，判决其依承诺付清余款并由刘永清承担连带偿还责任，并无不当。①

2020年3月30日，王某向医院提交《报告》，申请分期支付培养费，还款计划为：首期12.7万元于2020年4月3日前还清，剩余10万元王某向医院出具《欠条》，于2021年12月31日前还清。培养费包括：院内外培养期间的工资、奖金、福利和院外进修、培训及学历深造等费用。该约定内容明显加重了王某的义务，排除了其合法权利，根据《中华人民共和国劳动合同法》第二十六条规定，应认定此约定内容无效。由于医院并不能提供证据，证明其就王某进行专业技术培训而支付的有凭证的培训费用、培训期间的差旅费用以及因培训产生的用于该劳动者的其他直接费用数额，故其要求王某承担相关违约金的主张，依据不足，不应得到支持。因本案欠条是以王某结欠医院相关违约金为前提，王某无须向医院缴纳超出用人单位提供的培训费用范围之外的违约金，因此医院要求王某按照欠条的约定继续支付相关违约金的主张，亦缺乏相应的法律依据。相反，医院应当退还王某已经缴纳的违约金。法院判决王某无须退还医院自2016年9月至2020年3月期间的工资、补贴、各种保险、福利费共计22.7万元，并向王某返还已支付的12.7万元。②

十一 劳动者外出进修结束后辞职，应如何赔偿？

虽然原（医院）、被告（劳动者）合同约定的费用包括工资、奖金、

---

① 福建省高级人民法院（2019）闽民申3420号民事裁定书。
② 福建省宁德市中级人民法院（2021）闽09民终1502号民事判决书。

福利、进修费及其他费用，但被告外出进修期间双方的劳动人事关系一直存续，原告应当按照法律规定向被告支付基本工资，并为被告缴纳社会保险、住房公积金等费用，上述费用系法律规定原告作为用人单位应履行的法定义务，并不因被告进行专业技术培训可以免除，故原、被告上述合同中涉及该部分费用的约定因违反法律禁止性规定而属无效，法院认为该部分款项应当在被告赔偿原告培养费中予以扣除。被告在外出进行专业培训期间，未在原告处实际工作，按"提供劳动"与"获取报酬"的基本原理，除上述基本工资、社会保险费、住房公积金等法律规定的原告作为用人单位必须予以支付的费用以外的其他报酬，属于因培训产生的用于被告的其他直接费用，属于培训费用范畴，原告主张按上述合同约定赔偿的诉讼请求，符合双方合同约定及法律规定，法院予以支持。[1]

十二　劳动者外出进修后如何赔偿？

申请人王某与被申请人某医院于2013年8月21日签订了事业单位聘用合同，约定合同期限至2020年2月20日止，一方违约的，支付另一方违约金人民币5万元，被申请人在引进申请人时支付给申请人安家费3万元。2013年10月，被申请人安排申请人离岗学习培训半年，支付了培训费用6000元，培训期间工资正常发放。申请人于2014年7月16日提出仲裁申请，请求被申请人办理离职手续，被申请人也提请仲裁，请求申请人支付违约金和培训费。仲裁委员会认为，某医院为事业单位，王某为事业编制工作人员，双方签订了聘用合同，双方在聘用合同中有关服务期及违约责任的约定符合《江苏省事业单位人员聘用制暂行办法》（2005）的规定，是合法有效的。但该办法同时规定，约定的违约金不得超过引进费和培训费的实际支出，医院在引进王某时实际支付其安家费3万元，故双方约定的违约金数额应依照规定扣减，王某违反服务期约定，应承担相应的违约责任，故裁决王某支付医院3万元违约金和培训费

---

[1] 浙江省绍兴市中级人民法院（2019）浙06民终4318号民事判决书。

5600元，医院为其办理离职手续。①

十三　违约金数额一般以支付专项培训费用为标准，但也有以合同约定为标准

法院认为，医院在常某规培期间发放的工资、福利合计124727.56元不属于法律规定的用人单位为劳动者提供专项培训费用，故医院请求常某退回上述124727.56元，于法无据，不予支持。常某未按约定在医院服务满7年，根据《劳动合同法》第二十二条的规定及常某出具的《服务承诺》的约定，应承担相应的违约责任，故医院请求常某支付违约金，符合法律规定和双方约定，予以支持，但因双方约定"每服务一年少赔偿七分之一"，常某自2018年10月规培结束至2019年3月止有半年左右的时间在医院服务，故违约金相应地予以调整为65000元（70000元－70000元÷7÷2）。②

十四　劳动者因为受到排挤、搁置而违约，能否得到法律支持？

被告孙某以在原告医院无法完成专业建设为由，提出辞职。被告孙某在服务期未满就已经离职，双方已无法继续履行劳动合同及协议书的相关约定，原告医院也未明确表示异议，故原、被告双方已解除劳动关系。本案中，被告孙某向本院递交《医院肛肠外科运行方案》《普通外科专业细化调整方案》及其本人与原告市医院领导聊天记录截图等证据，意在证实其在原告医院工作期间被闲置、排挤，经被告孙某多次向原告反映仍未解决。但以上证据均为截取的部分内容，并不能客观反映真实情况，且为其个人主观感受，亦无法提供相关证据予以佐证，因此对于被告孙某的该辩称理由，法院不予采纳。③

---

① 江苏省人力资源和社会保障厅、省劳动人事争议仲裁委员会关于发布2014年度全省劳动人事争议典型案例之三，http://jshrss.jiangsu.gov.cn/art/2014/12/9/art_45347_5635897.htm。
② 福建省泉州市中级人民法院（2020）闽05民终1802号民事判决书。
③ 河南省三门峡市中级人民法院（2020）豫12民终78号民事判决书。

十五　培训期间工资是否属于专项培训费用？已经缴纳的违约金能否要回来？

2013年6月1日，张某与某体检公司签订无固定期限劳动合同。2014年7月3日，该公司安排张某到外地参加一年专业技术培训。培训协议约定：由体检公司支付培训费、差旅费，并按照劳动合同约定正常支付张某培训期间工资；张某培训完成后在体检公司至少服务5年；若张某未满服务期解除劳动合同，应当按照体检公司在培训期间所支出的所有费用支付违约金。培训期间，体检公司实际支付培训费47000元、差旅费5600元，同时支付张某工资33000元。培训结束后，张某于2015年7月3日回体检公司上班。2018年3月1日，张某向体检公司递交书面通知，提出于2018年4月2日解除劳动合同。体检公司要求张某支付违约金85600元（47000元+5600元+33000元），否则拒绝出具解除劳动合同的证明。为顺利入职新用人单位，张某支付了违约金，但认为违约金数额违法，遂申请仲裁。

《关于贯彻执行〈中华人民共和国劳动法〉若干问题的意见》（1995）第五十三条规定："劳动法中的'工资'是指用人单位依据国家有关规定或劳动合同的约定，以货币形式直接支付给本单位劳动者的劳动报酬……"从上述条款可知，专项培训费用与工资存在明显区别：（1）从性质看，专项培训费用是用于培训的直接费用，工资是劳动合同履行期间用人单位支付给劳动者的劳动报酬；（2）从产生依据看，专项培训费用是因用人单位安排劳动者参加培训产生，工资是依据国家有关规定或劳动合同约定产生；（3）从给付对象看，专项培训费用由用人单位支付给培训服务单位等，工资由用人单位支付给劳动者本人。

本案中，张某脱产参加培训是在劳动合同履行期间，由体检公司安排，目的是提升其个人技能，使其能够创造更大的经营效益，张某参加培训的行为，应当视为履行对体检公司的劳动义务。综合前述法律规定，体检公司支付给张某培训期间的33000元工资不属于专项培训费用。仲裁委员会结合案情依法计算得出：培训期间体检公司支付的专项培训费用为52600元（47000元+5600元）；培训协议约定张某培训结束后的服务期为5年（即60个月），张某已实际服务33个月，服务期尚未履行部分为 27 个月。因此，张某依法应当支付的违约金为 23670 元（52600 元÷60 个月×27 个月），体检公司应当返还张某 61930 元（85600 元－23670 元）。①

中共中央、国务院《关于构建和谐劳动关系的意见》（2015 年 3 月 21 日）明确指出：依法保障职工基本权益。切实保障职工享受社会保险和接受职业技能培训的权利。加强对职工的职业技能培训，鼓励职工参加学历教育和继续教育，提高职工文化知识水平和技能水平。因此，为劳动者提供专项技术培训，是国家鼓励和倡导的行为。用人单位向劳动者索赔违约金的行为，显然与国家的政策相违背。

第六节 "服务期"和"违约金"的法律分析

"江西一教授离职被索赔 44 万，校方：评上教授 5 年服务期未满"引发了人们的热议。在全面依法治国、依法治校、依法治院的大背景下，医院和高校等事业单位运用"服务期"和"违约金"条款成为行政管理的重要手段。现实中，无序化倾向和司法裁判尺度不统一的问题，已经成为事业编制人员法律适用的一个非常重要的问题。相关事业单位聘用合同的法律法规滞后，是适用于《事业单位人事管理条例》，还是适用于《劳动合同法》，事业单位的有关法律法规优先适用于《劳动合同法》等有关法律原则的过于模糊，导致有关高校聘用合同的"服务期""违约金"等条款的实践合法性不足。无论从合法性，还是合理性的角度而言，均应当将聘用合同"服务期"条款纳入《劳动合同法》进行规制。高校教师聘用合同"服务期"条款至少在约定事由、约定期限和违约金额三方面应当满足《劳动合同法》第二十二条实体规则的要求。② 契约治理模式赋予了高校与教师以聘用合同方式固定双方法律关系及权利义务的权限和自主权，由此产生利益划分上的利益冲突，但现行法并未为其提供

---

① 人力资源社会保障部 最高人民法院《关于联合发布第一批劳动人事争议典型案例的通知》（人社部函〔2020〕62 号）案例之九：培训期间工资是否属于专项培训费用。
② 鲁文辉：《高校教师聘用合同"服务期"条款的合法性反思》，《中国高教研究》2021 年第 2 期。

妥当的规范思路。

一　服务期与违约金的关系

（一）服务期的起算时间：是以聘用合同计算的服务期还是以规培后、培训后结束的时间作为服务期的计算标准？

自2007年9月至2010年7月，方某攻读博士学位，博士毕业后服务年限为12年。2013年6月至2014年6月，方某赴美学习一年。2015年12月，方某离职。方某违反《委托培养博士研究生合同书》约定提前离职，应向医院支付不履行服务期违约金，以医院实际以博士安家费名义向方某发放的博士奖励基金（实为报销学习期间的学费及相关费用）10万元为基础，结合方某未服务年限确定，即方某应向医院支付54165元［10万元÷12年×（12年－5.5年）］。方某违反《出国（境）培训的协议》约定提前离职，应向医院赔偿出国资助金14万元，违约金数额应以出国资助金为基础，结合未服务年限确定为119000元（14万元÷10年×8.5年）。二者合计173165元。[①]

（二）违约金的性质

劳动者入职后参加脱产培训、在职攻读硕博等，双方签订协议后，医院为其保留工作岗位，其间享受了医院发放的工资和福利待遇，培训和学业结束后应履行双方约定，完成培训并回到医院处努力工作以回报院方的付出和培养。然而，劳动者往往由于个人原因，例如：房价过高、身体问题、平台与视野、家庭问题等原因提出辞职，此种行为势必对医院的工作造成消极影响，该行为违反了基本的诚实信用原则，构成违约，故劳动者应依照双方合同约定向被告赔偿违约金，但违约金的约定不能不受法律的约束，而应当限制在法律规定的范围内。根据法律规定，劳动者只有在违反服务期及竞业限制条款之外，才可以支付违约金。据此，《聘用合同》中约定由袁某向医院支付违约金的条款无效。袁某向医院交纳的违约金4万元，医院应予返还。[②]

[①]　湖北省荆州市中级人民法院（2021）鄂10民终536号民事判决书。
[②]　山东省济南市中级人民法院（2020）鲁01民终2882号民事判决书。

(三) 劳动者提交的申请书,是否是平等民事主体间平等自愿达成?

刘某提交申请时,其仍系医院职工,刘某基于职工身份的从属性而与医院在人格上、经济上、组织上存在管理与被管理的关系,结合刘某关于其交纳费用后医院方可出具同意报考的手续这一主张,双方就涉案申请书并非平等民事主体之间基于平等自愿协商所达成。除双方约定服务期、保密义务和竞业限制外,用人单位不得与劳动者约定由劳动者承担违约金。本案中,双方并未约定服务期、保密义务和竞业限制,因此,医院收取刘某申请书中载明的违约金并无法律依据。医院应返还刘某所交纳的10000元,一审法院处理并无不当。①

(四) 劳动者作出的承担违约金的《承诺书》的效力如何?

本案《承诺书》所承诺的费用是上诉人(劳动局)在3年读研期间由被上诉人(单位)向其发放的工资和各项补贴费用73781元以及上诉人自愿辞职的违约金60000元,合计共133781元,而2009年6月20日《关于享受委培研究生待遇及服务合同书》中第三条约定的适用《管理规定》第五、六条处理原则指明的费用是:1. 在学习培养期间支出的所有费用;2. 违约金人民币60000元。

因目前人事法律、行政法规、国务院其他规定对劳动者服务期及违约金未作特别规定,双方关于上述费用的退还问题发生的争议,应当适用《劳动合同法》规定予以处理。我国劳动合同法规定的"专项培训费用",是指与本工作相关的培训期间产生的费用,包括食宿费、差旅费以及可从用人单位培训经费中进行报销的费用。据此,上诉人读研期间领取的工资和各项补贴费用不应在被上诉人的《管理规定》第六条处理原则指明的"在学习培养期间支出的所有费用"之内,故被上诉人按本案《承诺书》从上诉人处获得的该笔费用73781元没有合法依据,应予退还。另,上诉人按该《承诺书》支付给被上诉人的60000元违约金,因被上诉人没有举证证明为上诉人报销过其提供的培训费用,故由上诉人支付该笔费用亦无事实依据,不符合上述法律规定,依法也应予

---

① 山东省泰安市中级人民法院 (2016) 鲁09民终1290号民事判决书。

退还。①

（五）关于聘用民营医院院长的合同约定：一方违约赔偿对方20万元，是否有法律效力？

关于上诉人（劳动者）主张的违约金20万元是否应予支持的问题。双方签订的《聘用合同》第六条约定："甲乙双方必须共同严格遵守承诺，乙方严格遵守本院的员工守则，严格履行合同：如乙方在2014年两个季度未实现经营目标任务30%的增长，甲方有权终止合同。除此之外，甲乙双方未征得对方同意，不得终止合同，否则视为违约（不可抗拒因素除外），违约的一方必须一次性向对方赔偿人民币20万元。"该违约金条款是针对解除劳动合同而设定，而劳动合同法对劳动关系的解除、终止及相应法律后果均有明确规定。对劳动者而言，劳动合同法对"劳动合同中可以约定劳动者支付违约金的情形"进行了严格的限制性规定；对用人单位而言，劳动合同法对"用人单位违法解除合同"的法律后果亦有明确规定。鉴于该违约金条款明显违反了相关法律规定，依法应当认定为无效（该条款的部分无效依法并不影响《聘用合同》的整体效力），故上诉人依据该违约金条款主张违约金20万元，一审法院不予支持并无不当。②

（六）医院认为劳动者发布不实消息对医院声誉造成损害，能否通过仲裁要求劳动者赔礼道歉、停止侵害？医院不通过仲裁直接起诉医生侵犯医院名誉权，能否得到支持？医院未主张违约金，法院最后能否支持违约金？双方约定劳动者读博后违约承担200%经济损失，法院能否支持？

对于医院主张的要求韩某停止侵害、消除影响，对发布的不实信息和虚假宣传公开声明道歉，并纠正错误，该请求并非劳动争议审理范围，法院不予审理。《医院员工离职管理办法（暂行）》第二十一条规定"进修人员进修5年内要求辞职的，应按医院为其支付全部费用（包括工资、培训费、学费、差旅费等费用）的200%赔偿医院的经济损失。"

---

① 广西壮族自治区桂林市中级人民法院（2019）桂03民终472号民事判决书。
② 江西省萍乡市中级人民法院（2014）萍民一终字第190号民事判决书。

工资的产生是基于法律强制性规定，是医院依法应履行之义务，且韩某在培训结束后继续在医院工作，故对于医院主张的经济损失中韩某工资部分，法院不予支持。法院支持韩某应支付医院经济损失数额为81702 元［（读博学费30000 元＋补助10851 元）×200%］。医院在向仲裁委申请仲裁时的请求事项是赔偿损失，韩某及医院均是对该仲裁裁决不服提起诉讼，医院在一审的诉讼请求仍然是赔偿损失，并未主张违约金，对此不应保护。[①]

《民法典》第九百九十五条规定：人格权受到侵犯的，受害人有权依照本法和其他法律的规定请求行为人承担民事责任。名誉是对民事主题的品德、声望、才能、信用等的社会评价。如果原告（医院）主张被告（劳动者）对其侵权行为应承担相应责任，则原告应举证证明：1. 被告存在侵权行为；2. 原告存在损害后果；3. 被告的侵权行为与原告的损害后果间有因果关系。本案中，原告提交的微信朋友圈截图，仅系打印件，未提供原始载体，无法证实该证据的真实性，故原告提交的证据无法证明被告实施了侵权行为，原告证据不足，法院对原告的诉求予以驳回。[②]

（七）劳动者是否可以要求医院支付未办理落户手续违约金？

法院认为，2002 年《山东省人事厅、山东省教育厅、山东省公安厅关于办理大中专学校毕业生落户手续有关问题的通知》第一条规定："落实就业单位的毕业生，单位所在地公安部门凭毕业生的就业报到证、毕业证、就业协议书和户口迁移证办理落户手续。"根据该规定，用人单位并非为职工办理落户手续的义务主体，职工凭相关证件可自行到公安部门办理。因此，本案中，虽然原、被告签订的高校毕业生就业协议书中约定，医院同意接收魏某并负责按有关规定为魏某办理落户等接收手续，但根据前述文件规定，医院并非为魏某办理落户手续的义务主体，魏某可自行到公安部门办理，且魏某亦未能举证证明其落户手续未能办理的

---

① 山东省聊城市中级人民法院（2021）鲁15 民终252 号民事判决书。
② 本案的事实为：原告认为被告在微信朋友圈发布载有"医院一生黑""没有人身自由变为奴隶""想来这里看病，也请睁大眼睛"等，医院要求医生停止侵害其名誉权，在朋友圈发布澄清道歉信息并保留 7 日，为医院消除影响，公开赔礼道歉，并赔偿医院损失 2 万元等。参见山东省济南市市中区人民法院（2022）鲁0103 民初13525 号民事判决书。

责任在医院，因此，魏某要求医院支付未办理落户手续违约金的诉讼请求，本院不予支持。①

（八）劳动者缴纳的"培养金"是否系违约金？已经缴纳了，能否以受到医院胁迫，主张将其再要回来？

首先，本案双方当事人在劳动合同中未对违约金作出明确约定，牟某在向医院交纳上述款项时双方当事人亦未确认讼争款项属于违约金，相关书面结算票据中注明的款项性质系"培养金"也非违约金，故牟某关于案涉94721.22元款项性质为违约金的主张，法院不予采纳。其次，牟某在离职后自愿向医院交纳了上述款项，而非医院在其应得的工资收入中扣除上述款项。医院在同日也向牟某出具了解除聘用合同证明书。牟某和医院的上述行为表明双方对牟某提前解除劳动合同相关事宜已经达成合意，牟某交纳上述款项的行为属于自愿支付行为，故其要求返还并支付利息无法律依据，法院不予支持。牟某主张其交纳上述款项系受胁迫而为，根据最高人民法院《关于适用〈中华人民共和国民事诉讼法〉的解释》第一百零九条的规定，当事人对于胁迫事实的证明，应该达到排除合理怀疑的证明标准，现尚未达到该证明标准，故对牟某的该项主张，法院不予采纳。②

二 医院与劳动者所订立的《协议书》的法律效力

（一）普通《协议书》的效力

医院为了防止医护人员进修后离职，一般在医护人员进修前都会选择与医护人员签订《进修学习协议书》或《外出学习协议》《在职攻读硕士、博士协议书》《住院医师规范化协议书》等，协议书主要约定如下内容。

甲方（医院）负责乙方（劳动者）进修期间全额工资、奖金、社会保险费、公积金、进修学习费，报销来回车旅费等；报销费用：有的单位要求医护人员毕业后必须取得硕博学历、学位，医院给予报销50%—

---

① 山东省济南市历下区人民法院（2015）历民初字第188号民事判决书。
② 浙江省杭州市中级人民法院（2015）浙杭民终字第3334号民事判决书。

100%学费等。还有例如停发工资，待如期毕业获取硕博学历、学位后，医院再补发学习期间的基本工资。医院负责其本人学习期间的公积金、医疗保险。博士研究生学习期间，无论何种原因未如期完成学业，造成提前终止学业或到期不能取得博士学位或研究生学习期限内未经医院同意改变所学专业的，则视为违约，自动解除研究生与医院的聘用合同，医院也不再补发学习期间的基本工资……[1]与违约金相关的是服务期问题，一般要求医护人员必须服务一定年限方能辞职，否则将承担违约责任。对于服务期的约定，例如5年左右，这种约定是有效的。法律对于服务期的上限没有明确规定，笔者看到有约定15年、30年的，还有直接约定到劳动者退休时服务期满的，这种做法在法律上是值得商榷的。对于劳动者而言，这种约定明显显失公平，人民法院会从培训费用、工作岗位等多因素综合考量，以作出公平合理的裁决。

同时，一般合同都会约定"违约责任，诸如：出现以下情况之一，乙方须返还医院支付的培训费用，包括福利待遇＋社保＋住房公积金＋奖金＋报销学费"。法院经审理后认为，虽然该合同条款约定了违约责任为返还"福利待遇＋社保＋住房公积金＋奖金"，但该约定内容明显加重了医护人员的义务，排除了权利，根据《劳动合同法》第二十六条之规定，应认定此约定内容无效。[2]

（二）《定向就业协议书》的效力

王某与区卫生局签订了《定向就业协议书》，虽然王某签订协议时未满18周岁，但签订该协议属于与他的年龄、智力相适应的民事活动，且双方实际按照该协议约定履行，王某亦享受了定向就业的权利，故法院认为该协议合法有效，对王某具有法律拘束力；此外，该协议约定了乙方向接收单位缴纳补偿金和违约金，妇幼保健院作为接受单位有权依据该协议主张相应权利。王某与妇幼保健院签订的《北京市事业单位聘用合同书》亦合法有效，对王某具有法律拘束力。王某在服务期限内提出解除人事关系的行为符合《定向就业协议书》《北京市事业单位

---

[1] 天津市第三中级人民法院（2019）津03民终2316号民事判决书。
[2] 福建省厦门市中级人民法院（2017）闽02民终4730号民事判决书。

《聘用合同书》约定的应向妇幼保健院支付补偿金、违约金的情形，王某应履行相应支付义务。王某主张补偿金、违约金约定金额过高，但未就其主张提交充分证据，法院对一审法院认定的补偿金、违约金金额予以确认。①

（三）双方合同约定，劳动者未经单位同意不能报考硕博。后劳动者未经用人单位同意考上全日制硕博，用人单位是否有权主张不能解除聘用合同？劳动者是否需要支付违约金？

首先，双方及案外人之间签订有多份协议书，协议书中对于陈某的服务期及合同解除的条件等问题约定存在部分矛盾冲突，而考虑到在签署上述协议时，相关合同原则上均为医院一方提供的格式合同，陈某一方处于缔约的相对弱势一方，故对于合同条款的适用应当采用对于陈某一方有利的理解。其次，根据双方签订的《聘用合同书》的约定，陈某可以因考入普通高等院校随时单方面解除合同，或即使依照合同约定其不能未经同意考取博士，其亦有权通过提前通知，多次协商并承担违约责任的方式解除案涉合同。而陈某在 2021 年 7 月 22 日提出辞职未得到医院同意的情况下，又于 2022 年 3 月 14 日再次提出离职，符合双方签订的《聘用合同书》的约定，故一审法院认定双方签订的《聘用合同书》已于 2022 年 3 月 15 日解除，并无不当。而在双方聘用合同已经解除的情况下，陈某要求转移其本人的社会保险关系及档案，亦于法有据，本法应予以支持。②

国务院办公厅转发的人事部《关于在事业单位试行人员聘用制度的意见》中亦明确指出：考入普通高等院校的受聘人员可以随时单方面解除聘用合同。"考入普通高等院校"既是中央规范性文件和地方规范性文件明确的受聘人员可以随时单方解除聘用合同的情形，又是本案双方聘用合同中明确约定的金某可以随时单方解除聘用合同的情形。某中学向金某主张违约金，既与中央和地方的规范性文件相悖，又与双方聘用合同的约定相悖，故中学上诉向金某主张违约金的请求，依据不足，法院

---

① 北京市第一中级人民法院（2022）京 01 民终 3113 号民事判决书。
② 北京市第三中级人民法院（2022）京 03 民终 9917 号民事判决书。

不予支持。金某上诉主张无须支付违约金，法院予以支持。①

北京市有一起与此完全相反的案例，在这里也和大家分享一下。本案争议的焦点是唐某依据《聘用合同书》的约定，提出解除聘用合同，是否可以排除《应届毕业生接收协议》关于服务期违约金条款的适用。事业单位对其工作人员提出解除聘用合同的具体情形、条件、责任承担等问题可以在平等、自愿的基础上进行约定。本案中，根据《聘用合同书》的内容，唐某可以单方面解除聘用合同，而无须征得单位同意，也即"考入普通高等院校"属于唐某可以即时单方行使聘用合同解除权的情形。《应届毕业生接收协议》设定的应支付违约金的条件是"服务期内，乙方如要求提前解除人事关系"，唐某系在服务期内因个人考博深造的原因要求提前解除人事关系，也符合上述条款中应当支付违约金的情形。《聘用合同书》的约定与《应届毕业生接收协议》的约定，并不存在冲突与矛盾。唐某依据《聘用合同书》享有的是即时单方解除聘用合同的权利，解除通知到达单位时即发生法律效力，但上述单方解除权的行使并不能剥夺单位按照《应届毕业生接收协议》要求唐某支付服务期违约金的权利。②

（四）合同约定读博期间，医院正常发放员工工资，后该员工出国，医院停发工资及其他待遇，是否合法？

法院认为，对于王甲在正常读博期间，医院应当支付王甲正常的工资待遇并承担社会保险费，对此相关的规定及双方合同的约定均有明确的表述，应无争议。但医院自2003年9月以后停发王甲的工资及由王甲自行承担社会保险费，该情况的缘由在于王甲在2003年8月申请赴美。首先，对于王甲的此次出国，王甲无证据证实属于正常的读博课程，因此对于不属于正常读博课程，亦非医院委派出国的，在无相关规定或者双方约定的情况下，医院并无必须支付王甲正常工资待遇的义务。同理，因王甲无工资收入，医院亦无相应义务为王甲缴纳社会保险费。王甲为保持缴纳社会保险费的连续性，自行承担相关费用，由医院向社会保险

---

① 北京市第二中级人民法院（2021）京02民终12093号民事判决书。
② 北京市第一中级人民法院（2021）京01民终7819号民事判决书。

机构缴纳，并无不可，亦不违反劳动法强制性规定。其次，如果王甲认为医院的行为已经违约，其完全可以及时向医院提出异议，要求解除委托培养合同中关于服务期的约定，而王甲在 2003 年 9 月至 2006 年 1 月期间，乃至医院申请仲裁之前，从未就此向医院提出异议，其反而于 2006 年 1 月与医院签订了协议，对出国深造的具体事项作了约定，并再次确认由王甲自行预交社会保险费用。而医院在上述协议中亦已承诺若王甲按期回医院，医院将支付王甲读博期间的工资及相关待遇差额。由此可见，王甲与医院对暂停发放王甲工资及王甲自行承担社会保险与费用已经达成一致。现王甲一再称医院违约在先，明显与事实不符，法院不予采信。[1]

（五）《跟班学习协议书》的效力如何？

2012 年 4 月 24 日，医院与冯某、学校签订《全国普通高等学校毕业生就业协议书》，该协议书明确载明医院为冯某毕业后的用人单位。2012 年 7 月 12 日，医院与冯某签订《医学专业毕业生跟班学习协议书》，由于该协议书约定了冯某在医院期间的工作内容、工作条件和具体报酬待遇，因此，该《医学专业毕业生跟班学习协议书》从内容和形式上都具备了书面劳动合同的性质，应视为医院与冯某之间签订了书面的劳动合同。另外，冯某作为医院的劳动者，服从医院的劳动分工和工作安排，遵守医院的劳动纪律和规章制度，接受医院的管理和监督，并且按月获得劳动报酬，故双方之间也已形成事实上的劳动关系。

另外，按照法律规定，未依法为劳动者缴纳社会保险的，属于劳动者依法解除合同的情形。原审判决驳回冯某要求确认《医学专业毕业生跟班学习协议书》第七条中关于"跟班期满并获得职业资格后必须在甲方连续服务 5 年以上。违者，应全额退还跟班学习期间的生活补贴等一切福利待遇，并另外赔付上述培养总费用的一倍违约金"的约定无效的诉讼请求和要求赔偿其财产损失的诉讼请求，处理正确，法院应予维持。[2]

---

[1] 上海市第二中级人民法院（2010）沪二中民三（民）终字第 2095 号民事判决书。
[2] 海南省第一中级人民法院（2014）海南一中民一终字第 195 号民事判决书。

（六）双方约定劳动者只能报考定向委培生，但劳动者最终录取为非定向研究生，双方遂重新签订合同，发生争议后，能否认定为劳动者之前违约？对于重新签订的《协议书》的效力应如何认定？对于劳动者读研后违约，应如何给予用人单位赔付？

《进修协议》约定"进修协议结束3年后，仅限于报考定向委培生"，但林某进修结束返院工作后，林某于2009年6月被录取为大学非定向研究生，双方又经协商于2009年9月14日重新签订了《研究生学习服务合同》，应视为双方对原签订的《进修协议》约定内容进行了变更。虽然林某在进修结束返院工作4个月后又离岗到大学攻读研究生（属于非定向研究生），服务期限未满8年，但林某到大学攻读研究生是经医院同意，且双方又签订了新的《研究生学习服务合同》，应视为林某未违反双方之前所签《进修协议》的约定。林某应当承担的只是违反双方签订的《研究生学习服务合同》约定的法律责任。

因林某于2009年9月离岗到大学攻读研究生，2012年6月毕业后，本应按照双方签订的《研究生学习服务合同》约定继续回原单位医院工作，但其却在2012年7月毕业后即另行到其他医院工作，明显违反了双方的合同约定，构成违约。医院在此期间之所以按照合同约定支付林某工资、相关福利待遇等，是基于林某毕业后继续回单位工作提供不低于8年的服务为前提，且工资是指用人单位依据国家有关规定或劳动合同的约定，以货币形式直接支付给劳动者的劳动报酬，是基于劳动者提供劳动义务而获得的对价。工资分配应当遵循按劳分配的原则。而林某在此期间并未向医院提供劳动，且违反了诚实信用原则。故，林某应当按照合同约定返还医院已支付给其的工资、福利待遇及住房公积金。但考虑到2009年9月至2012年6月，林某在读研期间与医院仍然存在劳动关系，医院应保证其基本生活需要，按照当时当地的最低工资标准支付其生活费23190元[2009年9月至2010年4月为4160元（520×8），2010年5月至2011年11月为12730元（670×19），2011年12月至2012年6月为6300元（900×7）]，故，林某应当返还医院已支付的工资款为19712.75元（42902.75-23190）。[①]

---

① 湖北省十堰市中级人民法院（2017）鄂03民终484号民事判决书。

三 用人单位向劳动者收取违约金是否合法？

《劳动合同法》第二十二条、第二十三条规定了劳动者只有在用人单位提供专项培训费用及竞业禁止情形下才可以支付违约金，除此之外，有关违约金条款的约定均属违法。另外，用人单位在向劳动者收取违约金时应证明其符合法定的收取情形，只有这样，双方约定的未满服务期的违约金才具有法律效力。

本案原告罗某于2019年6月26日申请辞职后，向被告医院缴纳了5万元的违约金，被告医院后同意原告罗某辞职，双方就聘用合同的解除达成了一致意见。本案原、被告签订的《事业单位聘用合同》系经鉴证机构鉴证的合同，违约金条款并未违反地方性法规的规定，原告罗某在聘用合同期限内提出与被告解除聘用合同，按照聘用合同的约定原告罗某应向被告医院支付违约金，故一审法院对原告罗某要求返还违约金的请求不予支持。

二审法院认为：违约金的支付应当法律规定。本案中，被告医院并未举证证明其为罗某提供了专项培训费用或者与其约定了竞业限制条款并向罗某提供了经济补偿，故医院与罗某约定罗某未满服务期的违约金违反法律禁止性规定，应属无效，故医院收取罗某支付的违约金5万元，没有法律依据，应予返还。[1]

四 医院可否向劳动者主张违约金？医院仅抗辩而不提起反仲裁，可否让劳动者支付违约金？

法院认为双方约定了服务期及解除聘用关系的条件，但该约定的意思表示并非双方不能解除聘用关系，而是对未满6年服务期解除聘用关系责任承担的约定，对于张某的辞职是否违反双方的约定，是否应承担相应责任，因某大学在本案中并未主张，故本案中不再作出认定，某大学可另行主张。[2] 另外，如果用人单位提出需要劳动者支付违约金，应当

---

[1] 贵州省遵义市中级人民法院（2020）黔03民终4375号民事判决书。
[2] 安徽省高级人民法院（2019）皖民再210号民事判决书。

提供证据证明，还应提出反诉或者单独起诉，而不能仅仅通过抗辩主张，否则，无论是仲裁机构或者人民法院将不予支持。①

如果劳动者仲裁时提出解除人事聘用关系，请求被申请人（医院）为申请人（劳动者）出具解除人事聘用关系证明，用人单位仅以"劳动者未支付违约金，因此，不予出具解除人事聘用关系证明抗辩"，那么，仲裁庭通常会作出"关于被申请人主张申请人违约的问题，被申请人可另案主张"的裁决，并不支持被申请人（医院）的主张。也就是说，如果医院要劳动者缴纳违约金，应先提起仲裁，才可能得到法律的支持。②由此可见，如果医院认为职工应当支付违约金，应当另行主张，而不能仅仅通过抗辩来主张。

五　收取违约金的数额及计算标准

笔者所接触的医护人员离职，大部分都承认自己违背了诚信原则，自己愿意承担一定数额的违约金③，所以，如果违约金数额不是很高，大部分人都表示认可。如果对于违约金数额过高，④协商无果后，劳动者可能会选择法律途径维权。所以，对违约金数额的界定非常重要，这也是实践中的难点。而且，各地法院对于违约金的收取范围、数额的判决，存在较大的差异，笔者比较赞同以下案例的判决。

（1）有关进修外出培训的违约金问题

进修期间医院支付某医护人员工资等共计29717元，其中工资15393元、绩效奖金6669元、住房公积金2388元、养老保险金1743元、进修费1800元、来回差旅费1724元，现该医护人员提出辞职，医院要求支付此项费用。一审法院认为，医院认为付某仅服务1年3个月，离约定的5

---

① 天津市劳动人事争议仲裁委员会津劳人仲裁字【2021】第55号。
② 贵州省安顺市中级人民法院（2021）黔04民终1422号民事判决书。
③ 从笔者所接触的几位医生了解到，绝大多数地区的医生们普遍能接受的和解价格是10万—15万元，而医院通常计算违约金的数额为30万—50万元。
④ 违约金数额的高低和地区发展无关。有位云南的儿科医生，入职6个月，每月5000元，在单位一共拿到3万元，试用期内违约，单位向其索要30万元违约金；广西百色的一位医生，一个月到手3000元，辞职需要缴纳50万元违约金。全国各地的做法差不多，大部分都是几十万元。

年服务期还有45个月，医院按约定为其发放了全额工资、奖金、支付了住房公积金、养老保险金单位负担部分等，该部分费用符合培训费中规定的其他直接费用。二审法院认为，违约金5万元明显过高，县医院支付及缴纳的付某培训期间的有关费用中，以认定绩效奖金、进修费、来回差旅费属于上述法律规定的培训费用为宜，故付某应向县医院支付的违约金为（6669元+1800元+1724元）÷5年÷12个月×45个月≈7645元。① 因此，法院支持的判决标准为奖金（无发票）+进修费用（有发票）+差旅费（有发票），而非所有的全部费用。

关于工资的范围问题，可以参照原劳动部的有关规定。2014年国务院颁布的《事业单位人事管理条例》第三十二条规定：事业单位工作人员工资包括基本工资、绩效工资和津贴补贴。

劳动部1995年印发《关于贯彻执行〈中华人民共和国劳动法〉若干问题的意见》的通知第五十三条规定：劳动法中的"工资"是指用人单位依据国家有关规定或劳动合同的约定，以货币形式直接支付给本单位劳动者的劳动报酬，一般包括计时工资、计件工资、奖金、津贴和补贴、延长工作时间的工资报酬以及特殊情况下支付的工资等。此外，国家统计局《关于工资总额组成的规定》（1990年1月1日生效）第四条规定了工资总额由下列6个部分组成：计时工资、计件工资、奖金、津贴和补贴、加班加点工资、特殊情况下支付的工资。第七条规定了奖金的范围，奖金是指支付给职工的超额劳动报酬和增收节支的劳动报酬，包括：生产奖、节约奖、劳动竞赛奖、机关事业单位的奖励工资，以及其他奖金。所以，笔者认为绩效奖金应属于工资为宜。

医院请求判令崔某赔偿其参加外出培训期间的绩效奖金共计17003.69元，对此，一审法院认为，虽然双方在培训协议中载明绩效奖励在服务期未满时的承担责任，但是，该期间的绩效奖金17003.69元属于双方劳动合同书中崔某应当获得的劳动报酬的组成部分，并非属于培训费用，崔某在工作期间由医院派出参加进修培训，应当获得劳动合同约定的相应劳动报酬。医院要求崔某返还该17003.69元，缺乏充分依据，

---

① 湖南省邵阳市中级人民法院（2020）湘05民终75号民事判决书。

一审法院不予支持。①

依据工资银行流水，被申请人（劳动者）除了"工资"外，从未收到过住宿补贴、伙食补贴、季度补助、年终补助、绩效奖金等合计167159.97元。盖有银行印章的工资流水，从证据的效力角度来讲，属于原始证据，其效力大于被上诉人自行提供的台账明细证据。申请人（医院）提供的台账系其单方面制作的，并未得到被申请人的签字认可，本身就存在争议，所以其效力肯定低于第三方银行机构出具的盖有印章的原始证据的效力。被申请人的工资流水中，并不体现出申请人所列举的住宿补贴、伙食补贴、季度补助、年终补助、绩效奖金，所以，申请人的请求没有事实和法律依据。

（2）有关住院医师规范化培训的违约金问题

本案双方争议的17982元，是医院在卢某培训期间向其发放的奖励性绩效。而绩效奖励，通常是指单位根据员工的绩效考核结果给予一次性的奖励；单位在人岗不完全匹配的情况下，通常将员工对应的薪资水平分别发放（一部分固定发放，另一部分则根据调整绩效发放）。医院提供的《医院行政管理有关规定》第十条，也显示"进修人员按照全院人员的平均数发放绩效奖励"。由此可见，医院发放的绩效奖励，全院人员均有资格领取；卢某领取的绩效奖励17982元，首先是基于卢某与医院之间的聘用关系，其次是因卢某外出进修，造成其人岗不匹配，故按照医院规定的平均标准领取绩效奖励。即该绩效奖励是属于卢某工资的组成部分，不属于因培训产生的费用。一审法院认定该17982元绩效奖励属于因培训产生的、用于该劳动者的其他直接费用，没有理据，二审法院予以纠正。②

通过以上有关"工资"的相关规定可以看出，基于双方存在聘用关系，被申请人在规培期间有权获得工资及福利待遇，享受劳动报酬，这是劳动者的基本权利。本案中，无论是申请人，还是被申请人都是在履行住院医师规范化培训的国家义务，这种义务不以任何人的意志为转移，

---

① 重庆市第一中级人民法院（2018）渝01民终5698号民事判决书。
② 广东省肇庆市中级人民法院（2020）粤12民终837号民事判决书。

属于国家的强制性义务。而住院医师规范化培训协议的签订，正是原用人单位、规培单位和劳动者三方，对于劳动者不在原单位工作，原单位仍然需要保障其工资等福利待遇的一种确认。现在申请人要求被申请人返还工资等待遇，这是对之前保障被申请人工资等待遇的一种违约行为，不应得到法律支持。所以，即便被申请人不在申请人单位工作，但是申请人仍必须按照法律规定支付被申请人工资等相关福利待遇。

申请人（医院）主张的住宿补贴、伙食补贴、季度补助、年终补助、绩效奖金均属于工资的范畴，而工资并不需要退还。所以，双方在培训协议中约定的返还费用及工资的相关条款没有法律依据，故被申请人（劳动者）无须向申请人返还任何费用。

上诉人（医院）要求被上诉人（劳动者）退还培训费用 46352 元，是根据双方签订的《某医院外出进修学习合同书》第五条约定主张，同时，该条已经明确约定了违约金的计算范围即进修费、住宿费和生活补助费，双方未约定其他违约金。因此，该项诉请应认定为上诉人要求被上诉人承担的违约责任。上诉人认为支付给被上诉人培训期间的工资和社会保险均属于违约金计算范围，但上诉人未举出证据证明双方就培训期间的工资和社会保险费用属于违约金范围之内的约定。

本案的违约金计算范围应当是上诉人支付给被上诉人培训期间差旅费和培训费，双方确认该笔费用为 46352 元。根据《劳动合同法》第二十二条规定的违约金限额，被上诉人培训结束后在上诉人单位工作时间为 2 年 7 个月，离 5 年服务期还有 2 年 5 个月。应支付的违约金为：46352 元 ÷ 5 年 ×（5 年 − 2 年 7 个月）= 22342 元。[1]

六　违约金的范围

住院医师规范化培训属于专业技术培训范围，双方可以约定违约金。劳动者的辞职行为构成违约，应当支付违约金，但违约金数额应符合法律规定：如有超出法律限制范围的，超出部分无效。协议中有关违约时返还培训期间一切工资、奖金、福利收入的条款，剥夺原告获得劳动报

---

[1]　四川省巴中市中级人民法院（2019）川 19 民终 469 号民事判决书。

酬的合法权利，该条款与上述法律、法规相悖。

（一）协议中可否约定：劳动者违约，应返还参加培训期间的全部工资、基本福利待遇、社会保险、住房公积金等一切福利待遇？

彭某和医院在培训协议中约定，彭某如违反本协议关于服务期的约定，应全额返还医院支付的培训费用，即彭某参加培训期间的全部工资、基本福利待遇、社会保险、住房公积金等，该条款违反了《社会保险法》《住房公积金管理条例》等规定，不符合住院医师规范化培训的文件精神，且将使彭某失去基本的生活保障，显失公平，不应对双方产生约束力。医院以此为依据要求彭某返还培训期间的全部工资、社会保险费、住房公积金等，没有充分依据，法院不予支持。[1]

规培期间，也是劳动者与用人单位人事关系存续期间，原告（劳动者）享受工资待遇和社会保险，既是双方在协议中的约定，也是法律赋予劳动者的权利，即使原告违反合同约定提出辞职，也不能因此丧失基本的生活保障。双方签订的《培训合同》中关于违约方返还培训期间的工资和福利待遇的条款，违反了《劳动法》《社会保险法》《住房公积金管理条例》等的强制性规定，该部分应属无效。[2]

（二）如何认定医院和劳动者就违约金的内容进行了平等协商？如果违反了立法本意，可否申请撤销？

法院参照《劳动合同法》的立法本意对原告支付违约金行为的效力加以分析：没有证据显示双方就违约金数额进行过平等协商；原告提供的录音、学校录取通知等证据可以证实，非如被告所称双方达成一致且原告自愿给付15万余元违约金，而更可能是原告在危困状态下急于实现调档就学正当权利而为之，故不体现意思表示的真实性；因此，即使该违约金不违反法律规定，但仍符合可撤销的情形。况且根据前文分析，该违约金中超过限制部分为无效，其给付行为不具有合法效力，被告不得以已履行完毕为由拒不返还。故在扣除5万余元后，剩余的10万余元，

---

[1] 北京市平谷区人民法院（2017）京0117民初4215号民事判决书。
[2] 天津市第一中级人民法院（2021）津01民终642号民事判决书。

由医院返还劳动者。①

（三）规培补助、院外规培租房补贴是否属于培训费用？

工资、社会保险和住房公积金等系劳动报酬，不属于法律规定的培训费的范畴。但本案中根据原告医院提供的证据，原告医院在被告劳动者培训期间支付了规培补助 37500 元、院外规培租房补贴 53970 元，合计 91470 元，法院认为该培训费用属于培训产生的用于劳动者的其他费用。经核算，被告服务期尚未履行部分应分担的培训费为 77749.5 元（91470 - 91470 ÷ 5 年 ÷ 12 个月 × 9 个月）。双方在《培训合同》中约定违约金为 50000 元不超过该数额，故被告应向原告支付 50000 元违约金。②

（四）中秋加班、节假日加班，是否属于员工福利？

就工资及福利待遇返还的问题，杨某培训期间的工资、基本福利待遇、社会保险和个人医疗费等应由医院按照在职职工标准执行。医院不能证明中秋加班及节假日加班补贴存在发放错误的情况，故该费用属于福利待遇范畴。一审法院认定杨某未存在加班而应返还加班费和节假日加班补贴有误，应予纠正。就返还社保费用一节，仲裁裁决已裁决杨某返还应予社保费用，杨某未提起诉讼，故对仲裁裁决予以确认。③

（五）劳动者可否以未领取奖励金为由而不承担违约责任？

常某虽未实际领取发放的人才引进奖励金，但医院提交的证据能够证明已经向常某转账并在微信中予以通知，常某应当知道该笔奖金发放的事实，只是因其未在银行卡的归属地及个人原因，无法办理激活领取的手续，但该卡属于常某所有并已占有，且是否领取奖励金并不影响双方约定的违约责任的履行。④

（六）劳动者先在职攻读硕博，后外出进修后离职，应如何赔付违约金？医院要求 10 倍赔偿金，是否可以得到支持？

《定向培训硕士研究合同书》规定"乙方毕业后必须回甲方单位工作，若有调动，必须在毕业后工作满 10 周年以上才能提出，并经院部同

---

① 浙江省嘉兴市南湖区人民法院（2020）浙 0402 民初 6837 号民事判决书。
② 天津市宝坻区人民法院（2021）津 0115 民初 9138 号民事判决书。
③ 天津市第一中级人民法院（2022）津 01 民终 2583 号民事判决书。
④ 云南省临沧市中级人民法院（2021）云 09 民终 546 号民事判决书。

意调动，工作未满 10 年要求调出者必须偿付在校期间医院承担的所有费用的 10 倍赔偿金"的约定，应视为合同各方对合同的违约责任进行的约定。一审判决以双方约定赔偿金不符合《劳动合同法》规定为由，判决被上诉人不承担该次培训费用不正确，应予以纠正。在被上诉人培训 3 年期间，上诉人为其发放工资 82874.7 元和各项社会保险费，被上诉人吴某在定向其他医学院进修期间，上诉人为其发放工资 70368.85 元，研究生与外出培训期间共缴纳的各项社会保险 26994.36 元，差旅费和培训费共计 36440 元。

上诉人向被上诉人在读硕期间正常发放工资是基于培训后吴某在其单位上班，该费用应依法认定为医院用于吴某定向培养的培训成本，吴某的违约行为使得医院的愿景落空，该费用属于《劳动合同法实施条例》第十六条规定的因培训产生的用于该劳动者的其他直接费用，上诉人要求纳入违约金计算范围的请求，应依法予以支持。医院为吴某在培训期间缴纳社会保险费，该费用系医院依法应当履行的义务，该法定义务不以吴某是否向医院提供实际劳动为前提，故社会保险费不应计算为培训费用。根据《劳动合同法》第二十二条规定的违约金限额，上诉人要求被上诉人支付的违约金应当以不超过服务期尚未履行部分所应分摊的培训费。医院要求 10 倍赔偿金和违约金，明显超过法律规定的限额，其超过部分主张，应依法不予支持。被上诉人培训结束后在上诉人单位工作时间为 4 年 7 个月，离 10 年服务期还有 5 年 5 个月。被上诉人应支付的违约金为 44890.46 元 [82874.70 元÷10 年×（10 年－4 年 7 个月）]。[①]

七 违约金与住房问题、户口问题、专业培训问题、科研经费等的关系

实践中劳动者与用人单位在用工协议中约定服务期的情形比较多，但多数是以用人单位为劳动者提供相关报酬待遇为前提的，诸如：住房、户口、专业培训、科研经费等问题。按照《劳动合同法》第二十二条规定，用人单位向劳动者支付专业技术培训费用，劳动者违反服务期约定

[①] 四川省巴中市中级人民法院（2019）川 19 民终 468 号民事判决书。

而承担的违约金。用人单位提供的专项培训费用与劳动者支付违约金具有对价关系，若用人单位没有对入职的劳动者提供专项培训费用，即使劳动合同中约定了服务期及违反服务期的违约责任，该约定也属无效约定。劳动者若违反服务期的约定提前解除劳动合同，用人单位无权要求劳动者承担违约责任。

本案中，医院没有提供证据证明程某入职后，其向程某提供了专项培训费用及对程某进行了专业技术培训，故医院与程某订立的劳动合同中有关服务期的约定条款系无效条款。此外，医院在本案再审中没有提供我国事业单位人事管理法律法规中有关服务期和违约金的规定，因而医院收取程某10万元辞职违约金于法无据，应予返还。[①]

八　医院是否有权请求劳动者承担赔偿责任及发展损失？

医院虽主张劳动者承担赔偿责任，但其至今尚未提供相应证据证明其已为劳动者支付培训费用、差旅费用以及和培训有关的其他直接费用，故应承担不利的法律后果。上诉人（医院）所主张的进修期间工资、福利、补助的3倍损失，因上诉人与被上诉人（劳动者）的劳动合同关系在被上诉人进修期间仍合法存在，上诉人在此期间仍需履行其法定义务向被上诉人支付相应的工资、福利和补助，故上诉人（医院）的主张，法院不予支持。

对于上诉人主张的医院发展损失，该损失明显不属于劳动者违反服务期约定所应承担的赔偿损失范畴，且上诉人亦未能提供证据证明其确实存在上述损失及该损失的计算依据，故法院对上诉主张亦不予支持。[②]

九　辞职赔偿保证金与违约金有什么区别？医院收取的辞职保证金是否应返还劳动者？劳动者和医院签订的"读研押金"是否有效？

赔偿保证金与违约金，这是两个极其相近的词语，但是在法律上二

[①] 山东省高级人民法院（2020）鲁民再554号民事判决书。
[②] 广东省清远市中级人民法院（2019）粤18民终3681号民事判决书。

者有着本质的区别。保证金，顾名思义，就是保证能够履行合同的意思，但是在劳动合同领域，我国法律禁止收取劳动者任何财物，所以，赔偿保证金只能代表劳动者向用人单位预缴的费用，用人单位应承担返还的义务。而违约金，代表着劳动者如果违约，将向用人单位承担的违约责任，只要该违约责任没有违反法律规定，无显失公平，那么，劳动者将向用人单位承担违约责任。因此，医院收取的赔偿保证金需要返还劳动者，违约金不需要返还。

按照《劳动合同法》第九条规定，用人单位招用劳动者，不得扣押劳动者的居民身份证和其他证件，不得要求劳动者提供担保或者以其他名义向劳动者收取财物。医院认为医护人员辞职应支付41万余元违约金，所以，该医护人员预先付款28万余元，剩下的待手续办理完毕后支付。医院为员工出具收据载明"今收到刘某交来赔偿保证金人民币贰拾柒万捌仟玖佰壹拾壹元"。医院在聘用合同履行期间向医护人员收取赔偿保证金，应属无效法律行为，医院所收款项依法应返还医护人员本人。至于医院所主张的违约金，可以另案主张。①

显然，本案中，由于医院管理人员不懂赔偿金与违约金的差别，错将违约金写成赔偿保证金，结果，医护人员最后将医院诉讼到法院，医院不得不返还该赔偿保证金。这也从侧面印证了无论是医护人员还是医院管理人员学习法律、适用法律的重要性。

在另一案中，原告（劳动者）考大学攻读全日制研究生时，没有选择按照有关政策规定与被告解除劳动关系，而是选择与被告签订协议书。该协议书不是在履行劳动合同过程中因劳动合同关系变更而签订的，而是原告一方面为了保留聘用合同关系，另一方面为读取全日制研究生需要，与被告在平等自愿、协商一致的基础上签订的。该协议书不违背法律规定，对双方当事人具有约束力，双方均应依约定履行各自的义务。原告向被告交纳的3万元读研押金，并非被告在与原告签订聘用合同时向其收取的抵押金，而是原告与被告约定的违约保证金，故不适用《劳动合同法》第九条规定。原告在研究生毕业后未再回被告处工作，违反

---

① 天津市第三中级人民法院（2020）津03民终1618号民事判决书。

了协议书的约定，应当承担违约责任。① （第九条用人单位招用劳动者，不得扣押劳动者的居民身份证和其他证件，不得要求劳动者提供担保或者以其他名义向劳动者收取财物。）

十　劳动者缴纳违约金，事后能否索回？

大多数情况下，医护人员辞职已经找好下家单位，所以提交辞职时希望早日办好相关手续；如果原单位不能及时办理离职手续，新的用人单位将无法接收。这时劳动者就面临两种选择：第一，先缴纳违约金，将有关辞职手续办理完毕后，再通过法律途径追索其受损利益；第二，暂时不缴纳违约金，直接通过法律途径仲裁和诉讼。如果直接通过法律途径仲裁和诉讼，周期将比较长（仲裁45天，一审简易程序3个月，二审3个月），可能造成新的用人单位不乐意接收，耗费更多的时间与精力后未必达到预期效果。所以，经过权衡后，部分医护人员会选择第一种方式来办理辞职。

医护人员缴纳违约金后，认为医院存在胁迫行为，属于法律上的可撤销合同类型，因此，通过法律途径索要违约金，即：如果不缴纳违约金，将不予办理离职手续。但是，这种理由在法律上很难得到支持。医院通常主张：不存在胁迫行为，系自愿向医院支付违约金，并不存在不交违约金医院就不予办理工资关系、人事档案等转移的情况。因此，如果医护人员认为医院存在胁迫行为，应当承担相应的举证责任。

医护人员认为违约金不合法，完全可通过提起仲裁或诉讼的方式维护自身权益，如果已经支付了违约金，应视为双方就违约金的数额达成了一致意见。劳动者主张被迫交纳违约金，但并未提交证据证实，且在被告为其办理离职手续后又主张返还上述违约金，有悖诚实信用原则，故其诉讼请求法院不予支持。②

合同约定罗某赔偿医院各项经济损失及培训费用6.6万余元，但罗某

---

① 山东省聊城市中级人民法院（2021）鲁15民终3972号民事判决书。
② 天津市河北区人民法院（2018）津0105民初1421号民事判决书。

又称这是在其受到胁迫、违背真实意愿的情形下签订的合同，属于无效合同或者可撤销合同，缺乏相应证据证明。二审法院在双方约定的基础上，改判罗某赔偿医院 3.3 万余元，已实际平衡了双方利益，并无不当。① 牟某向医院交纳案涉款项，医院出具了解除聘用合同证明书。后牟某主张其系受医院胁迫，不得已交纳案涉款项，还主张其于 2013 年 4 月、8 月、11 月曾多次申请辞职遭到医院拒绝，但未能提交相关证据证明其主张。故原审认定牟某与医院对提前解除劳动合同相关事宜达成合意、牟某自愿交纳上述款项，有相应的事实依据。②

因此，医护人员如果认为此违约金的缴纳不符合法律规定，可以暂时不缴纳并通过仲裁和诉讼的方式维护自己的合法权益；如果认为受到用人单位的胁迫、欺诈等情形，应当承担举证责任。如果已经缴纳违约金，即便违约金约定不合理，诸如：违约金过高等情形，但只要劳动者已经缴纳了，就视为其接受不合理的价款，而这种不合理的约定如果是符合法律规定的，并不存在法定的可以撤销的或者无效的情形，劳动者事后再主张相关的权益，法院将以违背了诚信原则，不予支持。

在此，笔者建议劳动者应尽量避免先缴纳违约金。如果必须缴纳，应以合同无效来主张权利，而非受到胁迫来主张合同无效。

十一　用人单位收取劳动者入职违约金是否合法？

被告单位系事业单位，原告离职之前系被告单位事业编制，本案系人事争议。《劳动合同法》第九条规定："用人单位招用劳动者，不得扣押劳动者的居民身份证和其他证件，不得要求劳动者提供担保或者其他名义向劳动者收取财物。"被告医院在招聘时向原告收取就业抵押金的行为不符合相关法律规定，对于被告已经收取的 2 万元，应予返还。③

---

① 河南省高级人民法院（2022）豫民申 648 号民事裁定书。
② 浙江省高级人民法院（2016）浙民申 911 号民事裁定书。
③ 天津市河东区人民法院（2016）津 0102 民初 3469 号民事判决书。

十二　"合同期限"与"服务期限"有何差别？微信群中约定服务期，但未以合同或文件形式确定，是否需要赔偿？[①]

"合同期限"与"服务期限"并非同一法律概念，两者在适用条件、法律效力及违反后果等方面均不相同，因此聘用合同期限并不等同于聘用合同服务期限。双方在《聘用合同签订问题的说明》中对合同期限及违约金进行了约定，但并未涉及服务期限。服务期限涉及李某的切身利益，双方应在协商一致的基础上订立服务期限条款，以此明确双方的权利义务。而根据某学校提交的微信聊天记录显示，主管人事的老师在群中发言："今后学校与大学生签订的聘用合同服务期限统一为10年，违约金为20万元，如违约每少一年少缴违约金2万元，如果没有意见请回复无异议，如有异议请私聊我。"从以上内容可知，微信聊天系学校与新聘用的老师之间仅就服务期限和违约金等问题进行的前期沟通，此后并未在《聘用合同》或以其他文件形式将具体的服务期限和违约责任确定下来。故该证据亦不足以证明双方明确约定了服务期限，法院对此不予采信。法院判决李某无须赔偿违约金。

十三　医院对于员工辞职是否支付经济补偿金？医院是否应当支付规培期间的补助金及资金占用利息？

《劳动合同法》第四十六条规定，未及时足额支付劳动报酬的，未依法为劳动者缴纳社会保险费的，受聘人员单方提出解除聘用后，可以向用人单位申请经济补偿。但该受聘人员提出解除申请时明确表示辞聘原因并非为聘用方未为其缴纳社会保险费，因为个人原因提出辞职等情形，也没有其他可主张经济补偿的法定事由，则聘用单位不给予经济补偿。

四川省卫计委和四川省中医药管理局于2017年7月11日发文，要求培训基地必须将中央财政补助中的80%（按目前补助标准，住院医师规范化培训对象为每人每年2.4万元，助理全科医生培训对象为每人每年1.6万元）发放给所有培训对象。本案中，医院已于二审中自认，其于2019年1月收到规培医院拨付何某在规范化培训期间的补助金2.4万元，

[①] 北京市第一中级人民法院（2021）京01民终113号民事判决书。

即本案二审中出现新的证据,故依照四川省卫计委和四川省中医药管理局的发文要求,医院应当将该款支付给何某,并应承担资金占用期间的利息。①

十四　人才引进后辞职,津贴是否返还?

王某是经行政审批机关审查同意的医院事业在编人员,其与医院之间建立了事实上的人事关系,应自觉遵守医院制定的相关人事制度规定。为研究生发放津贴是医院为引进人才的出资,独立于工资发放,而非劳动报酬,只有符合研究生学历以上条件才可以享受。同时还规定,在5年合同期未满需调离医院的,离院时医院扣回所享受每月工作津贴和住房补贴、安家补助,方能办理离院手续。

本案中,王某因个人原因未能履行完5年的服务期便提出辞职,据此,王某应按照医院的前述规定向医院退还所领取的研究生津贴。原审适用人事争议相关的法律法规处理本案符合法律规定,原审判决王某退还医院34800元的研究生津贴并无不当。②

十五　医院和劳动者约定岗前培训费用1万元不予返还,是否有效?

虽然原、被告签订的协议约定:一次性交付培训、带教费1万元/人,且同时约定该笔费用无论出现何种情况都不予返还。岗前培训,是指上岗前用人单位对于劳动者的一般性培训,并不属于专业技术领域的培训,这是用人单位的法定义务,同时也是劳动者的权利。因此,对于劳动者缴纳的1万元岗前培训费用,用人单位应予返还。③

十六　员工主动提出辞职并主张经济补偿金,劳动者是否可以主张医院未为其缴纳养老保险金的事实即为其辞职的原因?

二审法院认为:卞某作为原审原告,在其主动提出辞职,同时又主

---

① 四川省绵阳市中级人民法院(2021)川07民终1426号民事判决书。
② 四川省高级人民法院(2017)川民再299号民事判决书。
③ 山东省临清市人民法院(2020)鲁1581民初4142号民事判决书。

张经济补偿金的情况下，不仅需证明医院未为其缴纳养老保险金的事实，而且需证明该事实即为其辞职的原因。由于卞某所举证据仅能证明临泉县某医院未为其缴纳养老保险金，并不能对其辞职原因予以充分证明，未完成举证责任，故不宜认定其主动辞职的情形属于法定的支付经济补偿金的情形，对于卞某要求临泉县某医院支付经济补偿金的诉讼请求，该院不予支持。

再审法院认为，本案争议焦点是医院是否支付经济补偿金。劳动者提供劳动，用人单位应按照法律规定为劳动者办理保险，这不仅是法律规定的义务，也是合同中双方约定的责任。本案中，临泉县某医院应当为卞某办理"五险一金"，但一直未为卞某办理养老保险手续，符合法律规定的用人单位支付经济补偿金的情形。[1]

十七　员工不辞而别引发的法律问题

现实中经常发生员工不辞而别，也不转移档案、保险等，发生这种问题应该如何处理呢？笔者在医院工作期间，曾经处理多起事件，下面的经验可供参考：第一，电话、微信、短信、邮件等方式通知其解除劳动合同，到单位办理手续，并做好有关录音、录像、微信截图、邮件截图的保存工作。第二，如果仍没有联系到本人的，可以查看其人事档案，或者其他材料中的联系方式，可以给其邮寄解除劳动关系的通知（最好用中国邮政 EMS 邮寄），并将有关解除劳动关系的文件与 EMS 单号一起拍照存档。第三，如果劳动者仍未到原单位办理解除劳动关系手续的，应当到法定的报社进行登报公告。就公告的媒体而言，应当是省级以上的官方媒体，例如：《天津日报》《山东日报》等，地方媒体不具有法律效力。就其内容而言，告知当事人速到原单位解除劳动关系，逾期仍未解除的，医院将有关档案材料移交其户籍所在地的人社局进行档案托管。第四，已经穷尽了所有途径后，如果仍未转移档案手续的，待公告之日完成后，将其档案手续移交给人社局。现实中，有的人社局看到公告后，就将其档案进行存档；也有的人社局需要本人签字才能存档。但只要进

---

[1]　安徽省高级人民法院（2021）皖民再13号民事判决书。

行了公告，法律实现闭环，用人单位将不承担法律责任。

十八　劳动者辞职是否需要上级部门同意？

劳动者与用人单位签订的合同，是否需要人社局、卫生健康局的同意？这在现实中是很多医护人员十分关心的问题。

周某1996年开始在某乡政府工作，签订劳动合同，一直工作至今。2012年12月30日，县人社局给镇政府下发了辞退周某的通知，周某向县劳动仲裁委员会提出仲裁申请，仲裁委不予受理，周某提起行政诉讼。本案中，人社局并非合同的相对方，无权就解除劳动聘用合同发出通知，也无权直接解除用人单位和劳动者之间的劳动合同，法院判决撤销县人社局作出的辞退周某的通知①。医护人员辞职，应和用人单位协商一致即可，不需要得到人事部门、卫生主管部门的同意，因为他们不构成法律意义上的主体关系。

十九　脱产攻读硕博学位离职后是否赔偿的问题

劳动者到用人单位工作后攻读硕博士学位，已经成为一种常态。继而引发的一个问题是，劳动者拿到学位后引发离职赔偿的问题。1. 如果劳动者攻读硕士学位期间为不脱产学习，法院认为，劳动者已完成了学业及本职工作，不脱产学习期间的工资和津贴不予退还。2. 劳动者毕业后，已经离开用人单位，用人单位继续为其缴纳的社保、公积金等应予返还。3. 对于是否解除聘用合同的问题：劳动者已经与其他单位签订聘用合同，要求劳动者继续履行原聘用合同已无可能，也无意义，故应依法解决其与原单位的聘用合同，并为其办理人事档案调转手续。②

马某与某大学签订《攻读博士学位协议书》，马某脱产攻读博士学位，学费由省教育厅承担，学习期间学校为其支付工资及津贴7万余元。2008年2月马某放弃学习，到其他大学报到。某大学主张马某未完成博

---

① 甘肃省天水市麦积区人民法院（2014）麦行初字第7号行政判决书，此案系2016年甘肃法院公布2015年度甘肃行政审判十大典型案例。
② 青海省高级人民法院（2014）青民提字第32号民事判决书。

士学业，违反了《攻读博士协议书》第五条第三款的约定，应当退还学习期间的全额工资。对于马某给原单位造成的经济损失，可以提供相关的证明予以主张，而某大学没有提供相关证据。

由于某大学与马某已经签订相关协议，马某攻读博士学位的行为已经得到了大学的认可与授权，因此，马某在攻读博士学位期间享有获得工资的权利。某大学在马某攻读博士学位学习期间，为其支付工资6万余元、津贴1万余元，共计7万余元。马某因个人原因中途放弃学业，虽有过错，但《协议书》中关于马某应当退还全额工资7万余元的约定，与法律的规定相悖，不应得到法律支持。马某却因个人原因中途放弃学习，具有过错，应当返还津贴1万余元。判决解除双方签订的劳动合同关系，某大学为马某办理人事档案调转手续。离开用人单位后，用人单位继续为其缴纳的社保、公积金等应予返还。由此可见，用人单位应证明其向劳动者支付了专项培训费用，否则，即使双方签订了赔偿协议，依然可能得不到法律支持。[1]

但新疆高院以攻读博士学位并非劳动法意义上的专业技术培训为由，支持了有关违约金的有关条款。孙某与大学签订的协议书是自愿、协商签订的，孙某在攻读博士研究生期间，大学为其全额发放工资及各项福利费用，而其攻读的博士研究生并非劳动法范畴的专业技术培训，孙某在委培学习结束后不返回原单位工作，理应依照双方协议约定返还其学习期间所享受的各项工资福利费用。[2]

二十　外出进修人员服务期未满辞职，违约金和培训费可否同时主张？进修期间发放的工资、奖金、绩效、五险一金，是否需要返还原单位？

用人单位要求劳动者支付的违约金不得超过服务期尚未履行部分所应分摊的培训费用。本案中，进修协议约定了违约金2万元，培训结束后毛某履行了服务期26个月（2017年3月至2019年4月底），未履行的

---

[1] 湖北省恩施市人民法院（2021）鄂2801民初3581号民事判决书。
[2] 新疆维吾尔自治区高级人民法院（2016）新民申484号民事裁定书。

服务期长达 70 个月，故毛某应当支付部分违约金 14583.33 元（20000 元÷96 个月×70 个月）。该金额低于服务期尚未履行部分所应分摊的培训费用，即 16041.67 元（22000 元÷96 个月×70 个月）。毛某提前解约让医院支付的部分培训费用落空，构成对约定服务期的违反，应当承担相应违约责任。医院既主张违约金又主张赔偿培训费损失，不符合《劳动合同法》的限制性规定，由于约定的违约金低于培训费损失，法院依法主张毛某支付医院培训费用损失 16041.67 元。另外，关于毛某主张服务期应从进修协议生效之日起算的问题，该主张不成立。在毛某结束专项培训前，其尚不具备以培训所学为医院提供服务的能力，故服务期应当从培训期届满后起算。

关于绩效工资的问题。《事业单位人事管理条例》第三十二条第二款规定："事业单位工作人员工资包括基本工资、绩效工资和津贴补贴。"可见绩效工资是工资的组成部分。本案中，双方进修协议对毛某培训期间绩效奖金的发放进行了专门的约定，医院也是按约定按月、分批向毛某实际发放了相应绩效工资。毛某在培训期间仍与医院存在聘用合同关系，依法应按约定向毛某支付工资。进修协议书将毛某应获得的绩效工资纳入服务期违约责任的承担范围而要求退还，既不符合工资支付的规定，也超过《劳动合同法》对服务期的违约责任约定，不符合法律规定，法院不予支持。

关于进修期间的工资、公积金、职业年金、养老保险、医疗保险、失业保险、工伤保险。虽然《进修协议书》约定，毛某提前离职应当返还该部分费用。但是，毛某脱产进修也是履行人事聘用合同的一种方式，向其支付基本工资、为其缴纳社会保险仍然属于医院的法定义务。因此，该部分费用不属于医院的损失，相关约定也违反了相关法律、行政法规的强制性规定。故对医院的该部分诉请，一审法院不予支持。[1]

《劳动合同法》第三十条第一款规定："用人单位应当按照劳动合同约定和国家规定，向劳动者及时足额支付劳动报酬。"在双方签订的进修协议中，医院要求梅某遵守进修所在单位的规章制度、将所在进修单位

---

[1] 重庆市第一中级人民法院（2020）渝 01 民终 2744 号民事判决书。

的月考勤记录交回医院参加考勤等，因此梅某在进修期间的工作和学习实质是完成医院交给的工作任务，梅某应按双方的约定和法律规定取得劳动报酬即工资。①

二十一　劳动者录取为全日制定向研究生，能否按照"竞业禁止协议"获得赔偿？

吉某在 2012 年 8 月 31 日正式离职前，已于 2012 年 6 月被大学录取为普通全日制硕士研究生，并将于 2016 年 7 月毕业。吉某的报考类别为定向就业。按照定向就业的相关规定，在攻读硕士研究生学位期间，吉某不能与任何用人单位签订劳动合同。由此，吉某自某公司离职后不能就业的损失是由其自愿选择攻读硕士研究生学位造成，而并非由双方签订的竞业限制协议所致。②

二十二　在职定向考上硕博后辞职，赔偿缴费基数如何确定？

协议约定，刘某攻读博士学位研究生，学院按约定发放博士学位研究生期间的工资奖金、社会保险及其他福利待遇。按约定刘某保证研修结束后应在学院处服务 8 年以上，否则，刘某必须一次性退还学院为刘某在研修期间发放的工资奖金、各种保险及福利待遇等各类费用。

根据《社会保险法》第二条、第四条规定，国家建立基本养老保险、基本医疗保险、工伤保险、失业保险、生育保险等社会保险制度，保障公民在年老、疾病、工伤、失业、生育等情况下依法从国家和社会获得物质帮助的权利。中华人民共和国境内的用人单位和个人依法缴纳社会保险费。国家已强制学院和刘某参加社会保险，学院和刘某负有依法缴纳社会保险费的义务，学院不能以双方当事人的约定免除法定义务。因此，学院作为用人单位为刘某缴纳的社会保险费不应作为刘某退还费用的计算基数。

根据《机关事业单位职业年金办法》第二条、第四条规定，职业年

---

① 湖北省武汉市中级人民法院（2016）鄂 01 民终 6500 号民事判决书。
② 北京市密云区人民法院（2014）密民初字第 5039 号民事判决书。

金是指机关事业单位及其工作人员在参加机关事业单位基本养老保险的基础上，建立的补充养老保险制度。职业年金所需费用由单位和工作人员个人共同承担。国家已强制学院和刘某依法缴纳职业年金，学院不能以双方当事人约定免除法定义务。因此，学院作为用人单位为刘某缴纳的职业年金不应作为刘某退还费用的计算基数。

根据《住房公积金管理条例》第三十八条，违反本条例的规定，单位逾期不缴或者少缴住房公积金的，由住房公积金管理中心责令限期缴存；逾期仍不缴存的，可以申请人民法院强制执行。住房公积金缴纳属于住房公积金管理中心征缴范畴，对已征缴公积金返还不属于本案人事争议处理范围，故应否返还公积金，法院不予审理。

法院认为，刘某读博期间，学院按正常完成工作量发放工资、劳务费及其他待遇，已发放部分在扣减完成工作量劳动所得后可作为返还的基数。[1]

二十三　劳动者可否主张单位扣押医师资格证而造成的损失？

姚某主张医院支付因扣留原告执业医师资格证造成的损失的诉讼请求，能否得到法院支持？对姚某于2018年7月26日在资阳市某医院领回执业医师证的事实，双方均不持异议。姚某提起该项诉讼请求的理由实质是认为资阳市某医院未及时退还执业医师证，造成其不能从事医师执业。根据法律规定，医师必须在注册登记的执业地点执业。姚某与资阳市某医院解除聘用关系，姚某另行从事医师执业，即使持有执业医师证原件，也应当到卫生行政部门办理变更注册手续，方能从事医师执业。本案中，姚某既未提出因资阳市某医院的原因造成其不能办理变更注册手续的事实主张，也未提供证据证明该事实的存在。故仅有资阳市某医院未及时退还执业医师证的事实，尚不足以认定该事实与姚某主张的损失之间存在法律上的因果关系。对姚某的该项诉讼请求，法院不予支持。[2]

---

[1]　广西壮族自治区南宁市兴宁区人民法院（2017）桂0102民初4642号民事判决书。
[2]　四川省资阳市中级人民法院（2020）川20民终108号民事判决书。

二十四　编制内的劳动者能否向用人单位主张，其未签订合同的双倍工资赔偿？

姚某主张资阳市某医院支付自 2014 年 3 月起因未与其签订劳动合同的双倍工资的诉讼请求，能否得到法律支持？《国务院办公厅转发人事部关于在事业单位试行人员聘用制度意见的通知》（2002），对事业单位人员聘用程序、聘用合同的内容、解聘辞聘制度等进行了规定，应优先适用。该《意见》并未规定聘用单位未与聘用人员签订书面聘用合同应承担给付双倍工资的惩罚性赔偿责任。同时，《四川省事业单位人员聘用制管理试行办法》第四十三条规定，聘用单位故意拖延，不订立或者不续订聘用合同，对受聘人员造成损害的，聘用单位应当承担赔偿责任。本案中，姚某也没有提供证据证明，资阳市某医院未与其签订书面聘用合同，对其造成了损害。故姚某该项诉讼请求，缺乏事实和法律依据，法院不予支持。①

二十五　劳动者辞职，能否要求用人单位提供解除劳动合同经济补偿金？

姚某主张资阳市某医院支付协商解除劳动合同经济补偿金的诉讼请求，能否得到法律支持？《国务院办公厅转发人事部关于在事业单位试行人员聘用制度意见的通知》（2002）第六条规定，有下列解除聘用合同情形之一的，聘用单位应当根据被解聘人员在本单位的实际工作年限向其支付经济补偿：（一）聘用单位提出解除聘用合同，受聘人员同意解除的；（二）受聘人员患病或者非因工负伤，医疗期满后，不能从事原工作也不能从事由聘用单位安排的其他工作，聘用单位单方面解除聘用合同的；（三）受聘人员年度考核不合格或者聘期考核不合格，又不同意聘用单位调整其工作岗位的，或者虽同意调整工作岗位，但到新岗位后考核仍不合格，聘用单位单方面解除聘用合同的。本案中，系姚某提出辞职申请后，资阳市某医院同意其辞职，不符合上述规定情形。对姚某的该项诉讼请求，法院不予支持。②

---

① 四川省资阳市中级人民法院（2020）川 20 民终 108 号民事判决书。
② 四川省资阳市中级人民法院（2020）川 20 民终 108 号民事判决书。

第七节　加班费、节假日及带薪年休假工资问题

一　工作人员与所在单位因年休假发生的争议，人民法院是否受理？未休年休假的举证责任在医院还是劳动者？

关于原告（劳动者）要求被告（医院）给付带薪年休假工资的诉讼请求，根据《机关事业单位工作人员带薪年休假实施办法》（2016）第十二条的规定，工作人员与所在单位因年休假发生的争议，依照国家有关公务员申诉控告和人事争议处理的规定处理。故该项诉讼请求不属于人民法院人事争议案件的审理范围。就举证责任而言，劳动者认为自己没有休年休假，应当自己提供证据证明，例如：向医院提交年休申请表，医院不同意其休假的意思表示等相关证明材料，而不能认为其未休年假的举证责任在于医院，否则，可能承担不利法律后果。

二　医护人员由于受处分被降级，工资如何处理？

关于医护人员待遇因为某种原因，诸如违法、违纪等，被降级且进行了公示并告知当事人，由于当时医护人员并没有提出异议，待聘用合同解除后再请求补发工资，一般不予支持。

依据《劳动人事争议仲裁办案规则》（2017）的规定，事业单位与工作人员之间因除名、辞退、辞职、离职等解除人事关系及履行聘用合同发生的争议属于劳动人事争议的受案范围。

三　第二次签订聘任合同，用人单位未能及时续聘劳动者，但是劳动者依然在岗，劳动者能否主张双倍赔偿？

郝某与用人单位是第二次续签合同，并非第一次续签聘用合同，不符合法律规定的支付双倍工资的情形，法院依法不予支持。[1] 法律规定的支付双倍工资是属于惩罚性赔偿，主要惩罚用人单位故意不签订劳动合同的情形。本案中，已经是第二次签订合同，不属于法定的适用惩罚性

---

[1] 天津市滨海新区人民法院（2018）津 0116 民初 82809 号民事判决书。

条款的情形，所以劳动者不能主张双倍赔偿。

四 关于加班费的认定

（一）加班的认定

《最高人民法院关于审理劳动争议案件适用法律若干问题的解释（三）》第九条规定："劳动者主张加班费的，应当就加班事实的存在承担举证责任。"劳动者制作的《夜班（加班）情况一览表》以及林某及陈某作为证人出具的《证明》。《夜班（加班）情况一览表》系劳动者单方制作的材料，未经医院的确认，且该表显示的加班情况与劳动者休假申请本上记载的休假情况存在矛盾之处，故法院对该表格的真实性不予采信。林某及陈某的《证明》在证据形式上均属于证人证言，因上述证人未当庭接受质询，故法院对《证明》的真实性亦不予采信。此外，医院工作具有特殊性，值夜班期间医院同时提供了睡觉休息场所而并不需要持续工作，劳动者将值夜班等同于加班并提出加班费的请求缺乏依据，故劳动者要求医院支付加班费的请求，法院不予支持。

白某主张某医院工作期间实行标准工时制，每周六加班半天，某医院则主张其每天工作 7 小时，每周工作五天半，共计 38.5 小时。法院认为，白某虽主张休息日加班费，但没有证据证明其加班，法院对其关于要求支付休息日加班费的请求难以支持。

（二）对于不定时工作制员工的加班费问题

根据区人事局向卫生局作出的《关于卫生局直属事业单位部分岗位公示制度的批复》，刘某作为医院急救车司机，应执行不定时工作制。刘某每班上下班时间间隔 24 小时，根据人体正常需要及刘某提交的《急救行驶情况日报表》，其每 24 小时的工作时间应减去至少 2 小时用餐、休息的时间，以此计算其每年的工作时间为 2007.5 小时，未超过法律规定的每年 2088 小时的工作时间。一审法院据此认定刘某不存在延时加班情况，故不支持刘某要求支付延时加班费的请求，并无不妥，法院予以维持。[1]

---

[1] 北京市高级人民法院（2016）京民申 1504 号裁定书。

五　劳动者主张节假日加班费能否得到法院支持？

关于原告（劳动者）要求被告（医院）给付法定节假日加班工资的诉讼请求，根据被告提交的工资明细及考勤统计表可知，被告按月发放原告加班工资，并根据原告班次不同、区分平日与节假日不同，另行发放相应的值班费，且被告单位系24小时无假日门诊，原告系排班轮休，原、被告签订的聘用合同亦明确约定原告工资标准、具体支付办法等按照事业单位工资待遇规定及被告单位有关规定执行。[①] 另外，有的劳动者提出请求医院支付节假日加班的请求，其主张的依据往往是自己制作的加班表。医院提出夜班情况一览表系其单方制作，对其真实性、关联性与合法性均不予认可，不能作为认定事实的依据。因此，医护人员要求医院支付加班费，依据不足，不予支持。可以参考以下案例。

对于白某主张的在培训期间内的法定节假日的加班费，因其未能提供证据证实双方存在对此期间加班费的约定，并且此期间为白某培训期，正如前文论述，白某此期间的劳动区别于劳动者全职时所付出的劳动，其作为学员首先要完成培训期内的培训内容，服从培训期内的培训时间安排，鉴于医院医疗活动无节假日的特殊性以及受训学员在医院受训的客观实际，并且根据一审庭审查明，某医院在白某培训期间的工资含国庆节等节假日的加班费已经支付给白某，白某在培训期间亦未对工资报酬产生异议，故一审法院对白某在其培训期间的法定节假日的加班工资，不予支持。

关于白某主张的2012年8月至2012年9月及2015年10月1日至2015年12月21日期间法定节假日加班费，某医院辩称即使安排白某法定节假日加班，亦按照每天200元或300元的标准支付加班工资，对此白某则称医院未按法定标准足额支付。一审庭审中，白某主张其2015年10月至2015年12月工资标准为每月4800元至5400元，医院主张白某工资标准以某医院提供的工资明细清单为准，但医院未提供该期间工资明细清单，一审法院依法确认白某该期间工资标准为每月平均5100元。结合

[①] 天津市红桥区人民法院（2020）津0106民初2795号民事判决书。

已认定事实，经核算，某医院支付白某 2012 年中秋节（2012 年 9 月 30 日）加班费 300 元，不低于法定标准，一审法院予以照准。医院应支付白某 2015 年国庆节（2015 年 10 月 1 日至 10 月 3 日）加班费为 2110.34 元（5100÷21.75×300%×3），因某医院已支付 800 元，还需再支付 1310.34 元。①

六 劳动者是否可以主张带薪年休假工资？未工作满一年，单位是否需要发放年终奖？用人单位扣发劳动者奖金，是否应承担责任？女职工的生育津贴，用人单位是否应当支付？

根据《职工带薪年休假条例》第二条、第三条的规定，职工连续工作满一年以上的，享受带薪年休假，职工累计工作已满 1 年不满 10 年的，年休假 5 天。本案白某于 2012 年 8 月入职，至其与医院在 2015 年 12 月解除劳动合同，其工作年限已满 1 年但不满 10 年，故其可享受年休假 5 天。某医院辩称白某在春节期间休 7 天假，扣除法定节假日，还休假 4 天半，应视为白某已休年休假，但医院未能提供相关的证明，因此应推定为未休假。对于仲裁认定白某在培训期间不应享有带薪年休假，一审法院认为，白某在培训期属于工作期间，并且因培训而未能休假不是白某导致或者自愿放弃的，故白某在培训期应享有带薪年休假，仲裁认定此培训期无劳动待遇不妥。②

因年终奖系单位根据职工的工作业绩、工作表现等情况进行考核后，再决定发放年终奖的等级或金额。年终奖一般要求劳动者工作 1 年，到年底时候再行发放。劳动者未能够工作满 1 年，未参加该单位的年度考核，医院没有发放年度年终奖并未违法。劳动者工作满 1 年，如果用人单位不发员工年终奖，应当提供相关的证据证明该员工不符合年终奖的发放条件。双方于 2014 年 7 月 8 日签订的《进修协议》约定，医院按本单位绩效工资方案在进修期间提供给董某工资、福利及绩效工资。因医院没有提交相应的证据予以证明董某具有不符合年终奖发放条件的情形，

---

① 天津市第一中级人民法院（2017）津 01 民终 3626 号民事判决书。
② 天津市第一中级人民法院（2017）津 01 民终 3626 号民事判决书。

故结合上述协议约定的内容，可以认定医院应向董某支付2014年年终奖24400元。①

关于患者逃费扣发劳动者奖金的问题。奖金是单位为了激励职工工作积极性，提高工作效率，按时高质量完成工作任务而设立的，用人单位有权根据奖金发放制度进行分配，但医院应完善相关奖惩制度，并就扣发劳动者奖金承担相应的举证责任。如果劳动者没能充分举证相关管理制度，应承担举证不能的后果。

关于劳动者诉请的生育津贴，根据《社会保险法》第五十四条规定，用人单位已经缴纳生育保险费的，其职工享受生育保险待遇。用人单位的女职工在职期间生育和终止妊娠，相关产假时间内，由发放工资变更为享受生育津贴。庭审过程，双方对生育津贴补差金额也没有争议，故被告应当支付原告生育津贴补差3992元。②

七 劳动者辞职，可否向用人单位请求经济补偿金？③

关于中医院是否应当向陈某支付经济补偿金的问题。陈某在向中医院递交的辞职信上虽未明确"产假开始期间本人的合法权益"为何种权益，综合本案的情况，可以看出陈某所主张的产假期间权益为未及时足额发放的工资待遇。按照《女职工劳动保护特别规定》第七条之规定，女职工生育享受98天产假，结合中医院为陈某缴纳生育保险基数的金额以及成都市生育保险统筹支付生育津贴10329.33元的事实，中医院在陈某产假期间按每月1380元发放待遇显著过低，存在未足额支付工资待遇的情形，应当支付经济补偿金。根据中医院提交的陈某工资明细表，陈某辞职前12个月，即2018年7月至2019年6月，陈某的应发工资分别为7119元、7249元、8943元、8189元、8050元、7781元、8613元、7511元、9415元、8489元、8866元、8940元，陈某的平均月工资为8263.75元。陈某于2015年7月与中医院建立劳动关系，工作至2019年

---

① 广东省佛山市中级人民法院（2016）粤06民终6657、6658号民事判决书。
② 湖南省株洲市中级人民法院（2019）湘02民终2361号民事判决书。
③ 四川省成都市中级人民法院（2020）川01民终8520号民事判决书。

7月4日，应当支付4个月工资的经济补偿：33055元（8263.75元/月×4个月）。

八　用人单位因为不符合配置条件，无法获得主管部门审批，而解除劳动合同，劳动者要求单位支付一个月工资能否得到支持？能否要求单位支付经济补偿金？能否要求单位支付违约金？

（1）关于原告要求支付1个月工资95000元的诉求，根据《劳动合同法》第四十条规定，用人单位提前30日以书面形式通知劳动者本人或者支付1个月工资后，可以解除劳动合同。医院已经提前30日书面告知，故原告诉请被告支付1个月工资95000元的请求，不予支持；原告上班至2020年1月12日，故被告应支付原告剩余工资为38000元（95000÷30×12）。

（2）关于经济补偿金的诉求，根据《劳动合同法》第四十七条规定，经济补偿按劳动者在本单位工作的年限，向劳动者支付经济补偿。劳动者工资高于所在地区上年度职工月平均工资3倍的，向其支付经济补偿的标准按职工月平均工资3倍的数额支付。原告在医院处工作2年4个月，按照2.5倍职工月平均工资3倍的数额支付，邯郸市职工月平均工资为6504元，医院应支付原告经济补偿金48780元（2.5×3×6504）。

（3）关于违约金的诉求，医院解除与原告的聘用合同，原因是医院生殖中心不符合配置条件，无法获得主管部门审批，依据《劳动合同法》第四十条第（三）项规定，劳动合同签订所依据的客观情况发生重大变化，致使劳动合同无法履行，最终不能合法经营，又不能与原告协商变更，故原告诉请支付违约金114万元的请求，不予支持。[1]

九　劳动者离职，医院是否应支付季度绩效工资？劳动者工作不足月，是否应预发绩效工资？

医院上诉认为，奖励性的绩效工资是按年度、季度核算发放的，每月预发，季终、年终参加年度考核后工作绩效调整发生，汤某于2018年

---

[1] 河北省邯郸市中级人民法院（2020）冀04民终5006号民事判决书。

4月7日擅自离职，属旷工范畴，不能享有奖励性绩效；汤某2018年4月仅工作了几天，没有达到月考勤要求，因此，4月预发绩效工资没有依据。对此，法院认为，用人单位应当按照劳动合同约定和国家规定，向劳动者及时足额支付劳动报酬。首先，关于2018年1—3月绩效工资问题。汤某于2018年3月7日向医院书面申请辞职，1个月后，2018年4月8日离职符合法律规定，双方的劳动合同关系已于2018年4月8日合法解除，此时，汤某于2018年度第一季度工作已经完成，符合发放季度绩效工资的条件，医院未提供证据证实汤某在2018年第一季度工作期间存在违反绩效考核的行为，因此，医院应向汤某支付2018年1—3月工作期间的绩效工资。一审法院参照汤某2018年1—3月收入明细表中2017年10—12月绩效工资数额确定汤某2018年1—3月绩效工资数额并无不妥，法院予以维持。其次，关于2018年4月预发绩效工资的问题，因汤某4月1—7日在医院工作7天，此后未合法解除劳动关系，并不存在旷工的问题，且医院未提供证据证实汤某在该工作期间存在违反绩效工作考核的其他行为，《绩效工作考核内容（总100分）》中也没有明确规定工作不足月即不予发放相应的奖励性绩效工资的内容，故此，一审法院判定医院应按照预发绩效标准向汤某发放相应的绩效工资并无不当，法院予以维持。[①]

十　劳动者请求医院支付双倍工资的时效是多久？劳动者辞职，医院能收取带教、培训等费用？

2倍工资属于惩罚性赔偿，适用1年的仲裁时效。劳动者主张2倍工资的时效从用人单位应当支付2倍工资的最后一个月届满之日起计算。甘某于2004年9月至县医院工作，双方应当于2004年10月签订书面劳动合同，但县医院未与甘某签订书面劳动合同，县医院应当支付甘某2倍工资的最后期限为2005年9月，甘某应于2006年9月前向用人单位主张支付未签订书面劳动合同的2倍工资。2019年10月27日，甘某向县劳动人事争议仲裁院提出仲裁申请，要求县医院支付2倍工资已超过仲裁时效。

---

① 广东省江门市中级人民法院（2019）粤07民终1131号民事判决书。

2018年9月15日，双方签订了自2018年9月1日起无固定期限的劳动合同，合同约定甘某的工作岗位为120医生，同时在《劳动合同书》第十八条第一款第（三）项约定："乙方在合同期内提出辞职，需一次性赔偿甲方大写贰万元的带教、培训等费用。"县医院按合同约定向甘某收取2万元的违约金，但无证据证明其有培训费用的支出，故对其收取甘某2万元的违约金，应当予以退还。①

十一　对于劳动者和医院约定的年薪制的效力如何？案涉《人才引进协议》约定"余下18万元薪酬待工作满一年后一次性补发"的内容是否属于无效条款？

劳动关系是一种既统一又对立的社会关系，双方当事人有各自不同的追求目标。用人单位追求资本利润的最大化，劳动者追求收入的最大化。二者有根本利益的一致性，也有具体利益的矛盾性，否认和忽视用人单位的利益，劳动者的利益就会失去存在的基础。劳动合同任何一方对自身利益的追求必须以维护对方的正当利益追求为限度。因此，为吸引、激励和留住企业所必需的人才，用人单位可以根据本单位的生产经营特点和经济效益，经与劳动者协商后确定劳动报酬标准和支付方式。本案中，医院为吸引更多的高级人才加盟，在与巩某签订劳动合同约定标准工资每月8000元的基础上，又与巩某签订《人才引进协议》，进一步约定在每月支付基本工资和绩效工资共计15000元基础上，对每年剩余的18万元薪酬确定为工作满一年后一次性补发。上述约定实为双方通过博弈而达成的动态均衡，其不仅是医院在对巩某贡献潜力和工作满一年预期利益的综合评判基础上确定的，也是巩某认可并予以全面接受的。因此，该约定应系双方当事人真实意思表示。虽然《劳动法》第五十条规定："工资应当以货币形式按月支付给劳动者本人。不得克扣或者无故拖欠劳动者的工资"，但其制定的基础在于劳动报酬采用工资制而非年薪制，而目前我国相关法律、行政法规对年薪制却未有明确具体的规定。本案中，鉴于双方商定实行年薪制，且医院按约支付的每月工资远高于

---

① 云南省玉溪市中级人民法院（2020）云04民终839号民事判决书。

当地最低工资标准。基于契约自由理论，劳动关系各方主体对法律、行政法规未规定的有关事项可以自行约定。因此，《人才引进协议》中就劳动报酬权利、义务的约定，未违反法律、行政法规强制性规定，合法有效，双方均应全面恪守和履行。此外，结合《人才引进协议》对违约责任的约定，即如巩某不能履行岗位职责或签订合同之日起1个月内未将执业地点变更到医院，医院只需支付巩某每月基本工资和绩效工资，余下薪酬不予以支付。故，根据《人才引进协议》，巩某要求支付剩余年薪的条件未成就。对巩某要求医院支付剩余工资105000元的诉请，依法不予以支持。[1]

十二 值班不属于加班[2]

用人单位因安全、消防、假日等需要安排劳动者从事与劳动者本职工作无关联的工作，属于值班，不作为在法定工作时间之外的加班。对于劳动者工作过程中值班和加班的区分，主要是看劳动者在法定工作时间之外的工作是不是从事与原有工作职责没有关联，或与原生产岗位不相延续的工作内容，是否有具体的生产或工作任务。在具体案件中，应从单位有没有相关规章制度以及劳动者的工作、岗位职责两方面来考虑。本案中，学校有规章制度要求教师参加学生早自习，从而维护班级秩序，保障学生安全，并按月支付相应费用。林某早自习跟班的工作内容、工作强度不同于作为教师在正常工作时间内从事的教育教学工作，不应视为在法定工作时间之外的加班，应认定为值班，故对其主张加班费的请求不予支持。

十三 劳动者在离职文件上签字确认加班费已结清，是否有权请求支付欠付的加班费？

肖某2017年11月入职。2019年11月，肖某向某科技公司提出离

---

[1] 安徽省黄山市中级人民法院（2017）皖10民终405号民事判决书。
[2] 江苏省人力资源和社会保障厅、省劳动人事争议仲裁委员会关于发布2014年度全省劳动人事争议典型案例之八，http://jshrss.jiangsu.gov.cn/art/2014/12/9/art_45347_5635897.htm。

职，当日双方签署离职申请交接表。该表"员工离职原因"一栏显示："公司未上社会保险，工作压力大、没给加班费。""员工确认"一栏显示："经说明，我已知悉《劳动合同法》上的权利和义务，现单位已经将我的工资、加班费、经济补偿结清，我与单位无其他任何争议。本人承诺不再以任何理由向某科技公司及用工单位主张权利。"员工签名处有肖某本人签名。肖某对离职申请交接表的真实性认可，但认为表中"员工确认"一栏虽系其本人签字，但并非其真实意思，若不签字，某科技公司就不让其办理工作交接，该栏内容系某科技公司逃避法律责任的一种方法。肖某不服仲裁裁决，诉至人民法院，请求法院判决单位支付8.2万加班费。一审法院驳回起诉，二审改为2.4万元。

《最高人民法院关于审理劳动争议案件适用法律问题的解释（一）》（2020）第三十五条规定："劳动者与用人单位就解除或者终止劳动合同办理相关手续、支付工资报酬、加班费、经济补偿或者赔偿金等达成的协议，不违反法律、行政法规的强制性规定，且不存在欺诈、胁迫或者乘人之危情形的，应当认定有效。"该表中"员工离职原因"与"员工确认"两处表述确实存在矛盾。两家公司均未提供与肖某就加班费等款项达成的协议及已向肖某支付上述款项的证据，且肖某否认双方就上述款项已达成一致并已给付。因此，离职申请交接表中员工确认的"现单位已将我的工资、加班费、经济补偿结清，我与单位无其他任何争议"与事实不符，不能认定为肖某的真实意思表示。

实践中，有的用人单位在终止或解除劳动合同时，会与劳动者就加班费、经济补偿或赔偿金等达成协议。部分用人单位利用其在后续工资发放、离职证明开具、档案和社会保险关系转移等方面的优势地位，借机变相迫使劳动者在用人单位提供的格式文本上签字，放弃包括加班费在内的权利，或者在未足额支付加班费的情况下让劳动者签字确认加班费已经付清的事实。劳动者往往事后反悔，提起劳动争议仲裁与诉讼。本案中，人民法院最终依法支持劳动者关于加班费的诉讼请求，既维护了劳动者合法权益，对用人单位日后诚信协商、依法保护劳动者劳动报酬权亦有良好引导作用，有助于构建和谐稳定的劳动关系。①

十四　企业劳动者未申请休年休假，不等同于放弃年休假补偿

孔某提出2015年至2017年在单位工作期间，因工作繁忙其未能休带薪年休假，故要求单位支付相应的补偿。单位认为，孔某因自身原因未提出休年休假，按照单位员工手册的规定，每年12月31日之前未提出休年休假的，属于自动放弃当年年休假，故单位无须支付补偿。因双方发生争议，孔某申请裁决单位向其支付未休年休假的工资报酬。

《企业职工带薪年休假实施办法》第9条规定：用人单位根据生产、工作的具体情况，并考虑职工本人意愿，统筹安排年休假。用人单位确因工作需要不能安排职工年休假或者跨1个年度安排年休假的，应征得职工本人同意。第10条第2款规定：用人单位安排职工休年休假，但是职工因本人原因且书面提出不休年休假的，用人单位可以只支付其正常工作期间的工资收入。从上述规定可以看出，年休假应由用人单位统筹安排，且在劳动者本人同意的情况下可跨1个年度安排。本案中，孔某虽未提出休年休假，但并未书面提出因个人原因不休年休假，单位虽然在员工手册中有相关规定，但该规定与法律规定相违背，故不具有相应的效力，单位仍应支付相应的补偿。②

第八节　医院辞退、处罚员工相关法律问题

一　劳动者被判处拘役缓刑是否需要解除聘用合同？解除合同未通知工会，该合同解除是否有法律效力？开除处分是不是解除聘用合同的前置性程序？

劳动者被人民法院判处有期徒刑实刑，并在监狱中服刑，用人单位

---

① 人力资源社会保障部、最高人民法院关于联合发布第二批劳动人事争议典型案例的通知（人社部函〔2021〕90号）案例之九：劳动者在离职文件上签字确认加班费已结清，是否有权请求支付欠付的加班费。

② 2018年北京劳动争议仲裁10大典型案例评析之二：劳动者未申请休年休假，不等同于放弃年休假补偿，http://www.workercn.cn/892/201810/22/181022101029948.shtml。

与劳动者解除聘用合同，对此劳动者并无异议。对于判处缓刑的劳动者，用人单位是否解除劳动合同，各地的做法不同，一旦劳动者被用人单位解除聘用合同，双方极易引发纠纷。

原告（劳动者）于 2012 年被人民法院判处拘役 6 个月，缓刑 6 个月，依据（津政发〔2003〕75 号）文件第三十七条第（五）项、（国人部发〔2003〕61 号）文件第十四条之规定决定与原告解除聘用合同。因拘役属于刑罚的一种方式，拘役缓刑是对犯罪情节较轻人员适用拘役刑罚的一种执行方式，虽处罚较轻，但仍属于拘役，并不是单独的刑种，故被告（用人单位）适用（国人部发〔2003〕61 号）文件第十四条之规定，决定与原告解除聘用合同；同时，《劳动合同法》第三十九条第六款规定了劳动者受过刑事处罚，用人单位可以解除劳动合同，因为拘役缓刑是缓刑的一种，也是刑罚的一种，所以用人单位与其解除聘用合同并无不当。

另外，根据法律体系解释方法，（国人部发〔2003〕61 号）文件第十四条中"被人民法院判处拘役、有期徒刑缓刑的，单位可以解除聘用合同"是对（国办发〔2002〕35 号）文件第（六）项第五款"被判处有期徒刑以上刑罚收监执行的，或者被劳动教养，单位可以随时单方面解除聘用合同"的解释，之所以（国人部发〔2003〕61 号）文件中要突出强调"有期徒刑缓刑"的表述是针对（国办发〔2002〕35 号）文件中"有期徒刑以上刑罚"的扩充规定，将"有期徒刑缓刑"增加为解除聘用合同的条件，所以必须明确注明是"缓刑"，而"拘役"原并未在（国办发〔2002〕35 号）文件中予以表述，所以无须在（国人部发〔2003〕61 号）文件中另注明"拘役缓刑"。[①]

关于原告（劳动者）主张被告（用人单位）在没有事先通知工会的前提下，就作出解聘合同的决定，违反单方面解除聘用合同的法定程序。对此，法院认为被告校长办公会记录中记载有工会人员出席，说明就解聘事宜已提前通知工会人员，故对于原告该项主张不予采信。且根据《最高人民法院关于审理劳动争议案件适用法律若干问题的解释（四）》

---

① 天津市第一中级人民法院（2017）津 01 民终 539 号民事判决书。

第十二条之规定，未提前通知工会的程序性瑕疵不影响实体上解除劳动合同的合法性。

关于原告主张被告适用法律错误，应当适用《事业单位人事管理条例》及《事业单位工作人员处分暂行规定》（以下简称《条例》和《规定》），虽然《条例》和《规定》较（国人部发〔2003〕61号）文件是上位法、是新法，但是《条例》和《规定》是针对事业单位人员受到处分情形时作出的规定，处分是对于事业单位人员违法违纪的内部纪律处分，而解除聘用关系是单位与个人之间法律关系的变更，与内部处分是两个性质的问题，两者发生争议时的权利救济途径亦不相同。所以（国人部发〔2003〕61号）文件第十四条解除聘用关系的规定与《条例》和《规定》并不冲突，也并不抵触。《事业单位人事管理条例》并没有规定处分是解除聘用关系的前置程序，（国人部发〔2003〕61号）文件作为部门规章仍属现行有效，故被告依据（国人部发〔2003〕61号）对原告作出解除聘用关系的决定并无不当。①

二　患有严重精神疾病的员工，单位可否辞退？

原告（劳动者）多次因精神疾病进行门诊检查并长期口服药物治疗，并经鉴定患有双相情感障碍，属于重度精神病。依据司法鉴定中心出具的司法鉴定意见书及《卫生部办公厅关于印发双相情感障碍等5个重性精神病病种临床路径的通知》的相关内容，足以认定原告被解聘期间及目前均患有精神疾病。原告未到岗工作并非无故旷工，属于法定不得解除聘用合同的情形，因此，被告不得解除聘用合同。被告没有考虑上述实际情况，单纯以原告无故长期旷工为由解除聘用合同，属于违法解除，原告要求恢复与被告之间的聘用关系，应予支持。②

因此，用人单位在遇到劳动者身体患有严重疾病，且难以治愈时并且经过法定鉴定机构的鉴定后，不能单纯以其未在岗和旷工为由，解除劳动合同，而应当就其身体状况、治愈可能等多种因素综合判定。

---

① 天津市第一中级人民法院（2017）津01民终539号民事判决书。
② 天津市第一中级人民法院（2018）津01民终8670号民事判决书。

三 如何确定是职工旷工还是医院未安排工作？

现实中，确定是职工旷工还是医院未为劳动者安排工作，这是个需要通盘考虑的问题。2014年生效的《事业单位人事管理条例》规定，事业单位工作人员连续旷工超过15个工作日，或者1年内累计旷工超过30个工作日的，事业单位可以解除聘用合同。因此，如果是劳动者旷工到解除聘用合同的程度，用人单位可以解除聘用合同；如果是用人单位未为劳动者安排工作岗位，那么，就不应当解除劳动合同。

原告连某称因被告医院未为其安排后续岗位，故不能上班，处于待岗状态。但对此原告并未提交相关证据，也未举证证明其采取过其他人事争议申诉途径。所以，如果主张医院未为其安排工作，应提交相关的证明材料，或者举证其通过其他措施，要求医院为其安排工作。[①] 而医院通过包括告知书、电话、微信等多种方式进行了举证，显然，在证明力方面明显要高于劳动者。

四 解聘未取得资格证员工合同的法律问题

2014年3月1日施行的《药品管理法》第二十二条规定，医疗机构必须配备依法经过资格认定的药学技术人员，即具有药学专业知识、按照法定程序取得药学专业技术职称并从事药学技术工作的药学技术人员，非药学专业技术人员不得直接从事药剂技术工作。原告张某自2010年6月入职后即在被告医院药房从事药剂工作，但直到2019年11月5日双方劳动关系解除时原告张某仍未取得药学专业技术资格，所以，自2014年3月1日起原告张某从事药剂工作系违法执行。2019年2月14日，市卫生主管部门发文就医疗机构违法违规行为进行排查整治。2019年3月14日，原告张某向被告医院作出"如职称考试未通过，愿主动离职"的承诺，被告医院接受原告张某的承诺书，继续履行聘用合同，视为双方就聘用合同继续履行达成了附条件协议。被告医院征求工会意见后，于2019年11月5日依据其规章制度及原告张某作

---

① 天津市南开区人民法院（2016）津0104民初259号民事判决书。

出的承诺,解除与原告张某的劳动关系,结合双方达成的附条件协议及双方就解除事宜的磋商情况,法院认定双方系协商一致解除劳动关系,符合法律规定,但用人单位应支付经济补偿金。结合原告张某的月工资标准及工作年限,原告张某主张被告医院支付经济补偿金5万余元,法院依法予以支持。①

五 劳动者长期休病假,用人单位何时可以解除合同?

2015年12月31日,医院通知劳动者解除劳动合同,并于2016年1月31日到办公室办理离职相关手续。陈某表示当时其尚处于医疗期,故不同意解除劳动合同也未办理离职手续。医院表示考虑到当时陈某尚处于医疗期,照此解除劳动合同不妥,故其之后接着向陈某发放基本工资,进而双方均认可该份解除通知未发生解除劳动合同的效力。2016年4月20日医院再次书面通知陈某解除劳动合同,《通知书》内容为:"鉴于你医疗期已满,且未按照你已签收的《解除劳动合同通知书》的时间办理离职手续,现决定于2016年4月30日与你解除劳动合同,工资发至2016年4月。"2016年5月30日,医院向陈某作出第三份《开除通知》,内容为:"2015年8月至2015年12月期间,你称因病休假,未到岗上班,并提交了2015年8月至12月的病假条。经核查后发现,你恶意修改休假时间,以达到骗休目的。你的这种行为严重违反了劳动合同法及单位各项规章管理制度。经研究,单位对你作出开除处理。"

关于违法解除劳动合同赔偿金。首先确认解除劳动合同所对应的解除行为,是第二份解除通知还是第三份解除通知,解除通知到达陈某即生效。医院于2016年4月20日作出第二份解除通知,之后并未在该份解除通知达到陈某前撤回该份解除通知,亦未与陈某协商一致撤销该份解除通知,该份解除通知发生解除劳动合同的效力。医院主张以2016年5月30日作出第三份解除通知的方式撤销第二份解除通知,缺乏法律依据,法院不予采信。故双方劳动合同因第二份解除通知而解除。在第二份解除通知中,医院以劳动者的医疗期已经届满为由解除与陈某的劳动

---

① 江苏省淮安市清江浦区人民法院(2021)苏0812民初12559号民事判决书。

合同。按照《劳动合同法》第四十条第（一）项规定，医疗期满后，医院首先应评定陈某能否从事原工作，若陈某不能从事原工作，则应为陈某另行安排工作，只有陈某对于之前工作和另行安排的其他工作都不能胜任的情形下，医院才可以依法解除劳动合同，否则，就是违法解除。本案中，属于医院违法解除劳动关系的情形，因此，医院应向陈某支付违法解除劳动合同赔偿金7.6万余元。[1]

六 员工连续旷工15天，用人单位可否"开除"该员工？

《事业单位工作人员处分暂行规定》（2012年9月1日起施行）规定了处分的种类、处分的情形以及处分的程序等。第五条规定，处分的种类为：警告、记过、降低岗位等级或者撤职、开除。第三章规定了违法违纪行为及其适用的处分的情形，主要包括：第十六条规定了违反政治纪律的行为，第十七条规定了违反工作纪律失职渎职的行为，第十八条规定了违反廉洁从业纪律的行为，第十九条规定了违反财经纪律的行为，第二十条规定了严重违反职业道德的行为，第二十一条规定了严重违反公共秩序、社会公德的行为。

《事业单位人事管理条例》（2014年7月1日施行）第十五条规定：事业单位工作人员连续旷工超过15个工作日，或者1年内累计旷工超过30个工作日的，事业单位可以解除聘用合同。《劳动合同法》没有规定多少天可以开除，第三十九条只规定了严重违反《用人单位的规章制度》的就可以解除合同，因此，对于劳动合同而言，哪些属于可以解除劳动合同的情形，应具体参照用人单位的规章制度。事业单位员工连续15天不到岗的旷工行为，属于严重违反用人单位的规章制度的情形，按照法律规定，双方应属于解除聘用合同的情形，不符合法定的开除情形，因此，用人单位不能对该劳动者予以"开除"。本院认为"开除"是《企业职工奖惩条例》所规定的用人单位对职工的一种行政处分措施。目前《企业职工奖惩条例》已经废止，用人单位开除已经失去法律依据，应确

---

[1] 北京市海淀区人民法院（2016）京0108民初30224号民事判决书。

认为无效。①

七 用人单位向劳动者发出的"返岗告知书"的效力如何？

很多事业单位工作人员辞职，用人单位不同意，自行到新的岗位工作，在原单位属于旷工状态，如果超过半个月，属于严重违反用人单位的规章制度，解除聘用合同关系即可。用人单位通常会发送"返岗告知书"，这种通知书仅代表一种通知的行为。此外，需要说明的是，旷工也只是一种行为，不是处分，更不是处罚。用人单位不能说员工因此被开除。旷工的结果，只能是双方劳动聘用合同关系的解除。如果用人单位说因该员工旷工而被开除，这种说法与法律规定不符。

八 "自动离职"和"辞退"有什么区别？

《社会保险法》第七条第二款规定，县级以上地方人民政府社会保险行政部门负责本行政区域的社会保险管理工作，县级以上地方人民政府其他有关部门在各自的职责范围内负责有关的社会保险工作。因此，人社局具有对基本养老保险待遇进行审核的法定职责。本案中，医院决定给予陈某自动离职处理，形成相关文件，并报原市人事局、卫生局备案，而后，编办按自动离职将陈某下编。陈某在2002年9、10月间知晓上述处理决定后，未提出异议。据此，人社局认定陈某系自动离职人员有事实依据。陈某认为其应当按照《全民所有制事业单位专业技术人员和管理人员辞职暂行规定》（1990）第十三条、1992年《全民所有制事业单位辞退专业技术人员和管理人员暂行规定》第三条的规定，认定其属于辞职。但陈某未能提交其办理辞职手续的相关证据，故对其属于辞职的主张法院不予支持。

关于陈某被下编一年后，其人事档案中出现了盖有医院印章的《辞退证明书》问题，根据人事部颁发的《全民所有制事业单位辞退专业技术人员和管理人员暂行规定》，辞退应由被辞退人员所在单位相关行政领导提出

---

① 山东省济南市市中区人民法院。（2023）鲁0103民初8744号民事判决书。本院二审，双方和解，医生提出申请单位同意，圆满解决。

书面意见，说明辞退理由和事实依据，并经所在单位领导集体讨论决定后，按人事管理权限办理辞退手续、发给本人《辞退证明书》，报同级政府人事部门备案，依规定发给被辞退人员辞退费。经法院调查核实，医院档案中无该《辞退证明书》，亦无关于辞退陈某的相关记载及文字档案材料，陈某本人庭审陈述表示不知该证明书的存在。故，该《辞退证明书》因无其他证据佐证，真实性无法认定；陈某关于其亦可按辞退认定的主张，法院无法予以支持。综上，人社局认定陈某属自动离职，并无不当。①

九 "自动离职"后工龄应如何计算？

原人事部《关于机关、事业单位工作人员辞职、辞退及自动离职参加工作后工作年限计算问题的复函》（以下简称《复函》）（1998）系当时的行政主管机关针对机关、事业单位工作人员辞职、辞退及自动离职参加工作后工龄如何计算这一专项问题所作的政策性解释，具有普遍的适用性，至今仍有效。其中规定，职工辞职和辞退前的工龄与重新就业后的工龄可合并计算为连续工龄，自动离职人员的工龄从重新录用之日起计算。因陈某属于事业单位自动离职人员，人社局根据上述《复函》的规定，认定陈某于2001年8月20日以前的工作年限不能计算为连续工龄（即视同缴费年龄），并依据现有证据，确认陈某以灵活就业人员身份缴纳企业职工基本养老保险费，实际缴费年限53个月。《社会保险法》第十六条规定，参加基本养老保险的个人，达到法定退休年龄时累计缴费满15年的，按月领取基本养老金。因陈某达到法定退休年龄时，累计缴费只有53个月，未满15年，人社局认定陈某不具备按月领取企业职工基本养老金条件，符合法律法规规定。②

十 员工冒充他人身份信息高考获取学位并进入医院，医院能否开除该员工？

民事活动应当遵循诚实信用的原则，用人单位与劳动者之间的劳动

---

① 安徽省高级人民法院（2019）皖行终339号二审行政判决书。
② 安徽省高级人民法院（2019）皖行终339号二审行政判决书。

人事关系也应遵循诚实信用的原则，并且劳动者在缔结劳动人事合同关系时应向用人单位如实说明与劳动合同履行直接有关的基本情况，劳动者如实说明义务是一种法定义务，在签订劳动人事合同时应遵守和履行。本案用人单位系医院，其有权了解和劳动者有义务说明的事项涉及劳动者本身应具备相应岗位的知识技能、学历、执业资格等情况，考虑医院检验岗位的特殊性，知识技能、学历、执业资格是用人单位甄别和选择劳动者的重要指标，也是双方订立劳动人事合同目的能否达成的前提条件，无疑也是劳动者如实告知义务的重要告知事项。

本案中，李某为享受少数民族高考政策，冒用何某的户籍信息（包括名字、民族、出生年月）参加高考，进入大学学习，之后又通过人才引进招聘进入被告医院工作，享受事业编制，其一系列的行为均是使用何某户籍信息，李某的行为一开始就违背了诚实信用的原则，且显然违反了劳动者的如实告知义务。根据医院提供的《聘用合同书》第七条"严重违反劳动纪律或者甲方（医院）规章制度的"和《医院人才招聘、调入有关规定》"合同期内违法、严重违纪、品行不端的"，系医院可以解除聘用合同的情形，李某冒用何某的户籍身份信息已经违反上述规定，且李某冒用何某户籍信息所取得的学历和检验师资格证均系何某的信息，其不能提供真实且与其真实名字一致的学历和检验师资格证，这已经致使当事人双方之前签订聘用合同的目的不能实现，医院有权作出解除合同的决定。医院在作出处理决定即与李某进行了谈话，根据谈话内容，李某本人对冒用何某身份信息和医院作出的处理无异议。因此，医院作出解除劳动关系的决定并无不当，一审法院予以支持。[1]

十一 用人单位能否以员工系精神病人而主张辞职行为无效？

根据一审法院委托精神卫生中心司法鉴定所所做的精神病鉴定意见书，张某在2016年9月向医院提出辞职时为限制民事行为能力人，但

---

[1] 湖南省高级人民法院（2018）湘民申144号再审裁定书、湖南省岳阳市中级人民法院（2017）湘06民终1021号民事判决书。

张某向医院提出辞职时，并未提交证据或向医院说明其当时患有精神疾病，同时张某 2 作为监护人在张某的辞职申请报告上签名同意张某辞职，说明张某 2、医院均不知道张某辞职时患有精神疾病。综上，一、二审法院依据《民法典》的相关规定，认为张某辞职行为有效并无不当，再审申请人不能以张某辞职以后确认的患病事实主张张某辞职行为无效。①

十二　员工被检察院提起公诉后又撤诉，医院可否对员工作出行政处分？

杨某与医院签订《事业单位聘用合同书》，属于事业单位工作人员。医院因杨某涉及单位财务漏洞向有关机关报案，杨某被刑事拘留，后被取保候审。检察院向法院提起公诉后，又以最高人民法院、最高人民检察院发布《关于办理贪污贿赂刑事案件适用法律若干问题的解释》，导致不应当追究杨某的刑事责任为由向法院申请撤回起诉，法院裁定准予撤回起诉。杨某恢复在医院的工作，岗位为导诊。医院出具的处分决定载明，该院收到检察院对杨某的《撤销案件决定书》，对杨某涉嫌违纪问题进行调查，根据检察机关提供的相关资料确认杨某违纪事实，给予杨某记过处分。因此，医院的处分决定针对的是杨某被刑事拘留之前的违纪事实，杨某虽认为其不存在违纪行为，但其并未提供充分证据证明其主张。根据事业单位工作人员的相关规定，事业单位工作人员被取保候审、监视居住、刑事拘留等，经审查核实，公安机关撤销案件或人民检察院不起诉且未受处分的，恢复工资待遇，减发的工资予以补发。因医院对杨某作出记过处分，原审判决对杨某要求补发工资、调整工资等诉讼请求未予支持并无不当。杨某要求医院为其恢复财务科收费员岗位，该诉讼请求并不属于人民法院主管范围，原判决对此认定并无不当。②

---

① 江苏省高级人民法院（2019）苏民申 7316 号裁定书。
② 天津市高级人民法院（2019）津民申 2241 号裁定书。

十三　员工能否以院长签字批准的请假条为由，不同意解除聘用合同？

现聘用合同已到期，申请人未能提供证据证明续签聘用合同，一审庭审时医院认可前任院长刘某某的请假和延期进修申请批示的问题。原审查明，申请人柴某认可，医院通知其回单位上班，其持有的前任院长刘某某签字批准的请假条，一直由柴某保管，医院对此并不知情。因此，柴某属于擅自离岗连续旷工的行为。故生效判决判令驳回柴某请求解除聘用合同决定书无效恢复其事业编制、补发工资赔偿损失的诉讼请求，事实清楚，适用法律并无不当，法院予以支持。[1]

十四　员工能否以自己听力障碍为由不服从医院安排？

陈某申请再审提出医院有意刁难，安排其从事需要正常听力的工作，经查，听力残疾四级为听觉系统的结构和功能中度损伤，在理解和交流等活动上仅为轻度受限，陈某并不能以其系听力残疾四级为由不服从医院的岗位安排。本案中，因陈某出现"感音神经性耳聋、耳鸣"，并向医院提出调整岗位，医院先后将陈某安排至门诊叫号岗位、肛肠科科秘岗位、B超科打字岗位等工作，但陈某均不能胜任医院安排的上述工作岗位。据此，医院经工会委员会同意后书面通知陈某依照相关规定解除人事聘用合同，并无不当。[2]

十五　员工能否以历史原因形成的"每天工作一小时"为由，称其行为不违反医院劳动纪律？

何某认为，自医院ICU病房于2002年底撤销后，时任院长就安排何某暂借脑外科病房独自处理全院危重病人和医疗事故等，只要处理好这些工作，上班时间自由安排，所以不存在早退、旷工，且当时脑外科对其考勤也均是全勤。而医院则认为，在2012年以前医院的日常管理方面确实存在问题，所以对何某长期每天只工作1小时的情况没有严格

---

[1] 内蒙古自治区高级人民法院（2014）内民申字第779号裁定书。
[2] 浙江省高级人民法院（2015）浙民申字第539号裁定书。

要求；在 2012 年单位实行绩效工资以后，开始严格管理，何某仍然每天早退，经单位领导多次劝说无效，何某的行为已经严重违反了医院的规章制度。对此，本院认为，何某主张前任院长安排其处理危重病人，每天可以只工作 1 小时，并无证据证实，医院对此亦不认可，故何某主张的自由工作时间不能成立。虽然医院在 2012 年之前对何某长期早退的情况未予处理，但并不意味着何某就当然享有早退的权利。医院自 2012 年实施绩效工资以后，专门派员与何某谈话，要求其严格遵守单位各项规章制度，按时上下班，但何某却仍然经常早退甚至旷工，属于严重违反单位劳动纪律的行为。因此，何某主张其没有违规违纪行为，与事实不符。①

十六　员工能否以超声检查系职业病危害作业为由，主张不能解除聘用合同？

根据《职业病防治法》第三十六条之规定"对从事接触职业病危害作业的劳动者，用人单位应当按照国务院安全生产监督管理部门、卫生行政部门的规定组织上岗前、在岗期间和离岗时的职业健康检查，并将检查结果书面告知劳动者。……对未进行离岗前职业健康检查的劳动者不得解除或者终止与其订立的劳动合同"。用人单位对未进行离岗前职业健康检查的劳动者不得解除劳动合同的前提，是劳动者从事的岗位已被确认为接触职业病危害的作业。虽然 2013 年 12 月 23 日颁布实施的《职业病分类和目录》中将职业性放射性疾病作为医疗卫生人员职业病的监测范围，但并未确认所有医疗卫生人员从事的作业均属于接触职业性放射性疾病职业危害的作业。本案中，兰某在岗时系从事超声检查作业，其并未提出充分证据证实在岗从事的作业系接触职业病危害的作业，故，原审不予支持兰某所持医院单方解除人事聘用合同关系前未做离岗前职业健康检查应当无效的主张，并无不当。②

---

① 江苏省高级人民法院（2014）苏审二民申字第 01438 号裁定书。
② 四川省高级人民法院（2017）川民申 305 号民事裁定书。

十七　员工为院外人员窃取病例资料提供便利，能否解除与其聘用合同关系？劳动者能否以医院系大学附属医院为由，认定该处分决定未经大学批准而无效？

医院对李某作出的处分决定明确记载，李某在该院工作期间存在向院外人员提供该院工作服、带领他人进入该院病案管理科、窃取该院部分病历资料等行为，严重违反《医疗机构从业人员管理规定》，医院以李某严重违纪为由解除了与李某的聘用协议。根据双方签订的聘用协议的约定，李某如有违反工作规定或者操作规程，发生重大责任事故，或者失职、渎职造成严重后果的，医院和大学报经学校管理部门同意，可以随时单方解除该协议，据此，医院解除与李某之间的聘用合同的行为并不违反聘用协议的约定，李某主张医院解除聘用协议违法、请求继续履行聘用协议缺乏事实依据，法院不予支持。

至于医院对李某作出的上述处分决定是否合法的问题，鉴于原审时大学作为医院的主管单位，确认了医院对其所属工作人员的纪律处分无须报大学审批，且大学在知悉医院对李某作出开除处分后，并未否定该开除决定的合法性，故李某以医院作出的开除处分决定未报经大学批准为由主张该处分决定无效，理由并不充分，原审法院不予采纳正确，应予支持。[①]

十八　"年度考核不合格"能否作为用人单位随时解聘的法定事由？劳动者提供用人单位盖章的空白聘用合同，能否由此认定为双方签订无固定期限劳动合同？

根据国办发〔2002〕35号文件第六条第四款的规定，受聘人员年度考核或者聘期考核不合格，又不同意聘用单位调整其工作岗位的，或者虽同意调整工作岗位，但到新岗位后考核仍不合格的，聘用单位可以单方面解除聘用合同，但是应当提前30日以书面形式通知拟被解聘的受聘人员。大学未依照规定在决定解聘30日前通知陈某。因此，无论陈某2011年、2012年的考核结果是否正确，大学都不能以陈某2011年、2012

---

① 广东省高级人民法院（2018）粤民申840号民事裁定书。

年度连续考核不合格作为随时解除与陈某的聘用关系的事由。①

原审法院根据双方提供的证据并结合双方的陈述意见，认定大学将盖有公章的空白《聘用合同书》交给吴某的行为，只能说明大学愿意与吴某签订聘用合同，并不能说明大学同意与吴某签订无固定期限聘用合同，从而对吴某要求确认双方自2012年8月1日起存在无固定期限聘用关系的请求不予支持，并无不当。②

十九　用人单位以员工和他人发生不正当关系为由解除合同，是否合法？

大学以蒋某与女学生存在不正当关系不符合《教师法》相关规定为由，对蒋某予以解除聘用合同。本案审查的重点在于大学解聘蒋某的理由是否有相应依据。从查明的事实看，大学在接到其学校在读学生林某的举报后，与蒋某及林某分别进行了谈话，了解、调查相关举报情况，同时在征得蒋某同意的情况下，委托了相关鉴定部门对林某提供的有可疑痕迹的湿纸巾与纸巾进行鉴定，且鉴定结论显示林某提供的湿纸巾和纸巾中含有蒋某的精液。对此，一审法院认为，蒋某当时作为大学聘请的教授及副院长，举报人林某作为蒋某所在学院的女学生，该女生能取得并提供留有蒋某精液的湿纸巾和纸巾本身即表明蒋某与该女学生之间的关系并非正当的师生关系，而蒋某并未有证据证明其对此曾对大学作出过合理解释并提供相应证明，且本案中蒋某对此也并未有合理解释和相应证据，据此大学根据上述鉴定结论并结合林某的相关举报内容，以蒋某与女学生存在不正当关系违反《教师法》相关规定为由对蒋某作出解除聘用合同通知的做法，有事实依据，并无不妥。③

二十　员工提前离职，所提交材料并非本人签字，其离岗是否有效？

大学为徐某办理提前离岗，《提前离岗人员登记表》既不是本人填写，也没有徐某本人签字，且大学未能提供徐某递交的申请提前离岗材

---

① 浙江省高级人民法院（2015）浙民申字第2802号民事裁定书。
② 上海市高级人民法院（2014）沪高民一（民）申字第725号民事裁定书。
③ 上海市高级人民法院（2018）沪民申1097号民事裁定书、上海市第一中级人民法院（2017）沪01民终10047号民事判决书。

料。因此，大学在办理徐某提前离岗过程中存在过错，原审判决认定徐某仍为在岗职工，并无不当。关于其在岗工资如何确定问题。二审判决认为，根据大学提交的《工资情况对照表》当中列明的工资数额可以认定徐某作为在岗职工100%应发工资基数。由于大学自2000年11月为徐某办理提前离岗手续后一直按照89%给其开工资，故扣除其实发工资即为应补发的工资，二审判决据此判令大学补发差额工资7.4万余元，并无不当。

关于徐某主张其在校内两次因公受伤，应当享受工伤待遇问题。经查，大学在20世纪90年代申报工伤由校医疗鉴定委员会认定。当时在该校对待工伤有四种称谓，工伤、比照工伤、因工处理和比照因工处理。徐某两次因公受伤，校医疗鉴定委员会认定为"按因工处理"。凡是因工处理的工伤在学校卫生所治疗工伤部位是免费的。2003年实行医疗保险后，对于其治疗工伤部位实际发生的医疗费用，大学也同意赔偿。但是徐某提供的2003年至今的购药发票均系药房出具并未表明药名及治疗的部位，二审判决据此认为上述证据不能证明系其治疗脑外伤及骶骨骨折等工伤部位所发生的费用，故对徐某要求报销该项支出的主张，原审判决未予支持，并无不当。关于徐某提出应当为其认定工伤、办理工伤医疗卡的主张，因认定工伤不属于民事诉讼受案范围，故其该项申诉请求法院不予支持。①

二十一 劳动者取得高级工程师资格证书后，是否应当享受副高级专业技术职务工资待遇？

1991年人事部《关于职称改革评聘分开试点工作有关事项的通知》第七条规定："……任职资格只反映专业技术人员学术水平，表明具备担任某一职务的学术技术水平和能力，不能与工资和待遇挂钩。职务是根据工作需要设置的，有明确的职责、限额比例和任职期限的岗位，由行政领导择优聘任，在任期内领取职务工资。获得任职资格未被聘任人员，不得以任何借口要求兑现工资待遇……"人事部《〈企事业单位评聘专业技术职务若干问题暂行规定〉有关具体问题的说明》（1991）第十三条"关于具有高级职务任职资格而未受聘职务的人员的管理问题"中规定：

---

① 辽宁省高级人民法院（2014）辽审一民抗字第9号民事裁定书。

"……如果只评定了任职资格,没有受聘或受聘后又被解聘,没有或不再履行岗位职责,均不应领取相应的职务工资,也不能作为担任高级专业技术职务人员进行管理……"国务院于1993年发布的《事业单位工作人员工资制度改革实施办法》中规定:"……只有资格而没有聘任职务的,其资格不与工资挂钩。"张某于1994年6月获得由轻工总会颁发的高级工程师职务任职资格证,只表明其具有担任副高级专业技术职务的资格。按照上述相关规定,其只有在被单位聘为副教授之后,才能享受副高级专业技术职务工资待遇。但张某直至退休,也没有被单位聘为副教授,因此,其要求享受副高级专业技术职务,即副教授的工资待遇,没有依据,不能支持。①

二十二 员工知道其权利受到侵害之日可以仲裁的时效是多久?

赵某原系大学图书馆工作人员,2006年赵某未参与正式聘任,担任临时岗位。2007年12月大学发布《大学全员聘用制实施暂行办法》,实施全员聘用制,大学图书馆遂于2008年6月通知赵某正式上岗,但赵某未上岗。2008年12月6日,大学作出《关于辞退赵某同志的决定》。2009年1月11日赵某向大学递交的《关于本人在大学图书馆2005年至2008年度聘任工作的情况说明》,要求大学校领导和人事处对其除名重新审查,说明其已经知道大学对其进行了辞退的行政处理。《人事争议处理规定》第十六条"当事人从知道或者应当知道其权利受到侵害之日起60日内,以书面形式向有管辖权的人事争议仲裁委员会申请仲裁。"赵某应自此60日内向人事仲裁委员会申请仲裁,但是赵某直至2016年才向人事仲裁委员会申请仲裁,已经超过了法律规定的仲裁时效。②

二十三 员工离职,用人单位登报送达处理决定,是否具有法律效力?

原审认为,大学主张其于2006年6月26日作出《自动离职处理的决

---

① 辽宁省高级人民法院(2010)辽审二民提字第137号民事裁定书。
② 陕西省高级人民法院(2018)陕民申1985号民事裁定书。

定》，由于无法向钟某直接送达，故于 2008 年 1 月 11 日在《新疆都市报》刊登通知，向钟某予以送达，并告知钟某于 2008 年 3 月 10 日前来学校进行陈述和申辩。大学刊登的该通知具有通知通告的效力，且大学主张其无法直接向钟某送达《自动离职处理的决定》，与钟某提交的证明材料中反映钟某本人在外地做技术推广工作的事实能够相互印证。据此，大学采用公告方式向钟某送达自动离职处理决定并无不妥，故钟某至少应当在 2008 年 1 月 11 日知道其权利受到侵害，而其于 2013 年 12 月向区劳动人事争议仲裁委员会提出仲裁申请，已超过了法定仲裁申请期间。本案审理过程中，钟某未提交证据证实存在向大学提出要求撤销其自动离职处理决定，或者向有关部门请求权利救济，或者大学同意撤销该处理决定而中断等情形，故大学称钟某对本案的起诉已超过了仲裁时效期限的答辩理由成立，对钟某要求撤销大学作出的自动离职处理决定及为其办理退休手续的诉讼请求不予支持。[①]

二十四 单位以劳动者超过 50 岁为由，要求其退休，是否合法？单位是否应当支付补偿金？

涉案《退休通知单》明确告知梁某已达退休年龄（梁某实际 51 岁）并明确要求其在规定的时间内将工作进行交接并办理退休手续。故该通知系医院单方解除劳动合同的通知，并非系与梁某解除劳动合同的要约，该通知亦未留有与梁某协商是否解除劳动合同的余地，且现人民法院亦未提交证据证明其发送上述通知后与梁某协商一致解除劳动合同，故医院单方解除与梁某的无固定劳动期限合同属于违法解除，依法应当向梁某支付经济赔偿金。《中华人民共和国劳动合同法》第八十七条规定："用人单位违反本法规定解除或者终止劳动合同的，应当依照本法第四十七条规定的经济补偿标准的二倍向劳动者支付赔偿金。"第四十七条规定："经济补偿按劳动者在本单位工作的年限，每满一年支付一个月工资的标准向劳动者支付。六个月以上不满一年的，按一年计算；不满六个月的，向劳动者支付半个月工资的经济补偿。劳动者月工资高于用人单

[①] 新疆维吾尔自治区高级人民法院（2015）新民申字第 761 号民事裁定书。

位所在直辖市、设区的市级人民政府公布的本地区上年度职工月平均工资三倍的,向其支付经济补偿的标准按职工月平均工资三倍的数额支付,向其支付经济补偿的年限最高不超过十二年。本条所称月工资是指劳动者在劳动合同解除或者终止前十二个月的平均工资。"梁某与医院解除劳动合同前12个月的工资(2020年1月至12月)共计为52508.07元,月平均工资为4375.6725元。梁某工作年限为11年零6个月,其经济赔偿金按照其工资12个月计算,故其享有的经济赔偿金为105016.14元($4375.6725 \times 12 \times 2$)。[1]

二十五 用人单位可否对员工考勤和病例书写不规范进行扣罚?

关于考勤扣罚争议,根据医院提供的刷卡记录显示,卢某全年未刷卡达547次(应刷卡678次),卢某每月均存在未刷卡情形,而作为管理方的医院却未在当月或年终对卢某采取任何加强管理的措施,且在2014年度考核中仍确定卢某考核合格。医院也明确表示当时是为让卢某继续工作而未对其进行相应的处罚。因此,医院的2014年刷卡考勤制度并非按照规章制度的规定严格执行,故医院提出的要求卢某支付2014年度考勤扣罚的上诉请求缺乏依据。关于病历书写不合格扣罚争议,医院制定的病历书写基本规范与管理制度,并不违反法律规定,对作为员工的卢某有约束力,现卢某2014年度7份病历书写不合格,应按规定扣罚700元,对医院要求卢某支付违反医院规定病历书写不合格扣罚700元的请求,予以支持。[2]

二十六 对于医院作出的"自动离职"处理决定,员工能否请求法院撤销?

对医院作出的《关于卢某作自动离岗处理的通知》应否撤销的问题。根据《事业单位人事管理条例》第十七条规定:"事业单位工作人员提前30日书面通知事业单位,可以解除聘用合同。但是,双方对解除聘用合

---

[1] 贵州省黔西南布依族苗族自治州中级人民法院(2021)黔23民终2478号民事判决书。
[2] 浙江省舟山市中级人民法院(2016)浙09民终201号民事判决书。

同另有约定的除外。"本案中，双方均未主张对解除聘任合同有新的约定，故卢某于 2017 年 4 月 1 日以书面形式向医院提交书面辞职申请，在未获医院回复后，于 2017 年 6 月 2 日休假结束后未回医院上班，应确认卢某已按照上述规定，提前 30 日书面通知医院解除聘用合同。至于医院抗辩认为，卢某提出辞职后，又于 2017 年 4 月 28 日申请休假，其该行为应视为其撤回辞职申请。由于辞职与休假并不属于互相矛盾、互相排斥的行为，卢某在获得医院的离职回复之前，依法拥有休假的权利，况且该休假也获得了医院的批准。故医院的上述抗辩理由，是对卢某行为的错误理解，没有理据，法院不予支持。由于卢某在休假结束后的 2017 年 6 月 3 日起未回医院工作，故应确认从该时间起双方的聘用合同已依法解除。依照《最高人民法院关于审理劳动争议案件适用法律若干问题的解释》（2021）第五十三条："用人单位对劳动者作出的开除、除名、辞退等处理，或者因其他原因解除劳动合同确有错误的，人民法院可以依法判决予以撤销。"法院对该通知予以撤销。本案卢某不是因考核结果、处分不服引起的争议，双方争议的问题也不属于《事业单位工作人员申诉规定》（2014）第十一条规定的申诉受理范围，故一审法院依照《事业单位人事管理条例》第三十八条和《事业单位工作人员申诉规定》的相关规定，对卢某该诉求不予（审理）支持，属于适用法律不当，二审法院予以纠正。

二十七　医院证明劳动者试用期不合格，应承担怎样的举证责任？

医院主张解除与刘某的劳动合同系合法解除，应承担相应的举证责任。医院举证刘某的试用期考核不合格及发生不良事件两方面证据，以此证明系合法解除。从试用期考核来看，医院作为事业单位，依据相关规定和聘用合同的约定对刘某进行试用期考核并无不当，但医院应提供充分证据证明刘某试用期考核不合格。该证据不仅包括考核成绩结果，还包括考核内容和评价标准本身。从医院提供的证据材料看，医院的考核内容确实能反映对于刘某作为主管护师的基本任职要求。从考核成绩结果看，刘某静脉输液 70 分、六项无菌技术 68 分、理论 73.5 分属实。从评价标准看，医院对考核的评价标准有所欠缺。医院提供的 2012 年 12

月 4 日的科室护理周会记录，并未提到年终考核的抽查理论考、三基理论 80 分合格是作为试用期考核的标准，即医院并未明确将试用期考核合格分标准告知刘某。医院提供的《2012 年护理工作计划与目标管理》也只是医院护理部对日常工作和年度考核的要求，并非针对试用期考核。且刘某在科室（岗位）考核中的考评评价"理论水平中、技术技能中、服务态度中、考勤情况良"，医院也未能提供合格标准。故医院认为刘某试用期考核不合格依据不足，法院不予采纳。从不良事件来看，医院提供的证据仅能证明刘某在 2012 年 10 月 25 日未经查对将 115 床患者的青霉素皮试误操作至 116 床患者，该操作确属护理不良事件，幸未造成不良后果，刘某应吸取教训，增强工作责任感。在医院未能提供聘用合同所载的《岗位说明书》对刘某工作要求的情况下，仅凭其一次护理不良事件就认定刘某试用期考核不合格或不符合岗位任职条件缺乏相应依据。综上，医院对刘某作出解除聘用合同的决定缺乏相应事实依据，属违法解除，应予撤销。刘某要求继续履行原聘用合同，医院应当继续履行。①

二十八　医院以客观情况发生重大变化为由解除劳动合同，应承担怎样的证明责任？

医院为佐证其辩称的"因其人事制度变化导致与王某订立无固定期限劳动合同时所依据的客观情况发生重大变化，致使该合同无法履行，经其与王某协商，未能就变更劳动合同内容达成协议"向法院提交了《医院第十五届一次职代会议程》、院发文件及医院劳务派遣方案。王某对上述证据的证明目的均不予认可，认为以上证据恰恰证实医院为规避自身用工责任恶意并单方将原来双方之间的劳动关系转化为劳务用工关系。法院认为，医院提交的上述证据均系其自行或委托专业公司制作，仅能证明其用工方式发生了变化，无法证明其人事制度发生了变化。同时，医院未提交证据证明与王某曾协商过变更合同内容，即使双方曾经协商过，但根据医院陈述的其用工方式的变化情况可以确定，医院的真实目的是将与王某的劳动关系变更为用工单位与被派遣劳动者的关系，

---

① 江苏省苏州市中级人民法院（2014）苏中民终字第 02174、02175 号民事判决书。

而非因客观情况发生重大变化对无固定期限劳动合同内容进行变化，故法院认定医院解除与王某签订的无固定期限劳动合同不属于《劳动合同法》第四十条第（三）项规定的情形，其单方解除无固定期限劳动合同的行为违反了《劳动合同法》，医院应当按照该法第八十七条规定向王某支付赔偿金，合计15.4万余元。[①]

二十九　事业编制人员聘用合同终止，无须支付经济补偿金

事业单位人员包括编制内与编制外两种，对于编制内人员要求支付终止聘用合同经济补偿金的，目前并无相应的法律法规支持。故裁决对劳动者要求支付终止聘用合同经济补偿金的请求不予支持。仲裁委员会审理事业单位人事争议案件，在程序上，依照《调解仲裁法》的规定处理，但在实体法适用上应适用《事业单位人事管理条例》《关于在事业单位试行人员聘用制度的意见的通知》（2002）等法规及其配套规章政策规定。事业单位编制内人员签订了聘用合同的，是否依据《劳动合同法》第九十六条规定适用《劳动合同法》有关劳动合同的相关规定，《劳动合同法》第九十六条规定："事业单位与实行聘用制的工作人员订立、履行、变更、解除或终止劳动合同的，法律、行政法规或者国务院另有规定的，依照其规定；未作规定的，依照本法有关规定执行。"在目前国家并未对《劳动合同法》第九十六条规定适用作出明确规定和解释的情况下，不宜作扩大解释，故事业单位编制内人员不适用《劳动合同法》的规定。事业单位与其编制外用工签订劳动合同的，应适用《劳动合同法》的相关规定。劳动者系事业单位编制内工作人员，与单位签订了聘用合同，因目前国家有关聘用合同相关的法规规章政策规定中均未规定终止聘用合同应支付经济补偿金，故对劳动者的请求不予支持。[②]

[①] 甘肃省兰州市中级人民法院（2021）甘01民终490号民事判决书。
[②] 江苏省人力资源和社会保障厅、省劳动人事争议仲裁委员会关于发布2014年度全省劳动人事争议典型案例，http://jshrss.jiangsu.gov.cn/art/2014/12/9/art_45347_5635897.html。

三十　用人单位在不知女职工怀孕情况下终止劳动合同是否构成违法终止？

种某于 2019 年 3 月入职某单位，双方签订为期 2 年的劳动合同。2021 年 2 月，单位告知种某双方劳动合同即将期限届满，决定不再与其续签，种某未提出异议。2021 年 3 月，单位与种某终止了劳动合同。不久，种某诉至劳动人事争议仲裁委员会，称已诊断怀孕，怀孕时间为在职期间，要求单位继续履行劳动合同。单位辩称之前并不知道种某怀孕的相关情况，予以拒绝。

单位与女职工终止劳动合同后，女职工诊断出在劳动关系存续期间已经怀孕的，应充分考虑用人单位是否存在主观故意。若终止劳动合同前，劳动者未将怀孕事实告知用人单位，用人单位终止劳动合同，劳动者亦未提出异议，即用人单位不存在主观故意行为，不应视为其构成违法终止劳动合同，无须支付违法终止劳动合同赔偿金。但根据法律规定，女职工在三期的情形下劳动合同应当续延至相应的情形消失时终止，说明是否应继续履行劳动合同，并不以用人单位是否知情为前提，而是基于女职工的怀孕事实。综上，对于用人单位在不知情的情况下终止已怀孕女职工的劳动合同，虽无须支付违法终止劳动合同赔偿金，但应继续履行劳动合同。[1]

三十一　职工与用人单位签订自愿放弃缴纳社会保险的协议是否有效？

小张于 2019 年入职某单位，双方签订 3 年期限劳动合同，小张向单位提出，自愿放弃社会保险费的缴纳，并愿意与单位签订协议书。该单位考虑到若不为小张缴纳社会保险费同样可以节约人力成本支出，遂同意与之订立协议，约定小张自愿放弃单位为其办理社会保险。2020 年 12 月，小张以未依法为其缴纳社会保险费为由向单位提出解除劳动合同，并向劳动人事争议仲裁委员会提出仲裁申请，要求单位支付其经济补偿。

---

[1] 天津市人社局关于发布 2021 年度劳动人事争议典型案例的通知（津人社局函〔2022〕9 号）案例之一：用人单位在不知女职工怀孕情况下终止劳动合同是否构成违法终止。

依据《中华人民共和国劳动法》第七十二条规定:"用人单位和劳动者必须依法参加社会保险,缴纳社会保险费。"从法律规定来看,用人单位为员工缴纳社会保险费是法定的义务,不能根据劳动者或用人单位自己的意愿而免除,不管是口头承诺还是签订书面协议而放弃缴纳社会保险费的行为,均违反了法律强制性规定,属于无效协议。又根据《市人社局关于印发天津市贯彻落实〈劳动合同法〉若干问题实施细则的通知》（2018）第十五条规定:"用人单位与劳动者约定不缴纳或少缴纳社会保险费的,双方约定无效,应视为因用人单位原因导致未缴纳或未足额缴纳社会保险费。"即便是劳动者承诺放弃缴纳社会保险费,也不能免除用人单位的法定义务,用人单位应承担相应法律责任。①

三十二　事业单位科研人员离岗创业期间受开除处分的,原单位能否与其解除聘用合同?

2014年12月1日,刘某与某科学院（某地方政府直属事业单位）签订了6年期聘用合同,到科学院从事科研工作。2017年10月,刘某与科学院订立离岗协议,并变更聘用合同,约定2017年12月至2020年11月与科学院保留人事关系,到某企业从事科研创新工作,其间服从企业工作安排。2018年9月,刘某公开发表的科研成果被认定存在大量伪造数据及捏造事实,造成严重不良社会影响。按照国家有关规定,科学院决定给予刘某开除处分,并解除聘用合同。刘某认为其离岗创业期间与科学院仅保留人事关系,根据离岗协议及聘用合同约定,应由企业进行管理,科学院无权对其作出人事处理,遂申请仲裁。

《人力资源社会保障部关于支持和鼓励事业单位专业技术人员创新创业的指导意见》（2017）规定:"事业单位专业技术人员离岗创业……可在3年内保留人事关系""离岗创业人员离岗创业期间执行原单位职称评审、培训、考核、奖励等管理制度""离岗创业期间违反事业单位工作人员管理相关规定的,按照事业单位人事管理条例等相关政策法规处理"。

---

① 天津市人社局关于发布2021年度劳动人事争议典型案例的通知（津人社局函〔2022〕9号）案例之五:职工与用人单位签订自愿放弃缴纳社会保险的协议是否有效。

《人力资源社会保障部关于进一步支持和鼓励事业单位科研人员创新创业的指导意见》(2019)将人员范围限定为"科研人员",除对离岗创业期限有补充条款外,上述条款均继续有效。依据上述规定,事业单位科研人员离岗创业,并不改变其与原单位的人事关系,也不改变相关管理制度和管理方式。《事业单位人事管理条例》(以下简称《条例》)第十八条规定:"事业单位工作人员受到开除处分的,解除聘用合同。"《事业单位工作人员处分暂行规定》(以下简称《规定》)第七条规定:"事业单位工作人员受到开除处分的,自处分决定生效之日起,终止其与事业单位的人事关系。"也即,不同于《条例》第十五条事业单位工作人员旷工等事业单位"可以解除聘用合同"的规定,上述情形事业单位工作人员受到开除处分并规定人事关系终止或聘用合同解除的,属于法定解除情形,双方之间原有的权利义务不再存在,事业单位必须依法解除。[①]

三十三 用人单位能否以尚在服务期或者应支付违约金等理由拒绝为劳动者开具离职证明?

袁某入职某软件开发公司,后离职。袁某要求软件开发公司办理离职手续,软件开发公司拒绝为袁某开具离职证明并办理社会保险关系转移手续。后袁某向仲裁委提出仲裁申请。

仲裁委认为,袁某依法享有辞职权,软件开发公司不应以任何理由阻止袁某行使该权利。软件开发公司不依法开具离职证明并办理社保转移手续的行为,客观上造成了袁某无法入职新用人单位的事实并导致其产生经济损失,故裁决支持袁某的仲裁请求。

《劳动合同法》第三十七条、第三十八条规定,劳动者依法享有辞职权。本法第五十条第一款规定,用人单位应当在解除或者终止劳动合同时出具解除或者终止劳动合同的证明,并在 15 日内为劳动者办理档案和

[①] 人力资源社会保障部、最高人民法院关于联合发布第一批劳动人事争议典型案例的通知(人社部函〔2020〕62号)案例十五:事业单位科研人员离岗创业期间受开除处分的,原单位能否与其解除聘用合同。

社会保险关系转移手续。从上述规定来看，在劳动者依法行使辞职权时，用人单位负有为劳动者出具离职证明、办理档案及社保关系转移等法定义务，用人单位不得以任何理由拒绝履行上述法定义务，如不得以劳动者尚在服务期内、未能就解除劳动合同经济补偿与劳动者达成一致、劳动者尚未支付违约金等理由加以拒绝。如果用人单位未依法履行上述法定义务造成劳动者再就业障碍并因此产生经济损失的，用人单位须依法承担赔偿责任。[①]

三十四　单位单方面解除劳动合同是否需要通知工会？

依据《劳动合同法》第四十三条的规定："用人单位单方解除劳动合同，应当事先将理由通知工会。用人单位违反法律、行政法规规定或者劳动合同约定的，工会有权要求用人单位纠正。用人单位应当研究工会的意见，并将处理结果书面通知工会。"而某大学作出开除刘某的决定只经院委会讨论通过并未通知工会，且系在刘某患病治疗期间作出的，故对其辩解理由不予采信，对刘某要求确认开除决定无效的请求予以支持，并恢复双方的劳动关系。

二审中，某大学亦认可在刘某与某大学电话通话中，刘某陈述其本人及家人都在外地就医，无法履行请假手续，等回来后补办请假手续。刘某长期患病就医且刘某在病假到期后明确告知某大学因在外地的客观原因无法履行请假手续，并表示回来后即补办请假手续。不属于《聘用合同》约定的擅自离岗、旷工的情况，不符合《劳动合同法》第三十九条规定的用人单位可单方解除劳动合同的情形。[②]

三十五　养老保险费视同缴纳，离职后如何处理？领取失业救济金有什么条件？

按照政策尚未实行养老保险社会统筹的事业单位职工，参加基本养

[①] 2018 年北京劳动争议仲裁 10 大典型案例评析之八：及时开具离职证明，用人单位不应设前提条件。

[②] 甘肃省兰州市中级人民法院（2016）甘 01 民终 992 号民事判决书。

老保险前视同缴纳养老保险费。被告为省级事业单位，尚未实行养老保险社会统筹。按上述规定，养老保险费视同缴纳，由政府承担。若双方合同关系未解除，原告到退休年龄自然可以领取相应费用，且原告在被告处工作多年，亦未就此操作提出异议。现原告以书面辞职的形式解除了与被告的合同关系，原告要求被告为其补缴基本养老保险费的请求缺乏事实与法律依据，法院不予支持。

非因本人意愿中断就业，才可领取失业保险金。本案原告在被待岗期间提出书面辞职申请与被告解除合同关系，原告作为完全民事行为能力人在当时的情境下权衡利弊后选择辞职，是本人意愿的体现。故本案原告本不符合领取失业保险金的条件，也就没有相应损失，故原告要求被告支付未交失业保险费所造成损失的请求，法院不予支持。[1]

三十六　单位与员工解除劳动合同，是否需要办理失业登记及保险金申领手续？

2002年8月至2008年12月，学院未为赵某缴纳失业保险费。2012年5月22日，学院在全院大会上宣布解除与赵某之间的劳动合同，未向赵某送达书面的解除通知，亦未及时为赵某办理失业登记和失业保险金申领手续。本案中，上诉人虽存在未按照被上诉人的要求工作的情形，但被上诉人未出具具备合法要件的单位规章制度以证明上诉人存在违反制度情形，亦不能说明上诉人的行为造成严重后果或影响。故原审认定"被告违反用人单位的规章制度，且在学院中造成较大影响"，证据不足，应予纠正。据此，从本案现有证据无法认定被上诉人（学院）单方解除劳动合同的行为符合法律规定，被上诉人应当依照规定向上诉人支付赔偿金。原判认为被上诉人无须向上诉人支付赔偿金不妥，应予纠正。原告学院于本判决生效后10日内一次性支付被告赵某失业待遇损失3750元，赔偿金66218.24元。[2]

---

[1] 浙江省嘉兴市南湖区人民法院（2013）嘉南民初字第1184号民事判决书。
[2] 陕西省咸阳市中级人民法院（2014）咸中民终字第01169号民事判决书。

三十七　劳动者从知晓被开除到进行仲裁，超过 10 年，如何证明其没有超过仲裁时效？如何证明辞职申请失效？

2006 年 7 月，张某首次知道大学解除了与其的人事关系并将档案转出，自此至申请仲裁之日，张某每年不间断地向大学主张权利要求恢复人事关系，但主要采取当面和大学相关领导谈话的方式，也递交了部分书面材料，并向法院提交了其向大学递交的相关申请、请求、要求等文件以及其乘坐火车的火车票等，但未提供其将上述文件向大学送达的证据。2015 年 11 月 20 日，张某找到大学党委书记协商恢复工作等事宜，其间张某问书记其是不是历年来一直在找学校协商此事，书记进行了回应，其中陈述"你是否历年找学校协商此事不重要，重要的是你当时是否辞职了""你是没有放弃，你也找过学校多个部门"。根据张某提交的申请、说明、要求、火车票等证据，结合大学张书记关于"我知道你一直没有放弃、一直主张权利"的陈述，可以认定张某一直在积极主张权利，仲裁时效构成中断，其请求未超过仲裁时效。

关于张某的辞职申请在 2003 年以前是否失效的问题，张某于 2000 年 9 月 9 日向大学传真辞职申请，但因张某未回国办理手续，大学按照停薪留职对待张某，并于 2001 年 6 月、12 月对张某的工资标准进行了晋升调整，2003 年 1 月大学还应张某的请求为其出具了在职证明手续，可以认定此时张某的辞职申请已经失效。大学依据失效的辞职申请单方面地为张某办理离职手续不具备合法性，张某要求恢复人事关系，法院予以支持。①

三十八　状告人社局和卫健局：强制劳动者 50 岁退休是否合法？②

根据人事部国人部发（2004）63 号《关于事业单位试行人员聘用制度有关工资待遇问题的处理意见（试行）》第五条的规定："关于受聘人员退休（退职）的待遇：1. 受聘人员原则上按所聘岗位国家规定的条件办理退休（退职）……2. 对由工勤岗位受聘到专业技术或管理岗位的人

---

① 湖北省武汉市中级人民法院（2017）鄂 01 民终 4937 号民事判决书。
② 西安铁路运输法院（2017）陕 7102 行初 1443 号行政判决书。

员,在专业技术岗位或者管理岗位聘用满10年(本意见下发前已聘用的,可连续计算)且在所聘岗位退休(退职)的,可按所聘岗位国家规定的条件办理退休(退职),并享受相应的退休(退职)待遇。"

本案中,原告张某虽以招工形式进入药品检验所工作,但原告长期受聘在专业技术岗位,且每次调资都以专业技术人员身份享受待遇,按照国家行政事业单位专业技术人员工资标准执行。直到2017年7月27日,被告作出退休批复时原告仍在专业技术岗位工作。原告的工作经历符合上述规定,原告应按所聘岗位的法定退休年龄,即女干部年满55周岁办理退休手续。综上,对原告的诉讼请求依法予以支持。被告在作出涉案的退休批复时,仅考虑原始档案中记载的原告入职的工人身份,未考虑到原告在专业技术岗位工作满10年的客观事实,故被告作出的涉诉退休批复主要证据不足,适用法律、法规错误,依法应予撤销。

第九节 医院员工工伤的法律问题

一 员工认为医院未足额缴纳社会保险且因缴费工资低于实际工资导致其享受的一次性伤残补助金偏低,是否有法律依据?

医院员工在上班途中,因为对方的原因发生交通事故,已被有关部门认定为工伤,伤残等级为八级。根据《工伤保险条例》第三十七条规定,职工因工致残被鉴定为七级至十级伤残的,享受以下待遇:(一)从工伤保险基金按伤残等级支付一次性伤残补助金,标准为:七级伤残为13个月的本人工资,八级伤残为11个月的本人工资,九级伤残为9个月的本人工资,十级伤残为7个月的本人工资。

本案中,由于医院并未按照工伤保险的相关规定,给予劳动者足额缴纳相应的工伤保险费,存在过错,应承担相应的法律责任。根据区劳动人事争议仲裁委员会查明的事实,上诉人(员工)在2015年至2016年月均收入均超过天津市当年社会保险缴费最高基数,上诉人应享受一次性伤残补助金为16万余元,扣除社会保险基金管理中向上诉人发放一次性伤残补助金9.5万余元后,被上诉人(医院)还应支付上诉人一次性伤残补助金差额6.5万余元。[①]

二 医院是否应向员工支付护理费？

根据《工伤保险条例》第三十三条第三款规定，生活不能自理的工伤职工在停工留薪期需要护理的，由所在单位负责。本案根据医院的相关诊断证明、出院医嘱及原告骨科主任出具的《关于曹某治疗经过的说明》中载明的曹某需要绝对卧床14周，且被告停工留薪期共计20个月，证明被告需要护理，故原告应当支付被告需要绝对卧床14周（98天）期间的护理费，因被告提出其由亲友及护工分别进行护理，但被告未提供证据证明其在护理期间实际护理花费费用，又未提供护理人员误工证明，故根据公平原则，护理期计98天，故应由原告向被告支付护理费1.2万余元。

三 员工走失，员工家属主张按照工伤标准发放待遇，是否有法律依据？

根据《工伤保险条例》《工伤认定办法》的相关规定，有权进行工伤认定的职能部门系社会保险行政部门，并非人民法院，故法院对事实的认定不会影响社会保险行政部门对工伤的认定。事实上，人力资源和社会保障局作出《不予认定工伤决定书》是在家属起诉前，莫某是否系离家出走并非本案基本事实。同时，已生效的民事判决书已确认："……2002年11月12日，被申请人莫某离家外出未归，此后，家属采用报案、登报等方式，多次寻找均未果，被申请人莫某一直下落不明……"根据《最高人民法院关于适用〈中华人民共和国民事诉讼法〉的解释》第九十三条第一款第（五）项之规定，"莫某离家外出未归"的事实已经生效裁判确认，法院可直接认定该事实，并无事实认定错误的情形。

《工伤保险条例》第四十一条规定："职工因公外出期间发生事故或者在抢险救灾中下落不明的，从事故发生当月起3个月内照发工资，从第4个月起停发工资，由工伤保险基金向其供养亲属按月支付供养亲属

[①] 天津市第二中级人民法院（2019）津02民终5081号民事判决书。

抚恤金。生活有困难的，可以预支一次性工亡补助金的50%。职工被人民法院宣告死亡的，按照本条例第三十九条职工因公死亡的规定处理。"可见，本条适用的对象和条件是"因公外出期间发生事故或者在抢险救灾中下落不明的职工"，莫某并非上述情况，故本案不适用该条规定。同时，该条仅规定因公外出期间发生事故或者在抢险救灾中下落不明的职工被宣告死亡的，其近亲属享受的待遇按照《工伤保险条例》第三十九条规定处理，并未规定该情况无须经工伤认定程序，此系再审申请人对法律规定的错误理解，现予以释明。[①]

四　缺乏解除劳动合同关系法律事实的经济补偿请求，不能予以支持

申请人李某在上班途中发生交通事故受伤，经劳动能力鉴定委员会鉴定为九级伤残。申请人受伤后未再回单位上班，被申请人为申请人发放停工留薪期工资福利待遇至2013年8月，之后被申请人停发停工留薪期工资福利待遇，但仍为申请人缴纳社会保险费。2014年11月18日申请人提起劳动仲裁申请，请求裁决被申请人支付申请人解除劳动合同经济补偿金。被申请人辩称，双方劳动关系依然存续，因此不存在经济补偿金的发生条件。

本案提起仲裁之前，双方当事人都无解除劳动合同的法律行为，自然不能产生解除劳动合同的结果。通过仲裁机构送达的在仲裁申请书中载明解除劳动合同的意思表示，显然不是《劳动合同法》认可的形式，自然不能产生预期的结果。如果仅仅从方便劳动者维权的角度出发，因为申请人在仲裁申请书中提出了解除劳动合同的意思表示，或者主张了经济补偿金，从而认定双方的劳动合同已经解除，违背了客观事实。毕竟劳动合同有无解除，是需要调查和证据证明的案件事实，除非劳动者属于法定的可以立即解除劳动合同，不需事先告知用人单位的情形，本案申请人并不属于上述除外情形。权利义务的产生或改变，都是由法律事实引起的。无论是仲裁还是诉讼，理论上只能对申请人基于提出申请前已经发生了的法律事实所能形成的权利义务作出裁判，基于提出申请

---

① 四川省高级人民法院（2016）川民申282号裁定书。

后再发生的法律事实所形成的权利义务纠纷,则由下一次仲裁或诉讼来解决。所以本案判断劳动合同解除这个法律事实的形成,应审查仲裁申请提出时劳动合同解除的法律要件是否已经齐全。综上,仲裁委员会认定双方劳动关系没有解除,驳回申请人的仲裁请求。①

五 劳动者可请求撤销显失公平的工伤待遇和解协议

2015年1月1日,陈某在工作中不慎被钢管砸伤脚部。2015年12月4日,经派出所调解,建筑公司支付陈某赔偿款28000元。2016年12月26日,陈某受到的伤害被认定为工伤。2017年3月14日,经苏州市劳动能力鉴定委员会鉴定,陈某的伤残等级为十级。后陈某向建筑公司主张法定工伤保险待遇,建筑公司不予支付。陈某遂申请仲裁,请求裁令建筑公司支付法定工伤保险待遇。仲裁委支持陈某的仲裁申请。建筑公司不服,诉至法院。法院认为,虽然双方就工伤事宜签订了调解协议,但赔偿事宜的协商系在工伤认定及伤残等级鉴定作出之前,陈某的法定赔偿额为76134.9元,远超双方约定的28000元,故该调解协议对陈某而言是显失公平的,符合可撤销情形。

当事人就工伤保险待遇达成的调解协议,其内容并非对劳动关系存续期间劳动权利义务的约定,亦非继续性合同,而是就工伤待遇赔偿责任的承担达成的一次性或分期给付契约,其性质并非劳动合同,对其效力的判断应适用《民法典》相关规定。如果该调解协议系在未经劳动行政部门认定工伤和评定伤残等级的情形下签订,说明工伤职工对自己的工伤待遇标准尚不十分清楚。当劳动者实际所获补偿明显低于法定标准,调解协议符合显失公平、重大误解等可撤销情形的,劳动者可申请撤销双方之前签订的调解协议,并在此基础上要求用人单位按法定标准支付工伤保险待遇。②

---

① 2015年度山东省劳动人事争议典型案例之三:缺乏解除劳动合同关系法律事实的经济补偿请求不能予以支持,http://hrss.shandong.gov.cn/articles/ch00444/201601/55709.shtml。

② https://www.thepaper.cn/newsDetail_forward_3867404,江苏法院2016—2018年度劳动争议十大典型案例之四:劳动者可请求撤销显失公平的工伤待遇和解协议。

第十节 "人事档案"及"诚信档案"问题

一 人事档案和社会保险关系转移手续问题

劳动者辞职后,相关档案等手续应当及时转出,用人单位也有义务与责任及时督促劳动者转出,否则医院可能面临赔偿的风险。对于劳动者而言,如果已经离职,应尽快将档案等资料转出,如果不能及时转出,新的用人单位将不能为其缴纳养老保险等福利待遇。对于在国内事业单位继续任职的劳动者而言,都会尽快将其档案转移走,但是对于国内非事业单位,或者劳动者出国,或者国内单位不需要档案等情形,劳动者转移档案资料的积极性可能会大打折扣,这就需要用人单位尽到督促义务,因为不及时转移档案,用人单位会面临赔偿的风险。

2015年笔者曾经接触过一个案例:[①] 秦某,50岁,原系医院职工,20世纪90年代下海经商,当年从单位不辞而别,没有办理任何手续,用人单位也停发了工资待遇,之后秦某消失了将近20年。2012年,秦某找到医院,医院方才了解其下海经商经营失败。秦某要求回医院上班继续工作,为其补交近20年的社会保险,理由是医院当年没有将其档案转移走,所以,其仍是原单位工作人员。秦某之前曾经咨询过法律专业人士,如果走法律途径,其主张很难得到支持,所以秦某并没有走法律途径,而是以此为由上访多年,并拿出当年在医院的工作证明等文件,以此证明其人事关系、档案关系仍在原单位。经过多年的医院信访、区信访、市信访等多部门信访,并多次堵截医院领导,多次扰乱医院正常工作秩序,最后,在上级信访部门的协调下,医院给予其8万元的补偿款。拿到补偿款后,秦某协助医院将其档案转移走。

二 "诚信档案"的法律效力问题

用人单位将医生纳入"诚信档案",这种做法是否有法律依据?这种

[①] 此案例为笔者在医院工作期间,亲自办理的一起因为医院没有及时转移劳动者的档案资料,劳动者离职多年后不断信访,最后医院给予补偿8万元的案例。

做法是违法的。我国法律当中没有"诚信档案"这个词语，这是民间约定俗成的说法，法律并不支持。法律上存在"失信执行人"，就是在涉及财产纠纷中，一方当事人起诉，人民法院判决另一方当事人败诉，如果败诉方当事人不履行判决，人民法院有权将相关人员列为失信执行人。劳动者在用人单位工作，提供劳动服务；用人单位提供工作的环境和平台，并支付相关福利待遇，二者在法律上是完全平等的民事主体关系，用人单位将劳动者列入"诚信档案"，这种做法就是无稽之谈。

（一）签订了"诚信"协议未履行，是否可以解除合同？

2010年7月26日，某县卫生局（甲方，现更名为县卫生健康局）与王某（乙方）签订《农村医学生免费培养定向就业协议书》，约定乙方以农村医学生的身份参加甲方提供的免费培养项目，学制5年。如果乙方违约，应向甲方退还教育费用，并支付违约金，并将不诚信行为纳入"诚信档案"。

经过研判，并结合其相关医学检查证明，乙方具有不能从事医学职业的身体条件，符合协议书约定的解除条件。同时，原、被告双方现均同意解除案涉协议，故对县卫生健康局主张解除协议书的诉讼请求，法院予以支持。又因王某身体状况不宜从事医疗卫生职业，符合合同约定的解除合同的条件，故对县卫生健康局依据协议约定的违约条款而向王某主张返还工资及给付赔偿的诉讼请求，法院不予支持。[1]

（二）晋升职称时，员工签订的"诚信"协议是否有法律效力？[2]

某医学院作为用人单位，不能提供证据证明其为王某提供了专项技能的培训和交纳了专项培训费的事实。从王某2019年12月13日出具给医学院的《承诺书》可知，某医学院为王某评定教授职称并非上述法律规定的专项技能培训。故王某要求医学院退还已收取的违约金的理由，法院予以采纳。根据国家规定，绩效奖励（奖金）属于劳动者的工资组成部分。在本案中，某医学院依据《劳动合同》约定预留王某2020年1月至7月的绩效奖励共计1万余元，属王某的工资组成部分。王某在

---

[1] 黑龙江省肇源县人民法院（2021）黑0622民初3393号民事判决书。
[2] 湖南省长沙市望城区人民法院（2021）湘0112民初6182号民事判决书。

2020年7月21日提出辞职后,某医学院应当将该绩效奖励支付给王某。某医学院提出拒绝支付王某绩效工资的诉讼请求,法院不予支持。

三 离职证明有瑕疵,劳动者有权要求重新开具

单位以姜某拒绝合理工作安排为由,向其发出《解除劳动合同通知书》。解除当日,单位向姜某出具的《离职证明》中载明,双方解除劳动合同的原因系姜某严重违反公司规章制度。姜某认为单位属于违法解除,要求支付赔偿金,并不同意《离职证明》中写明离职原因,要求重新出具《离职证明》。

《劳动合同法实施条例》第二十四条规定:用人单位出具的解除、终止劳动合同的证明,应当写明劳动合同期限、解除或者终止劳动合同的日期、工作岗位、在本单位的工作年限。从上述规定看,法律对离职证明应包含的事项作出了明确规定,并未包括解除劳动合同的原因或涉及劳动者能力、品行等情况的描述。如果允许离职证明中包含不利于劳动者的相关事项,显然不利于营造公平无歧视的就业环境。故从上述两个角度分析,姜某要求重新开具离职证明的请求应予支持。[1]

---

[1] http://rsj.beijing.gov.cn/bm/ztzl/dxal/201912/t20191206_880144.html,2019年北京市劳动人事争议仲裁十大典型案例之七:离职证明中不应包含对劳动者不利事项。

第四章

医院科室综合管理

第一节 医护人员与他人发生肢体冲突的法律责任

员工致他人轻微伤,单位是否承担责任?当事人主张营养费、护理费、精神损失费能否得到法院支持?住院费用是否应予赔偿?后续治疗费用,本次起诉是否可以一并解决?[①]

涉及科室:医院所有科室

判决理由:在医院门诊,姜某与医院员工周某因先前纠纷发生争执并有身体接触,姜某当场报警。诊断记录为:左上肢瘀青(软组织挫伤);左肘部划伤约5cm,深1mm;胸部皮下瘀青(软组织挫伤)15cm×15cm;头晕、心悸(心区供血不足,窦性心动过速);焦虑抑郁状态。后姜某入院治疗。另查,公安局物证鉴定所出具《意见书》,检验结果显示姜某体表软组织损伤的医学诊断结果属轻微伤。

判决内容:关于上诉人姜某主张的各项费用评析如下。

住院医药费问题。姜某在冲突发生之后,住院治疗产生医药费1.5万余元。入院记录和治疗明细中载明姜某病情为心肌缺血、脑梗后遗症及皮肤挫伤。上诉人姜某并未提供充分有利的证据证明与此次冲突事件有关,法院不予支持。

姜某治疗精神抑郁的医药费。上诉人姜某主张的医药费0.5万余元,根据上诉人提供的相关证据不足以证实时隔半年之久在医院确诊的创伤

---

① 天津市第一中级人民法院(2016)津01民终3023号民事判决书。

后应激障碍病情与被上诉人周某的侵权行为有因果关系，法院不予支持姜某的诉求。

被上诉人周某与上诉人姜某发生肢体冲突并非职务行为，对上诉人姜某的理赔责任由周某一人承担，单位不承担赔偿责任。

医疗风险提示及律师点评：医院员工和他人发生身体接触，致他人轻微伤，只要不是职务行为，单位不承担责任。在轻微伤害案中，当事人主张营养费、护理费、精神损失费等费用，如果没有住院记录或者相关的医嘱予以证明，其主张无法得到支持。此外，并非当事人住院的所有费用都予以赔偿，只有和对方当事人造成侵权行为存在法律上的因果关系的疾病而产生的相关费用，才可以得到法院的支持。关于以后产生的治疗费用，一般而言，本次起诉不可以一并解决，但是当事人可以保留之后起诉的权利。

第二节　总值班记录的法律效力问题

关于"无陪护病房"发生纠纷时存在的法律问题？医院总值班记录的法律效力如何认定？[①]

涉及科室：总值班、所有科室

医疗事故技术鉴定结论：原告（患者家属）之母杨某因冠心病在被告处（医院）住院，原告缴纳住院费40万余元。医学会的鉴定意见为不属于医疗事故。

判决结果：被告医院在诊疗过程中，对于病程记录和对家属在告知义务方面存在瑕疵，特别是当遇到有脑病后遗症的患者，从医学上来讲，该病人出现"误吸"的可能性极大，被告医院应对相关的手术风险、手术方式、术后康复等内容未就此尽到告知义务，使原告未能充分了解手术的风险，以及是否同意医院进行相关手术。此外，患者在救治过程中发生急性呼吸衰竭，而"误吸"则是导致呼吸衰竭的原因。正是由于被告的失误，导致原告付出了高额的医疗费用，鉴于被告的过错，法院酌

---

① 天津市河东区人民法院（2013）东民初字第5603号民事判决书。

情确定被告退还 5 万元。

医疗风险提示及律师点评：原、被告在事实上的争议焦点如下。

（1）法院认为：被告认可《无陪伴病区特殊服务协议书》的真实性，但认为该协议合法有效。对于原告提出的被告存在欺诈和引诱的故意一节，其提出的事实依据是被告询问其是否住高干病房问题，但从双方陈述来看，被告只是告知其有高干病房可以选择，并未强迫患者入住，且患者杨某也未实际入住高干病房，因此原告主张的此项事实法院不予认定。

（2）对于《无陪伴病区特殊服务协议书》的问题。该协议的主要内容为：①无陪伴病区对住院患者或家属实行包餐制，医院营养科在病房为患者预定并提供每日三餐，收费标准为每人每日 5 元，使用饭卡消费。②由医院统一安排康复助理对患者进行生活护理服务，收费标准为每人每日收取陪床费 10 元（监护室病人除外）。③除患者病情变化，医护人员通知家属到院和探视时间外，家属不准进入病区。④后附医院无陪伴住院须知，已阅知，同意遵守医院协议规定。

法院认为：原告主张该协议书上没有规定患者的权利，因此应为无效协议。但从该协议书及须知的内容上看，并无显失公平之处且除了不允许患者家属全天候陪伴之外也符合各医院对住院患者的普遍要求。至于不允许患者家属全天候陪伴问题，正是被告医院进行医疗改革的尝试且经过了医疗卫生行政部门的许可。患者的权利在无明确约定时可以通过法律、法规的规定及医疗服务行业的惯例得到确定，且该协议及须知并未免除被告为患者提供的住院诊疗服务所应承担的相关义务。因此该协议书及所附须知不存在应当认定无效的情形，原告据此主张被告存在欺诈及引诱的故意法院不予认定。

（3）被告对患者杨某的"捆绑"行为是否存在过错。原告主张在其去医院探视患者杨某时，发现被告将患者杨某双手捆绑在床栏杆上，并因此与被告发生争议，自此未再去医院探视患者杨某。被告之所以将患者杨某的胳膊束缚在床栏上，医学实践称之为"束缚"，是对于防止患者坠床等意外情形的发生而采取的医疗措施。

法院认为：根据患者杨某病历记载，患者病程记录中有患者四肢抽搐、意识不清的记载，区医学会及某医学会在医疗事故技术鉴定意见书及医疗损害鉴定意见书中均未认定被告采取此种措施不妥。但既然是医疗措施且是容易引起不懂医学的患者亲属误解的措施，被告应当与患者亲属进行沟通，就该措施的必要性是长期措施还是临时措施予以解释说明，原告正是因为对被告对患者采取的该措施不理解而与被告发生争议，此后未再到被告处探视患者。医院对于患者的"束缚"措施从医学上并无不妥，但应对患者家属进行充分的告知，保障其知情权。

(4) 被告是否尽到相关的通知义务。原告主张被告未按《协议书》的约定在患者出现病情危重及患者死亡时履行告知义务，致使原告在法院庭审过程中才知晓患者杨某死亡的问题。被告则主张原告长期不到医院探视患者，被告已经尽到了通知义务，是患者家属拒绝探视，患者死亡时被告还求助公安机关通知其亲属。其中被告证据2中总值班记录记载："值班时间……呼吸科住院来电话，该科脑梗塞气切术后患者杨某，82岁，抢救无效后死亡。尸体停在病区。科里联系家属，儿子和孙子接到患者抢救病危电话后均挂断，再打就关机了。"据了解这是名长期住院的病人，家属一直极不配合，据住院科说几乎没见过她儿子来过医院。我们通过电话与程科长取得联系将此情况作了汇报与沟通。在叮嘱科内做好抢救相关记录的前提下，根据科内提供的线索和程科长的指导，通过派出所民警也没有找到其家属。

(5) 关于原、被告证据效力认定问题。①针对原、被告此项争议焦点，法院分析认为，被告证据1系被告在处理患者尸体时所录制的视听资料，反映了被告将患者杨某尸体从病房推入太平间的过程予以认可。②对于总值班记录的真实性问题，法院要求被告提供了总值班记录的原件，从肉眼看该记录与前后记录的纸张颜色、墨迹沉淀等并无明显异常，原告也未提出该页记录形成时间的鉴定申请，因此法院认定该记录就是2009年6月9日所写。对于原告对记载内容真实性所提出的异议，法院的意见是：总值班记录系长期连续的记录，结合该页记录前后可以看出，该记录是晚间值班记录，而且"2009.6.9N"中的"N"应为夜晚的英文缩写，因此在6月9日的总值班记录中记载6月10日凌晨及早间发生的事情是符合情理的，与病程记录上的记载并不冲突。对于记录上的删改，删改处的原文可以肉眼辨认，属于文字措辞方面的修改，因此并不影响该记录的真实性。再结合被告其他证据及法院到派出所调查时民警的解释，可以认定在患者杨某死亡后被告求助公安机关通知原告的事实存在。

（6）对于被告在患者病情出现危重时是否履行了通知义务。被告的病程记录中在记录患者出现危重情况时有电话联系家属的记载，同时总值班记录中亦有联系家属的记载，基于与上述对被告证据2同样的理由，对病程记录及总值班记录的真实性法院予以认定。这些虽然都是被告的单方记载，但被告作为医方无论从相关医疗规范的要求还是行业惯例来讲，在患者病情出现变化特别是病危时与患者亲属联系都是其不会忽略的环节，而电话通知本身就存在难以留存证据的缺点，因此在没有证据否认相关记载系当时形成的前提下，认定医院履行了告知义务。

第三节　患者长期占床引发的诉讼

一　患者长期占用医院床位，医院可否提起民事诉讼？患者欠缴医药费，医院可否提起诉讼？[①]

涉及科室：医院所有科室

判决理由：被告（患者）因刀刺伤经急诊入住原告（医院）普外科，当日进行急诊手术治疗。术前向其交代"术后有伤口感染、裂开、延期愈合"等情况，患方知情并同意手术，术后其安返病房，给予抗感染、抑酸、补液等对症治疗。2013年10月，被告伤口愈合，原告建议其出院遭被告拒绝。同年11月，原告再次通知被告出院并为其办理了出院结算手续，共产生床位费4.75万余元。

被告到原告医院就医期间，应遵医嘱进行相应的治疗并支付应付的医疗费用。在原告将终止服务合同的意思表示告知被告后，被告没有办理出院手续且在没有治疗的情况下，仍滞留原告医院，影响了原告正常的医疗秩序，其做法是错误的。庭审中，被告称双方尚有其他纠纷一

[①] 天津市南开区人民法院（2015）南民初字第1465号民事判决书。

节，与本案并非同一法律关系，可另行通过相关途径予以解决。判决如下：被告向原告医院支付各种费用合计3.4万余元，并同时搬离原告医院。

医疗风险提示及律师点评：该案案情比较简单，其特点在于有借鉴意义。现实中，很多医院遇到患者欠费、非法占据床位的问题，医院往往采取息事宁人的做法，最后不了了之。笔者曾经了解到有的三甲医院患者占据床位达6年之久，后来占据的病房都换上自己购买的锁具。该案具有重要的示范作用，为医院通过法律途径维权的做法点赞。

二 短暂性脑缺血：医患双方发生纠纷后，患者拒绝出院或者长期占据医院床位，医院应如何应对？[①]

涉及科室：医院所有科室

案情经过：被告（患者）突发"右侧肢体不利，半小时恢复正常"入原告处就诊。入住10天左右，原告方（医院）医生建议被告转至Z医院做康复治疗。后原告方多名主任医师对被告病情进行会诊，认为被告目前病情平稳，各项治疗已经结束，具备出院条件，可以出院，到外院进行康复治疗。原告单方给被告办理了出院手续。经查，被告未拖欠原告医疗费，也未主动办理出院手续。截至起诉之日，被告仍在原告处病房。

判决理由及结果：本案经过原告方专家会诊，认为被告病情平稳，具备出院条件，被告应当予以配合，办理出院手续。被告如果认为原告的治疗措施给其造成了损害，应通过正当途径依法解决，然被告拒不出院，影响了原告正常的医疗工作和医疗秩序。原告医院关于解除原、被告之间的医疗服务合同，被告腾退非法占用的原告神经内科病床的诉求，应予支持。

---

① 天津市河西区人民法院（2016）津0103民初283号民事判决书。

第四节 医政科

一 院方与患方签订的"经济补偿"协议书的效力如何？一方可否反悔而提起诉讼？[①]

涉及科室：医政科、院办

纠纷经过：原告高某与被告医院签订协议书一份，甲方为医院，乙方为李某（法定代理人高某），协议内容如下："乙方李某，在被告医院急诊，医患双方就医疗行为、医疗费用、监护义务、医疗秩序等问题产生争议，由派出所民警组织调解。根据相关法律法规，双方自愿达成协议，如下：①甲方一次性给予乙方及其法定代理人高某经济帮助人民币3400元整。②乙方及其法定代理人高某收到上述款项后表示不再与甲方发生任何纠葛；不再通过诉讼、调解、鉴定、信访等途径主张权利；不再以任何方式毁损甲方名誉。③乙方由其监护人接离医院，且乙方及其法定监护人明确承诺若病患再需就诊将选择其他医院，绝不再到甲方医院就诊。此处理为一次性终结性解决，今后双方各自问题均与对方无关，不存在未尽事宜。"甲方代表杨某及乙方法定代理人高某分别在协议书落款处签字。

被告向原告高某支付3400元。原告高某于同日向被告出具收条一份，内容为："今收到医院经济帮助3400元，收到后不再与医院发生任何纠葛，不再通过任何诉讼、调解、鉴定、信访等途径主张权利，不再以任何方式毁损甲方名誉。"原告高某在收条落款处签字。再查，原告认为前述协议是受到了被告医院的欺诈、受到医院胁迫的情形下签订的协议，因此主张该协议无效或者撤销。

判决理由：本案，经派出所民警组织调解，双方达成和解协议，由被告向原告支付经济帮助3400元，双方争议一次性终结性解决，本协议已经履行完毕。本案原告主张在协议签订过程中被告存在欺诈、胁迫，但并未提供相关的证据材料，其主张不能得到法院支持。

---

① 天津市南开区人民法院（2017）津0104民初10083号民事判决书。

医疗风险提示及律师点评：在当事人双方签订协议后，一方经常提出受到欺诈、胁迫或者乘人之危等理由，而主张合同无效。按照法律规定，合同无效或者可撤销，应当具备法定的事由，而且主张合同无效或者可撤销的一方应当承担举证责任，如果不能举证，则将承担不利的法律后果。《民法典》第一百四十八条规定了以欺诈手段，第一百五十条规定了以胁迫手段订立的合同的情形，本案显然不属于上述情形。

二 "和解协议"是否有效？任何一方认为显失公平可否提起诉讼？[①]

涉及科室：院办、医政科

案情经过：原告到被告处住院，在查看医保报销明细时，认为被告将可享受医保的 2800 余元按自费收取，还多收 4200 余元自费部分。经与被告相关部门人员沟通，被告同意退还原告 4000 元，医保部分不予解决。后被告在给原告退款时让原告在一打印好的《协议书》（甲方：牟某，乙方：医院）上签字，内容为患者牟某主因摔伤致右髋疼痛、活动受限 9 天入住我院，4 日后好转出院。患者对医院治疗无异议，对治疗费用及相关政策提出异议，考虑患者经济困难，经双方多次协商，最终达成一致意见，特制定协议如下。

①乙方退还甲方住院费用人民币 4000 元整，甲方不再以其他形式向乙方主张任何权益。②本协议为甲乙双方平等、自愿协商之结果，任何一方都不存在欺诈、胁迫、乘人之危的情形，是双方真实意思表示。③甲乙双方对医院的整个治疗过程、治疗结果，对患者的全部疗效等方面，不再存有任何误解，也不再提出任何异议。④甲乙双方一致认为本协议对双方都非常公平，没有任何不公平之处。⑤就此事件及其之后出现的任何问题，甲乙双方均不得以任何形式、任何理由再向对方主张任何费用及不得主张任何其他权利（包括不得诉讼、不得行政调解、不得司法鉴定等）。⑥协议签字生效后本案全部终结。双方签字盖章后各执一份。

后原告认为当时谈的是退还住院期间多收的费用事宜，没有涉及病情治疗问题，将病情治疗问题写入协议是剥夺了其权利，主张条款是乘

[①] 天津市河西区人民法院（2020）津 0103 民初 1410 号民事判决书。

人之危单方面拟定的格式条款，完全是被告的一面之词，起诉要求撤销。

判决理由及结果：本案诉争的协议书，是原、被告双方为解决原告所提出的"被告将可享受医保的2800余元按自费收取了，还多收了4200余元自费部分"问题签订的，解决的是多收费问题，而非病情治疗问题。被告草拟协议时将未涉及和未经双方协商的病情治疗问题"患者对医院治疗无异议""双方对治疗过程与结果、疗效等方面，不再存有任何误解，也不再提出任何异议"。"就此事件及其之后出现的任何问题，不得以任何形式、理由主张任何权利（包括诉讼、行政调解、司法鉴定等）。"加入草拟的协议中，显然不合理，予以撤销。其他主张，不符合撤销条件法院不予支持。

判决结果：撤销双方《协议书》"患者对医院治疗无异议"及双方对治疗过程与结果、全部疗效等方面，不再存有任何误解，也不再提出任何异议、第5项"就此事件及其之后出现的任何问题，双方均不得以任何形式、理由主张任何权利"的约定。

医疗风险提示及律师点评：本案中，对于双方对治疗过程与结果、疗效等方面，不再存有任何误解，也不再提出任何异议，以及就此事件及其之后出现的任何问题，不得以任何形式、理由主张任何权利（包括诉讼、行政调解、司法鉴定等），是将当事人的合法权益通过协议的形式予以剥夺，显然是非法的，应予撤销。

三 患者在医院死亡，欠下住院费与丧葬费，医院可否提起民事诉讼？如果死者没有任何遗产，法院应当如何处理？由于死者遗体放到第三方殡仪馆，医院可否一并提起民事诉讼？[①]

相关科室：医政科

判决结果：患者家属在医院住院，后死亡。医院作为原告起诉要求继承人支付被继承人鲍某所欠医疗费用3万余元，支付鲍某遗体火化前的尸体存放费用7万余元。

法院认为，原告（医院）现有的证据，可以证明其为鲍某提供了医疗

---

① 天津市南开区人民法院（2015）南民初字第1843号民事判决书。

服务，二者形成医疗服务合同关系。鲍某死亡后，其生前所欠医疗费系尚未清偿之债务。被告系鲍某的法定继承人，原告依法可就所产生的医疗费用向被告主张权利。需要说明的是，按照法律规定，清偿被继承人的税务和债务，以其遗产的实际价值为限。本案中，原告不能证明二被告继承遗产的实际价值，且二被告均否认死者鲍某存在遗产，故，原告要求二被告支付死者鲍某生前所欠医疗费用3万余元的诉求，不能得到法院支持。

关于原告主张被告张某支付死者鲍某遗体存放费用7万余元一节，该笔费用产生于鲍某死亡之后，并非其生前所负债务，属于服务合同纠纷，且合同主体还涉及案外人天津某殡仪服务有限公司。由于遗体存放费用为合同纠纷，与本案并非同一法律关系，应另行解决。

医疗风险提示及律师点评：在医疗服务合同中，经常出现患者逃费并出院的问题，从法律上来讲，医院可以通过司法途径挽回经济损失。对于没有继承人的纠纷案件，原告应该举证其存在相关的遗产。另外，有些遗体存放费用应为第三人收取，如果医院代替第三人收取，属于诉讼主体不适格，会承担不利法律后果。

四　医疗纠纷处理过程中，如果双方发生肢体冲突造成轻微伤，应当如何解决？[①]

涉及科室：医政科、信访部门

判决理由及结果：原告（反诉被告）刘某前往医院门诊办公室，认为预约就诊时间已到而不能就诊，为此与当值工作人员王某进行沟通，后双方发生争吵、发生互殴行为，均构成轻微伤。

本案中，原告（反诉被告）刘某在处理医患纠纷过程时情绪激动，多次实施以手指指点他人的不文明行为，在被告（反诉原告）王某起身欲往外行走时加以阻拦，其上述行为对于矛盾的激化升级具有直接作用，应承担相应法律责任；被告（反诉原告）王某作为医务工作者，在处理工作事务时面对情绪激动的人员，应保持冷静并采取合理的处理事件方式，但在本次纠纷中未能保持冷静，率先实施具有攻击性的行为，对于

---

① 天津市津南区人民法院（2016）津0112民初7973号民事判决书。

双方矛盾的激化升级亦起到了直接作用，被告（反诉原告）王某亦应按照其过错程度承担相应责任。法院认定原告（反诉被告）刘某承担30%责任，被告（反诉原告）王某承担70%责任。被告王某赔偿原告刘某3400余元；反诉被告刘某赔偿反诉原告王某600余元。

五　对于常年居住在医院的无民事行为能力的病人，可以申请法院确认其为无民事行为能力，以便确认其监护人[①]

涉及科室：医政科

案情经过：被申请人陈某在T医院住院。陈某未婚，无子女，其父母陈某1、丁某均已死亡，无其他近亲属。陈某于1994年被诊断患精神分裂症，前后21次在T医院住院治疗，最后一次从2012年开始住院至今。鉴定意见为：陈某患有精神分裂症，评定目前为无民事行为能力，双方对司法鉴定意见书均无异议。

判决理由：司法鉴定意见书真实客观地反映了被申请人目前的状况，法院予以采信。考虑到陈某无其他近亲属，其他个人或者组织也不乐意担任其监护人，为便于履行监护职责及本案实际情况，法院指定陈某住所地的居民委员会为被申请人的监护人。

判决结果：陈某为无民事行为能力人；指定其所在的社区居民委员会为陈某的监护人。

六　对于患方提出的医院同意免除其住院费用的录音，法院如何认定其效力？医院要求患者补交其住院费用，诉讼时效是多久？患者出院后非法占据床位达7年，这是否可以作为诉讼时效中止、中断和延长的法定事由？[②]

涉及科室：医政科

判决理由：薛某到原告医院住院治疗，共计拖欠医药费10万余元。薛某一直滞留在原告处，并占用原告病床直至死亡。现原告（医院）未

[①] 天津市河北区人民法院（2019）津0105民特649号民事判决书。
[②] 天津市第一中级人民法院（2019）津01民终1019号民事判决书。

向法庭提交其在起诉前向薛某或其家属主张过医药费的相关证据，且未有诉讼时效中断、中止或延长的情况出现，原告为薛某办理了出院结算，扣除所缴纳的押金后，薛某尚欠原告 10 万余元未付，原告应当知道其权益受到了侵害，主张医药费的诉讼时效应当从转天开始计算，至原告起诉，已经超过诉讼时效。故被告（患者家属）主张原告（医院）该请求已经超过诉讼时效的抗辩理由成立。二审维持原判。

医疗风险提示及律师点评：

（1）患者给医生录音，在法律上应如何评价？

在临床上，患者或者基于对医生的不信任，也或者对于医学知识的复杂，便于之后记忆和核对，经常对于医生的医嘱进行录音，这引起了临床医生和护士的极大反感。就本案而言，对于患方提出的医院同意免除其住院费用的录音，法院不能仅听取当事人一方的证言，应结合一审中有关庭审笔录综合判定。需要综合判定医院的真实意图是免除全部住院费用，还是仅免除其门槛费用。

（2）医院要求患者补交其住院费用，诉讼时效是多久？

患者出院后非法占据床位达 7 年，这是否可以作为诉讼时效中止、中断和延长的法定事由？本案中，被告（薛某家属）称，出院系原告（医院）在薛某及其家属不知情的情况下自行办理，家属并不同意出院，出院后，原告为薛某停止了一切诊疗行为，未再为薛某办理入院手续。原告也表示薛某出院后，原告未给薛某进行任何诊疗行为，未与薛某形成新的医疗服务关系。虽薛某一直占用原告病床，但该行为并不符合诉讼时效中止或中断的情节。《民法典》生效后，医院应当适用 3 年诉讼时效，来主张合法权益。

（3）医院主张患者支付的医疗费用是全部住院费用还是仅为门槛费？

医院在本案中主张的医疗费系自 2008 年 3 月 11 日至 2010 年 11 月 7 日期间薛某住院所产生。薛某在 2010 年 8 月 9 日第十三次入院，2010 年 11 月 7 日医院自行为薛某办理了出院手续。从薛某先后十余次的入院出院的事实以及薛某本人并未实际离开医院，出院后再行进入医院进而办理入院，仅仅是办理相关出院入院手续，以及薛某的医疗费支付仅为门槛费及住院押金的交纳，以及医院并未提交证据证实其催要过医疗费用，结合薛某 2008 年入院至 2017 年去世的事实。针对 2010 年 8 月 9 日至 2010 年 11 月 7 日发生自负医药费 0.8 万余元，该笔费用发生在薛某住院期间，虽不存在时效问题，应认定系医院认可患者家属仅需交纳门槛费履行方式，现医院主张该期间的费用无事实依据，且与双方的履行过程不符，法院不予支持。

七　民事案件认定事实的优势证据原则：外购药品的费用是否应得到支持？

涉及科室：医政、药剂

判决理由及结果：讼争 20 瓶人血白蛋白用药系遵医院医生之嘱，医生开出处方后交由患者家属外购，该院护士有注射记录。患者虽然不能提供原始收费凭证，但对此作出了合理解释，而且他们原本主张的实际购置费用远远高于医院的出售价格，但为尽快了结纠纷，在诉讼中进行了让步，同意按照医院的出售价格计算其支出费用。而且，医院也提供了证据，证明其同时期出售的人血白蛋白价格为每瓶 360 元。在这种情况下，李某住院治疗期间自行购买人血白蛋白的费用数额，已经具备了完整的证据链可以证明，符合民事案件审理过程中认定事实的优势证据原则。所以，最高人民法院部分支持原告关于人血白蛋白费用的诉讼请求，纠正了原审判决在认定事实方面存在的错误。

医疗风险提示及律师点评：本案涉及群众民生问题，任何细节都会影响到权利人的合法权益能否切实得到救济，准确认定事实是正确审理案件的基础，应当全面审查证据材料，不能简单化处理，这样才能避免形式主义错误。诉讼请求能否得到支持，需要证据证明，但对证据法定构成要件的理解不能僵化。原始收费凭证确实是证明商品数量和价格的直接有力证据，但仅仅拘泥于此就不能解决复杂问题，很难做到让人民群众在每一个司法案件中都感受到公平正义。原审判决对于原告 16200 元人血白蛋白费用的诉讼请求一概否定，就是犯了这样的错误。[1]

---

[1]　最高人民法院（2013）民抗字第 55 号再审民事判决书，此案系 2014 年最高人民法院公布七起人民法院保障民生典型案例之案例六。

第五节　护理部

一　患者在医院护理方式为一级护理，在放射科检查过程中摔倒，医院承担70%赔偿责任[①]

涉及科室：护理部

判决理由：本案系医疗损害赔偿纠纷，原告（患者）起诉的主要原因是其在被告医院住院治疗时在放射室检查过程中摔伤，要求被告赔偿损失。被告未尽到对病患会出现危险的预判义务，出现了原告摔伤的后果，被告应当承担责任。但考虑到医疗行业属于高危险行业，即使医生尽到了预判义务，也有可能出现各种损害后果。尤其在原告表示转入普通病房后，身体状况好转，未出现任何不适症状的情况下，被告才要求原告自行前往放射室检查，故应当减轻被告的责任。因此，法院认为被告以承担70%责任为宜，合计14万余元。

医疗风险提示及律师点评：本案中，根据庭审事实调查，双方均不能说明原告摔伤的原因，在此情况下，法院分析原告摔伤的客观因素有三：被告放射室内存在不合理的安全隐患、原告未尽到保护自己安全的谨慎义务和原告的自身身体因素。现原、被告均没有充足证据表明被告放射室内存在不合理的安全隐患和原告有疏于自身安全的过失，仍然发生了原告摔伤的客观后果。故法院从原告的自身身体因素考虑：原告到被告处治疗时即被送入重症监护室，可见病情十分严重。虽经治疗后转入普通病房，但护理级别仍为一级护理。在医生要求原告到放射室检查时，应当考虑到原告年龄较大、入院前出现过头晕耳鸣并有4—5次黑蒙等症状、从重症监护室转入普通病房时间仅有两日以及尚未撤去一级护理等因素，选择适当的时机，采取更为安全、稳妥的放射检查方式，以确保患者的安全，而不应当让原告自行前往放射室检查。故法院作出如上判决。

---

① 天津市河北区人民法院（2015）北民初字第7912号民事判决书。

二 护士调换病人床位，是否需要经过患者同意？如果造成患者损失，医院是否应承担责任？①

涉及科室：护理部

鉴定结论：（1）患者入院后给予相应的控制血压、降颅压、止血等对症治疗，诊断明确，治疗得当。（2）在住院期间，患者再次发生右侧丘脑出血，病情加重，医方与家属协商后，行开颅血肿清除及去骨瓣减压手术，手术适应症选择正确，治疗得当。在NICU治疗过程中，患者发生皮疹，医方有明确的会诊和治疗措施。（3）患者在原有高血压、糖尿病的基础上易发生脑出血，情绪激动可能成为诱发因素之一（根据现有证据不能证明导致患者情绪激动的原因与医方诊疗及护理行为有关）。双侧丘脑出血预后差，目前患者的情况符合该疾病转归，医方的诊疗行为无过错。

判决理由：对于原告第二次脑出血的诱因，鉴定意见中明确记载"患者在原有高血压、糖尿病的基础上易发生脑出血，情绪激动可能成为诱发因素之一"，而原告住院期间再次发生脑出血恰在按照被告安排更换病房且与新换病房其他病患者的护工发生纠纷之后。可以肯定的是，被告作为医疗机构对于患者病房及床位的安排、调换具有管理职权，但行使管理职权应根据患者的病情特点、轻重，本着合理原则，采取适当、妥善的方式方法。虽然被告的诊疗行为经鉴定不存在过错，但其给原告调换病房确实对原告病情造成一定影响。考虑到原告因再发脑出血造成的经济损失较大，被告医院一次性补偿原告顾某1万元。

医疗风险提示及律师点评：医疗机构对于患者病房及床位的安排、调换具有管理职权，但行使管理职权应根据患者的病情特点、轻重，本着合理原则，采取适当、妥善的方式方法。有些患者在原有高血压、糖尿病的基础上易发生脑出血，情绪激动可能成为诱发因素之一，所以针对这类患者尤其应当注意。

---

① 天津市南开区人民法院（2016）津0104民初9702号民事判决书。

第六节　物业后勤部门

一　医院提供的病床护栏缺失，导致患者从病床摔下，应如何承担责任？[①]

涉及科室：后勤管理部门

判决理由：原告因"左眼无痛性、渐进性视力下降一年余"入被告医院眼科住院治疗，被诊断为老年性白内障。术后继续住院，予以抗炎治疗。后原告从病床跌落摔伤，被诊断为右股骨颈骨折，行右股骨颈骨折人工股骨头置换术。法院认为，本案原告从病床上摔下受伤，与病床一侧围栏缺失具有直接因果关系，而对于病床缺陷，被告在护理患者、巡查病房时未及时发现并采取安全保证措施，应承担侵权责任。原告年近90岁，且处于白内障手术的恢复期，观察能力及行为控制能力较差，不具有过错。

医疗风险提示及律师点评：医院里相关设施的安全维护，是医院日常管理中非常重要的工作，需要医院各科室持续、不懈的努力。本案中，对于医院病房中病床的维护与管理是非常重要的内容，将近90岁的患者从病床中摔下来，造成股骨头损害，最后医院赔偿将近10万元，这个教训应当值得借鉴。

二　由于电梯缺乏必要保养维修而造成的损害如何赔偿？[②]

涉及科室：后勤部门

判决理由：原告到被告医院探视病人，乘电梯下楼时，电梯在运行过程中因故障厢体发生抖动摇摆，致使原告身体感到不适，原告家属拨打110报警，经民警协调原告在被告医院工作人员陪同下进行了检查治疗，经医学影像检查结果为："脊椎侧弯并椎间旋转，以胸腰段为著，所见椎体边缘不同程度唇样变，胸椎椎体形态无著变，胸腰段椎体结构显

[①] 天津市滨海新区人民法院（2018）津0116民初41984号民事判决书。
[②] 天津市红桥区人民法院（2013）红民初字第3442号民事判决书。

示不清,腰 1/2—4/5 椎间隙变窄,终板下骨质硬化,双侧腰大肌隐约可见。"原告多次在被告医院进行治疗,医生均在病历中建议原告"绝对卧床休息"。其间,原告遵医嘱外购药品和外购理疗袋,共支付医疗费 0.3 万余元。

被告医院与物业公司签订了《电梯维修保养贵宾服务合同》,本案发生在合同生效期间内。原告到被告医院探望病人,乘坐电梯时,电梯在运行过程中因故障厢体发生抖动摇摆给原告身体造成伤害,应承担侵权责任,被告医院一次性赔偿原告各项费用 1 万余元。

医疗风险提示及律师点评:《民法典》第一千一百六十五条:行为人因过错侵害他人民事权益造成损害的,应当承担侵权责任。依照法律规定推定行为人有过错,其不能证明自己没有过错的,应当承担侵权责任。

三 医院内案外人洒的小米粥未及时清理,导致其他患者滑倒受伤,医院承担 23 万元赔偿责任。原告要求 M 物业与医院承担连带责任的请求,法院是否支持?[①]

涉及科室:后勤部门、物业管理部门

判决理由及结果:案外人经过医院二楼入口处时洒落小米粥,后国某从该地点经过,踩到小米粥后摔倒在地,诊断为左侧股骨颈骨折。原告现已治疗终结,共支付医疗费 9 万余元。事发时间处于中午打饭、就餐时间,如 M 物业所述在其工作人员经常巡视的情况下仍不能保证地面清洁,此时医院更应当采取措施来预防损害结果的发生,如其积极作为损害后果就不会发生,故医院应承担补充责任。

国某作为法律意义上的完全民事行为能力人,因其未尽到合理注意义务,而导致损害后果发生。医院承担 70% 的责任,国某自行承担 30% 的责任较为适宜。M 物业与医院系物业服务合同关系,非案涉公共场所的管理人,与原告的请求权基础非同一法律关系,故 M 物业不应承担责任,对于原告要求 M 物业与医院承担连带责任的请求,不予支持。被告医院赔偿原告国某各项经济损失共计 23 万余元。

---

① 天津市红桥区人民法院(2020)津 0106 民初 1228 号民事判决书。

医疗风险提示及律师点评：医院的物业管理部门应当对于医院范围内的危险状态及时消除，例如：患者的呕吐物、小米粥、下雨下雪拖地后防滑措施的采取等，否则，一旦造成人员损害，医院将承担侵权责任。

四 患者住院期间，与护工发生争吵导致心脏病复发，医院和物业公司是否应当赔偿？①

涉及科室：物业后勤部门

判决理由和结果：原告自述在医院住院期间，护工杨某对原告进行语言刺激，故意激怒原告，导致原告心脏病复发；后原告找到相关领导说明此事，又被徐某污蔑、欺骗，加重了病情；后进行心脏支架手术。

法院认为，雇员在从事雇佣活动中遭受人身损害，雇主应当承担赔偿责任。医疗管理有限公司与医院是合作关系，由医疗管理有限公司派遣相关护工为医院病房住院病人提供相关服务，进行生活护理。原告住院后，接受医疗管理有限公司派遣护工的服务，双方形成服务合同关系。护工为患者提供服务，不仅要在生活上照顾病患，在精神上也应体恤病患。护工在护理中造成患者伤害，医疗管理有限公司作为雇主应承担相应的责任，被告医院不承担责任。

原告称护工杨某在语言上对其刺激，又被该公司另一员工徐某污蔑、欺骗，加重了病情导致进行支架手术并要求赔偿。本案是一般侵权，适用的是过错责任，在此情况下应由受害人对是否存在过错承担举证责任，并且证明过错损害结果之间是否存在法律上的因果关系。依据原告的证据不能证明侵害事实，至于病情加重，因原告自身心脏有问题又接受了搭桥手术，此次治疗是在其所称事发后的7个月，鉴于人的身体状况变化受多方因素影响，加之自身患有原发病，又涉及专业性的医学诊断，无法确认损害事实与结果之间是否存在法律上的因果关系，法院驳回原告的诉讼请求。

医疗风险提示及律师点评：《最高人民法院关于审理人身损害赔偿案件适用法律若干问题的解释》第九条：雇员在从事雇佣活动中致人损害

---

① 天津市河西区人民法院（2019）津0103民初8411号民事判决书。

的，雇主应当承担赔偿责任。本案中，医疗管理有限公司派遣护工对原告进行服务，形成服务合同关系。护工在护理中造成患者伤害，医疗管理有限公司作为雇主应承担相应的责任，被告医院不承担责任。

因果关系是构成侵权的基础要件，因果关系不成立，就不能要求行为人对损害后果承担侵权责任。本案中，因原告自身心脏有问题又接受了搭桥手术，此次治疗是在其所称事发后的 7 个月，加之自身患有原发病，无法确认损害事实与结果之间是否存在法律上的因果关系。

五　鉴于精神类病患的特殊性，医院安全保障义务要明显高于普通医院，出现患者损害应如何赔偿？[①]

涉及科室：精神科

鉴定结果：陈某因患有精神分裂症第 8 次住院治疗。后于病房内摔倒，经医院初步诊治后，陈某入 A 医院住院治疗，被诊断为：左股骨颈骨折，经鉴定为十级伤残。被鉴定人应自外伤之日起护理期 150 日，营养期 180 日。

法院裁判理由及结果：医院承认陈某在本案中主张的事实，故对陈某主张的事实予以确认。从监控视频可查，事发当时陈某在病房走廊内行走，无其他人员与陈某碰撞，亦不可查事发地面是否有障碍物影响陈某行走，陈某自行摔倒，后又自行离开，由于事发突然，且事发时间较短，无医护人员发现该情况，但在事发后第二天医院对陈某进行了检查，故不存在医院对陈某救治不及时。另从监控视频可查，陈某摔倒处走廊地面无接缝，走廊两侧有扶手，说明医院尽到了一定的安全保障义务。但医院作为主要治疗精神类病患的医院，不同于普通医院，鉴于精神类病患的特殊性，其安全保障义务要明显高于普通医院。陈某入住医院后，医院并未要求陈某必须有家属进行陪护，则又提高了其保障义务。医院在向陈某家属送达《精神科住院患者易发生跌伤护理告知书》时，明确提到患者服用精神科药物后，可能会出现头晕等症状发生跌伤，说明医院知晓该风险的存在，而在陈某无家属陪护的情况下，仅以告知书的形

[①] 天津市第二中级人民法院（2018）津 02 民终 7974 号民事判决书。

式将该风险转嫁于陈某，显失公允，医院应承担60%赔偿责任，计9万余元。

医疗风险提示及律师点评：根据本案查明的事实，患者系自行摔倒，其未举证证明摔倒与医院设置的设施有关，或系医院过错导致，故其要求医院承担80%的责任，法院不予支持。但考虑到陈某正在医院接受治疗期间，并无家属陪护，医院对于陈某的日常行为安全应当履行相应的保障义务，其在发现陈某受伤后并未在第一时间通知家属，主观上存在过错，法院综合考虑当事人状况、事发经过，确定医院承担60%的责任，并无违反法律规定之处。

第七节 房管科

医院进行日常维修是否需要患者同意？患者如果死亡，主张医院维修未经患者同意能否得到法院支持？如果患方提出鉴定的内容为"在病房刷乳胶漆引起过敏，呼吸困难，并最后导致死亡"，而非医疗损害鉴定，鉴定机构将如何处理？[1]

涉及科室：工务科、房管科

鉴定结论：某区医学会作出《关于退回郑某与医院医疗损害鉴定委托函》，其内容为："贵院委托我会做患者郑某与医院的医疗损害鉴定一事，我会对患方进行了受理前谈话。后患方向我会提交关于'此案争议焦点为在病房刷乳胶漆引起过敏，呼吸困难，并最后导致死亡'的书面意见。此案的争议焦点不在医疗损害鉴定范围内，决定将此鉴定予以退回。"

判决理由：原告主张对被告未事先通知患者家属擅自在病房楼道刷漆，导致患者郑某对病房楼道乳胶漆过敏，引发急性冠脉综合征死亡的人身侵害行为，对患者死亡与被告行为是否存在因果关系进行鉴定；对于被告诊疗过程是否存在过错，与患者死亡是否存在因果关系不申请鉴定。法院依法委托相关司法鉴定机构对原告上述申请内容进行司法鉴定，但均因目前没有对上述申请内容问题进行鉴定的机构，导致无法鉴定退回。

---

[1] 天津市南开区人民法院（2015）南民初字第5722号民事判决书。

原告主张患者郑某在被告处住院治疗期间，因病房楼道刷乳胶漆引发患者郑某急性冠脉综合征导致死亡，其举证责任应归责原告。现原告不能证明患者郑某死亡系被告在病房楼道刷乳胶漆引发导致，理应承担举证不能的不利后果。但鉴于原、被告在医疗纠纷人民调解委员会解决该纠纷的情况，基于被告在该调解委员会解决过程中承认刷乳胶漆，在告知上有欠缺，认可有一定的责任，表示应该给患方一定的补偿的情形，故法院酌定被告给付原告经济损失共计10万元。

医疗风险提示及律师点评：

（1）医院进行日常的维修，如果对患者的就医环境造成一定影响的，原则上应当取得患者的同意。在本案中，病房楼道刷漆，患者主张对病房楼道乳胶漆过敏引发急性冠脉综合征死亡的人身侵害行为承担责任。虽然从法律上来讲，患者无法证明死亡后果与医院楼道刷漆行为之间存在因果关系，但从大众的角度来看，医院可能存在一定的过错。所以，笔者建议医院以后再遇到可能对患者就医造成影响行为的时候，尤其对伤情比较严重患者就诊的时候，应当取得患者的同意，以避免类似纠纷的再次发生。

（2）如果鉴定机构不鉴定，相关笔录可否作为参考依据？本案的争议焦点是"在病房刷乳胶漆引起过敏，呼吸困难，并最后导致死亡"的鉴定要求，显然不在医疗损害鉴定范围内。如果鉴定机构不能作出相关鉴定，那么案件相关的医疗调解委员会的相关笔录，由于经过双方当事人的签字确认，可以作为法院参考的依据。

第八节　保卫科

一　医院未尽到监护职责，导致患者跳楼身亡，而导致的损害赔偿责任[①]

涉及科室：保卫科

判决理由：李某因肠梗阻前往被告医院处诊治，后住院治疗。3日

---

① 天津市第二中级人民法院（2017）津02民终4592号民事判决书。

后,李某在被告住院部 12 层坠楼身亡,警方排除他杀的可能。

本案的焦点为:被告是否应当对原告坠楼死亡的损害结果承担责任。患者住院后,双方形成了医疗服务合同关系,医院应当对患者夜间外出给予明确警示和尽到安全保障义务。本案中,患者李某治疗期间从 7 层病房上至 12 层病房,并从该层坠楼身亡。医院事先未能充分警示提醒,事后未能及时发现,应承担相应的责任,法院判决被告承担 40% 的责任。患者李某为完全民事行为能力人,其坠楼身亡并非被告直接原因造成,应承担主要责任,即 60% 的责任。

判决结果:一审法院判决医院赔偿 32 万余元,二审变更为 28 万余元。

二 收取救护车费的票据是由医院出具的"市医疗门诊收费票据",加盖了医院的门诊收费专用章,是医院还是急救中心承担责任?[①]

涉及科室:保卫科

判决理由及结果:原告在被告处就医期间,被告委派耿某驾驶救护车送原告去其他医院检查。原告向 J 医院交付救护车费 500 元。耿某驾驶救护车与刘某驾驶的小型客车相撞,双方承担同等责任。被告 J 医院对票据真实性没有异议,称只是承担运输任务,救护车是由急救中心所派出的。

法院认为,收取救护车费的票据是由被告 J 医院出具的"市医疗门诊收费票据",加盖了被告的门诊收费专用章,与其他门诊医药费收据没有差别,可以证明原告与被告 J 医院之间建立了服务合同关系,派救护车是被告基于该合同关系为原告提供的服务,对该证据法院予以确认。

因本案原告系按合同纠纷主张被告承担违约责任,保险公司并非服务合同相对方,故被告 J 医院关于应追加保险公司为被告的答辩意见没有法律依据。J 医院可在承担责任后,依保险合同向保险公司追偿。被告耿某受被告 J 医院指派驾驶救护车属于履行职务行为,所产生的后果

---

① 天津市蓟州区人民法院(2018)津 0119 民初 11717 号民事判决书。

应由 J 医院承担，其个人不应承担赔偿责任。J 医院赔偿董某各项损失共计 24 万余元。

医疗风险提示及律师点评：本案，原告与被告 J 医院缴费时，双方的服务合同关系依法成立。被告 J 医院在原告就医期间提供救护车属于履行服务合同行为，被告有义务保证原告的人身安全。现被告 J 医院未尽到安全保障义务，致使原告在乘坐救护车期间发生交通事故造成身体损伤，应承担相应的赔偿责任。本案中，因为保险公司并非合同的相对人，所以被告 J 医院关于应追加保险公司为被告的答辩意见没有法律依据。

第九节　病案统计科

一　医院的病例一般保存多少年？患者出院 13 年，要求复印病例，能否得到法律支持？[①]

涉及科室：病案室

判决理由及结果：原告于 2002 年 12 月 18 日至 2003 年 1 月 13 日在被告处住院治疗，被诊断为股骨颈骨折，后行全髋关节置换术、骨牵引术。后未再进行相关治疗，2016 年 9 月 13 日原告入住 C 医院治疗，诊断为人工股骨头置换术后假体松动，骨质疏松伴有病理性骨折，于 2016 年 9 月 16 日在全麻下行右髋关节置换术后假体松动髋关节翻修术，2016 年 10 月 8 日出院。原告因报销事宜向被告索要病历，被告表示原告的病历丢失。原告曾至法院诉讼服务中心申请医疗损害鉴定，因被告不能提供病历导致无法鉴定。原告起诉成讼。

本案中，原告要求被告提供病历，被告以病例丢失为由未提供病历。被告作为医疗单位，对病历负有保管责任，现被告不能提供病历，应推定其负有过错责任。原告提交的证据证明其在被告处出院 14 年后在 C 医院住院治疗并行右髋关节置换术后假体松动髋关节翻修术，且在其间未进行其他相关治疗，不能证明被告诊疗行为存在过错，考虑被告不能提

[①] 天津市河西区人民法院（2018）津 0103 民初 568 号民事判决书。

供病历应推定有过错，酌定被告赔偿5万元。

医疗风险提示及律师点评：《医疗机构管理条例实施细则》第五十三条规定，医疗机构的门诊病历的保存期限不得少于15年，住院病历的保存期不得少于30年。本案，原告住院14年后，请求医院提供病例，医院由于自身保管不力，不能提供，按照法律规定应承担相应的法律责任。

二　患者要求公布孩子出生档案信息是否合法？[①]

涉及科室：病案室

判决理由：原告于1983年在原告处住院，并将小孩生在病房内。原告2013年5月在区计生委得到被告开具的4张票据后，先后于2013年6月到被告单位档案室查看原告住院档案，但被拒绝。原告又于2015年4月向被告寄去政府信息公开申请，至今没有答复。

医疗风险提示及律师点评：1994年8月29日卫生部颁布的《医疗机构管理条例实施细则》开始对住院病历保存期作出规定，住院病历保存期不得少于30年。上诉人与被上诉人系1983年在被上诉人处住院就诊，当时尚没有相应对住院病历应如何保存的规定，被上诉人亦没有保管上诉人住院病历的义务，现上诉人要求被上诉人公开上诉人住、出院档案及所生婴儿的档案的理由，不能得到法院支持。

三　封存病例：医院应当将全部病例封存，并对病例书写作出合理的解释。病例中有医护人员相互代签姓名的行为，是否构成篡改病历？[②]

涉及科室：病案室

判决理由：本案中，医患双方产生纠纷后，患方要求封存病历，此系患方的正当合理的权利，而被告未将全部病历予以封存，加之被告医护人员未按相关规定书写病历且未作出合理解释，使原告方对病历的真实性提出异议，亦造成此纠纷无法通过司法鉴定程序作出客观的评判。故法院推定被告具有过错，应承担相应的赔偿责任。医院的抗辩理由为：

[①] 天津市第一中级人民法院（2016）津01民终6312号民事判决书。
[②] 天津市第一中级人民法院（2020）津01民终2716号民事判决书。

病历中确有医护人员代签姓名的行为，但此情形只证明病历存在瑕疵，并不构成伪造、篡改病历，不影响病历的真实性，法院不予支持。法院判决医院赔偿各项费用合计206.9万元。

医疗风险提示及律师点评：发生医疗纠纷后，医院存在应当将全部病例封存的义务，如果全部病例尚未完成，可以对已完成病历先行封存等。同时，就病例中的相关患者信息，医护人员不能代签，如果没有注意到此义务，一旦发生纠纷，医护人员将承担不利法律后果。

《病历书写基本规范》第八条规定，病历应当按照规定的内容书写，并由相应医护人员签名。实习医护人员、试用期医护人员书写的病历，应当经过本医疗机构注册的医护人员审阅、修改并签名。本案中，医院部分医生在诊疗过程中存在医护人员相互代替签名的行为，违反了该规范的规定。该代签行为并非属于病历仅存在错别字、未按病历规范格式书写等形式瑕疵，且该代签行为导致患方对病历的真实性提出质疑。

按照《病历书写基本规范》和《中医病历书写基本规范》要求，病历尚未完成，需要封存病历时，可以对已完成病历先行封存等。当医师按照规定完成病历后，再对新完成病历部分进行封存。医院未就已完成部分的病历先行进行封存，导致患方对病历的真实性产生怀疑。

按照《司法鉴定程序通则》第十五条第（二）项规定，发现鉴定材料不真实、不完整、不充分或者取得方式不合法的，司法鉴定机构不得受理鉴定委托。法院认定造成此纠纷无法通过司法鉴定程序客观地评判，系因患方对病历的真实性不认可，且医院提供的病历存在医护人员相互代替签名、病程记录内容不准确等违反相关法律规范的情形，应承担相应的赔偿责任。

四　保障患者知情权：医方未将全部检查结果告知患方，法律上属于未完全履行合同义务。[①]

涉及科室：病案室

鉴定结论：1. 医方在对患者的入院检查过程中不违反诊疗常规；

[①] 天津市南开区人民法院（2016）津0104民初3593号民事判决书。

2. 患者的医学检查和影像学检查结果清楚；3. 患者入院期间，医方未将全部检查结果告知患者；4. 医方的诊疗行为与患者的疾病转归过程无因果关系，不属于医疗事故。

判决理由：《医疗事故技术鉴定书》认定，在原告入院被告处期间，被告未将全部检查结果告知原告方，使原告的知情权不能得到充分保护，进而影响原告对自身所患疾病所应做的选择，故被告的上述行为侵害了原告的知情权，系未全面履行合同义务，应承担相应的违约责任。关于赔偿事项及数额：结合《医疗事故技术鉴定书》的分析意见、结论，以及原告在被告处支付医疗费的数额和原告此后治疗的情形，被告未对原告履行全面告知义务，确会使原告在自被告处出院后扩大相关检查的费用及时间，故法院酌定被告一次性赔偿原告经济损失4万元。

医疗风险提示及律师点评：《民法典》第一千二百一十九条规定了医护人员说明义务和患者知情同意权。即：医护人员在诊疗活动中应当向患者说明病情和医疗措施。需要实施手术、特殊检查、特殊治疗的，医护人员应当及时向患者具体说明医疗风险、替代医疗方案等情况，并取得其明确同意；不能或者不宜向患者说明的，应当向患者的近亲属说明，并取得其明确同意。本案中，院方未完全将检查结果告知患方，侵犯了患者的知情同意权，导致患者损失的扩大。

第十节　财务科

一　医疗器械（耗材）公司作为欠缴税款的依法纳税人，对医院享有到期债权，现其怠于行使债权，税务机关可否要求医院付款？记账凭证中载明"暂不付，局里解付后"字样，可否认为医院放弃诉讼时效？[①]

涉及科室：财务科

判决理由：原告税务局对医药公司作出《税务行政处罚决定书》，决

---

① 天津市河西区人民法院（2018）津0103民初2351号民事判决书。

定对公司处应补缴税款一倍罚款。截至2017年10月底，医院应付医药公司账款21万余元。记账凭证中载明贷方金额21万余元以及"暂不付，局里解付后"字样。市卫生和计划生育委员会出具说明，对所涉及三户企业的市级公立医院（其中含医院）发出过暂停支付的通知。

法院认为，因案外人公司存在所开具发票涉及发票流向与关联金额不符的问题，税务机关已经依法作出了向公司补缴增值税、补缴企业所得税、征收滞纳金的处理决定，并依法作出了向公司补缴税收罚款的处罚决定，上述决定均已生效，但公司没有向原告依法履行上述义务。案外人公司作为欠缴税款的依法纳税人，对被告享有到期债权，而其怠于行使主张该到期权利，原告依据法律规定，以其自身名义作为诉讼主体代公司向被告主张权利、行使代位权，有事实、证据和法律依据，其主张合法，法院予以支持。

被告于2017年11月23日向原告出具情况说明和记账凭证，结合该记账凭证中载明"暂不付，局里解付后"字样以及市卫生和计划生育委员会出具的说明，可以推定义务人存在支付该款项的意思表示，故可认定义务人放弃诉讼时效抗辩权。

判决结果：本判决生效之日起10日内，被告医院给付原告税务局21万余元。

医疗风险提示及律师点评：

（1）关于被告（医院）抗辩原告（税务局）的主张已经超过诉讼时效的问题。虽然被告辩称其与案外人公司有口头约定，但并未向法庭提交任何证据证明其与公司确定过履行期限，亦不能证明案外人公司曾向其主张过权利，根据法律规定，"不能确定履行期限的，诉讼时效期间从债权人要求债务人履行义务的宽限期届满之日起计算，但债务人在债权人第一次向其主张权利之时明确表示不履行义务的，诉讼时效期间从债务人明确表示不履行义务之日起计算"。原告通过诉讼的方式第一次向被告主张权利，并不能认定其已超过诉讼时效。

（2）关于代位权的问题。《民法典》第五百三十五条："因债务人怠于行使其债权或者与该债权有关的从权利，影响债权人的到期债权实现的，债权人可以向人民法院请求以自己的名义代位行使债务人对相对人的权利,但是该权利专属于债务人自身的除外。"本案就是由于税务局行使代位权而提起诉讼的代表性案件。

二 有关文书的签字,原则上应由本人签字,如果本人确实无法签字的,应当提交授权委托书,委托他人代为办理;否则,一旦遇到纠纷,医院可能承担不利法律后果①

涉及科室:财务科

判决理由:原告于2004年2月在被告处退休。2012年原告到被告的财务科领取住房公积金时,财务科通过查底档,告知原告的公积金已由同为被告职工的第三人张某代领,原告找到第三人要求返还公积金,第三人表示并没有代领,故成诉。

本案中,原告主张被告应给付原告公积金及利息,被告对于其应在原告退休后将公积金给付原告的事实无异议,但被告主张存有原告公积金的存折已由第三人代领,并应提供相关的证据证明。现银行查询的结果为,原告名下并无建设银行账户,且被告不能向本院提供其为原告开立的银行账户号,故被告应就此事实承担举证不能的后果。

对于被告名册上签署的"张某"字迹,第三人表示并非其本人所签,在被告未提供任何其他证据佐证原告委托第三人代领公积金的情况下,被告应当承担相应的举证责任。现被告拒绝对该字迹申请笔迹鉴定,被告的抗辩缺乏合法依据,未将应给付原告的公积金发放给原告,造成原告的财产损失,应承担返还财产的法律责任。对于被告应返还原告的具体金额,依据被告公积金名册上的记载,原告至退休时的公积金数额应为0.7万余元,被告应当返还原告。因被告的过错导致原告自退休后未领取到自己的公积金,故原告主张被告按照人民银行存款利率向原告支付自原告退休之日起至诉讼之日的利息,该利息属于原告的实际损失,法院予以支持。

医疗风险提示及律师点评:本案属于典型的医院管理的漏洞而导致败诉的案件。医院所有的文书签字,原则上应由本人签字,如果本人确

---

① 天津市南开区人民法院(2017)津0104民初13218号民事判决书。

实无法签字的，应当提交授权委托书，委托他人代为办理，否则，一旦遇到纠纷，医院可能承担不利法律后果。

第十一节　设备科

一　医院应对其所属医疗设备做到定期检查的义务，排除设备存在的安全隐患。医院未尽到安排排查义务而导致患者受伤，应如何赔付？[1]

涉及科室：设备科

鉴定结论：原告周某与被告李某为同事关系。原告与被告李某家属陪同被告李某在被告医院急诊一楼放射科进行检查，检查后，在将被告李某从CT仪器抬到手推床上时，由于手推床未做固定处理，手推床滑动，导致李某未能放到手推床上，遂摔倒并砸伤原告。原告经被告医院诊断，为左侧股骨颈骨折。

鉴定结论：周某因伤致左股骨颈骨折，左髋关节功能丧失25%以上，十级伤残。

判决理由：本案中，原告伤情因系使用被告医院所提供的设施所致。被告医院作为该设施的管理人，未能尽到安全提醒和保障义务，应承担40%的责任，合计10万余元。原告作为完全民事行为能力人，在使用被告医院提供的设施中，应具有观察、自我保护意识，承担40%的责任。被告李某在事件发生时处于昏迷状态，对事件的发生不具有判断能力，虽不存有过错，但原告的伤情确因为其提供帮助过程中所致，因此被告李某对原告的损失也应予以相应补偿，承担责任的20%，合计5万余元。

医疗风险提示及律师点评：医院作为该设施的管理人，对于其所有的医疗设备应当定期检查、排除存在的安全隐患，做到安全提醒和安全保障义务。

---

[1] 天津市南开区人民法院（2019）津0104民初11998号民事判决书。

二 医院可否以医疗设备公司存在贿赂相关工作人员的行贿行为，而主张所签的医疗设备租赁合同无效？[①]

涉及科室：设备科

判决理由：医院与机械设备租赁有限公司于 2005 年 4 月 30 日签订《租赁合同》，由该公司向医院出租氩氦刀设备，租期为 6 年。2017 年 1 月 9 日，区人民检察院出《不起诉决定书》，认定该合同签订过程中，公司副总经理张某向医院的工作人员行贿 13 万元。医院主张，上述《租赁合同》系通过犯罪行为才得以签订，应认定为无效。

另外，区人民检察院查明，2005 年 5 月至 2011 年 12 月，医院外科医生王某，利用开处方的职务便利，以好处费、回扣等名义收受供应商财物共计 13 万元，构成非国家工作人员受贿罪。租赁合同的签订，经过了医院党政联席会议及专家评审委员会程序，王某参与了部分工作，但其并非决策人，不具有决定权。检察机关认定其受贿的时间发生在签订租赁合同之后，其受贿事实与租赁合同的签订无关。故，医院认为涉诉合同通过犯罪行为得以签订的诉求，不能得到法院支持。

医疗风险提示及律师点评：《民法典》第一百五十三条规定了违反强制性规定及违背公序良俗的民事法律行为的无效合同情形，显然，本案不具备合同无效的情形。

三 没有签订书面合同，医院的设备是赠予还是购买？诉讼时效如何确定？被告主张原告超过诉讼时效，能否得到法律支持？原告称其所属工作人员多次向医院催要诉争设备货款，能否构成诉讼时效中断？[②]

相关科室：设备科

案件经过：2008 年被告医院因科室业务发展需要，急需购买 1 台钬激光治疗机，当时约定由原告某科技发展有限公司先行出资购买机器供被告使用，随后签订合同及商谈付款事宜，机器款为 27 万余元。原告购买该设备后，并于 2008 年 11 月 6 日将设备安装完毕，原告一直负责该设

---

① 天津市第一中级人民法院（2017）津 01 民终 6081 号民事判决书。
② 天津市南开区人民法院（2017）津 0104 民初 4626 号民事判决书。

备的维修及相关耗材的供应。2015年后，本案诉争设备的维修和相关耗材供应由北京某公司负责，被告至今还无偿使用原告设备开展经营活动，故起诉。被告主张钬激光治疗机是原告赠予的，原、被告之间不存在买卖合同关系，其之间为赠予关系；另外，被告医院主张本案超过诉讼时效。

判决理由及结果：关于被告主张的原告的设备是赠予，能否得到法院支持？原、被告对诉争当事人、标的物、数量均无异议。虽然原告公司与被告医院未签订书面买卖合同，但原告将本案诉争设备送至被告住所地并进行安装，被告工作人员王某签署了安装服务验收单。原告是一家医疗器械企业，以营利为目的，被告主张钬激光治疗机系原告之赠予，但对此未能佐证，且有悖常理，法院对此不予以认定。

本案中，原、被告未约定支付价款时间，也未做相关补充协议，可以认定被告医院签收本案诉争设备安装服务验收单时间（2008年11月6日）即为付款时间。此时本案的诉讼时效期间应从2008年11月7日起算，至2010年11月6日止（注：2021年1月1日生效的《民法典》将诉讼时效由2年延长至3年，故本案不适用《民法典》的规定）。原告称其为被告提供诉争设备的后续维修服务，但其未能就此提供证据加以证明，法院不予以认定。

原告在庭审中称其所属工作人员多次向被告医院催要诉争设备货款构成诉讼时效中断，但其也未能就此予以提供证据加以证明，法院不予以认定，故不能适用诉讼时效的中断。综上，由于原告于2017年4月28日才向人民法院起诉，又未能提供诉讼时效中断、中止或延长的相关证据，故原告的主张已过诉讼时效期间，不再受法律保护。

律师点评：医院和相关企业，包括设备、耗材、药品等企业，有业务往来，最好能签订书面合同，以避免纠纷的发生。另外，由于很多医院都是延期支付药品、耗材和设备款，有的医院甚至延长12—18个月支付货款，导致大量的货款已经超过诉讼时效，因此，无论是医院还是相关企业，都应当意识到法律保护3年的诉讼时效，并具有延长、中止与中断诉讼时效的法律意识，维护好自身合法权益。

四 医院与公司签订的设备租赁合同期满后,双方仍继续履行合同,双方形成不定期租赁合同关系,出租方可以随时取回设备。违约金赔偿数额应以守约方的实际损失为基础,即便合同约定了违约金,可否要求减少?普通工作人员签收文件,是否构成诉讼时效的中断?[①]

涉及科室:设备科

判决理由及结果:X公司、医院签订的租赁合同业经生效判决认定有效,合同双方均应依约履行合同。租赁合同到期后,双方未续签合同,医院仍继续使用租赁设备,X公司亦未提出异议,故双方形成不定期租赁合同关系,现该合同已经解除。原租赁合同届满至双方解除不定期租赁合同关系期间,医院未向X公司支付设备租赁费用,现X公司主张给付,理由正当。X公司主张医院返还涉诉设备,医院则表示多次要求X公司取走设备,现无证据表明医院存在阻止X公司取走设备的情形,考虑双方租赁关系已经解除,X公司应将医院处的涉诉设备自行取回。

本案审理期间李某、孔某均未到庭,虽李某、孔某系医院人员,但是二人不属于《最高人民法院关于审理民事案件适用诉讼时效制度若干问题的规定》第十条规定的"法定代表人、主要负责人、负责收发信件的部门或者被授权主体",故该证据不能产生诉讼时效中断的效力。可见,法院只认可了医院法定代表人、主要负责人、负责收发信件的部门或者被授权的主体的签收的法律效力,如果是医院的普通工作人员签收,并不产生诉讼时效中断的法律效力。

律师点评:X公司、医院在合同中约定的违约金数额为应付款数额的日千分之三计算赔付,本案诉讼中X公司虽自行降至按中国人民银行同期贷款利率的4倍为标准向医院主张赔付,但医院仍认为该违约金标准过高,请求适当减少。一审法院认为,违约金赔偿数额应以X公司的实际损失为基础,对X公司所主张的违约金标准是否过分高于X公司的实际损失,双方均未举证证明,且医院以违约金过高请求适当减少,按中国人民银行同期贷款利率的1.3倍酌定为本案违约金的赔付标准。

《最高人民法院关于审理民事案件适用诉讼时效制度若干问题的规

---

① 天津市第一中级人民法院(2018)津01民终3411号民事判决书。

定》(2008) 第十条规定：当事人一方直接向对方当事人送交主张权利文书，对方当事人在文书上签字、盖章或者虽未签字、盖章但能够以其他方式证明该文书到达对方当事人的，产生诉讼时效中断的效力。对方当事人为法人或者其他组织的，签收人可以是其法定代表人、主要负责人、负责收发信件的部门或者被授权主体；对方当事人为自然人的，签收人可以是自然人本人、同住的具有完全行为能力的亲属或者被授权主体。本案中，公司主张曾多次向设备科工作人员提出过催收的请求，由于其并非法定的产生效力的催收主体，因此其催收并不产生诉讼时效中断的法律效力。

五 医疗设备以分期付款的形式购买，后双方协议改为共同经营，出现纠纷后应当如何处理？[①]

涉及科室：设备科

判决结果：2010年12月9日，公司与医院签订《医疗设备分期付款买卖合同》，约定医院向公司以分期付款的形式购买准分子激光机一台。双方在合同中对该设备的价款及具体分期方式做了明确约定。

2011年2月18日，医院向公司发送《关于请求变更付款方式的函》载明："根据贵我双方所签署的《医疗设备分期付款买卖合同》，我院已买受该设备。目前，我院发现在委托招标时所提出的设备技术参数指标现无法完全满足诊疗工作的实际需要，导致就诊量欠佳，我院依约支付分期买受款面临着客观困难。为扶持项目运作与发展，我院要求自第3期起，将付款方式暂调整为联营性质的合作关系，同时对该设备进行部分技术性能方面的升级，具体调整我方已拟出《变更协议》望贵方提出修改意见，如无意见还望贵方同意为盼。"

2011年2月21日，公司向医院发送回复函。载明："贵院2011年2月18日关于请求变更付款方式的函及变更协议我公司已收到。经公司研究决定同意贵院的意见，即今后合作以贵方拟出的变更协议为准。望合作愉快。"

---

① 天津市第二中级人民法院（2020）津02民终2387号民事判决书。

2011年2月25日，公司与医院签订《变更协议》，约定自第3期付款周期起，将付款方式（含分期应付款及技术服务费）暂调整为具有联营性质的合作关系，在医院处成立准分子激光中心。《变更协议》约定，自本变更协议签立之日起，《医疗设备分期付款买卖合同》随即终止。如遇人为因素、政策因素和不可抗因素致使中心停诊6个月以上使合作不能进行，公司有权撤离设备，医院不得阻拦。双方还约定：当手术量每年不能达到300例时，公司有权终止本协议的履行，主张恢复按《医疗设备分期付款买卖合同》约定条款执行或选择解除合同以及撤离设备。双方恢复按《医疗设备分期付款买卖合同》约定条款执行的，本协议履行期间所对应的付款周期不予追溯。公司选择解除合同以及撤离设备的，医院已发生的分期付款或者营业收益分配余额，概视为支付租金或者赠予性质之债而予以不可撤销地放弃，无权主张退还。

判决结果：1. 公司与医院于2011年2月签订的《变更协议》予以解除；2. 被告医院给付原告公司169万余元；3. 被告医院给付原告公司自2015年9月11日起至实际给付之日止、以169万余元为基数、按照中国人民银行同期同类人民币贷款基准利率为基础、参照逾期罚息利率标准计算的违约金。二审维持原判。

律师点评：本案中，关于案涉《医疗设备分期付款买卖合同》是否应予继续履行成为本案的争议焦点。首先，根据先前民事判决确认，《变更协议》合法有效，《变更协议》将此前双方的分期付款买卖合同关系变更为联营性质的合作关系，按照《变更协议》的约定，《医疗设备分期付款买卖合同》已经终止，双方不再按照买卖合同的约定履行各自义务。

其次，虽然《变更协议》约定当手术量每年不能达到300例时公司有权终止《变更协议》的履行，恢复按买卖合同约定条款执行或者解除合同及撤离设备，但此前公司已提起诉讼，明确提到《变更协议》约定的选择性条款，并主张双方一直同时履行分期付款买卖合同和合作合同发生争议而向医院主张权利，公司在另案中实际上已经选择了解除双方之间全部合同的法律后果。

最后，即使公司在另案中没有明确表示过要求继续履行《医疗设备分期付款买卖合同》的意思表示，但双方当时均希望通过另案诉讼尽快解决全部纠纷，经由《医疗设备分期付款买卖合同》及《变更协议》所产生的纠纷已经按照公司的主张在之前的案件中得到解决，现公司主张再继续履行《医疗设备分期付款买卖合同》依据不足，法院不予支持。

第十二节　基建科

一　医院在进行装修、施工等行为过程中，应当对施工单位起到监督责任，禁止再分包，否则，医院在其保证责任范围内承担连带责任[①]

涉及科室：基建科

判决理由及结果：2019年3月12日，二被告（S商贸公司、医院）签署《医院手术机房维修改造合同》，约定由S商贸对医院手术机房进行维修改造施工，合同总价款289万元，院方不再支付任何其他费用且不得转包或分包。该工程于2019年11月26日经验收合格。现被告医院尚欠被告S商贸质保金28.90万元。

2019年3月21日，原告某工程有限公司与被告S商贸及案外人W建材经营部签署《医院手术部机房改造工程》的施工指定分包合同。S商贸作为该合同的发包人，W建材经营部为总包人，原告某工程有限公司为分包人。2019年11月12日，该工程竣工并通过专家验收合格，交付被告医院使用。截至目前，S商贸公司尚余尾款67万余元未支付。

二被告签署的改造合同为合法有效的合同。现该工程已经竣工结算并交付使用。被告医院理应足额支付工程款，现其尚欠28.9万元质保金未付。因此，原告主张被告医院在未支付的剩余工程款范围内承担连带给付责任的请求，法院予以支持。

被告S商贸有限公司给付原告某工程有限公司剩余工程款67万余元，并给付以此金额为本金按照全国银行间同业拆借中心公布的贷款市场报

---

① 天津市河东区人民法院（2020）津0102民初2705号民事判决书。

价利率计算自 2019 年 11 月 27 日至实际支付之日止的利息；被告医院在 28.9 万余元范围内，以付款金额为限承担连带责任。

律师点评：本案为合同无效，但受益者仍承担付款责任的法律案例，由于二被告之间合同中明确约定不得转包或分包且两个合同的内容相同，因此，原告与 S 商贸之间的合同应当认定为转包合同，该合同违反法律规定及二被告的合同约定应为无效合同。合同无效，但付款义务仍然有效。原告作为承包人（实际施工人）请求被告 S 商贸支付剩余工程款 67 万余元及利息的请求应予支持。

二 医院在进行相关工程的装修时，应当审核承揽工程单位的资质，当承揽单位进行分包时，应注意分包人员的资质，否则医院可能会承担连带责任[①]

涉及科室：基建科

纠纷经过：原告受被告李某 2 雇佣到被告 X 医疗美容门诊有限公司，在被告李某 2 的指示下为其进行装修工作，具体工作内容主要为水电拆改。后原告在拆除工作过程中从装修架子上摔下受伤，事发时未佩戴安全帽等安全设备。原告伤情经鉴定，鉴定意见为："1. 鉴定诊断：颅脑损伤所致精神障碍；2. 伤残评定：九级伤残。"

经查，被告 X 医疗美容门诊有限公司与被告 A 建筑装饰设计有限公司之间签订有《拆除工程施工合同》，该工程施工内容包括灯具拆除及电路拆除等，被告 A 公司负责提供施工人员及工具，被告 X 公司负责提供施工期间的水、电及相关协调工作。被告 A 公司承包上述工程后，将该工程分包给被告李某 2，由被告李某 2 负责具体施工，共计收到被告给付其工程款 4 万余元。被告李某 2 找到包括原告在内的工人进行施工，被告李某 2 负责现场监工，但不提供工具及安全设施。另查，被告 A 建筑装饰设计有限公司及被告李某 2 均不具有施工资质，原告也未取得电工作业的特种作业操作证。

判决理由：被告 A 建筑装饰设计有限公司承接了被告 X 医疗美容门

[①] 天津市河西区人民法院（2018）津 0103 民初 14324 号民事判决书。

诊有限公司发包的工程后，将整个拆除工程分包给被告李某2。由被告李某2自己组织人代为完成，并且未对其资质及安全生产条件进行审查。故被告北京A建筑装饰设计有限公司将涉事工程分包给没有施工资质的被告李某2，应与其承担连带赔偿责任。

关于被告X医疗美容门诊有限公司与被告A建筑装饰设计有限公司之间的关系。被告X医疗美容门诊有限公司作为发包人，其将拆除施工工程发包给没有施工资质的被告A建筑装饰设计有限公司，应与其承担连带赔偿责任。

判决内容：被告李某2承担70%的责任，赔偿原告各项费用29万余元；被告X医疗美容门诊有限公司、A建筑装饰设计有限公司承担连带赔偿责任。

律师点评：本案争议焦点为原告与各被告之间的关系及责任的承担。根据原、被告所述，原告是应被告李某2的召集参与涉事工程施工，原告的工作时间、场所、工作的具体内容均由被告李某2安排和指定，并受其监督。原告的劳务报酬是由被告李某2向其发放，工资按日结算，该情况符合雇佣法律关系的特征。原告在从事雇佣活动中受伤，作为雇主的被告李某2应在其过错程度范围内对原告遭受的人身损害承担赔偿责任。

三 国家公立医院能否为债务承担保证责任？如果不能，出具的保函效力如何？医院是否对债务承担连带责任？[①]

涉及科室：基建科

案情经过：H公司中标医院门诊住院用房地下室、首层及二层精装施工装饰项目工程后，向医院提供授权书，将S经营中心作为指定供应商就该项目中甲控装饰材料进行采购。R公司作为该工程甲控装饰材料陶瓷薄板的指定供货商，与S经营中心签订了《陶瓷薄板购销合同》及《补充协议》，合同约定S经营中心从R公司采购陶瓷薄板，并约定了货物型号、规格、单价、付款方式、违约责任等。合同中约定的付款方式

---

① 天津市第二中级人民法院（2017）津02民终1496号民事判决书。

为："……待全部产品铺贴完毕工程竣工验收后，90日内付款至送货总额的95%货款。预留5%的质保金，待质保期两年期满，业主支付甲方工程款后一周内付清，质保期为从货物第一次进场算起两年。"合同签订后，S经营中心尚欠货款58万余元未给付。

担保函内容：医院向R公司出具了担保函，载明："致：R建筑材料销售有限公司，由S建材经营中心负责的医院内装标段使用的贵司陶瓷薄板，目前按货款75%进度款计算，共计欠款28万余元。由于S建材经营中心目前无力给付这部分欠款，且严重违反合同约定的付款条款，现我院提出为保证整体工期进度，要求贵司将增补的美感白全部抛发给S建材经营中心，全部欠款由我院担保。担保S建材经营中心在H装饰公司工程验收后，我院拨付工程款时一并支付贵公司货款，如不能给付，出现一切问题由我方承担。"该担保函由医院基建科加盖印章。

判决结果：S经营中心于判决生效后5日内给付R公司货款58万元。S经营中心给付R公司以6万余元为基数，给付质保金违约金和以52万余元为基数给付货款违约金，医院承担连带赔偿责任。

律师点评：关于医院担保函效力的问题。医院为非营利性医疗机构，是以公益为目的的事业单位，依据法律规定"学校、幼儿园、医院等以公益为目的的事业单位、社会团体不得为保证人"。因此，国家机关和以公益为目的的事业单位、社会团体违反法律规定提供担保的，担保合同无效。担保合同无效后，其债权责任并不免除，仍应承担相应的法律责任。

医院作为公益事业单位，理应知悉国家法律，不应当为他人债务提供担保。医院为保证自己的工程进度向R公司提供担保，主合同有效而担保合同无效，医院应与S经营中心承担连带赔偿责任。医院抗辩该担保函上加盖的是医院基建科的印章，该担保与医院无关，原审法院认为基建科作为医院主管涉案工程的职能部门，其盖章出具担保函应视为医院法人的行为，仍应承担赔偿责任。

第十三节 耗材科

一 医院与患者之间医用耗材的买卖，是否适用消费者权益保护法？如果医用耗材有质量问题，患者是否可以要求医院 10 倍赔偿？[①]

涉及科室：耗材科

纠纷经过：周某因病在医院住院治疗。周某主张实际使用材料为 R 品牌的吻合器一套及钉匣一个，医院主张实际使用材料为 R 品牌的吻合器一套及钉匣两个。

判决理由：医院收取了周某交纳的医疗费，亦对周某进行了治疗，应当认定双方之间的医疗服务合同关系已经成立并生效。周某在本案中主张适用《消费者权益保护法》要求医院予以赔偿，但《消费者权益保护法》的调整对象是"消费者"与"经营者"，侧重于通过规范经营者的行为。而本案中，作为患者的周某，其接受诊疗服务的行为并非基于经济关系的生活消费需要，且医院属非营利性医疗机构，亦并非以营利为目的，故本案不应适用《消费者权益保护法》。

因医患关系不适用《消费者权益保护法》进行调整，医疗行为不构成欺诈，就其要求 10 倍返还医疗费的诉讼请求，法院不予支持。至于周某提出的对钉匣的使用数量及手术的合理性、收费合理性进行鉴定的申请，以及医院提出的对涉案医用耗材备案价格进行调查的申请，因周某提出的赔偿没有请求权基础，故法院亦不再予以准允，驳回原告诉讼请求。

律师点评：医疗服务合同纠纷是否适用《消费权益保护法》的问题，在现实中引起了广泛的争议。在我国，医疗服务合同纠纷应区分医疗机构是营利性还是非营利性的性质，来决定是否适用《消费者权益保护法》。营利性医疗机构通常适用《消费者权益保护法》，法院认为，消费者从整形公司购买医疗美容服务的行为属于个人消费行为，双方之间属

[①] 天津市滨海新区人民法院（2018）津 0116 民初 24985 号民事判决书。

于消费服务合同关系,应当受《消费者权益保护法》调整①;而非营利性医疗机构通常不适用《消费者权益保护法》。

二 患者对就医医院治疗效果不满在网站发帖,是否侵犯医院的名誉权?②

涉及科室:宣传部门

案情经过:被告之子刘某于2014年因右肘关节骨折至原告处就医并行手术治疗,后对治疗效果不满意。2016年1月2日被告在天涯社区的"天涯杂谈"版面上发布了一篇题为《丧尽天良的医生,你为什么要毁了我的儿子?!》的文章,主要内容有:"作为专业的小儿骨科医生,医院主刀医生在我们每次复查时,他不可能看不出来骨折没有愈合,他为什么要恶意隐瞒手术失败欺骗我?""复查时的门诊病历,只字不提骨折未愈合,仍然要求继续练功,康复训练,骨折都未复位、未愈合,康复锻炼有什么用?要说有用,也就是为了向我们长期恶意隐瞒手术失败的实际病情罢了"等。被告还曾在其新浪微博上发布以"呼吁国家立法严惩医疗欺诈"为题的文章,主要内容有:"医院主刀医生一直隐瞒手术失败、骨折未愈合的事实,且不积极给予二次手术补救,愣是把孩子拖成终身残疾"等。

判决理由及结果:本案中,被告因其子与原告发生的医疗纠纷在网络平台上发表了案涉文章,被告依据其子手术治疗后的身体状况以及在医疗机构的复查情况认为原告医院的诊疗行为存在过错,并写成文章发布在网络上,其中部分言论存在欠妥之处,但被告的言论带有情绪宣泄色彩而不属于恶意侵害他人名誉权的情形。如果是真实事件发布,则不构成名誉权侵害,原告医院主张被告侵犯其名誉权的依据不足。

---

① 医疗美容纠纷是否应适用《消费者权益保护法》,中国法院网,https://www.chinacourt.org/article/detail/2015/09/id/1706531.shtml。

② 天津市河西区人民法院(2017)津0103民初3045号民事判决书。

三　医院做相关医疗广告时，应注意保护他人的肖像权[1]

相关科室：宣传科

纠纷经过：X女士系具有一定知名度的女演员、歌手，曾出演过多部电视、电影、音乐作品。被告系从事内科、外科、妇产科、儿科等的有限责任公司。被告在微信平台上开设了名称为"M医院"的微信公众号，公众号上可进行"在线咨询"，亦可查询"最新活动"及"医院动态"。2015年9月7日，某公证处作出公证书，公证书中显示被告的上述微信公众号中发表了一篇题为《X女产子重4斤含泪微笑，保胎的苦，你也吃过吗？》的文章，文章中有原告的肖像图片11张，文章涉及以下内容："40岁的X女历经142天卧床养胎、300针安胎保育，生下一个儿子""据统计，大约有20%的健康孕妇，在怀孕前几周会出现轻微的出血……但最后都生下了健康的宝宝。所以准妈妈们也不要太焦虑哈，当你觉得担心的时候，咨询医生就可以啦""保胎的苦，你也吃过吗？欢迎在微信后台留言告诉我们……"文章尾部有："M医院为让广大朋友方便就医，特别设置微信绿色预约通道，关注微信，回复挂号＋姓名＋电话，即可免挂号费一次。"原告支付公证费1000元。另，庭审中原告表示涉案文章已删除。

判决理由：本案中，被告利用其公众号发布的文章中使用了原告的肖像图片，该行为未经原告同意，而公众号中有宣传、介绍被告经营项目的内容，文章的内容亦涉及对妇产科相关内容的介绍以及对微信预约就医的宣传，被告作为同类项目的经营单位，通过其微信公众号向不特定的众人介绍妇产科内容、宣传微信预约就医，具有营利目的，构成对原告肖像权的侵犯。

判决结果：（1）被告M医院有限公司在微信平台公众号上发布声明向X女士致歉，致歉声明持续5天，内容须经法院审核。逾期不执行，法院将在全国公开发行的报纸上刊登本判决主要内容，费用由被告M医院有限公司支付。（2）被告M医院有限公司赔偿X女士经济损失3万

---

[1] 天津市河西区人民法院（2016）津0103民初7001号民事判决书。

元；精神损害抚慰金0.5万元；公证费0.1万元。

　　律师点评：自然人的肖像权应受法律的保护。他人在进行相关产品宣传时，应注意权利行使的边界，应取得肖像权人的同意。一旦侵犯他人的肖像权，就应承担相应的法律责任。

中 编

医疗大健康篇

第 五 章

内　　科

第一节　呼吸系统疾病：呼吸内科

一　呼吸衰竭：针对老年呼吸系统病人的诊断中，重症肺炎的诊断依据是否充分？高钠血症、二重感染（抗生素相关性腹泻）的诊断、抗菌药物治疗是否规范？医患沟通是否顺畅等？[①]

涉及科室：呼吸内科、老年病科

死亡诊断：1. 呼吸衰竭；2. 冠状动脉性心脏病；3. 心力衰竭；4. 高血压病；5. 陈旧性脑梗；6. 上消化道出血；7. 贫血；8. 低蛋白血症；9. 肾功能异常；10. 电解质代谢紊乱；11. 休克；12. 胃炎。

鉴定结论：

（1）关于诊断的分析：①重症肺炎的诊断依据不充分。医方在病程记录的第四天，医生根据病情分析考虑"有重症肺炎的可能"，但按入院时患者症状体征，用"curb65"和"严重 CAP 标准"衡量，应分别为 2 分和 2 分，故不符合重症肺炎的诊断。②缺乏高钠血症的诊断。根据血液化验证实患者存在高钠血症，但病程记录从未对此进行过描述。导致高钠血症的主要原因是与利尿剂的频繁使用有关。脱水状态对中枢神经系统产生极其严重的后果。脑细胞脱水，加重神经功能障碍。临终前出现的低血压、休克状态也高度考虑低血容量休克而并非感染性休克。③二重感染的诊断。鉴定会上家属反复强调病人一直腹泻，而与病程体

---

① 天津市和平区人民法院（2018）津 0101 民初 8198 号民事判决书。

温单记录不一致。查阅病历,急诊留观时即已开始"双歧三联活菌"治疗,住院长期医嘱中也有一段时间服用活菌治疗,病程中不止一次描述腹泻症状。对于大便培养报告显示的"大肠埃希菌40%、粪肠球菌60%"的结果,只给予三联、二联活菌以及思密达治疗而忽略二重感染的诊断,也没有停用抗菌药物的医嘱。对发热不退的原因只考虑呼吸道感染,没有进一步进行相关方面的检查,如A、B毒素的测定等。

(2) 抗菌药物治疗不规范:①入院当天医方并未考虑到患者在急诊观察期间已应用5天头孢哌酮舒巴坦治疗,也没针对当时的病情(无发热,气喘为主,经利尿剂、强心治疗症状有所缓解)进行分析,立即应用美罗培南欠妥当。头孢哌酮舒巴坦与美罗培南均属"特殊使用级抗菌药物",如果等待某些细菌等结果后再更换抗生素则更合理。②美罗培南治疗第5天,联合莫西沙星治疗,病程第6页描述"不除外非典型××原体感染可能"。专家组认为,如果考虑这种可能,应该在刚入院时单独应用更为合理,因为入院前的9天治疗中从未使用呼吸喹诺酮类药物。③痰涂片报告找到革兰氏阳性球菌,医方在应用抗真菌药物伏立康唑的同时先与哌拉西林、他唑巴坦联合用药3天,欠规范。④医方病程记录"考虑可能存在MRSA感染",使用伏立康唑联合哌拉西林、他唑巴坦治疗3天后即改为与替考拉宁联合,在此二药联合期间的4月17日,又加用替加环素,构成三药联合治疗,欠规范。⑤替加环素单药治疗,痰培养报告为多耐药的鲍曼不动杆菌,药敏显示对替加环素是"中介",按照指南即使应用必须联合治疗。⑥由替考拉宁换为利奈唑胺,没有阳性细菌的具体菌种报告,也无相关的药敏报告。病程记录描述:"本次支气管镜无菌毛刷刷片及肺泡灌洗液中可见阳性球菌口头报告,考虑肺感染仍未控制,将替考拉宁改为利奈唑胺抗球菌治疗。"⑦所用的抗菌药物均为常规剂量,没有考虑患者94岁高龄,即使血肌酐在正常范围,也应适当减量。

综上分析,医方抗菌药物应用种类过多,联合治疗欠合理,更换抗菌药物理由不够充分。面对患者体温持续得不到控制的同时,结合陆续回报较多细菌涂片、培养等结果后,急于不断叠加各种抗菌药物,而缺乏详细分析可能的感染部位,分清主次,不应把注意力全部集中在肺部感染，忽略其他感染或非感染的可能，甚至是否有药物热的可能而暂停抗菌药物观察。

（3）沟通不足。医方在患者入院开始未就留置胃管、导尿管与家属进行充分的沟通，也未有相关文字记录。

关于患者死亡原因与参与度的分析：患者94岁，高龄，具有明确诊断的基础疾病：高血压、冠心病、慢性心力衰竭、脑梗死和诸多后遗症以及重度营养不良（贫血、低蛋白血症等）。在此基础上，由于急性呼吸道感染导致心衰加重，呼吸衰竭。入院时的APACHEII评分结果为30分（预测死亡率为75%），提示死亡风险极高，虽经50天积极治疗患者依旧死亡。

判决理由及结果：专家组认为，医方的诊疗行为基本符合规范，但对美罗培南的应用持异议观点。医方治疗期间存在不规范之处，与患者病情加重至死亡有一定因果关系，应为次要因素。综合本案案情，被告医院应对原告提出的全部损失承担40%的责任计13.8万元，以及精神损害抚慰金4万元，共计17.8万元。

医疗风险提示及律师点评：本案根据鉴定意见，患者高龄，具有多种明确诊断的基础疾病，由于急性呼吸道感染导致心衰加重、呼吸衰竭。入院时的APACHEII评分结果为30分（预测死亡率为75%），提示死亡风险极高。而被告诊断依据不充分、缺乏高钠血症的诊断、多处用药不规范、留置胃管、导尿管告知不规范等过错，与患者病情加重至死亡有一定因果关系，为次要因素。

关于患者感染鲍曼不动杆菌的原因及因果关系，鉴定组专家出庭对此进行了答复，答复为鲍曼不动杆菌是院内感染，住院就有可能发生感染，鲍曼不动杆菌不是患者的直接死亡原因。鲍曼不动杆菌的感染系多种因素造成，现原告不能证明被告医院未采取有效隔离、消毒措施导致患者被同病房其他患者传染造成鲍曼不动杆菌感染，对于原告主张被告承担100%的责任的诉讼请求，法院不予支持。

二 肺动脉栓塞诊断依据不足，抗凝治疗欠妥；患者住院期间监护、凝血功能检测不足，导致患者死亡。①

科室：呼吸内科—肺内科

鉴定结论及判决结果：（1）患者主因突发左下肢无力 1 小时意识丧失入院，入院初步诊断：急性脑梗死？入院后肌酸激酶明显升高，医方处置符合诊疗常规。（2）住院治疗期间，患者突发坠床，后经 CT 诊断：右额部头皮软组织挫伤、血肿、蝶窦、左侧筛窦密度增高，考虑外伤后出血可能。（3）根据病历记载患者出现左下肢及腹部疼痛，请血管科会诊，考虑下肢疼痛待查，行腰椎核磁检查，结合病史考虑血肿。同时血色素低至 56g/l，伴急性肾功能不全。（4）患者既往无癫痫病史，出现四肢抽搐、意识不清、血痰、脑电图检查慢波，继发性癫痫诊断依据不足。（5）住院检查发现前列腺特异性抗原（PSA）14.28ng/ml，明显升高，医院建议前列腺穿刺，但患者身体条件不允许，故未做确诊。（6）患者左股四头肌萎缩，肌力三级，与血肿压迫有关。

结合上述诊疗过程，专家组一致认为医方存在如下过错：①肺动脉栓塞诊断依据不足，抗凝治疗欠妥。②患者住院期间监护、凝血功能检测不足。③明确出血与血肿诊断之后，没有及时停止应用抗凝治疗药物。④患者住院期间发生坠床，与乙方护理及家属（医嘱：陪人）看护不当有关。医方的诊疗行为与患者损害后果存在因果关系，其原因力为主要因素，六级伤残。考虑原告的治疗过程及被告的过错程度，认定被告对李某的医疗损害承担 70% 的责任，共计 17.2 万元。

医疗风险提示及律师点评：所谓的抗凝治疗，主要是通过应用抗凝药物治疗以及预防血栓性疾病。抗凝药物，临床上主要有这几种，低分子肝素钙或低分子肝素钠，还有普通肝素。低分子肝素主要用法是皮下注射，一般是一天两次，一次一支，间隔 12 小时。一次普通肝素的用法是静脉泵入，用得比较少。口服药物还有华法林，当然还有比较先进的利伐沙班、达比加群酯等。华法林需要定期复查血凝，主要是看国际标准化比值；利伐沙班和达比加群酯不需要监测血凝。抗凝药物主要是用

---
① 天津市红桥区人民法院（2018）津 0106 民初 319 号民事判决书。

于深静脉血栓，以及肺栓塞疾病。本案中，患者已经明确出血与血肿诊断之后，院方没有及时停止应用抗凝治疗药物，延误了前列腺癌的诊断，应承担相应的法律责任。

第二节 循环系统疾病：心脏内科

一 患方认为医方医嘱未带地高辛出院，是否合理？心功能不全的患者，在整个治疗过程中是否应该考虑液体负荷问题？中华医学会是否是医疗鉴定的必经程序？[①]

涉及科室：心脏内科

鉴定结论：（1）医方诊断明确。（2）患者住院期间，医方先后给予莫西沙星、美罗培南、利奈唑胺等抗生素控制感染，体温、白细胞恢复正常，床旁胸片报告："双肺叶清晰，纹理走行分布正常"，可以判断病情基本得到控制。采取肠内营养治疗以及针对脑病、冠心病给予相应的药物治疗（如硝酸酯类、曲美他嗪、奥拉西坦等），符合诊疗规范。（3）患者准备出院前突发急性左心衰，经过西地兰、拖拉塞米等治疗，症状缓解。从此加用利尿剂、拖拉塞米20mgQd、地高辛0.125mgQd治疗直至出院，提示患者存在慢性心功能不全。出院第三天早餐后，在卧床情况下猝死。（4）利尿剂出院医嘱隔日服用符合临床用药规范。（5）医方在患者住院治疗期间给予了相应对症治疗，且措施得当。（6）医方在患者住院诊治期间存在不足：①患者存在心功能不全，因此在整个治疗过程中应该考虑液体负荷问题，病历记录住院28天出入量显示明显正平衡；②病程记录存在欠缺，如发生急性左心衰时抢救过程及以后的病情变化记录时间欠详细、不及时；③有些病情变化以及治疗应与家属充分沟通。医方行为与患者死亡无因果关系。对于鉴定结论，被告未提出异议，原告表示不服该鉴定意见结论，向本院申请重新鉴定，中华医学会不予受理。

判决理由及结果：原告虽对该鉴定结论持有异议，但未提供相关证

[①] 天津市南开区人民法院（2016）津0104民初1357号民事判决书。

据足以反驳该鉴定结论,故对《医疗损害意见书》,法院予以采信。

另,根据《医疗损害意见书》分析意见记载,被告在患者住院诊治期间存在不足。根据鉴定结论,上述不足虽与患者死亡无因果关系,但被告的上述不足,使得原告方对患者病情及后果不能得到充分认识,故被告的行为在一定程度上侵害了原告权益。考虑患者的年龄、自身疾病、医疗经历及患者的身体状况,法院酌定被告一次性赔偿原告人民币3万元。

医疗风险提示及律师点评:患方认为,医方医嘱未带地高辛出院;专家组认为,地高辛在患者住院期间医生指导下应用是安全的,从用药安全角度考虑,该病人出院时的体征情况完全可以不再服用地高辛,且地高辛对该患者也不是必须服用的药物,所以,患者出院没有给其带地高辛是合理的。心功能不全的患者,在整个治疗过程中应该考虑液体负荷问题,否则可能在治疗上存在瑕疵。同时,中华医学会不是鉴定的必经程序,仅受理全国范围内疑难、复杂和有重大影响的鉴定案件,所以,其不受理鉴定程序是合法的。

二 病历材料记载:"建议住院拒绝后果自负",但未见到患者签字,出现纠纷如何赔付?用于治疗冠心病(心绞痛)的比索洛尔,临床使用应注意哪些问题?病情严重的病人应当进行心肌酶谱、肌钙蛋白等必要的辅助检查,告知患者病情的严重性及危险性,否则可能产生纠纷[①]

涉及科室:心脏内科

鉴定结论及判决结果:

院方过失:(1)张某门诊检查心电图提示心肌缺血,存在住院指征,据病历材料记载:"建议住院拒绝后果自负",但未见到患者签字。(2)院方在门诊当天未进行心肌酶谱、肌钙蛋白等必要的辅助检查,对患者病情的严重性及危险性认识不足,病历材料中亦未见到病情严重性的相关书面告知。(3)院方对被鉴定人的抢救过程中未能及时行气管切开+呼吸机辅助通气,亦未能完善各种血液检查,抢救过程则存在一定

---

① 天津市和平区人民法院(2012)和民一初字第0542号民事判决书。

的不足。

医院在对被鉴定人张某的诊疗过程中存有一定的过失，该过失与被鉴定人的死亡后果之间存在因果关系；被鉴定人为冠心病患者，病情较重，该病猝死概率较高。院方的医疗过失在其死亡结果中只能起到次要作用，法院判决医院承担30%的赔偿责任，计12万元。

医疗风险提示及律师点评：本案中，被告在对患者张某进行诊疗时，当天心电图检查提示心肌缺血，存在住院指征，但未充分告知患者及家属需住院的理由及不住院可能造成的后果，与患者沟通不充分，并且门诊当天未进行心肌酶谱等检查，对疾病的严重性及危险性认识不足，病历材料中亦未见到病情严重性的相关告知，对此被告医院存在过错。被鉴定人张某门诊病历记载：前胸不适，心率（HR）72次/分，心电图提示S-T改变，可以应用比索洛尔药物予以治疗，其首次用药后，院方在4小时内没有密切观察患者耐受情况的相关记录，但现有材料中亦无患者在首次用药后4小时内的出现异常反应的记录。被告医院在对被鉴定人的抢救过程中未能及时行气管切开+呼吸机辅助通气，亦未能完善各种血液检查，抢救过程存在一定的不足。由于被告以上过错，法院判决其承担相应的法律责任。

三 行急诊PCI术：患者病情危重，未能及时行急诊PCI手术，亦未履行告知义务，患者死亡引发的赔偿纠纷[1]

涉及科室：心脏内科

鉴定结论及判决结果：（1）该病例患者急性前壁心肌梗死诊断明确，至医方急诊治疗，医方考虑：①药物保守治疗；②急诊溶栓；③急诊PCI术，向患者家属交代病危及各种治疗的费用及风险，家属理解，选择行急诊PCI术。选择行急诊PCI术，术式选择正确。（2）医方决定行急诊PCI术后，患方签署《住院病人病情告知书》，执行术前准备（禁食水、备皮、碘过敏试验、术中用药）不违反临床操作常规，4小时后宣布患者死亡，手术未进行，未见不行手术的客观依据，亦未见向患方告知的记

---

[1] 天津市第一中级人民法院（2015）一中民一终字第0186号民事判决书。

载。(3) 患者病情危重,未能及时行急诊 PCI 手术,亦未履行告知义务,医方承担 100% 责任,计 72.8 万元,二审维持原判。

医疗风险提示及律师点评:急诊 PCI 一般使用于心肌梗死、心肌持续性缺血患者。过去指南显示急诊 PCI 适合急性心肌梗死发作不到 12 小时的患者,现在指南指出 24—48 小时以内都是急诊 PCI 的范畴;目前强调如果不能做急诊 PCI 则选择溶栓;过去认为如果溶栓再通了,就不再做临床干预,而现在强调高危的患者即使溶栓再通了,不再伴有症状,如前壁梗死的患者,也要求在 24 小时内做冠状动脉造影,择期 PCI 治疗。

行急诊 PCI 手术的医生一定要经过各种培训,精通各种术式。医生一定要先做好择期 PCI 手术,再做急诊 PCI 手术,对高危患者一定更要慎重。本案中,院方行急诊 PCI 符合常规,但未见不行手术的客观依据,亦未见向患方告知的记载,存在过错。

四 患者术后需要一级护理,需要绝对卧床,对于患者不听从医护人员劝告,医院应采取措施,而不能放任[①]

科室:心脏内科

一审判决理由及结果:中山大学法定中心给予退案处理;司法科学技术鉴定研究所司法鉴定中心认为患方对病历材料真实性质疑且未见李某的尸体解剖报告,作出不予受理的决定。本案中,患者李某在行 PCI 手术后入住院心脏监护病房,其间曾下床大小便,医院对此事实不持异议。医院虽以患者执意下床大小便,医护人员交代了下床大小便的危险性并极力劝阻无效为由进行抗辩,但该抗辩主张不能成为其免责的事由,且即便劝阻无效,其作为医疗机构应针对患者采取积极有效的措施而非放任,医院在诊疗过程中存在不足。此外,医院的部分病历记录欠缺材料,一审法院酌情判定医院赔偿原告经济损失 10 万元。

二审判决理由及结果:医院方认可该院在重症护理过程中存在不足,故一审判决认定医院诊疗过程存在不足,并无不当。关于封存病历资料的完整性问题,虽然病人抢救过程中存在病历完成时间迟延的情形具有

---

① 天津市第二中级人民法院(2017)津 02 民终 7161 号民事判决书。

一定合理性，但是，患者家属要求封存病历已说明对医疗行为存疑，医疗机构对该情况应负有审慎处理义务，本案患者家属要求封存病历时，确有部分病历未纳入封存范围，该部分病历长时间处于开放状态，原告亦坚持不认可该部分病历的真实性，造成医疗损害鉴定条件的欠缺已成客观事实，考虑患者李某术后第一时间的护理要求与病情控制具有密切关系，医院在重症护理方面确存在不足，故一审判决医院赔偿原告某经济损失10万元，应属适当，二审法院予以维持。

医疗风险提示及律师点评：医院表示："在护理方面确实进行劝阻，但是劝阻无效，在病历记录和实际行为方面存在时间差。这方面医方和患者需要共同承担，我们认为治疗方面没有不当的地方，就护理方面存在瑕疵。我们认为应承担轻微责任。"患者李某在术后系一级护理，医院亦认可李某需要绝对卧床，但确实没有做到绝对卧床休息，虽然医院尽到提醒义务，但患者购买的是一级护理险，且即便医院劝阻无效，其作为医疗机构应针对患者采取积极有效的措施而非放任，这也是医院在今后的临床工作中需要注意的地方。

五 医学院在读研究生不能够独立进行对病人的抢救。虽然医院主张研究生在执业医师的指导下对患者进行紧急抢救，应从病历记载中得到体现，或其他方式来证明有相关医师对研究生进行指导[①]

涉及科室：心脏内科

判决理由及结果：法院委托区医学会受理该鉴定，受理过程中因原告就病历的真实性和医师资质持有异议，该会将该委托退回。再经原告申请，法院委托区卫健委对患者抢救医生底某行医资质进行调查。该局对调查出具书面说明，主要内容为："经核实，底某在某医院就读研究生，导师为李教授，底某已取得执业医师资格，专业为临床医学，因其为在读研究生，不属于医院正式工作人员，未在医院注册，不具备独立行医资格。但是经询问医院信访办人员李某和查看抢救病历复印件，底某在该院执业医师刘某等医师的指导下对患者Z某进行的紧急抢救。"

---

① 天津市河西区人民法院（2013）西民四初字第19号民事判决书。

根据区卫健委对患者抢救医生底某行医资质进行调查的说明，本案涉诉患者抢救医生底某，不具有独立业资格，虽说明"底某在该院执业医师刘某等医师的指导下工作"，但从病历记载无法反映刘某参与抢救，亦无法证明有相关医师对底某进行指导。被告将一名不具有独立行医资格的医学生作为患者的抢救人员不符合医疗常规，应承担相应过错。考虑患者为老年危重病人，自身身体状况欠佳，综合各方面因素，判决被告承担40%责任，计9万元。

医疗风险提示及律师点评：未经医师注册取得执业证书，不得从事医师执业活动。本案中，被告将一名不具有独立行医资格的医学生作为患者Z某的抢救人员不符合医疗常规，应承担相应过错，承担次要责任。

六 心源性猝死病人，未及时做心电图检查以明确诊断，没有给予扩血管药物治疗，术前未请心脏内科会诊对该患者进行评估心脏意外的风险性，导致患者死亡的赔偿责任[①]

涉及科室：心脏内科

鉴定结论及判决结果：患者双下肢动脉硬化闭塞症，诊断明确，具备介入治疗指征，术后治疗符合诊疗常规，后患者猝死。证据材料显示抢救过程符合诊疗规范，因未行解剖病理检验，依据目前提供的病历资料，无法确认其猝死原因，故专家组无法对医方的诊疗行为与患者死亡之间的因果关系作出客观评价。

后医学会出具补充意见，内容为：（1）因患者未做尸检，死亡原因不能明确。专家组结合患者病史，临床表现为：喘憋、大汗、不能平卧、双肺闻及湿罗音，考虑患者存在急性左心衰，可能为心源性猝死。（2）医方欠缺：①未及时做心电图检查以明确诊断；②没有给予扩血管药物治疗；③患者既往有冠心病病史，发作时服用速效救心丸，术前未请心脏内科会诊对该患者进行心脏意外的风险性评估；④尸检问题欠沟通。（3）患者高龄，且既往有高血压、糖尿病史、双下肢动脉硬化闭塞症，属心血管疾病高危患者；患者本次住院术后突发病情变化较快，给

[①] 天津市红桥区人民法院（2017）津0106民初2985号民事判决书。

予了必要的抢救措施，经抢救无效死亡。综合考虑医疗行为存在的合理风险性以及被告的过错程度，法院认定被告对李某的死亡负30%的责任，计12.4万余元。

医疗风险提示及律师点评：本案中，专家组结合患者病史，临床表现，可能为心源性猝死。医方未及时为患者做心电图检查，术前未请心脏内科会诊对该患者进行心脏意外的风险性评估，导致患者死亡，存在一定的过错。

本部分致谢专家：李曦铭，医学博士后，天津市胸科医院主任医师，天津医科大学硕士研究生导师，天津大学博士生导师。天津市医学会介入医学分会第二届委员会常务委员，中华医学会心血管病学分会第九届委员会预防学组委员，天津市医学会老年医医学分会青年委员。《中国误诊学杂志》《中华介入放射学电子杂志》编委。承担并参加国家级市级局级课题10余项，发表文章40多篇，SCI 收录20篇，主编著作1部，副主编著作1部，参编著作10多部。获天津市科技进步奖二等奖1项，三等奖2项，填补天津市科技空白5项。

第三节 消化系统疾病：消化内科

一 术后未进行深部静脉血栓、肺动脉 CT 检查，未对尸检的必要性及重要性进行告知而导致的纠纷[①]

涉及科室：消化内科

鉴定结论：

（1）对被告诊疗行为评价：被鉴定人入院手术对症治疗，用药等合理，无违反常规之处。聘请多个科室进行会诊，履行了会诊义务。对患者家属进行了告知，并签订相关协议书，履行了告知义务。

（2）被告不足：病历书写不规范，使用的植入体型号与手术记录不

---

① 天津市第一中级人民法院（2016）津01民终2845号民事判决书。

符，违反病历书写规范。术后未进行深部静脉血栓、肺动脉 CT 检查等，观察病情不够仔细，检查不到位。患者死亡后未对尸检的必要性及重要性进行告知，无文字记录，未尽告知义务。

（3）被鉴定人尤某自身情况的评价：患者为 82 岁高龄，身体机能下降，不能有效对抗外界的侵害；由于股骨颈骨折，患者长期卧床，容易形成心血管并发症及呼吸系统、泌尿系统感染；患者髋关节置换术后仍有胆汁淤积、低蛋白血症、低钠血症等；经呼吸内科会诊，医院建议行气管插管机械通气，家属拒绝（2 次）。综上分析，考虑死亡原因为呼吸、循环系统衰竭。

（4）医院治疗行为与被鉴定人尤某死亡因果关系分析：被鉴定人死亡后未进行尸检，现无法正确评估死亡原因。医方对被鉴定人尤某的诊断明确，有手术指征，用药合理。行髋关节置换术后应做深部静脉血栓、肺动脉 CT 检查等，未尽注意义务，存在一些欠缺，但与死亡无直接因果关系。

综上所述，医院对被鉴定人尤某的诊疗过程中未尽注意义务、病历书写不规范，存在轻微的过失（过错），但与被鉴定人尤某死亡无直接因果关系，医疗过失等级为 B 级，建议拟参与度系数值 1%—20%。

（5）鉴定人的补充答复意见如下：①根据被告病程记录记载，用莫西沙星 12 天未见明显疗效，改用特治星抗炎治疗。鉴定人认为，用特治星抗炎治疗未见不妥，目前没有特治星必须做细菌敏感试验后用药的规定。②被告住院病历中未查到呼吸科会诊以后做肺功能检查的记录。鉴定过程中提供的胸部 CT 示肺部有炎症，是否有慢性阻塞性肺病无法认定。

判决理由及结果：患者尤某的年龄、体质是导致死亡的主要因素，但被上诉人未及时对尤某进行肺功能检查，没有尽到注意义务，以及在尤某病危时家属拒绝抢救，均不排除对尤某死亡有一定的影响。同时，尤某死亡后未进行尸检，导致现无法查清其确切死亡原因，被上诉人对此未尽告知义务，亦存在过错。法院判决医方 40% 的赔偿比例为宜，计 11 万余元。

医疗风险提示及律师点评：肺动脉 CT 就是利用 CT 扫描下的肺动脉

造影，这样可以基本无创，而且几分钟就能很好地显示中央以及周围肺动脉血管分支的情况。通过不同的后技术处理还能够将解剖结构和病变直接显现出来，已经成为诊断肺动脉相关疾病的标准，肺动脉CT还是检查肺动脉栓塞的重要方法。本案中，术后未进行深部静脉血栓、肺动脉CT检查等，观察病情不够仔细，检查不到位。尤某死亡后未进行尸检，导致现无法查清其确切死亡原因，院方存在一定的过错。

二 医方在针对消化道出血的诊断中，进行了胃镜、肠镜、胶囊内镜、全腹CT等检查，全腹CT显示：盆腔偏左侧含脂肪密度结节，与邻近肠管分界不清。医方在影像学诊断印象中未做提示，是否存在漏诊？[①]

涉及科室：消化内科

鉴定结论及判决结果：（1）患者主因"黑便10天"入住医院消化科诊治。为明确出血原因，医方给予原告全腹CT、电子胃肠镜、胶囊内镜及化验室检查，但均未明确消化道出血的原因，原告带口服黏膜保护剂和生血宁等药物出院，被告并嘱原告出院后随诊。医方诊疗行为符合规范。（2）患者的不明原因消化道出血为慢性发展过程，血红蛋白为90g/L，医院入院查体未见明显异常。（3）医院手术后病理诊断证实为："小肠黏膜下层脂肪瘤，部分黏膜糜烂伴修复性反应"，此肿瘤系良性肿瘤，一般预后良好。经现场查体，患者一般状况良好，腹部伤口愈合良好。由于医方在诊疗过程中漏诊，是导致患者损害的主要因素，法院酌定被告承担80%的损害赔偿责任，计2万余元。

医疗风险提示及律师点评：医方在针对消化道出血的诊断中，进行了胃镜、肠镜、胶囊内镜、全腹CT等检查，全腹CT显示：盆腔偏左侧含脂肪密度结节，与邻近肠管分界不清。医方在影像学诊断印象中未做提示，经治医生亦没有给予进一步明确诊断，故医方存在漏诊，这需要在以后工作中应予避免。

[①] 天津市和平区人民法院（2018）津0101民初1983号民事判决书。

三 内镜下行结肠息肉高频电切除术，由于医方失误，造成了病人大出血[1]

涉及科室：消化内科

鉴定结论及判决结果：医方入院诊断正确，医方在内镜下行结肠息肉高频电切除术，手术时机选择恰当；医方在手术操作过程中，造成了病人大出血，二次手术；内镜切除息肉出血后，医方在内镜下积极止血并请外科医生进行处理，措施恰当，中转外科处理治疗及时。医方行内镜手术中出现出血虽然是内镜手术的主要并发症，导致患者大出血，与中转开腹止血手术有因果关系，发生出血后及时处理，故其原因力为同等原因。被告应按50%的比例依法承担赔偿责任，计3万元。

医疗风险提示及律师点评：结肠息肉多数都是因为结肠炎症长期刺激造成的。平时的饮食也要避免经常吃火锅烧烤这一类烧烤辛辣油腻的食物，应该注意清淡饮食、均衡营养，注意维持身体各项指标的稳定和平衡。结肠息肉一般通过结肠镜检查发现并治疗，目前病情允许的情况下，多采用结肠息肉内镜下切除术治疗，在静脉麻醉或病人清醒状态下经过肛门进镜，依次检查结肠内情况，发现息肉后可充气，将肠管冲开，暴露视野，进行高频电灼烧息肉，对于比较大的息肉可行圈套器圈套，而后进行电切治疗。一般内镜下一次切息肉的数量不宜过多，需考虑息肉的部位、大小、数目，决定是否一次完全切除，如果息肉过大、过多，则需分次切除。本案中，医方行内镜手术中出现出血虽然是内镜手术的主要并发症，但对于病人大出血，存在一定的过失，应承担相应的法律责任。

四 患者病情突然恶化，除鼻导管吸氧外，还应做血气分析、影像学检查；患者急性肺动脉栓塞死亡后，医方未告知患者家属进行尸检[2]

涉及科室：消化内科

鉴定结论及判决结果：（1）患者入院后针对性检查不全面。（2）根据体温记录单，自1月20日开始血氧饱和度检测结果显示异常，一直持

---

[1] 天津市滨海新区人民法院（2020）津0116民初28281号民事判决书。
[2] 天津市第二中级人民法院（2017）津02民终6372号民事判决书。

续到 24 日病情突然恶化，除鼻导管吸氧外，并未对病因进一步检查，如血气分析，乃至影像学检查；尤其是在患者病情恶化至死亡期间，未做血气分析及心电图等。（3）在心肺复苏过程中，医方采取的措施不够全面。（4）患者死亡后，医方未告知患者家属进行尸检。（5）患者常年酗酒，住院时存在营养不良、肝功能异常、电解质紊乱、低蛋白血症等因素，为发生病情恶化的危险因素。专家组认为，患者的死亡原因为急性肺动脉栓塞，双方均认可对原告各项损失按照50%的责任比例予以赔偿，计41.6万元。

医疗风险提示及律师点评：血气分析是医学上常用于判断机体是否存在酸碱平衡失调以及缺氧和缺氧程度等的检验手段。本案中，患者病情恶化至死亡期间，未做血气分析及心电图等，在心肺复苏过程中，医方采取的措施不够全面，存在一定的过错。

该部分致谢专家：张志广，医学博士，主任医师，天津医科大学第二医院消化科科主任，内科教研室副主任。现任中华医学会消化分会委员，中国医师协会消化医师分会委员，天津医师协会消化医师分会会长，天津医学会消化分会副主任委员，天津医学会消化内镜分会副主任委员。长期从事胃、肠、肝、胆、胰疾病的诊治及内窥镜的诊治工作。

第四节　泌尿系统疾病：肾病—血液透析科

一　射频消融术：医院所做射频消融手术操作是否存在过错无法评价系因住院病历中缺少射频消融术时心脏电生理记录，未能保证李某住院病历的完整性，法院推定医院存在过错[①]

涉及科室：肾病血液透析科

鉴定结论及判决结果：（1）患者李某视力下降、听力下降、心功能不全及肾衰（长期血液透析）。（2）射频消融手术操作是否存在过错无法

---

① 天津市第一中级人民法院（2020）津01民终1542号民事判决书。

评价：医院为李某行射频消融术，因患者预激综合征诊断正确，医方采取射频消融术治疗无禁忌，术后患者出现房室传导阻滞，为改善症状医方永久双腔起搏器植入，因住院病历中缺少2008年射频消融术时心脏电生理记录，故无法判断医方手术操作是否存在过错。（3）先天及自身疾病不能排除：患者如有先天或自身疾患（心脏、肾脏等）也能够出现目前心功能不全及肾功能不全的后果，包括部分先天性疾病如Alport综合征，患者本身存在肾脏疾病如肾脏淀粉样变等，心脏疾患所致慢性肾脏病加重等原因，均可能导致患者目前肾衰的结果，但现有资料中均无足够证据表明患者属于哪种情况，或可以将某种可能排除。（4）2008年手术与目前心、肾功能不全的因果关系无法评价：患者可进行如基因检测、活检等现代化手段来排除是否具有先天因素的疾患，但因为缺少2008年至2014年间重要检查指标如心脏彩超的动态变化、心电图、胸片、肾功能监测指标等能够完整表述心功能、肾功能重要指标内容，故专家不能得出确定的鉴定结论，故医方在2008年为患者所行射频消融术未成功，但现有资料不能明确患者目前主要的损害后果肾衰与何种原因有关，故本次鉴定未能得出结论。法院依法酌定医院应对李某的损害后果承担50%的责任为宜，计28.7万元。

医疗风险提示及律师点评：本案中，医方植入永久双腔起搏器正确：在出现房室传导阻滞后，为患者行永久双腔起搏器已是当时可行的必要手段和补救措施，虽然此治疗可能在远期对患者的心脏功能情况造成一定影响。

本案中，李某多次申请司法鉴定均未得出结论，而根据某医学会医疗损害鉴定办公室所作通知载明，医院所做射频消融手术操作是否存在过错无法评价系因住院病历中缺少2008年射频消融术时心脏电生理记录，据此，医院未能保证李某住院病历的完整性，违反了《医疗机构病历管理规定》，故应推定医院存在过错，承担侵权责任。

二 在医护人员对病人进行常规血透时，左上肢血液通道在穿刺过程中出现假性动脉瘤，如何界定？医方行右侧颈内静脉半永久双腔导管置入术后，发生的导管相关性感染，如何界定？在患者出现假性动脉瘤后，采取颈内静脉半永久双腔导管置入术维持患者血液透析治疗是否为正常的治疗措施？[1]

涉及科室：血液透析

鉴定结论及判决结果：（1）患者患尿毒症，从2011年开始在医院肾内科血透室进行规律血液透析治疗。（2）鉴定会现场医方陈述，该医疗措施已及时向患方告知，但专家组在证据材料中未见相应的文字记载，存在告知不足，后该患者猝死。根据现有证据材料，专家组认为，患者发生猝死可能与患者既往冠心病（冠脉造影提示三支病变）、尿毒症长期透析、高血压等多种疾病导致的心脑血管并发症有关。医方虽然告知不足，但与患者的死亡无因果关系，法院酌定被告医院一次性补偿原告3万元。

医疗风险提示及律师点评：在患者进行常规血透时，左上肢血液通道在穿刺过程中出现假性动脉瘤属于常见并发症，医方行右侧颈内静脉半永久双腔导管置入术后，发生的导管相关性感染属于常见并发症。在患者出现假性动脉瘤后，采取颈内静脉半永久双腔导管置入术维持患者血液透析治疗，系正常的治疗措施。

   该部分致谢专家：徐鹏程，男，天津医科大学总医院主任医师，副教授，硕士生导师，北京大学医学博士，中国中西医结合学会肾脏疾病专业委员会青年委员，中国医师协会肾脏内科医师分会青年委员，天津市中西医结合学会第四届肾脏疾病专业委员会委员，天津医学会肾脏病学分会青年委员会委员。天津市"131"创新型人才培养工程第二层次人选。

---

[1] 天津市第一中级人民法院（2017）津01民终5156号民事判决书。

第五节　血液系统疾病：血液内科

急性 B 淋巴细胞白血病：急性淋巴细胞白血病化疗完全缓解后，进行异基因造血干细胞移植失败后死亡[①]。

鉴定结论：（1）近年来的研究报道显示供体 HLA 特异性抗体 DSA 与植入失败明显相关，而且 MFI 值越高，植入失败发生率越大。所以，对于 DSA 阳性的患者在移植前采取针对性的治疗措施，清除患者体内 DSA，有助于提高移植成功率。结合本例，患者经化疗完全缓解巩固治疗后行子供母造血干细胞移植，医方采用 BU/CY + ATG 预处理方案，于 2015 年 2 月 20 日开始预处理，3 月 2 日回输供者骨髓血，3 月 3 日回输供者外周血。但医方未能在患者移植前行 DSA 检测，提示医方在患者造血干细胞移植处理流程上存在疏漏，不利于在移植前采取预防处理措施，同时与患者及其家属沟通不足，视为过失。

（2）患者在经过子供母的外周血联合骨髓单倍体移植后，3 月 19 日血常规检查提示粒系植活，但血小板需间断输注；4 月 2 日查免疫残留为 0，BCR/ABL 阴性，IKZF1 突变阴性；5 月 18 日染色体检查结果：均为 XY 信号，出现供者的性染色体；6 月 8 日移植后植活检测结果：患者外周血为完全供者细胞嵌合状态，表现为供者表型。据上述分析，提示患者造血干细胞移植后已经植入，但植入功能不良。

（3）患者在移植后间断出现发热、腹泻、黄疸等急性移植物抗宿主病症状，同时再次出现血象下降，医方给予强龙、普乐可复、骁悉、舒莱、益赛普等药物治疗 GVHD，科赛斯、泰能等输血支持治疗，同时予保肝、营养支持、补充电解质等治疗，后应用吉粒芬升白细胞，并输注间充质干细胞等治疗不违反诊疗常规。但患者临床治疗效果不佳，外周血细胞持续未恢复，于出院一周后去世。

患者年龄大于 35 岁、白细胞大于 30×10^9/L、细胞遗传学 t（9；22）/BCR/ABL（+），具有多项不良预后因素，属高危患者。同时患者在

[①] 北京市西城区人民法院（2020）京 0102 民初 34849 号民事判决书。

异基因造血干细胞移植后并发急性移植物抗宿主病、植入功能不良等严重并发症,虽经临床处理,但效果不佳,外周血细胞持续未恢复。故考虑患者的最终死亡,主要与其自身疾病危重、治疗难度大、预后差有关。但医方存在的上述过失,不利于在移植前采取预防处理措施,以助于提高移植成功率,不除外在患者最终移植失败及死亡进程中存在一定的参与因素。

判决理由及结果:

关于 DSA 检测相关问题。《中华血液学杂志》2016 年第 37 卷第 8 期文章《我如何选择异基因造血干细胞移植供者》,该文章载明:"异基因造血干细胞移植(allo – HSCT)仍是恶性血液病有效乃至唯一治愈手段……近十年来,北京大学基于 G – CSF 和抗胸腺细胞球蛋白(ATG)诱导免疫耐受建立了体外去除 T 细胞的单倍型相合骨髓和外周血混合移植体系(被称为'北京方案')……本文作者从典型病例入手,结合临床实践及国内外相关领域的研究进展,详细阐述如何选择 allo – HSCT 供者……三、谁是 Haplo – HSCT 的最佳供者?北京大学资料显示接受'北京方案'治疗的恶性血液病患者……因此,非 HLA 因素,如 DSA、供者性别……在 Haplo – HSCT 选择方面的作用越来越受到国内外学者的关注。1. DSA:……在'北京方案'中,Chang 等发现 DSA MFI≥10000 与移植排斥密切相关,DSA MFI≥2000 与移植不良密切相关;无论移植排斥还是移植不良都是导致预后差的重要原因之一。对于血清 DSA 阳性的患者应该更换供者。目前,不同中心更换供者依据的 DSA MFI 阈值不同。笔者所在单位的阈值是对于 DSA MFI≥10000 的患者而言,必须更换供者,对于 DSA MFI≥2000 的患者而言,可以考虑更换供者,也可以考虑进入临床试验。对于无供者可更换的患者,可以考虑应用血浆置换、静脉人血免疫球蛋白、利妥昔单抗和硼替佐米等方法。遗憾的是,国内外学者对 DSA 阳性 HSCT 患者进行处理的循证医学资料有限。因此,急需开展前瞻性、多中心临床研究以寻找 DSA 阳性的最佳处理方案……"诉讼中,原告根据上述书面意见及文章多次向法院提交申请,请求法院责令医院提交该医院执行的抗 – HLA 抗体(DSA)检查结果对骨髓移植患者临床意义的具体内容;经法院当庭询问,医院明确其无法提交原告所述的相关证据材料。法院审查认为,根据《最高人民法院关于适用〈中华人民共和国民事诉讼法〉的解释》第一百一十二条规定，书证在对方当事人控制之下的，承担举证证明责任的当事人可以在举证期限届满前书面申请人民法院责令对方当事人提交。申请理由成立的，人民法院应当责令对方当事人提交，因提交书证所产生的费用，由申请人负担。对方当事人无正当理由拒不提交的，人民法院可以认定申请人所主张的书证内容为真实。

本案中，结合上述医院向法院提交的书面意见及医院医生在本例患者造血干细胞移植术后较短时间内公开发表的文章内容等证据，可以认定在医院为龙某进行造血干细胞移植手术时，虽然就DSA检测值在造血干细胞移植手术中的临床意义等问题国内外尚未形成临床指南及专家共识，但是医院作为在血液病研究、治疗方面处于国内领先水平的医疗机构，其在当时的临床治疗中已经发现DSA阳性与移植排斥、植入不良密切相关，且已经明确DSA MFI$\geqslant$10000的患者必须更换供者。经法院询问，医院无正当理由拒不提交相关材料，医院依法应当承担相应不利后果。法院结合举证责任及上述书面意见、文章等认定医院在为龙某行相关手术时已经在一定程度上了解到了DSA检测值在造血干细胞移植手术中的临床意义。因此，鉴定意见关于医院在为龙某实施造血干细胞移植手术前未行DSA检测、未与患者及家属充分沟通的认定意见比较具有合理性，法院予以采纳。赔偿各种损失合计90万余元。

医疗风险提示及律师点评：

1. 成人ALL化疗分为两个阶段，即诱导缓解和缓解后治疗。诱导缓解治疗的目的是迅速、大量减少体内白血病细胞负荷，使之达到缓解，恢复正常造血；缓解后治疗主要是进一步清除残留白血病细胞。缓解后如有合适供者，可进行造血干细胞移植（HSCT）。患者为费城染色体阳性的急性淋巴细胞白血病，经化疗后仍有残余病变，存在完全缓解维持困难、很快复发的风险，医方此时进行造血干细胞移植适应症明确，移植前向患方履行了造血干细胞移植的知情告知。

2. 成人急性淋巴细胞白血病临床疗效与多方面因素有关，完全缓解率70%—90%，5年长期无病生存30%—40%。异基因造血干细胞移植是治疗该病的有效手段。然而，移植相关并发症如移植物抗宿主病、植入功能不良等严重影响移植预后。急性移植物抗宿主病主要累及皮肤、肝脏、肠道，发病率高，临床症状重，对患者全身状况影响大，治疗难度大，常难以逆转，是导致移植失败及死亡的主要原因之一。

成人急性淋巴细胞白血病常规治疗预后差，有条件的患者应进行更积极的治疗方案，前期治疗及方案选择并无不妥；但患者最终植入不良，血象恢复不佳致死亡。本例患者临床告知不足，最终导致在患者临床疗效不佳死亡后，医患矛盾激化。本案判决中多次提及患者 DSA 检测强阳性问题，虽然当时没有相应指南及专家共识，但医院收费检测患者 DSA，而不能提供结果及合理解释，法院认为院方应该知晓 DSA 相关临床意义，最终致判决失利。临床工作中常常遇到新技术的探索及应用，如本案中 DSA 检测问题，应有详细的记录、病情告知及知情同意。

综合两个患者治疗及判决，临床工作中多存在病情告知及知情同意不足的问题；两例患者临床诊断及治疗总体符合临床规范，但知情同意不足最终患者死亡后，患方不理解而激化矛盾。本案再次提示病情告知及知情同意的重要性。

该部分致谢专家：李建平，医学硕士，中国医学科学院血液病医院副主任医师。长期从事血液病临床诊疗工作，尤其擅长再生障碍性贫血、溶血性贫血等贫血相关疾病的临床诊断及治疗。主要研究者参与十余项临床研究。国内外专业学术期刊发表血液病临床相关论著十余篇。

第六节　内分泌和代谢性疾病：内分泌科

腰麻下行痔上黏膜环切术：医方的诊疗行为无过错，与患者的死亡无因果关系，是不是医院一定不承担赔偿责任？在面对原因不明的死亡案件的时候，应当联想到导致死亡的关联因素？[1]

涉及科室：内分泌科

鉴定结论：（1）患者主因血糖升高 3 年余、双下肢水肿 2 个月、尿

---

[1] 天津市南开区人民法院（2019）津 0104 民初 12598 号民事判决书。

酮体 4 天，为求进一步治疗入住医院内分泌科治疗。入院诊断：2 型糖尿病；高血压病；痔疮；中度贫血。内分泌科给予补液纠酮，降糖、抗炎等支持治疗，符合诊疗规范。（2）患者痔疮病史 20 余年，间断出血，化验回报提示贫血（血红蛋白 68g/L），经普外科会诊后建议专科治疗，转入普外科，完善术前检查，腰麻下行痔上黏膜环切术治疗，手术顺利，该手术无手术禁忌，具备手术指征。（3）手术 20 小时 22 分钟后，患者突发心慌胸闷不适，3 分钟后患者意识丧失，呼吸心脏骤停，经胸外按压，静脉注射肾上腺素、阿托品、碳酸氢钠、去甲肾上腺素，气管插管，经 1 小时 25 分钟抢救无效患者死亡。医方对患者实施抢救及时，措施得当。（4）结合患者病史、发病过程，并基于复苏过程中心电图显示窦性心律，心率 150 次/分，PⅡ>0.25 毫伏，QRS 波 aVR：R/Q>1，与前心电图比较显示有明显变化，专家组考虑该患者的死亡不排除肺栓塞的可能。鉴定结论为：医方的诊疗行为无过错，与患者的死亡无因果关系。

判决理由：首先，被告在刘某死亡记录中记载为：原因不明的死亡。鉴定意见分析患者刘某的死亡不排除肺栓塞的可能，鉴定专家出庭也表示刘某因肺栓塞死亡有高度可能性，并据此作出了鉴定结论。从调解笔录上看，被告在实施抢救时考虑刘某为心梗，并对刘某进行了抢救。其次，从被告提交的录像光盘和原告提交的医调委调解笔录上看，被告对原告家属进行尸检告知存在瑕疵。综上所述，法院酌情考虑被告应向原告赔偿各项经济损失 10 万元为宜。

医疗风险提示及律师点评：本案中，患者因 2 型糖尿病、高血压病、痔疮、中度贫血而住院，腰麻下行痔上黏膜环切术治疗，鉴定专家出庭也表示刘某因肺栓塞死亡有高度可能性，被告对原告家属进行尸检告知存在瑕疵，应承担相应的法律责任。

本部分致谢专家：李珍瑾，医学博士，天津医科大学第二医院内分泌科主治医师，天津预防医学会、天津市医疗健康学会糖尿病专委会、天津市医疗健康学会内分泌分会会员。

第七节 脑部疾病：神经内科

一 医方对患者"吉兰—巴雷综合征"的诊断存在延误，而引发纠纷[①]

涉及科室：神经内科

鉴定结论及判决结果：（1）被告诊断胸椎管狭窄伴不全瘫，诊断明确。有手术适应症，行后路胸10—12椎弓根 Moss Ⅱ 内固定、椎板减压术，术式选择得当。（2）根据手术记录记载，术中发现硬膜与黄韧带粘连，手术过程中硬膜破损是手术中难以避免的并发症，与患者目前后果无相关性。（3）被告在原告早期出现双下肢肌力减弱，左侧2级右侧3级；病程记载本院神经内科会诊，高度怀疑"颅内感染"，病程又记载原告双下肢肌力无力加重，左下肢肌力1级、右侧2级，左上肢肌力3级，病程再记载原告突发四肢无力，被告没有及时行鉴别诊断，对"吉兰—巴雷综合征"的诊断存在延误。术后第2周Z医院神经内科会诊后考虑患者存在"吉兰—巴雷综合征"，给予丙种球蛋白等治疗，治疗方式正确。（4）被告病历书写存在缺陷。被告的诊疗行为对患者后果承担次要原因，患者构成二级伤残。故被告应对原告的经济损失按30%赔偿为宜，计63万余元。

医疗风险提示及律师点评：本案中，患者目前双上肢近段肌力Ⅳ级、远端肌力Ⅰ级，手内在肌萎缩，手指关节挛缩。双上肢浅痛觉存在。双下肢远端肌力Ⅰ级伴双下肢浅痛觉减退。四肢腱反射消失，未引起病理征，符合"吉兰—巴雷综合征"临床转归。但被告没有及时进行鉴别诊断，对"吉兰—巴雷综合征"的诊断存在延误，应承担相应的法律责任。

[①] 天津市河西区人民法院（2018）津0103民初11542号民事判决书。

二 合理用药："多发性周围神经炎、高血压 3 级"和"周围神经炎、高血压 3 级"引发的纠纷中,哪些属于合理用药?药品说明书与临床用药发生冲突时,是否应尊重临床用药?医院对于患者的部分自费药品认可,对于包括神经节苷脂钠注射液超出基本医疗费用范畴不予认可,能否得到法律支持?对同一案件多次诉讼,法院一般如何处理?[①]

涉及科室:神经内科

鉴定结论:本病例属于三级丙等医疗事故,院方负主要责任,今后需针对神经病变继续治疗。一审法院判决被告承担 75% 的赔偿责任,同时明确了今后产生的相关费用,应视原告康复的具体情况另案解决。此后,原告先后两次起诉被告医疗服务合同纠纷案件,一审法院判决被告按 75% 的民事责任赔偿原告各项合理的经济损失。

鉴定意见:不排除被鉴定人李某的高血压、慢性支气管炎、肺部感染与其周围神经病变之间存在一定因果关系,参与度为 1%—20%;针对上述疾病的治疗存在一定的合理性。

一审法院判决理由及结果:结合生效裁判文书、原告的病情以及照顾弱势群体的基本原则,酌情认定原告的高血压、慢性支气管炎、肺部感染等疾病与其周围神经病变之间的参与度为 20%。医院出具的诊断证明上载明原告的疾病为"多发性周围神经炎"或"多发性神经炎、高血压 2 级(极高危)",与前三次诉讼中病情诊断并无差别。被告认为原告在治疗过程中所用药物有许多不属于基本医疗费用范畴,对此一审法院认为,原告作为病人在治疗和用药过程中,由医院根据对病人病情的诊断决定用药的种类和数量,原告本身对用何种药物不具有决定权,而作为治病救人的医院,在诊疗活动中没有必要审查患者是否与其他医疗机构存在医患纠纷,进而挑选便宜的药品使用。在原告主张的医疗费中,被告对医疗票据中涉及的胰激肽原酶肠溶片、甲钴胺片、甲钴胺注射液、银杏叶片、银杏叶注射液及维生素 B_1 自付部分的费用予以认可,认为神经节苷脂钠注射液超出基本医疗费用范畴不予认可,其他药物费用与本案不具有关联性不予认可。对此一审法院认为,司法鉴定意见、回函以

[①] 天津市第二中级人民法院(2017)津 02 民终 1558 号民事判决书。

及一审法院向医院调取的证据材料，能够证实原告治疗所用药品中的神经节苷脂钠注射液、单唾液酸四己糖神经节苷脂、单唾液酸四己酸神经节苷脂钠注射液、单唾液酸四己糖神经节苷脂钠注射液、神经节苷脂、单唾液酸四己酸神经节苷脂钠为同一种药，神经节苷脂、注射用鼠神经生长因子、神经妥乐平均属于治疗周围神经炎的药品。据此，上述药品应属于用药合理范畴。法院认定医院承担75%的赔偿责任，计17.9万元。

医疗风险提示及律师点评：在鉴定中，鉴定中心通常鉴定用药合理性主要依据药品说明书及教科书中疾病治疗的常规用药，辅以临床治疗意见。单唾液酸四己糖神经节苷脂、神经节苷脂钠注射液、注射用鼠神经生长因子、神经妥乐平药品说明书中均未提及对症周围神经炎，又周围神经炎的治疗用药中亦未提及上述用药。所以，本次鉴定认定神经节苷脂钠注射液为合理，是尊重住院病历中临床有应用。如果能提供临床专科医生意见，证明临床应用上述药品为治疗周围神经炎（同时考虑其所述用药定量等问题），经法庭质证认定后，鉴定中心一般会尊重临床意见。

就本案而言，本案第一次庭审中，原告申请法院向医院进行调查，以了解药品使用情况。对此，一审法院向医院神经内科的医生进行了调查，据医生介绍：医院在为原告治疗中所使用的药品实际为同一种药。由于2013年以前医院尚未完全采用电子病历，医生在填写入院记录、出院记录、住院病历等材料中一般按照通用名简写药名，而不是按照药品学名书写，所以会出现药品名称书写不一致的情况。

三　患者血压进行性增高且精神状态出现异常，遗漏其既往脑血管病基础上的新鲜梗塞所致；应用丙戊酸钠治疗癫痫，应密切观察病人用药后情况，可开展血药浓度监测[①]

涉及科室：神经内科

鉴定结论及判决结果：

（1）被鉴定人主因"发作性意识丧失，左肢抽搐4年，加重3天"

---

① 天津市第一中级人民法院（2015）一中民一终字第0427号民事判决书。

到医院就诊，其既往有脑梗、高血压病、心肌梗死、心功能不全等病史，头颅 CT 检查提示其颅内多发梗塞灶。结合其既往出现无明显诱因的意识丧失情况及最近一次发作时的症状及体征，符合症状性癫痫的特点，虽然被鉴定人脑电图检查未见痫性放电，但其年龄偏大，老年人脑电图检出痫性放电的阳性率较低，院方结合被鉴定人脑梗塞病情、既往病史及最近一次发作过程和表现后诊断为症状性癫痫，临床诊断无误。

（2）院方在对被鉴定人的诊疗过程中存在以下过失：①被鉴定人既往有高血压和脑梗病史，住院期间其血压波动不大、病情平稳，其后血压进行性增高且精神状态出现异常，院方只考虑可能是应用抗癫痫药物所致，未考虑到可能是在其既往脑血管病的基础上出现了新鲜梗塞所致，直至头颅 MRI 检查证实颅内多发新鲜梗塞灶，临床治疗存在一定的延误。②据病程记录记载，被鉴定人查房时病情平稳，未出现症状性癫痫发作的情况，而院方却加用 10% 水合氯醛 20ml 灌肠一次，随后丙戊酸钠 0.8g 静脉泵入一次，在病人无症状性癫痫发作的情况下加用 10% 水合氯醛，临床用药依据不足，药物使用不当，且在查房时停用丙戊酸钠。③应用丙戊酸钠治疗癫痫，应密切观察病人用药后情况，可开展血药浓度监测，以便调整到最佳治疗剂量，而院方对此未予重视；且抗癫痫药物具有较多的副作用，院方对应用此类药物的风险未对家属进行充分的书面告知，医患沟通方面存在一定的不足。

综上所述，医院在对被鉴定人俞某的诊疗过程中存有一定的过失，该过失与被鉴定人的损害后果存在因果关系，但被鉴定人入院后病情变化为新发大面积脑梗，此病预后差，会对脑神经功能产生严重损害，目前对此类疾病尚无十分有效的治疗方法，故院方的过失在对其损害后果中起次要作用，其参与度系数值可为 20%—40%，被告医院一次性赔偿原告各项费用的 40%，计 33.6 万元。

医疗风险提示及律师点评：被鉴定人俞某系高血压合并脑血管病患者，且入院后出现新发脑梗，其入院后出现血压增高且不稳定，后逐渐恢复较稳定状态，其血压波动应为出现新发脑梗所致，不存在因院方没有对被鉴定人血压进行有效控制致使再发脑梗的问题。本案中，院方未考虑到可能是在其既往脑血管病的基础上出现了新鲜梗塞所致，临床用药依据不足，药物使用不当，药物的风险未对家属进行充分的书面告知，应承担相应的法律责任。

该部分致谢专家：岳伟，医学博士，主任医师，博士生导师。天津市环湖医院神经内科七病区主任，医务科科长，神经内科住院医师规范化培训基地教学主任，高压氧科主任。天津市"131"创新型人才培养工程第一层次人才。

第六章

外　科

第一节　颅脑疾病：神经外科

一　院方的注意义务：病程记录的记录者应为医护人员，因而医护人员有义务客观、翔实地记录病程，如果因为医护人员过错造成不能准确得出鉴定结论的，应由医院承担不利的法律后果[①]

涉及科室：神经外科

鉴定结论：（1）从医院首次病程记录中可见韩某患高血压、糖尿病数年一直用药物治疗。虽在一般情况下用药物可以调控，效果较好，但不能完全排除与患者伤后的病情变化（昏迷、死亡）之间存在一定关联性，应认为含有轻微因素。（2）院方的注意义务有不到位之处（注意义务涵括风险预知义务及风险回避义务），即医疗过失的可能性应该存在。其与患者出院时植物生存状态之间有一定因果关系的可能性不能排除。因韩某在医院住院期间的医疗资料等尚不够全，如：①CT 片、MRI 片等；②化验单、病程记录、相关的护理单等尚有字迹不清之处；③主管医生对病人病情发生、发展、变化等的主观意向尚不能明确。为此院方的医疗过失、因果关系虽不能排除，但参与度的具体范围有待另行鉴定或院方配合、听证后加以明确。（3）交通肇事是导致韩某颅脑损伤、植物生存状态的第一因素，具有一定的因果关系不能排除；考虑到其住院时原发伤的情况以及院方病历记载病情发展情况和病人本身的因素，综

[①] 天津市河西区人民法院（2015）西民四初字第 1043 号民事判决书。

合考虑认为韩某的死亡与交通事故之间具有一定因果关系，其参与度不包括院方的医疗过失及病人本身的因素，目前可暂考虑为40%—60%。

判决理由及结果：医疗机构对病历资料负有保管义务，故被告应对不能提供影像学资料承担责任；经二原告确认，被告曾将上述影像学资料交予二原告，二原告对上述资料有保管的责任，现该资料丢失，二原告亦应对不能提供影像学资料承担责任。病程记录的记录者应为医护人员，故因病程记录中没有相关情况的详细描述而导致不能准确地得出鉴定结论的责任应由被告承担。根据司法鉴定的结论，不能完全排除韩某本身所患有的高血压、糖尿病与其伤后的病情变化（昏迷、死亡）之间存在一定关联性，被告应对原告承担70%的责任，计15万余元。

医疗风险提示及律师点评：院方的注意义务涵括风险预知义务和风险回避义务。病程记录的记录者应为医护人员，因而医护人员有义务客观、翔实地记录病程，如果因为医护人员过错造成不能准确得出鉴定结论的，应由医院承担不利法律后果。

二 病历记录：病历记录应当及时、准确，禁止涂改①

涉及科室：神经外科

鉴定结果：本案中原告多次变更鉴定事项，经由原审法院委托及询问三家国家级鉴定机构，均因患者已死亡未做尸检或病历中关键记录被剔除无法进行鉴定。后原审法院释明原告可自行寻找可以进行鉴定的鉴定机构，经原审法院核实资质后予以委托，但原告也未予回复。分析本案中无法进行鉴定的原因，医患双方均存在过错。患方过错体现在患者李某在家中死亡后未要求进行尸检，未进行死因鉴定，导致死因不明，无法鉴定。

判决结果及依据：医方过错体现在病历记录中关键记录有涂改，麻醉时间3小时改为4小时；病历记载中只有1个支架，但X光片中显示2个支架，记载有遗漏；验血报告单中有手写添加内容，不规范；病历中多处"梁某"的签名非其本人所签。综合以上医患双方的过错程度，对于三原告的诉讼请求，原审法院酌情支持12万元，被告应予赔偿。

---

① 天津市第二中级人民法院（2014）二中民四终字第719号民事判决书。

医疗风险提示及律师点评：医方对病例中记载的病情应当及时、准确，例如：对于植入患者体内心脏支架的数量、麻醉时间、验血报告单的书写以及医生签名等。否则，即便鉴定机构无法鉴定，院方也可能承担赔偿责任。

三 重症记录和重症患者的护理常规：医方的重症记录应当真实、准确、及时地反映病情变化的演变过程；对于重症患者的护理常规，应对巡视时间、监测指标等有详细的记录[①]

涉及科室：神经外科

鉴定结论：某医学会出具医疗损害意见书，分析意见：患者主因"突发意识障碍2小时"经急诊入住医院，头颅CT提示：左侧丘脑出血并破入脑室，双侧侧脑室、三脑室、四脑室血液铸形。入院诊断为脑出血（左丘脑出血并破入脑室），后行急诊行双侧脑室外引流术，入重症病房监护治疗。引流术后双侧引流流畅。医方诊断明确，具有明确手术指征，处理方式得当。同时，存在一定的不足。被告对原告的损失承担50%责任，计30万余元。

医疗风险提示及律师点评：患者病情出现急剧变化，医方的重症记录未能真实、准确、及时地反映病情变化的演变过程；按照重症护理常规，医方有违反护理常规的事实（巡视时间、监测指标等），存在过错。

四 患者行右侧脑穿，出现血压升高、呕吐、瞳孔放大，应及时为患者复查CT？原发性疾病的治疗费用是否赔偿？[②]

涉及科室：神经外科

鉴定结论及判决结果：（1）本病例患者右丘脑出血破入脑室、高血压病Ⅲ级高危入医方住院治疗，诊断明确，治疗原则符合临床规范，插、拔管过程操作规范。病历已经委托人质证，形成过程符合规定。（2）行右侧脑穿，更换引流管术后6小时，患者意识障碍加深，瞳孔不等大，

[①] 天津市河西区人民法院（2016）津0103民初6085号民事判决书。
[②] 天津市河西区人民法院（2013）西民四初字第510号民事判决书。

急查头颅CT发现：右额硬膜外血肿，同时中脑背侧偏右存在少量出血，量约2ml，急行右额开颅血肿清除术＋脑室外引流术，有手术指征，术式选择符合常规。根据手术记录，手术过程操作规范，患者手术出现硬膜外血肿和脑干出血，为手术并发症。（3）根据护理记录，患者出现高热后，护理遵医嘱予以给药、物理降温等护理措施，护理人员对患者病情变化已经通知医生，医方对患者的护理过程符合临床护理常规。（4）术后，患者出现血压升高、呕吐、瞳孔放大，医生重视程度不足，没有及时为患者复查CT，处理不够及时得当，从患者出现病情变化到开颅手术，时间较长，对患者的预后有影响。医疗行为存在过错。（5）患者目前状态与病情发展、手术并发症和医疗过错行为均有关。医疗损害鉴定书的结论：患者姚某伤残等级为一级伤残，被告应按照50%的比例予以赔偿，计49万余元。

医疗风险提示及律师点评：患者手术出现硬膜外血肿和脑干出血等手术并发症，这是正常情况。当患者出现血压升高、呕吐、瞳孔放大等情况，医生应高度重视，及时复查CT等，这些措施处理是否得当将直接影响患者的康复时间和康复效果。

五 双下肢神经源性受损与双侧臀部肌肉注射：医院在为被鉴定人实施臀部肌肉注射药物时，应尽到谨慎注意义务，避免刺伤坐骨神经和或药物刺激致双下肢神经源性损伤，避免导致双下肢瘫痪的损害后果[①]

涉及科室：神经外科

鉴定结论及判决结果：（1）根据委托人提交的病历材料，结合被鉴定人苗某的临床表现、辅助检查结果以及目前身体情况，并参照临床医学理论，分析认为其病情诊断吉兰—巴雷综合征的依据不足。（2）被鉴定人双侧臀部肌肉注射后有疼痛，双下肢肌力减退等临床表现，肌电图检查提示双下肢运动纤维受损，广泛神经源性损害，目前遗有双下肢瘫痪的损害后果。被鉴定人双下肢神经源性受损与双侧臀部肌肉注射的诊疗行为在时间上有紧密联系，双下肢瘫痪的损害后果符合肌肉注射用药引起周围神经损伤特点，故认定为医院在为被鉴定人实施臀部肌肉注射

---

① 天津市第三中级人民法院（2019）津03民终2262号民事判决书。

药物时，未尽到谨慎注意义务，刺伤坐骨神经或药物刺激致双下肢神经源性损伤，从而遗有双下肢瘫痪的损害后果。被鉴定人苗某双下肢瘫痪构成四级伤残，医方对患者的损害赔偿承担100%责任，计139.6万元。

医疗风险提示及律师点评：被鉴定人双侧臀部肌肉注射后有疼痛、双下肢肌力减退等临床表现，肌电图检查提示双下肢运动纤维受损，广泛神经源性损害，目前遗有双下肢瘫痪的损害后果，被鉴定人双下肢神经源性受损与双侧臀部肌肉注射的诊疗行为在时间上有紧密联系，符合肌肉注射后出现的临床症状和特点。医院在为被鉴定人实施臀部肌肉注射药物时，应尽到谨慎注意义务，避免刺伤坐骨神经或药物刺激致双下肢神经源性损伤，避免本案中所出现的双下肢瘫痪的损害后果。

六 患者发热的疾病诊断：患者因发热待查入院，医方应及时就病因进行鉴别诊断[①]

涉及科室：神经外科

鉴定结论及判决结果：（1）患者因"头晕伴发热5天"直接入神经外科住院治疗属于非寻常入科情况，不符合常规入院流程。（2）患者入院期间曾有39.4℃高热，通常首先不排除外感染问题，后医方给予抗生素及各种支持疗法，转ICU治疗，联系相关科室会诊等符合治疗规范。（3）患者病情复杂，发展迅速，不排除与患者基础疾病及未知疾病有关。临床诊断脓毒症明确，脓毒症患者本身存在高病死率。抢救过程中，医方给予监护生命体征和动态监测器官功能，同时给予抗感染、脏器支持等措施，符合诊疗规范。（4）医方诊断过程存在不规范；患者因发热待查入院，但医方未及时就病因进行鉴别诊断，如血培养、糖化血蛋白等。（5）患者死因为脓毒症合并多脏器功能衰竭，本身存在高病死率。医方存在就患者发热待查病因鉴别诊断不规范的过错，有可能对患者病情进展有一定影响。医方对患者的死亡负有一定责任，专家组综合分析应承担轻微原因。法院酌情确定对于原告的损失医院应按照25%的比例予以

[①] 天津市第二中级人民法院（2020）津02民终2413号民事判决书；天津市河东区人民法院（2020）津0102民初711号民事判决书。

赔偿，计 27 万余元。

医疗风险提示及律师点评：患者因发热入院，医方应就相关病因进行鉴别与诊断，例如：血培养、糖化血蛋白等方式，如果因为鉴别诊断不规范而导致患者死亡，医方将承担相应的法律责任。

该部分致谢专家：岳伟，男，医学博士，主任医师，博士生导师。天津市环湖医院神经内科七病区主任，医务科科长，神经内科住院医师规范化培训基地教学主任，高压氧科主任。天津市"131"创新型人才培养工程第一层次人才。作为天津大学、天津医科大学、天津中医药大学的博士研究生和硕士研究生导师，率领团队在癫痫病尤其是在难治性癫痫的诊治、眩晕和晕厥的多学科联合、脑炎一体化精准诊疗、高压氧医学和气象医学等方面进行持续探索和改进。作为天津市医疗损害鉴定专家，长期参与神经系统疾病的医疗纠纷的鉴定与评价。主持国家和省市等各级科研课题 11 项，参编著作 16 部，获得天津市科技进步奖 3 项，曾获得"人民好医生"等称号。

赵翰卿，中共党员，卫生事业管理助理研究员，天津市环湖医院医务科医疗安全办公室工作。主要研究方向为医疗质量和医疗安全工作。

第二节　颈部疾病：甲状腺外科

一　双侧甲状腺乳头状癌：医方在第一次手术行右侧甲状腺肿物切除术时未送冰冻病理检查，造成患者二次手术[①]

涉及科室：甲状腺科

鉴定结论及判决结果：（1）患者因双侧甲状腺多发肿物两次入院，行左侧甲状腺叶冰冻＋左中央区淋巴结清扫＋右侧腺叶肿物切除术，术后病理为双侧甲状腺乳头状癌。医方行右甲状腺残叶切除术＋右中央区淋巴结

---

① 天津市河西区人民法院（2018）津 0103 民初 6537 号民事判决书；天津市第二中级人民法院（2019）津 02 民终 6747 号民事判决书。

清除术,诊断明确,具有手术指征。(2)患者自述第二次术后第三日出现麻木、抽搐表现,给予葡萄糖酸钙对症治疗,后给予相关药物治疗,症状缓解,提示甲状旁腺功能低下。近期检查仍然证实患者有低钙血症、甲状旁腺素明显不足。结论为:患者双侧甲状腺癌诊断明确,医方手术具有指征,但医方在第一次手术行右侧甲状腺肿物切除术时未送冰冻病理检查,造成患者二次手术,使保护甲状旁腺的难度增加,参与度为半量因素,六级伤残,考虑其过错程度,被告承担50%的责任,计31万余元。

医疗风险提示及律师点评:(1)关于医方过错的问题。人民卫生出版社2013年出版的高等医学院教材《外科学》(第八版)关于甲状腺一章(第242页)明确指出"甲状旁腺功能减退,因手术时误伤及甲状旁腺或其血液供应受累所致"。患者术后即出现低钙表现,提示与手术有关。患者低钙血症与第二次手术造成的甲状旁腺功能损害有关,甲状旁腺损伤虽是甲状腺手术的主要并发症之一,但医方在第一次手术期间未对右侧甲状腺囊性肿物进行冰冻病理检查存在不足。根据医院手术记录记载,在切除右侧甲状腺时,医方已尽到甲状旁腺保护义务,但术后患者仍出现低钙血症。(2)关于后续治疗费用的问题。原告再次提出鉴定申请,某医学会另出具《医疗损害鉴定意见书》,评定意见为:①根据现有检查结果和国家标准,被评定人不存在护理依赖;②误工期150—180日。根据原医疗损害鉴定意见书结论,排除原发病所需,根据医方医疗损害所致伤残后治疗及恢复的实际需要,专家组认为被评定人需要终身服用药物进行治疗。所需基本治疗药物为碳酸钙颗粒及罗盖全,碳酸钙颗粒服用剂量为每日4袋,罗盖全服用剂量为每日3—4粒。所以,法院支持原告方后续治疗费4万余元。

二 忽视颈椎病的诊断:由于主客观原因,医方甲状腺肿瘤主诊医疗组对发生急性颈脊髓损伤后的诊疗无法或无能力参与而引发的纠纷[①]

涉及科室:甲状腺外科

鉴定结论及判决结果:

(1)病人既往存在颈椎病,依据:①术前约1个月,外院颈椎CT

---

① 天津市河西区人民法院(2018)津0103民初12487号民事判决书。

示：颈椎间盘突出；②病历中记载病人诉背部疼痛；③病例中未见否认既往存在颈椎病的描述。由于颈椎病变处于不同的病理改变阶段，疼痛部位与神经系统运动和感觉障碍表现不一，颈椎病可以出现项肩背臂疼痛，疼痛可时轻时重。临床医生在基本排除心肺疾病与甲状腺癌所致背痛的病因后，应寻找和解释病人背痛的其他原因。鉴定会现场患方申诉在甲状腺癌手术前已将外院 CT 片提供给医方，医方否认见过此 CT 片。鉴定专家组无法判定患方将 CT 片提供给医方的具体时间以及医方有无见到和分析该 CT 片。由于医方主诊医疗组均为甲状腺肿瘤专科医生，不熟悉关于颈椎病的理论知识与临床实践，加之病人缺乏典型的颈椎病临床表现，未针对背痛的原因深究并请相应专科会诊，忽视颈椎病的诊断应是事实。

（2）医方承担半量责任的理由：①甲状腺髓样癌（晚期）手术效果较好；②甲状腺术后出现急性颈脊髓损伤后治疗及时；③非脊柱手术急性脊髓损伤为少见罕见病例；④由于主客观原因医方甲状腺肿瘤主诊医疗组对发生急性颈脊髓损伤后的诊疗无法或无能力参与。被告承担 50% 责任，计 92.5 万余元。

医疗风险提示及律师点评：

（1）甲状腺癌手术疗效的分析。患者主因"发现甲状腺肿物一个月"拟行手术治疗入院。超声检查示：甲状腺左叶实性肿物伴钙化—考虑恶性。入院完善检查，病人全麻下仰卧位、颈部后伸、肩部垫枕抬高体位消毒铺单，首先行甲状腺结节冰冻活检证实为甲状腺癌，遂按照术前拟订手术方案行全甲状腺切除+左颈淋巴结清扫+右中央区淋巴结清扫术，术后病理报告：（左叶）甲状腺髓样癌，贴近脂肪及血管（E）；（右叶）结节性甲状腺肿，淋巴结转移和清扫数目：51/78。结合现场询问调查及复习病人在当地医院有关甲状腺癌术后复查的影像学资料截至目前无明确的癌肿瘤复发与转移征象。说明医方术前诊断正确，手术方式选择得当，手术做到 R0 切除，甲状腺癌手术疗效理想。

（2）急性颈脊髓损伤的诊断。据病历记载，术后约 3 小时发现病人肢体运动及感觉异常。经外院急会诊医生查体：体温 39℃，双前臂、双手尺侧感觉减退，躯干胸骨柄以下感觉消失。急做 MRI 示：颈椎管狭窄、颈6、7椎间盘突出、颈6、7水平脊髓高信号。上述情况提示病人出现了急性颈脊髓损伤。邀请专科医院医生行颈椎后路（颈3—颈7）单开门椎管扩大成形术。该次手术后第4天，查体病人双侧躯干感觉明显恢复至双侧髂嵴水平，双侧膝以下感觉恢复，双侧髂嵴至膝之间感觉未恢复，肛周感觉恢复。说明医方在病人出现急性颈脊髓损伤后处理及时，施行的抢救脊髓的手术方式符合手术原则，亦是当时情况下的较好选择，术后神经功能部分恢复证实这一点。

（3）脊椎术后是否抗凝治疗。病人自述双上肢不能活动，查体右上肢肌力Ⅰ级，左上肢0级。该次术后医院病历记载：第二胸椎以下深、浅感觉障碍，右上肢近端肌力Ⅲ级，左上肢肌力Ⅱ级，双上肢屈曲，双手指间肌萎缩，双下肢肌力0级，肌张力减低，肌容积减少，双侧肱二、三头肌反射、膝腱反射消失，双侧克尼格征、双侧Babinski征未引出。上述记录显示，颈脊髓损伤神经功能无明显恢复。医方甲癌术后发现颈脊髓急性损伤后及时行颈椎（C3-7）单开门椎管扩大成形术，术后部分神经功能恢复。颈椎术后第6天再次出现神经功能障碍，手术证实为血肿压迫所致，颈椎术后为什么出现血肿？复习病人在ICU期间的治疗记录，见到术后即使用抗凝药物的记录。脊椎术后是否抗凝治疗目前仍然是一个争论的学术问题，但均不建议术后即刻抗凝治疗。对于有充足抗凝治疗指征与需要的病人，在排除存在明显出血倾向的前提下，最好手术3天后再使用较为安全。如上所述，颈椎术后出现血肿致使已经损伤的颈脊髓再次受到压迫，双重的创伤打击是造成目前高位不全性截瘫的主要原因，虽然血肿的形成有多种主客观原因，但抗凝药物使用指征、时机不恰当是血肿形成的参与因素之一不能排除。

（4）医护人员是否尽到了高度谨慎的注意义务。查阅2018年3月出版的陈荣秀任总主编的《外科常见疾病护理常规》中甲状腺肿瘤章节术前体位训练的内容没有改变。病人患甲状腺癌、淋巴结转移，属肿瘤晚期。术前拟定手术方式：全甲状腺切除术+左淋巴结清扫术+右淋巴结清扫术，手术复杂、范围大，预计手术时间>2小时。按照甲状腺手术术前准备诊疗护理常规应对病人进行体位训练。目的是训练病人适应手术体位，减少术后头晕、头痛、呕吐等体位综合征。医生和病人倾向于愿意选择全麻，对术前体位训练的意识趋于淡化，或未严格执行。但任何事物具有双重性，对患有脊椎疾患的病人，在麻醉非清醒状态下则不能及时向医生表达自己的感受，提醒医生及时采取措施。如此看来2018年版甲状腺手术术前体位训练的常规并未修改有充足的理由与科学性。术前体位训练对患有脊椎疾患的病人不能耐受，可能会诱发颈椎疾患的症状加重，引起医护人员的警觉，提醒医生明确诊断，评估手术安全性。在诊疗过程中医方是否尽到了诊疗义务，其中最关键的部分就是医护人员是否尽到了高度谨慎的注意义务，忽视这一点恰恰是多数外科医生的通病。

假如术前明确病人并存颈椎病，是先治疗甲癌？还是先治疗颈椎病？如果选择前者，采取哪些防范颈椎病病情加重的措施？如果是脊髓型颈椎病又应采取哪些措施？该病人应进行多学科的术前讨论（MDT），并将讨论结果与病人和近亲属充分沟通交流，说明各种治疗方案的利弊，达成双方认可的治疗方案。

（5）医方过失：检索文献非脊柱手术脊髓损伤致术后瘫痪14例，1例口腔手术，7例冠脉旁路手术、6例甲状腺和甲状旁腺手术。这些手术的共同点均需要颈椎后伸，另外手术时间长，若术中出现较长时间的低血压导致脊髓灌注下降，这些都是脊髓损伤的危险因素。文献报道的病例并存病中包括颈椎病，并指出尽管部分病人已有脊髓压迫，脊髓损伤的预后常常是灾难性的，14例中仅3例获得较好的康复，其余病人均无明显的恢复，2例死亡，2例长期呼吸机辅助呼吸。本病例与文献报道中甲状腺术后截瘫的病例类似，同样并存颈椎病，术中体位肩部垫枕、颈部后伸。需要指出的是，即使是符合常规的手术体位，相对于颈椎病的病人，可能就是造成脊髓损伤的体位，因为脊髓过度后伸，椎管容积减少，导致脊髓急性损伤，而椎间盘突出加重，则压迫神经根。手术是一项系统工程，涉及方方面面，规范的术前准备和精细的术前评估。该例晚期甲状腺髓样癌的手术，做到R0切除，未出现甲状腺手术本身的并发症，急性脊髓损伤与甲状腺手术操作无关，目前未发现肿瘤复发和转移的明确证据，甲癌的手术效果是较好的。但如前所述医方在围手术期处理中存在过错或缺陷：①术前准备仓促，未重视并存颈椎病；②依据拟订的手术方案，医方预计手术时间较长，术前未常规行甲状腺手术体位训练；③就颈椎病人而言，存在颈椎过度过伸，椎管容积减小，是导致脊髓急性损伤的病因；④颈椎术后抗凝治疗是形成血肿原因之一，颈脊髓在短时间内两次急性损伤是造成高位不全性截瘫的始发与加重原因。

该部分致谢专家：郑向前，天津医科大学肿瘤医院甲状腺颈部肿瘤科主任，主任医师，博士研究生导师。

第三节　乳房疾病：乳腺外科

一　右乳肿物冰冻＋仿根治术：规范诊疗行为，医师对患者的查体记录，在病历中嘱"观察、复查"应对其意义、时间和其他手段加以明确说明[①]

涉及科室：乳腺外科

鉴定结论：（1）患者前往医院就诊，在现有材料中未见到接诊医师对患者的查体记录，诊疗行为不规范。（2）医院超声所见"双侧乳腺发射均匀，层次清楚，未见占位性病变，符合增生表现"。依据超声提示，医生给予药物治疗，并无不妥。嘱"观察及复查"，未尽到充分告知义务。（3）患者在医院住院治疗，诊断为右乳癌并进行手术治疗。出院诊断：右乳癌，病理学分期：pT3N2Mx。（4）依目前病历材料分析，无证据证明患者在2012年6月于医院就诊时已患乳癌。医方的诊疗行为虽存在不规范之处，但不能判定与患者的预后存在因果关系。

事后，原告对鉴定意见书提出了质疑，某医学会以书面形式对原告质疑进行了书面回复：超声是检查乳腺疾病的主要手段，对乳腺疾病的判断具有重要的意义，医方处理并无不妥。本例患者发病年轻，病理分期早，恶性程度高，病程进展快，淋巴转移早。符合"间期"乳腺癌表现（在一次阴性筛查后的12个月中发现），彩超对于"间期"癌的发现

---

① 天津市第二中级人民法院（2016）津02民终2432号民事判决书。

优于钼靶，若能缩短彩超检查间期可以提高筛查效果。

判决理由及结果：本案中，专家意见中指出，"现有材料中未见接诊医师对患者的查体记录，诊疗行为不规范"。应同时存在三种可能，未查体未记录；查体无阳性体征，无记录；查体发现异常未记录。考虑诊疗规范明确要求医方书写并完善病历记录，此项属于医方过错。但医方作为专业人员仅在病历中嘱"观察、复查"未对其意义、时间和其他手段加以明确说明，与医方对此疾病的认知程度有关，有误导患者之嫌，有可能造成患者未能尽早进行乳腺癌的诊治，属未尽到专业技术人员的充分告知义务，应承担相应的法律责任。

原审法院认为虽然医方诊疗行为不规范之处不能判定与患者的预后存在因果关系，但是医方存在病历不完善的过错和未尽到医疗专业人员对患者的充分告知义务，造成了患者在数月之后才诊断出乳腺癌，与患者的延误诊断和延误治疗存在一定的因果关系。因此，被告已构成侵权，综合考量医院的过错、患者的自身疾病的特点以及合理的医疗风险，原审法院判令被告赔偿15万元。

医疗风险提示及律师点评：此案例给医护人员的教训是：

（1）规范书写门诊病历。在临床诊疗中，门诊工作十分繁忙，门诊病历往往存在记录不及时、不详细、模板化的情况，但是对于有阳性体征或异常检查结果的病患，应及时、详细记录情况，按照规范书写病历，以免延迟记录带来的细节遗忘或混淆。尤其对于怀疑处于疾病"潜伏期"的病患，应向其强调随诊的重要性，并在门诊病历医嘱一栏中详细记录建议随诊的时间及方式方法。杜绝模板化门诊病历，尤其在急危重这类特殊病患上。

（2）不要过分依赖检查结果。此案例病历中书写"乳内硬结，B超'增生'"，如为患者自诉"乳内硬结"应在病历中注明"患诉"，如为查体后结论，应按照专科规范详细记录硬结的位置、形状、质地、有无压痛等特征描述，并进行腋窝淋巴结的触诊。不能简单地依赖B超报告作出诊断，因为一些表现为"沙粒样"钙化的恶性征象在B超中并不能得到很好的体现。

（3）乳腺外科男医生在专科查体过程中应注意医患双方的自我保护。

乳腺外科的病患集中在女性人群，门诊病人中95%以上为女性。男医生从事乳腺外科，对女性患者进行专科查体时应有女性同事在场，这显然在繁忙的门诊工作中占用了人力资源，造成不便。且乳腺专科查体涉及患者隐私，很多就诊女性也会拒绝男医生查体。因此，在门诊诊疗过程中，很多男性乳腺外科医生为了避免麻烦，自动忽略专科查体这一重要的诊疗程序。规范的方式是，就是否查体征询患者意愿，如患者拒绝查体，应在门诊病历体格检查一栏中注明"拒绝查体"；如患者接受或要求进行专科查体，男性医生应请女性同事到场协助完成，并如实记录查体结果。

二 右乳癌仿根治术：患者术后出现大面积肺栓塞是围手术期死亡的重要原因之一，是难以预测的手术并发症，极易引发纠纷[①]

涉及科室：乳腺外科

鉴定结论及结果：（1）患者主因右乳癌入院治疗，具有手术适应症，施术合理。（2）术后3天，患者下地活动后，出现胸闷、憋气，予以对症治疗，数分钟后症状缓解。心电监护生命体征稳定，并行胸部CT检查。6小时后病人再次下地活动发生猝死，根据临床表现诊断为大面积肺栓塞。（3）大面积肺栓塞是难以预测的手术并发症，一旦发生结果凶险，临床救治难以奏效，医方虽采取一些措施进行抢救，但仍未挽回患者生命。（4）就患者自发生胸闷、憋气到死亡全过程而言，医方对肺栓塞发生的可能性认识不足，对一些必要检查未能完成，如胸部强化CT、下肢血管超声、心脏彩色多普勒、血D-二聚体等，但这些检查未必会获得阳性结果或使者得到临床获益。法院酌定被告承担15%的赔偿责任，计8万余元。

医疗风险提示及律师点评：全麻手术是急性肺栓塞的危险因素之一，起病突然，症状重，致死率高，患者家属往往难以接受其所致结果，极易引发纠纷。此案例给医护人员的教训是：

（1）手术科室应对围手术期严重并发症制定应急预案：不同亚专

---

① 天津市河西区人民法院（2017）津0103民初11475号民事判决书。

科疾病谱不同，手术部位、方式及术后可能发生的并发症也不尽相同。乳腺外科手术对患者呼吸、循环系统影响相对较小，但诸如急性肺栓塞此类外科术后并发症也时有发生，各专科应就本专业可能出现的并发症等突发情况制定相应的应急处理预案，并对专科医生进行定期培训、演练，以避免"实战"状态下处置不当情况的发生，最大限度地挽救患者生命。

（2）推广加速康复外科理念的应用：外科应激反应是患者术后并发症发生和死亡率增加的主要因素之一。术后机体通过神经体液调节，产生大量应激激素和炎性因子，介导全身炎性级联反应，影响患者的康复。采用加速康复外科的理念管理病人，鼓励乳腺癌术后此类无下肢活动障碍的患者尽早下地活动，能有效地降低术后肺栓塞的发生率。

该部分致谢专家：郝洁，天津市人民医院乳腺甲状腺外科主治医师，毕业于华中科技大学同济医学院，从事乳腺外科临床工作十余年。

第四节 胸部疾病和损伤：胸外科

一 全麻下行右侧颈动脉内膜剥脱术：患者术后切口周围出血为颈动脉内膜剥脱术的并发症之一，术前应对血肿压迫造成的气道改变和可能的插管困难有充足的认识[①]

涉及科室：胸外科

鉴定结论及判决结果：（1）患者手术适应症明确，未发现手术禁忌症，手术记录记载手术操作未发现有违反诊疗常规行为，手术过程顺利。术后发现伤口肿胀，有渗出，气管轻度向左侧移位，考虑伤口出血、局部肿胀，可能压迫气管，有导致窒息的可能，医方拟行伤口清创术，麻醉过程中出现插管困难，患者出现低氧血症，后行气管切开，低氧血症

---

① 天津市和平区人民法院（2018）津 0101 民初 7802 号民事判决书、天津市第一中级人民法院（2020）津 01 民终 4472 号民事判决书。

缓解，但患者遗留严重缺氧缺血性脑病，经抢救无效死亡。

（2）患者术后切口周围出血为颈动脉内膜剥脱术的并发症之一，但医方再次手术前对血肿压迫造成的气道改变和可能的插管困难估计不足，未做好紧急气管切开的准备。颈动脉剥脱术后医方发现患者右颈部伤口肿胀，有渗出，气管轻度向左侧移位，右颈部肿胀明显，考虑伤口出血，不除外血块，局部肿胀，可能压迫气管，有导致窒息等可能，医方拟行伤口清创术是可以的。术后切口周围出血为颈动脉内膜剥脱术的并发症，但医方再次手术前对血肿压迫造成的气道改变和可能的插管困难估计不足，未做好紧急气管切开的准备，在患者出现气道梗阻时，气管切开欠及时，诊疗行为欠妥。

（3）麻醉科再次紧急手术过程中，采取的麻醉方式及发现困难气道后采取的措施基本符合非预期紧急困难气道处理流程。提示医方发现困难气道后所采取的措施基本符合非预期紧急困难气道处理流程，抢救有效。

（4）关于患者严重缺氧缺血性脑病与手术以及原发疾病的关系。患者在气管切开过程中出现一过性血压下降至62/40mmH，心率40次/分，血氧饱和度测不出，双侧瞳孔散大，对光反射阴性。气道建立后上述指标迅速纠正，瞳孔对光反射恢复。患者并未出现心跳停止以及血压测不出，有效循环未停止，也未行心肺复苏。但术后患者出现持续昏迷、瞳孔散大、癫痫发作等严重缺氧缺血性脑病的表现，临床考虑一方面与患者患有多种基础性疾病（已诊断缺血性脑血管病、心脏搭桥术后），心脑血管储备能力严重不足，对缺血、缺氧耐受能力下降有直接关系，另一方面与医方再次手术前对血肿压迫造成的气道改变和可能的插管困难估计不足，开放气道欠及时有一定关系。法院酌定被告承担20%的损害赔偿责任，计20万余元。

医疗风险提示及律师点评：全麻下行右侧颈动脉内膜剥脱术，应意识到术后切口周围出血为颈动脉内膜剥脱术的并发症之一，应做好紧急气管切开的准备。在患者出现气道梗阻时，应及时切开气管，不应出现延迟。

二 气管切除吻合术：RICU 管理欠规范，监护及抢救措施不到位，导致患者不可逆的脑缺氧性损害，最终导致患者植物状态[①]

涉及科室：胸外科

医疗事故鉴定结论：（1）该病例患者入院前 3 个月余出现活动后气短，不能平卧，同时出现咳痰、呼吸困难加重，胸部 CT 发现大气道狭窄。入院诊断大气道狭窄，诊断明确，履行了相关告知义务，制定了相应的诊疗预案。（2）患者入院未见窒息主诉及临床表现，入院后即出现窒息情况，医方立即请麻醉准备气管插管，1 分钟后呼吸困难缓解，无创辅助通气、通气量监测，准备行支气管镜探查，符合常规。（3）医方对患者转床未见相应医嘱、家属知情同意等记录，但未见换床与患者突发窒息存在因果关系的依据。（4）患者出现窒息后，医方抢救 5 分钟后未能缓解。医方应立即进行建立人工气道同时通知麻醉医生气管插管。抢救过程中存在不足，对患者病情发展有一定影响。（5）医方病危通知书填写床号有误。但与患者突发窒息无因果关系。

医疗损害鉴定结论：（1）患者因大气道狭窄，右膈肌升高入住医院 RICU 病房（入院 4 个月前，在外院行气管平滑肌瘤切除袖状成形术）。入院后经胸部 CT 检查结果证实"大气道狭窄"诊断正确。医方给予患者间断无创正压机械通气以及抗生素等治疗，符合诊疗规范。患者在住院期间曾出现突发呼吸困难，根据 9 月 6 日病程记录显示：患者咳痰中突发窒息，口唇紫绀，给予球囊简易呼吸器接氧气辅助呼吸，呼吸困难缓解。医方入院当天明确告知家属病情："住院期间有可能发生心脑血管意外、肺栓塞危及生命，而大气道狭窄随时可能因痰液堵塞、局部水肿等原因导致窒息。气道狭窄如为管壁软化所致，预后不佳，除气管切开无有效治疗方法且生活质量低、危险性高。除气管狭窄外右膈肌升高引起通气功能不良。"（2）患者在 RICU 两人间 6 床位置，仍在无创正压机械通气情况下，突发喘憋加重，家属告知医方后开始抢救，采取简易呼吸器和无创正压通气交替辅助呼吸，患者喘憋无好转，并出现意识不清，心率进行性下降至 20 次/分，立即给予肾上腺素、氟美松静注，人工胸外按

[①] 天津市和平区人民法院（2016）津 0101 民初 1281 号民事判决书。

压、气管插管并接有创呼吸机治疗。（3）患者因上气道狭窄住院，根据患者的现病史和胸部CT检查证实"主动脉弓上胸内气管狭窄"的客观存在。入院前以及入院后的突发呼吸困难症状均提示患者随时都有发生窒息的可能，而且此类发作最严重的结果是不可逆的脑缺氧性损害。（4）医方缺陷：①医方在未告知家属的情况下将患者转运（病程中未显示与家属和患者有效的沟通记录）；②监护及抢救措施不到位；③重症护理记录不完善。法院判决医院40%的损失，计75.6万元。

医疗风险提示及律师点评：患者胸部CT检查证实"主动脉弓上胸内气管狭窄"和病史的情况下，可能发生不可逆的脑缺氧性损害，此种情况下转院应当与家属进行沟通并做好记录。完善RICU管理，尤其是对病情和相关治疗进行记录。这样既是对患者的保护，也是对医方自身的保护。

三　医方在医疗活动中禁止篡改病例，否则法院按照过错推定原则，医院将承担非常不利的法律后果[①]

涉及科室：胸外科

判决理由及结果：原告查胸部强化CT显示左上叶软组织肿块，通过手术切除肿块活检取病理以明确诊断，行"左侧开胸探查、左上肺叶切除、纵膈淋巴结清扫"手术。病理检查认为，首先考虑结核。之后医院专家会诊及原告入住医院确诊为继发性××。因此，被告存在误诊或漏诊的情况。被告对原告提交的住院病历复印件所盖的"医院病案统计科病历复印专用章"的真实性、完整性提出质疑，但未能举证证明所盖章不真实、不完整，故对被告的质疑及抗辩，法院不予采信。原告提交的病历复印件的第一页及骑缝位置均有上述印章痕迹，结合医院的住院病历所引用的检查报告以及原告关于"2013年12月2日，原告需转往医院进一步治疗，为说明病情，被告医生告知我带一份病历走，并在护士的带领下到病案室复印的上述病历"的陈述，该陈述具有合理性，并有其

[①] 天津市和平区人民法院（2018）津0101民初83号民事判决书；天津市第一中级人民法院（2018）津01民终3770号民事判决书。

他辅助证据依托，故对原告提交的住院病历复印件予以确认。法院判决被告赔偿各项费用合计35.2万元。

医疗风险提示及律师点评：《民法典》第一千二百二十二条规定：患者在诊疗活动中受到损害，有下列情形之一的，推定医疗机构有过错：（一）违反法律、行政法规、规章以及其他有关诊疗规范的规定；（二）隐匿或者拒绝提供与纠纷有关的病历资料；（三）遗失、伪造、篡改或者违法销毁病历资料。本案中，被告更改手术记录，将术前诊断："肺癌（cT2N2MO）"改为"左上肺肿物：肺癌（cT2N2MO）?"将术后诊断："肺癌（cT2N2MO）"改为"左上肺肿物：肺癌（cT2N2MO）?"将"肺癌标本取出"改为"肺叶标本取出"，同时手术时间也有更改。被告所做更改意图掩盖其误诊的过错，属于篡改病历，推定医疗机构有过错，应承担全部经济损失。

该部分致谢专家：周方，医学博士，毕业于中南大学湘雅医学院，天津市胸科医院胸外科副主任医师，从事胸外科工作16年。

第五节　结直肠疾病：胃肠外科

一　胆囊切除＋胆总管探查＋T管引流："消化道穿孔"手术中，应当完善超声、CT检查；手术期相关医疗记录、生命体征的变化、心肺功能检查不完善导致败诉[1]

涉及科室：胃肠外科

案情经过：患者主因"无明显诱因出现上腹部疼痛伴呕吐"入被告处治疗。入院后，被告将患者分诊至胃肠外科，之后3小时内被告仅进行腹平片、血常规后，在无明确依据的情况下误诊为"上消化道穿孔?"又在未进行详细检查明确诊断的情况下于当日急行剖腹探查术，术中发现患者所患疾病为胰腺炎并无上消化道穿孔病症，之后在未取得家属同意的情况下进行胆囊切除＋胆总管探查＋T管引流。4月9日，患者薛某

---

[1] 天津市河西区人民法院（2018）津0103民初5872号民事判决书。

因急性胰腺炎恶化在被告处死亡,鉴定意见为医方承担主要责任。

判决理由及结果: 原告提交的医疗损害意见书,虽然被告不认可,但并无证据来证明自己的主张,且该鉴定经法院依法委托,合法有效。被告提交的《内科学》教科书复印件,系参考材料,不足以推翻经法院委托的鉴定意见,不予采信。考虑被告的诊疗过错,对于二原告的损失被告应按照95%的比例予以赔偿,计51万余元。

医疗风险提示及律师点评: 被告在术前诊断患者"消化道穿孔"证据不足,且未能进行准确的鉴别诊断,相关检查证据不全,如CT、超声等影像学检查没有完成,血尿淀粉酶未查,造成患者误诊。被告术中改变诊断所施手术术式基本正确,向家属交代了术前术后诊断差异。但被告在早期手术期相关医疗记录不全,对胰腺炎的病情变化判断不足,处理欠妥,对患者术后出现的生命体征变化考虑不周,相应心肺功能检查未见记载,采取措施不够及时。

二 急性重症胰腺炎:患者出现药物外渗后,仅采取了湿敷措施是远远不够的,还应及时做酚妥拉明浸润治疗。被告医院病例丢失,法院应当如何判决?①

涉及科室: 胃肠外科

鉴定意见: 患者因为重症胰腺炎住院。"被鉴定人于某目前遗留右下肢神经功能障碍,构成人体损伤致残程度十级残疾。"

判决理由及结果: 一审法院诉前虽委托了医疗损害司法鉴定,但某医学会以其已经进行过医疗事故技术鉴定故不再进行医疗损害鉴定为由做退案处理。庭审中,经询问,原告是否委托其他鉴定机构进行医疗损害鉴定,但因被告两册原始病历丢失导致原告拒绝鉴定。虽然原告第一次住院时,由于被告的诊疗过错,如在原告出现药物外渗后,被告仅采取了湿敷措施,而未及时做酚妥拉明浸润治疗而导致原告出现了一定的损害后果,但原告在第二次和第三次住院期间,被告为原告所采取的诊疗措施是否得当、是否存在因果关系,因被告两册原始住院病历的丢失

---

① 天津市第二中级人民法院(2017)津02民终6381号民事判决书。

而无法得出明确结论。综上，按照法律规定的过错推定的情形，被告承担100%责任，被告赔偿65万余元。

医疗风险提示及律师点评：急性重症胰腺炎的病因多为胆管结石、大量饮酒、进食，临床表现为腹痛、腹胀、恶心、呕吐，排气、排便不通，辅助检查：腹部B超及上腹部CT可发现胰腺肿大炎性渗出，查血尿淀粉酶血脂肪酶急性升高可辅助诊断。此外，检查血尿便常规，血菌培养加药敏、心电图、血糖、血脂、血电解质、肝功能、肾功能等大生化等对进一步治疗可提供依据。急性重症胰腺炎是一种常见的疾病，乃胰酶消化自身胰腺及其周围组织所引起的化学性炎症，临床症状轻重不一，轻者有胰腺水肿，表现为腹痛、恶心、呕吐等；重者胰腺发生坏死或出血，可出现休克和腹膜炎，病情凶险，死亡率高，应引起足够重视。

三 术中胃镜+胃大部切除术+毕Ⅱ式吻合术+十二指肠残端造瘘术：患者在首次胃镜检查后重新放置胃管，医方存在不足，病程记录中未见手术相关描述，导致患者死亡引发的纠纷[①]

涉及科室：胃肠外科

鉴定意见及赔偿结果：（1）根据病史及术前、术中胃镜检查，医方诊断患者十二指肠球溃疡大出血正确。（2）患者在首次胃镜检查后未重新放置胃管医方存在不足，虽然胃管能够对再出血起到警示作用，但对于上消化道短期大量出血的患者提示作用不明显。（3）三次病程期间，患者间断发热，心率增快，血氧饱和度下降，后患者出现心跳、呼吸骤停，医方在此期间对病情变化预判不足，病历书写欠规范。（4）患者存在上消化道大出血、失血性休克、糖尿病、肥胖、低蛋白血症及手术打击等因素导致全身免疫力下降，诱发感染并导致器官衰竭，是最终死亡的主要原因。医方在抗生素的选择及全身支持治疗方面并无不当。（5）家属诉在患者死亡后发现其左乳下方15cm伤口，根据外科会诊记录描述，诊断考虑为蜂窝组织炎，可选择期手术，但病程记录中未见手术相关描述，亦无向家属告知记载，医方存在缺陷。医院应承担40%的赔

[①] 天津市红桥区人民法院（2019）津0106民初2023号民事判决书。

偿责任，计 45.2 万元。

医疗风险提示及律师点评：本案中，患者在首次胃镜检查后未重新放置胃管医方存在不足，对病情变化预判不足，病历书写欠规范，亦无向家属告知记载，医方存在缺陷，应承担相应的法律责任。本例患者不知是否为十二指肠残端破裂，应该是术后严重的腹腔感染导致的全身炎性反应综合征，进一步发展到多器官功能不全、多器官功能衰竭导致死亡。医方在此期间对病情变化预判不足，导致病情进一步恶化致死。

该部分致谢专家：张楠，男，医学博士，主任医师，硕士研究生导师，天津市南开医院胃肠外科主任。

四 全主动脉人工血管置换、支架象鼻：术中发生动脉广泛夹层导致患者死亡，未尸检导致纠纷[①]

涉及科室：血管外科

鉴定结论：孙某，女，63 岁，患者反复出现高热不退，合并有少许胸闷，全身疲乏，站立不稳，入院后立即完善相关检查，同时给予抗炎、退热、预防心衰发作，予控制血压、血糖及对症处理。2019 年 5 月 28 日在全麻低温体外循环行手术治疗，术中转机后，升主动脉增粗颜色变黑，泵压有轻度升高，怀疑主动脉夹层形成，立即游离左侧股动脉插管，阻断升主动脉，切开升主动脉：见主动脉内膜外膜分护专离，夹层形成，并且累及右冠状动脉开口、弓部及以远，左颈总动脉近端受累，故实施"主动脉瓣置换伴升主动脉置换术，全主动脉人工血管置换术；支架象鼻术；冠状动脉旁路移植术"，彻底止血，复温、撤除体外循环，循环受影响较大，故延迟关胸。医方术中行右股动脉插管转机后即出现广泛性动脉夹层，改行全主动脉人工血管置换术，支架象鼻等手术，动脉夹层的发生不排除与医方操作有关，同时医方术前、术中告知不够充分，存在过错。医方在拔除气管插管前没有进行评估记录，拔管后病情明显加重，导致多次插管，医方存在过错。

---

① 北京市西城区人民法院（2021）京 0102 民初 11066 号民事判决书。

2020年4月16日患者因"脑梗死、肺部感染、血管移植物感染等"，入当地医院治疗，病情无好转，4月29日死亡，因未行尸检，具体死亡原因无法明确，根据病历资料分析患者因脓毒症引起多脏器功能衰竭死亡。患者诊断基本明确，行"主动脉瓣置换伴升主动脉置换术"；医方术中行右股动脉插管转机后出现广泛性动脉夹层，给予更改手术方案行"全主动脉人工血管置换、支架象鼻"等手术，术后病情危重，肾功能衰竭，肺部感染控制困难，脱机困难，反复气管插管，医方术前术中告知不够充分，术中发生广泛动脉夹层不能排除与手术的相关性，与患者的损害后果有因果关系。

判决理由及结果：综合考虑，患者心脏疾病复杂严重；手术复杂，危险性高；术中发生动脉广泛夹层是不能完全避免的并发症；患者自身疾病的性质、程度、血管解剖的异常是其不良预后的重要不利因素。被告赔偿原告110余万元。

医疗风险提示及律师点评：本案有几个问题必须明确：

（1）医方入院体格检查为表格病历，一般情况中只查了左上肢血压150/98mmHg，没有检查右上肢、左下肢、右下肢血压；特殊检查四肢饱和度只查了静息状态下左上肢，余肢体没有检查。主动脉夹层典型查体表现：四肢血压不一致。医方是否存在患者入院主动脉夹层检查及医嘱检查漏项？答：医方在患者入院后进行了四肢血压测量（右上臂150/98，左上臂147/96，右脚踝176/105，左脚踝177/101），且术前查体及影像学检查未见广泛主动脉夹层征象，考虑术中发现广泛性动脉夹层为手术过程突发病情。

（2）医方在术中发现患者存在主动脉夹层，直接在原定手术范围的基础上增加全弓置换术和象鼻支架术，手术方式的调整是否正确？答：医方术中行右股动脉插管转机后出现广泛性动脉夹层，给予更改手术方案符合救治规范。

（3）医方更改手术方式是否导致患者术后肺部感染、血管移植物品感染发生的原因？答：患者术后肺部感染、血管移植物品感染不能排除手术的相关性。

（4）患者术后痰内检查提示绿脓假单胞耐药菌，医方是否存在术前针对性的感染预防不足？答：患者术前无感染征象。

（5）医方手术过错及后期反复为患者插管的过错，是否导致患者喉返神经损害的原因？患者术后出现肾脏萎缩、脑梗，是否为医方手术中出现的医疗过错所造成的？答：均为手术后的并发症，与医方诊疗行为有关，均涵盖在损害后果之内。

第六节　肛管疾病：肛肠外科

一　横结肠癌：患者行结肠镜检查出现肠穿孔，医方的操作过程中未尽到充分注意义务[1]

涉及科室：肛肠外科

鉴定结论：（1）患者结肠癌术后，定期行结肠镜检查，符合诊疗规范。（2）结肠镜检查前医方对存在的检查过程中肠穿孔等风险已向患方告知，患方已签字确认，鉴定会现场医患双方均表示认可。（3）关于术前肠道准备是否充分，结肠镜报告未见记录肠道清洁情况。（4）患者检查后很快出现腹痛腹胀、停止排气排便等表现，提示肠穿孔，术中证实为直肠穿孔。直肠部位肠管较为狭窄、肠壁较薄，操作过程中应更加谨慎，避免损伤肠管。患者结肠镜检查致直肠穿孔考虑与医方检查过程中操作不够谨慎。（5）患者此次肠镜检查前曾行右半结肠及部分乙状结肠切除，腹腔有一定的肠粘连，术中探查也证实患者"大网膜、小肠广泛粘连，部分小肠与直肠上段及部分乙状结肠有粘连，右侧腹壁与小肠有广泛粘连"，给肠镜检查增加困难，检查风险增高。（6）患者出现肠穿孔后，医院及时明确诊断并手术治疗，诊断处理符合规范。

过失行为与损害后果责任程度分析：（1）患者行结肠镜检查出现肠穿孔，与医方未尽到充分注意义务有关。但患者结肠癌术后，有腹腔粘连，增加了肠镜检查的难度和肠穿孔的风险，故建议医方承担同等责任。（2）患者经两次手术，目前仍遗留腹部不适等症状。该患者目前构成10级伤残，被告对原告承担50%的责任，计8.7万元。

---

[1] 天津市红桥区人民法院（2021）津0106民初1261号民事判决书。

医疗风险提示及律师点评：本案例是一例医源性肠穿孔，肠镜检查前要对患者状况充分评估。本案例中，患者曾行右半结肠及部分乙状结肠切除，术后不仅改变乙状结肠和直肠的生理弯曲，也使腹腔有一定的肠粘连，第二次手术也表明"直肠上段及部分乙状结肠有粘连"，这就使得肠镜检查的困难增加，若操作不当易出现穿孔等并发症，这也提醒医护人员对于此类患者：①操作前要做好告知使其充分理解操作的风险性；②在操作中要轻柔、要时刻关注患者的反应；③做好并发症出现时的必要补救准备；④对于操作中出现的意外要及时给予补救。对于肠镜操作过程中怀疑穿孔发生时，可仔细在镜下寻找破裂口，破口小可争取早期镜下夹闭破裂口；若撕裂较大无法镜下夹闭者，如肠道准备良好者，尽早手术修补，而对肠道准备不佳者建议破口修补加近端肠造瘘。

二 行胆囊切除术：行剖腹探查术中，乙状结肠与降结肠之间穿孔，行穿孔修补术结果不理想，形成腹壁切口疝，而导致纠纷[①]

涉及科室：肛肠外科

鉴定结论及判决结果：（1）患者在医院结肠镜检查，术后腹痛，腹部CT提示腹腔游离气体，考虑结肠穿孔，术后患者伤口拆线时发现伤口裂开未愈合，形成腹壁切口疝。（2）患者结肠镜术后即刻腹痛，医方观察不仔细，处理欠及时，医方术式选择正确。（3）患者术前无胆囊结石诊断，术后出现胆囊结石，考虑与较长时间禁食、肠外营养有关。鉴定结论为医方应承担主要责任。目前胆囊切除构成九级伤残，切口疝所致功能障碍需复查待客观检查资料补充后再予以评定。结肠镜检查存在结肠穿孔的诊疗风险，对此医方无法完全避免，医院于诊疗前已书面告知，张某对检查风险应承担一定责任，但在检查后患者即发腹部疼痛，医院于检查后6个小时进行手术，存在后期处理延误。医院对张某的损害后果承担85%的赔偿责任为宜，计44.4万元及精神损害抚慰金1万元，共计45.4万元。

医疗风险提示及律师点评：本案例是典型的医源性肠穿孔，一切后

---

① 天津市第二中级人民法院（2020）津02民终1937号民事判决书。

果是由于"患者结肠镜术后即刻腹痛,医方观察不仔细;医者要有强烈的责任心、同理心,尽量避免医源性事件的发生"。本案中,患者在医院结肠镜检查,术后腹痛,腹部 CT 提示腹腔游离气体,考虑结肠穿孔,6个小时才进行手术,存在后期处理延误,导致患者病情加重。

三 直肠癌根治术:结肠癌关于近端肠壁情况、肠道准备情况、远端缝合失败的原因均无详细记载,导致医疗纠纷的发生①

涉及科室:肛肠外科

鉴定结论及判决结果:(1)医方诊疗行为是否存在过错。①关于入院诊断:患者入院后经 CT、肠镜等检查,医方诊断"直乙交界处肿物—乙状结肠癌",诊断明确,存在手术适应症,术前进行告知,并获得家属签字,医方上述诊疗行为符合诊疗规范。②关于术前准备:冯某入院后,医方在行肠镜检查前予以口服泻药后仅少量大便排出,结肠镜检查过程中"进镜约10cm可见菜花状肿物占据肠腔,质脆,易出血,管腔狭窄,继续进镜困难",均提示患者存在直肠癌合并不完全性肠梗阻,医方对病人肠道情况术前评估不足,术前肠道准备欠充分,存在过错。③关于术中操作:第一,医方手术记录中关于近端肠壁情况、肠道准备情况、远端缝合失败的原因均无详细记载,且无吻合后对吻合口仔细检查、缝合加固、试水实验等的相关记载,不能认定医方对吻合口情况进行了有效判断,对防止吻合口瘘发生的注意义务不足,医方存在过错。第二,针对患者肠道条件差、直肠根治术术中吻合过程不顺利的情况,医方应予以预防性造瘘,可以解决吻合口瘘的出现,存在过错。④关于抗菌药物使用:第一,医方在医嘱中开具甲硝唑口服,作为术前肠道准备用药,药物选择、用药持续时间均不符合相关规定。第二,医方术前首次预防用药未在规定的切皮前 0.5—1h 内或麻醉开始时用药,而是在术后使用头孢哌酮钠舒巴坦,违反相关规定。医方未正确使用抗菌药物进行围手术期预防用药,不能排除冯某术后发生手术部位感染与之有关,医方存在过错。

---

① 天津市宝坻区人民法院 (2019) 津 0115 民初 8496 号民事判决书。

(1) 医方过错与患者损害后果之间的因果关系及参与度。患者为乙状结肠癌患者，术前肠镜检查"进镜约 10cm 可见菜花状肿物占据肠腔，质脆，易出血，管腔狭窄，继续进镜困难"，术前肠道条件差。另根据手术记录证实患者术后发生吻合口瘘客观存在，考虑到医方上述过错、医疗本身存在的风险及自身疾病特点等因素，综合分析认为，医方上述过错与冯某术后发生吻合口瘘等损害后果之间存在一定因果关系，医院对被告承担 50% 责任，计 12 万元。

医疗风险提示及律师点评：（1）术者术前对患者的情况以及自己应对此种情况的能力要有客观、全面的评估，尤其对最坏情况要做到心中有数。本案例中，术前症状、CT 检查、肠镜检查均提示患者存在直肠癌合并不完全性肠梗阻，这种患者术前肠道准备往往欠佳，术者术前应充分考虑到术中行 Hartmann 术式的可能性大，做好对此的术前交代和准备工作；而根据"术前谈话过程中医方告知患方需使用一个吻合器，但手术时实际使用了三个吻合器，其中一个弧形切割闭合器切断直肠，切割成功但闭合失败"的描述，说明术者术前的评估与术中的实际有较大差距。

（2）术中术式选择要以现实情况下最有利于患者为原则，而非固守术前预想的术式。本案例中，根据相关描述术中吻合过程不顺利等情况，我们推断此时肠道情况难以达到通常吻合时肠管的吻合标准，这时本着对患者最有利的原则，应果断采用 Hartmann 术式更加合理。术中一旦遇到与自己术前预估的情况不一致时，最大限度保障此时患者的安全最重要，此时术者不能有任何侥幸心理，抉择要果断。

（3）术后对吻合口漏的发生估计不足。对于肠道准备欠佳的直肠癌根治术后吻合口漏发生的概率大增，患者术后第二天就有高热且药物治疗欠佳，此时就应结合患者术前、术中肠道的情况考虑到吻合口漏的可能，就应积极行超声或其他影像学检查了解吻合口情况、周围积液情况等，必要时行影像学引导下的积液穿刺，若医院无法达到此种诊疗水平则果断请上级医院专家及时会诊或转院，而不是等"腹腔内有大量便液"时才手术处理，造成后续的腹腔大面积的感染甚至感染性休克时再转院。

（4）任何医疗行为都要合规。临床医生要时刻按照 18 项核心制度规范自己的诊疗行为，对于结直肠癌的诊治建议还要熟悉《中国结直肠癌诊疗规范（2020年版）》等，进一步规范自己的诊疗行为。

（5）针对医疗纠纷要有正确的态度。任何人都会犯错，医生也不能例外，犯了错就要勇敢面对、尽力解决，努力将错误对他人的损害降到最低，吸取教训争取不再犯同样错误；医学从根本上是门经验科学，一个合格的外科医生需要长期临床经验的积累，有正面的经验也有反面的教训，唯有守住自己从医的初心方能始终。

四 灌肠：患者出现腹痛、肛门疼痛、发热、恶心、呕吐，未及时会诊除外直肠穿孔导致的纠纷[①]

涉及科室：肛肠外科

鉴定结论及判决结果：患者因子宫肌瘤住院，术前肠道准备符合常规。医方在灌肠前无告知，医方灌肠操作前评估不到位，灌肠过程中病人出现不适未及时停止操作。患者出现腹痛、肛门疼痛、发热、恶心、呕吐，未及时请专科医生会诊除外直肠穿孔。本病历为十级伤残，被告承担90%的责任，计21.9万元。

医疗风险提示及律师点评：（1）医护人员要保持高度的责任心。灌肠是一常规的医疗操作，尤其是对非肠道手术患者的术前灌肠，往往认为比较简单而致操作前评估不到位；本案例中，"医方在灌肠前无告知""患者出现腹痛、肛门疼痛、发热、恶心、呕吐，未及时请专科医生会诊除外直肠穿孔"就是明显的例证。

（2）操作既要规范，又要因人而异。灌肠后穿孔的原因多为操作前未做肠道评估、操作中暴力插入肛管所致，有些老师在灌肠操作前做个肛诊了解直肠曲度、黏膜情况；操作中肛管的插入要轻柔且顺肠道弧度，碰到较大阻力时要及时回撤变换方向插入，切忌暴力。

（3）熟悉掌握操作引起并发症（尤其是最严重的并发症）的表现，一旦怀疑果断请专科医师会诊，绝不能抱有侥幸心理，以免耽搁最佳介入时间；另外作为会诊医师也要围绕会诊的目的给出明确专业的意见，

[①] 天津市宝坻区人民法院（2020）津0115民初5821号民事判决书。

避免绕圈子、模棱两可的意见。

（4）医疗操作无小事，充分的思想认识、规范的实践操作、及时全面的记录、有效及时的沟通、科学果断的抉择是避免或减轻医疗纠纷代价的最佳途径。

五　混合痔四度嵌顿：医方对于患者可能发生的肺栓塞没有给予高度重视及相应干预措施导致患者死亡[①]

涉及科室：肛肠外科

鉴定结论及判决结果：（1）患者主因混合痔四度嵌顿入被告医院，有手术适应症。术前化验检查血浆 D - 二聚体异常增高（1132μg/L），盆腔手术是血栓形成的高危因素，医方已考虑到肺栓塞发生的可能，但未给予有效的干预措施和选择手术时机。（2）术后第一天，患者要求下床去卫生间，护理人员虽多次劝阻但未取得实效，在护理人员陪同下行走时突发晕厥倒地，即刻检查心跳呼吸停止并实施相关救治。（3）患者痔手术后 20 小时下床活动突发晕厥，伴呼吸心脏骤停，结合患者术前心电图所示正常；晕厥后心电图示 SIQIIITIII 及右束支传导阻滞；溶栓治疗后两小时心电图示恢复窦性心律、SIQIIITIII 消失；溶栓治疗后患者血压等生命体征逐渐平稳，上述临床过程支持急性大面积肺栓塞临床诊断。鉴于患者当时的病情危急，不允许行 CTPA 等相关检查确诊肺栓塞，故医方对于患者当时急性大面积肺栓塞的紧急诊治过程无过失。（4）根据 CT 报告提示右颞肌肿胀及尸检发现右侧颞肌出血，头皮软组织损伤诊断成立。根据该患者的受伤机制及尸检未见脑组织挫裂伤及轴索损伤等表现，原发性脑干损伤诊断证据不足。（5）呼吸心脏骤停、心肺复苏后可造成缺血缺氧性脑病，致使患者深昏迷，头 CT 显示脑室内出血，除外伤、抗凝治疗外，缺血缺氧性脑病亦可造成脑室内出血。根据脑室内出血量及脑脊液循环未出现梗阻，可不做外科干预。结论为：综上所述，医方对于患者可能发生的肺栓塞没有给予高度重视及相应干预措施，存在一定过错，被告承担40%的责任，计33.4万元。

[①] 天津市和平区人民法院（2017）津 0101 民初 5263 号民事判决书。

医疗风险提示及律师点评：医护人员对于疾病要保持高度的敬畏心，不能抱有侥幸心理。本案例中，由于痔嵌顿入院，从病史描述看入院后嵌顿痔已还纳，暂时无须急诊手术；此时虽然有手术指征，但对于一个患有高血压的高龄老人，尤其"术前化验检查血浆 D-二聚体异常增高（1132μg/L），盆腔手术是血栓形成的高危因素，医方已考虑到肺栓塞发生的可能"，这时作为术者更重要的是衡量立即手术还是择期手术对患者最有利，换言之，是立即手术的收益大还是立即手术的风险大？事实告诉我们，在没有有效干预措施且痔没有立即威胁到生命时，择期手术可能是较好选择。医护人员在诊疗过程中一定要注重细节，任何忽视细节的行为都可能导致小病变大病，甚至致命。外科医生要牢记：自己的任何抉择就是衡量拟实施的操作对患者是利大还是弊大，不仅要胆大更要心细。

该部分致谢专家：尹朝晖，男，医学博士，主任医师、硕士生导师，曾任贵州医科大学第二附属医院副院长，现任贵州茅台医院院长。

第七节　肝胆胰疾病：肝胆胰外科

一　医院在急性胰腺腹痛的鉴别诊断，腹腔外疾病鉴别上漏检检查项目，造成患者死亡[①]

涉及科室：肝胆胰外科

鉴定结论及判决结果：（1）医方所做的急性胆石性胰腺炎（轻型）的初步诊断成立，针对急性胰腺炎的治疗原则基本合理。另外按照急性胰腺炎的诊断程序，应结合 CT 和 MRI 与临床常用的评分系统，并制定具体的处理措施，医方在这方面主观性经验的成分多一些，缺乏客观数据与指标，存在不足。（2）病人死因不符合重症胰腺炎的病理进展过程、分期特点和临床表现，分析推测病人死因不是急性胰腺炎加重所

---

① 天津市河西区人民法院（2019）津 0103 民初 2082 号民事判决书。

致。由于病人并存高血压、冠心病、心律失常，入院后检查部分心肌酶异常，医方对患者腹痛的诊断和鉴别诊断不充分。尤其在部分心肌酶异常结果回报后，提示存在心脏疾患的情况下，未及时追踪复查，未及时会诊除外相关疾病，未尽到充分注意义务。被告承担50%责任，计27万余元。

医疗风险提示及律师点评：医方对患者腹痛的诊断和鉴别诊断不充分。尤其在部分心肌酶异常结果回报后，提示存在心脏疾患的情况下，未及时追踪复查，未及时会诊相关疾病，且不除外对患者疾病诊断存在延误以及对患者死亡有不利影响，故认定原因力为同等因素。

二　肝癌确诊证据不足：肝癌破裂出血的病人，行介入治疗，无腹部B超及腹部CT原始报告，了解患者是否存在腹腔积液，以及是否需要腹腔穿刺[①]

涉及科室：肝胆胰外科

鉴定结论：（1）患者以右肝占位××变就诊，急诊诊断为肝癌破裂出血，行介入治疗。病历中未见急症就诊时腹部B超及腹部CT原始报告，无法了解患者是否存在腹腔积液。故医方诊断肝癌破裂出血依据不足，介入治疗方案选择不当。（2）患者住院期间，医方未行相关性的病理学检查，故医方明确诊断肝癌依据不足。（3）患者再次住院，医方诊断为肝脓肿，行穿刺抽液及腹腔镜下肝脓肿切开引流，治疗过程符合诊疗规范。（4）根据病历资料记载，患者第二次住院出院前一个月复查肝功能，白蛋白32.90g/L，较前明显升高，其余指标均恢复正常。第二次住院出院前两周复查腹部B超，可见原右肝后叶脓腔区范围较前略缩小，约6.7cm×3.5cm，提示肝实质损伤存在。（5）目前患者自述偶有右腰背隐痛，饮食及大小便正常，现场查体所见一般状态良好，活动自如，巩膜无黄染、腹部无压痛、未触及肿物，不构成伤残。医院承担20%的责任，计1.7万余元。

医疗风险提示及律师点评：患者以右肝占位××变就诊，急诊诊断

---

① 天津市第一中级人民法院（2018）津01民终6986号民事判决书。

为肝癌破裂出血，行介入治疗。病历中应当附有急症就诊时腹部 B 超及腹部 CT 原始报告，以便了解患者是否存在腹腔积液。患者住院期间，医方应当行相关性的病理学检查，以便明确诊断肝癌依据，故医院承担轻微责任。

三 住院病历：开腹胆囊切除术，手术后出现的胆管损伤并发症，是可以预见并避免的①

涉及科室：肝胆胰外科

鉴定意见及判决结果：患者张某在手术后出现的胆管损伤，是手术的并发症，但该并发症属于院方可以预见且通过谨慎操作可以避免的并发症。院方在对张某的手术过程中，未能避免该并发症的发生，院方的诊疗行为存在医疗过失，医疗过失参与度为 60%—90%。患者张某目前肝管空肠吻合术后构成八级伤残，其十二指肠瘘修补术后构成十级伤残。患者护理期为 607 天，营养期为 1466 天，赔偿各项费用合计 116 万余元。

医疗风险提示及律师点评：开腹胆囊切除术，术中因局部粘连严重导致胆管损伤，这种手术是常规手术。在手术后出现的胆管损伤，是手术的并发症，但该并发症属于院方可以预见且通过谨慎操作可以避免的并发症。院方在对张某的手术过程中，未能避免该并发症的发生，院方的诊疗行为存在医疗过失。对于此类本可以避免而由于工作疏忽没有避免的纠纷，应当引以为戒。

四 医方对高钠血症和高渗状态导致的代谢性脑病认识不足导致的纠纷②

涉及科室：肝胆胰外科

鉴定结论：（1）医方急性胆管炎诊断明确，手术适应症存在，手术时机掌握得当，治疗措施合理，不存在延误、药物选择瑕疵与过错。（2）医方对高钠血症和高渗状态导致的代谢性脑病认识不足，对病人迅

---

① 天津市第一中级人民法院（2017）津 01 民终 3329 号民事判决书。
② 天津市第一中级人民法院（2019）津 01 民终 2317 号民事判决书。

速出现的意识障碍虽怀疑该病的可能性，但未能及时进行鉴别诊断，且治疗措施不当，未能有效控制与减轻造成脑组织损伤的代谢因素，是导致病人目前遗留神经系统后遗症、预计难以恢复的原因。考虑患者年龄，有房颤病史，CT 提示有脑梗改变，上述因素对患者病情有一定影响，伤残等级为三级伤残。法院判决医院承担 70% 的责任，计 58 万余元。

医疗风险提示及律师点评：由高钠血症和高渗状态导致的代谢性脑病，应当能够通过意识障碍进行鉴别与诊断，通过减轻脑组织损伤的代谢因素来避免病人遗留神经系统后遗症，否则容易导致患者难以恢复。

五 病程记录：记录过程本身并不能被视为对病人的治疗，仅是对病人住院期间治疗过程的客观记录。西医医院中的医生具有中医临床资格证，是否构成非法行医？[①]

涉及科室：肝胆胰外科

鉴定结论：某医学会作出医疗损害意见书，该意见书认为医方的医疗过错行为与患者术后发生的脑梗死有一定的因果关系，伤残等级为三级，其（医方）原因力为次要因素。

判决理由及结果：

（1）关于上诉人医院医师曹某是否单独实施了诊疗行为。

法院认为，该份病程记录当中多处仅有曹某医师一人的签字，主任医师或主治医师并未在其后签字确认，违反了相关规定。但病程记录仅是对病人住院期间治疗过程的客观记录，并非指令性的医嘱或操作性的治疗，记录过程本身并不能被视为对病人的治疗。被上诉人王某依据病程记录，主张上诉人医院的医师曹某单独为被上诉人王某实施了诊疗行为，并无事实依据。

（2）西医医院中的医生具有中医临床资格证，是否构成非法行医？

被上诉人王某在住院期间曹某医师已经取得了中医资格证并被医院录用为正式员工，其有资格成为医疗小组的成员并担任医疗小组的辅助工作，其在上级医师的指示、指导下进行辅助工作并无不当之处，不存

[①] 天津市第一中级人民法院（2015）一中民四终字第 0064 号民事判决书。

在无资质行医或非法行医的问题。

（3）鉴于医院在病历书写记录过程当中确实存在不规范之处，法院酌情认定，上诉人医院应当对被上诉人的损失承担80%的赔偿责任，计40余万元。

医疗风险提示及律师点评：西医医院中，医生具有中医临床资格，只要是被医院录用为正式员工，其有资格成为医疗小组的成员并担任医疗小组的辅助工作，其在上级医师的指示、指导下进行辅助工作，不存在非法行医的问题。病程记录并非指令性的医嘱或操作性的治疗，记录过程本身并不能被视为对病人的治疗。病例中的病程记录，多处为没有主诊医师的签字，仅有辅助医师的签字，该行为存在不妥之处，但记录过程本身并不能被视为对病人的治疗。

六　胰十二指肠切除术：应在病理组织活检证实胰腺癌、手术指征明确的情形下进行①

涉及科室：肝胆胰外科

鉴定结论及结果：医院在对柴某鉴别诊断不够、术中在未进行病理组织活检证实胰腺癌的情况下行胰十二指肠切除术，手术指征不够明确，存在过错。但柴某所患自身免疫性胰腺炎在临床上少见，原因力为主要原因。医院因鉴别诊断不充分，导致柴某胰头、全部十二指肠、部分空肠、远端胃、胆囊和部分胆管被切除，消化道非生理性重建。目前柴某已出现阿片类药物依赖状态，需去正规部门做戒断治疗。法院判定医院对于柴某的损失按照85%的比例予以赔偿，赔偿柴某各项损失109万余元。

二审判决理由及结果：医疗损害鉴定意见书五位专家中的一位虽参与过医调委组织的专家咨询，但在本次鉴定过程中，某医学会组织抽取专家及召开鉴定会期间，医院均未提出回避申请，且该情形并不属于鉴定程序严重违法情形。法院酌情判定医院按照85%的比例赔偿柴某损失。

---

① 天津市河西区人民法院（2019）津0103民初12157号民事判决书；天津市第二中级人民法院（2020）津02民终3303号民事判决书。

关于一审法院认定的柴某误工费，柴某虽提供世界华人体育舞蹈协会颁发的教师资格证书、招考培训基地证书以及天津市体育舞蹈运动协会等颁发的裁判员证书，意图证明其从事舞蹈教学工作，但世界华人体育舞蹈协会并非我国官方具有颁发舞蹈教师证的机构，不具备教育行业所必须具备的教师资格，其主张按照教育行业计算误工费标准缺乏依据，一审法院根据其证据参照天津市文化、体育和娱乐业在岗职工平均工资标准认定柴某误工费损失，并无不妥，二审法院予以维持。某医学会在其出具的医疗损害鉴定意见书中记载，目前柴某已出现阿片类药物依赖状态，需去正规部门做戒断治疗。一审法院考虑其治疗尚未终结，判定其可另行主张，二审法院予以维持。

医疗风险提示及律师点评：行胰十二指肠切除术，应在病理组织活检证实胰腺癌、手术指征明确的情形下进行。对于误工费应当由法定机构颁布的资格来证明行业误工费的标准，对于民间机构颁布的资质证书来计算误工费的标准，并不被法院认可。

七　医院没有相关科室名称，能否实施相关手术？

涉及科室：普外科

判决理由：在本案原审诉讼中，靳某提交了人民医院科室列表等材料，证明人民医院没有设置名称为"血管外科"的科室，据此主张人民医院没有实施人造血管移植手术的资质。靳某又称人民医院发给张某的聘任证书、省人民政府发给张某的专业技术职务任职资格证书等是伪造的，并据此主张人民医院聘用非职业行医人员为患者实施诊疗活动。靳某向法院申请再审所持的基本理由，仍然是人民医院不具备人造血管移植术诊疗资质、医生张某不具备做该项手术的专业技术资格。对此，法院审查认为，人民医院没有设置"血管外科"科室，并不意味着该医院没有实施人造血管移植手术的资质；靳某称医生张某的聘任证书、专业技术职务任职资格证书等是伪造的，亦未提出相应的证据。为靳某实施的人造血管移植手术属于周围血管专业。市卫生局已于2009年9月19日出具书面证明材料载明："人民医院为政府举办的合法医疗机构。1997年前，该院普外科张某已经具有合法执业医师资格，职称为副主任医师。

周围血管专业属普外科诊疗范畴。"因此,可以认定人民医院在为靳某施行手术治疗时具有相应的诊疗资质,医生张某亦具备做该项手术的专业技术资格。[1]

  该部分致谢专家:张西波,天津市南开医院肝胆胰外科,主任医师,医学博士,硕士研究生指导教师,博士后。擅长手术治疗肝、胆、胰外科良恶性疾病,对肝脏、胆道、胰腺等良恶性疾病的中西医结合诊治有丰富的临床治疗经验,例如胆囊炎、胆囊结石、胆管结石、胆囊息肉、胰腺炎、阑尾炎及肝胆胰良、恶性肿瘤等。

第八节　泌尿、男生殖系统疾病:泌尿外科

  一　在全麻下行腹腔镜前列腺癌根治术:对于直肠损伤等相关术前是否进行了充分沟通和告知?对于病情危急的患者,医方是否进行充分病历讨论?患者消化道出血,医方在病程记录中是否体现,是否采取相应措施?医方是否充分落实会诊制度?病人术后血色素持续降低,医方是否有相关病程记录?[2]

涉及科室:泌尿外科

鉴定结论及判决结果:(1)医方通过前列腺特异性抗原(PSA)升高,前列腺核磁共振检查,前列腺穿刺活检和全身 ECT 骨扫描对于前列腺癌诊断明确。(2)医方的手术适应症和手术方式选择合理。根据上述影像学检查和穿刺病理结果,考虑为局限性前列腺癌,患者虽然有高血压病史和脑出血病史,但年龄仅54岁,预期寿命10年以上,有手术适应症。国内前列腺癌根治术主要是开放和腹腔镜前列腺癌根治术两种,条件好的地方也开展了机器人辅助腹腔镜前列腺癌根治术,所以该患者的手术方式选择合理。

既往高血压病史 20 年,脑出血病史 8 年,术前医方向患者及家属就

---

[1] 最高人民法院(2013)民申字第 1447 号民事裁定书。
[2] 天津市和平区人民法院(2020)津 0101 民初 4919 号民事判决书。

相关并发症履行了告知义务。医方在诊疗过程中未充分落实相应的核心医疗制度，综合考虑患者全身情况，专家组酌定医方应承担60%的赔偿责任，计74万余元。

医疗风险提示及律师点评：

（1）医方针对手术时机、手术方式和患者及家属沟通告知欠充分。一般手术时机选择在经直肠穿刺后6—8周进行，但近年来随着医疗技术的发展，穿刺术后短期内进行前列腺根治术也逐渐开展，疗效和并发症也没有显著差别，所以该患者在经直肠前列腺穿刺术后16天进行前列腺癌根治术也是一个可选择的手术时机，并且对于直肠损伤等相关医方术前未能充分告知。

（2）根据病程记录记载，患者术前H144g/L至术后下降至73g/L，出现急性降低，且患者在术后两周内血红蛋白持续维持在60—88g/L之间，术后白蛋白降低在25g/L左右。对此，医方没有进行充分病历讨论。便潜血阳性（++++）提示患者出现消化道出血，医方在病程记录中没有体现，且未采取相应措施。病程记录患者大便出现血凝块，血色素45g/L，医方没有充分落实会诊制度。

（3）对于原告提出的在打印的病程记录之间插入了1页手写的病程记录系伪造的问题，某医学会已经在鉴定意见书中的评价"病案管理存在缺陷"，被告在庭审中也进行了解释，目前的证据不足以认定该手写页的病程记录属于伪造。因此，医方以后应当避免类似情况的出现，如果是打印病程记录，尽量全程打印，这无论在形式上还是内容上都是极为必要的。

（4）对于病程记录中共有5处医生"朱某"的签字，经核实，确非朱某医师本人签字，被告称由于病人病情发生紧急变化，需转入普外科急救，所以将病历打印出来，但朱某医师忙于本案患者的其他事宜，所以没有来得及签字，就由同组医生代签，该行为违反了《病历书写基本规范》的要求。

（5）对于病程记录第6页记载"今日血常规回报：H73g/L"，此数值与采样时间为25日23时36分，报告时间为26日0时的检验报告单显示的血红蛋白数值完全一致，故该病程记录的时间应为26日0时之后，是将患者 25 日的病程情况与 26 日 0 时出具的检验报告内容相结合予以记载。被告称因其他数值都与 25 日的一致，故该数值存在笔误。

（6）对于原告认为的术后病程记录为伪造的问题，被告进行了解释，称该记录为 DSA（数字减影室）进行血管造影的病程记录，法院对被告的解释予以采信，但该病程记录未有医师签字。

（7）对于原告认为的体温单存在伪造的问题，被告解释称两份体温单，一份在泌尿外科病房，另一份在重症监护病房，两个病房日常护理级别有明显差异。重症监护病房病人的护理要求每天记录次数比泌尿外科普通病房高，重症监护病房的体温单是按照 ICU 要求打印的，泌尿外科的病房是按照泌尿外科体温采集的频率测出的图形，关于体温测量的次数是可以查到的。

（8）原告对该鉴定意见书有异议，认为分析意见第六项中"病案管理存在缺陷"，但未明确指出被告病历书写哪些地方不规范，病历管理存在哪些缺陷。某医学会医疗损害鉴定办公室回函称：病人术后血色素持续降低，但医方无相关病程记录；查阅医方提供的病程记录，出现两份记录（机打及手写记录各一份），且对病情描述不一致。原告亦提出住院病历中的病程记录存在伪造和篡改，以及医生签字伪造等情形，故住院病历不能作为鉴定的依据，要求依据法律规定，推定被告承担全部责任。

二 行膀胱切开造瘘术：双方当事人一旦达成和解协议，后续再起诉，如无法定事由将不受法律保护[①]

涉及科室：泌尿外科

鉴定结论及判决结果：（1）医方在患者导尿过程中存在以下过错：两次膀胱造瘘管脱落与固定不妥有关，且观察病情不仔细，处理不及时；膀胱穿刺造瘘术后连续冲洗欠妥。（2）患者高龄，基础疾病多，高血压、糖尿病、冠心病、右肾切除、肾功能储备降低等，易发生多脏器损伤，是患者损害结果发生的基础病因。（3）检查肌钙蛋白明显升高，诊断急性非 S 段抬高心肌梗死。两次手术创伤及术后仍发生的尿潴留（引发急

[①] 天津市滨海新区人民法院（2017）津 0116 民初 41543 号民事判决书。

性肾伤害）及本次脱发的急症事件（腹泻）均可是本次心肌梗死的诱因，且医方对可能发生的全身合并症认识不足，告知不充分。（4）患者患急性脑梗死，诊断正确。患者急性脑梗死发病距膀胱造瘘术40多天，脑梗发病前48小时无血压异常波动，故认为急性脑梗死的后果与两次膀胱造瘘术无相关性。医方的诊疗行为与患者后期住院治疗有一定的因果关系，其参与度为半量因素。专家组认为患者急性脑梗死的发病、治疗与本次诊疗行为无因果关系，故患者目前存在的神经系统功能障碍不予评定伤残等级。

原、被告达成《调解终结协议书》，约定：双方共同确认原告各项费用总计199.8万元的50%，计99.9万元；原告今后疾病的自然转归与被告无关。

医疗风险提示及律师点评：膀胱造瘘术分为永久性造瘘和短暂性造瘘，造瘘在3个月之内称为短暂造瘘，适用于膀胱需要暂时性引流尿液，从膀胱顶部引流尿液，多见于膀胱出口和尿道部位发生病变，比如尿道断裂。尿道断裂Ⅰ期不能进行修复，需要Ⅱ期修补，而导尿管无法插入，只能先从膀胱顶部暂时将尿液引出。永久性造瘘目前做得比较少，大部分用于不能排尿患者，即尿潴留患者，通常年龄比较高。这部分患者无法耐受前列腺手术，而长期留置导尿可能会引起睾丸炎，所以需要膀胱造瘘。

本案系泌尿外科两次膀胱造瘘管脱落与固定不妥，患者患急性脑梗死引发的纠纷，最终通过签订《调解协议书》结案。

三 全麻下进行右侧肾切除术：术前诊断右肾占位性病变，符合病理临床操作规范，但在病历中未见正式冰冻病理书面报告，病历中未见患者家属认可签字。关于患者器官的切除，应当慎之又慎[①]

涉及科室：泌尿外科

鉴定结论：（1）根据现有提供的病理切片，经病理专家组阅片后，诊断为（右）肾黄色肉芽肿性肾盂肾炎。（2）术后病理诊断有误，但未

---

① 天津市河西区人民法院（2014）西民四初字第494号民事判决书。

对患者造成后果。本病例存在不足，但不构成医疗事故。被鉴定人构成八级伤残，法院酌定其参与度为90%，计31万余元。

医疗风险提示及律师点评：右肾占位性病变就是说右肾出现异物，主要就是指右肾出现肿瘤分为良性和恶性两种，具体情况需要进一步检查，根据病理结果确定。若检查诊断为右肾占位性病变，建议进一步明确良恶性及全身转移情况，有可能为肾脏囊肿，但也不能排除肾脏肿瘤的可能性；若疼痛感持续存在，建议进一步进行检查。恶性占位常见的原因就是癌症肿瘤良性占位病变，主要是囊肿、血管瘤、海绵状血管瘤、血管平滑肌、脂肪瘤、嫌色细胞瘤等。

本案中，病理切片，经病理专家组阅片号，诊断为（右）肾黄色肉芽肿性肾盂肾炎，术前诊断右肾占位性病变，手术适应症存在，术中冰冻电话报告肾源性肿瘤考虑为恶性，符合病理临床操作规范。但在病历中未见正式冰冻病理书面报告，存在不足。医方术中在告知患者家属冰冻病理结果后，征得患者家属同意切除病肾，但在病历中未见患者家属认可签字。由于医方存在上述过错，应承担相应的法律责任。

该部分致谢：胡海龙，天津医科大学第二医院泌尿外科A病区副主任，天津医科大学教授、博士研究生导师，美国梅奥诊所及南加州大学访问学者，天津市泌尿外科研究所基因工程实验室副主任。

第九节　骨科疾病及损伤：骨科

一　术后影像学检查：骨科手术中，假体安装位置和匹配状况没能获得客观的评估，患髋部疼痛未能及时给予影像学检查；急腹症康复后，对右髋部假体周围骨折应及时采取治疗措施[1]

涉及科室：骨科

鉴定结论："患者，女，78岁。主因'摔伤致右髋部肿痛，活动障碍1天'至医院骨科就诊，诊为右股骨颈骨折收住院治疗，入院后经完善检

---

[1] 天津市河西区人民法院（2016）津0103民初1393号民事判决书。

查，于入院后3天在全麻下行右髋双极股骨头置换术。"医方诊断明确，手术时机选择恰当，手术方案合理。患者术后近4个月时发现右股骨上端出现骨折，当时患者患有肠套叠，需治疗急腹症而将假体周围骨折置于二期处理，符合医疗诊疗常规。医方应对原告的损失承担100%赔偿责任。

医疗费，虽然被告抗辩认为应当剔除治疗原发病的费用（材料费、手术费），但根据鉴定结论，被告在为原告的手术中及手术后未及时进行假体安置后的影像学检查，对于假体安装位置和匹配状况没能获得客观的评估即嘱患者早期下地功能锻炼，故能够认定被告对原告进行的手术过程中存在过错，故手术过程中的材料费和手术费均应由被告承担赔偿责任，合计24万余元。

医疗风险提示及律师点评：（1）医方在手术中及手术后未及时进行假体安置后的影像学检查，对于假体安装位置和匹配状况没能获得客观的评估即嘱患者早期下地功能锻炼，当患者功能锻炼过程中突感患髋部疼痛未能及时给予影像学检查，致患髋部大粗隆骨折未能及时发现。（2）患者出院前拍片，显示有大粗隆骨折、假体下沉，医方未与患者及家属进行有效的沟通，亦未采取补救治疗措施，仍嘱患者继续功能锻炼是错误的。（3）医方在患方急腹症康复后，仍未对右髋部假体周围骨折采取任何治疗措施，延误了髋部疾患的治疗时机，与患者长期卧床、右侧肢体不能使用有因果关系。

二 病情诊断不全面：医方在患者围手术期的处理和对病情的预判存在一定过错，与患者发生猝死有一定因果关系而引发的纠纷[①]

涉及科室：骨科

鉴定结论：（1）患者，男，卒年49岁。医方对骨科病的诊断不全面。根据入院记录"患者被重物砸伤双踝部""双侧踝部可见皮肤挫伤，双踝肿胀"。病程记录"左踝部皮肤青紫瘀血区较前明显扩大……自踝关节处至小腿近端可见广泛皮肤青紫瘀血。右足CT回报：右足第二跖骨基底骨折，第五跖骨基底裂纹骨折。"骨科应补充右足第二、第五跖骨骨

---

① 天津市河西区人民法院（2018）津0103民初4846号民事判决书。

折、双侧踝部软组织挫伤诊断。

（2）医方入院检查及心脏听诊记录为心尖部舒张期吹风样杂音、超声心动图显示心脏左室舒张末径75mm、左室射血分数45%、主动脉瓣中重度反流，未见二尖瓣瓣膜病变。胸片显示主动脉结节明显突出，主动脉显著增宽，全心增大，以左下心缘尤为突出。经现场询问家属病史，否认患者既往有心脏病史，且病历中记载"病程记录患者诉既往风心病史，已治愈"，结合临床检查表明患者既往存在严重心脏病史，此情况系长期慢性形成。医方对心脏病的诊断不确切：入院后组织包括心脏内科、消化内科、血液科会诊，但会诊科室会诊意见简单不规范，包括心脏内科会诊没有心脏检查记录，存在欠缺。患者入院查体还存在脾大、肝功能胆红素升高、腹部B超提示肝脏回声增粗，胆囊壁增厚，脾大，提示存在肝胆疾患。

（3）患者双侧踝部软组织挫伤和左踝右足骨折系重物直接暴力致伤，D-二聚体高达1700ng/ml，虽然B超彩超报告示双下肢深静脉未见明显阻塞，但是患者长时间卧床有发生深静脉血栓及肺栓塞的高风险。在输注血小板治疗之前应给予相应复查，如双下肢B超、D-二聚体等。患者死亡后未进行尸检，但临床支持深静脉血栓脱落导致肺栓塞所致的猝死。

（4）医方病历书写不规范：如医嘱单没有输注血小板的记录，病历记载既往病史不全面，查体不全面，对有可能发生肺栓塞的并发症向患者说明不充分等。

判决理由及结果：根据该鉴定结论，被告在围手术期的处理和对病情的预判存在一定过错，法院酌定被告承担30%的责任，计26万余元。

医疗风险提示及律师点评：患者入院时即存在多种基础疾病，双侧踝部软组织挫伤和左踝右足骨折系重物直接暴力致伤，长时间卧床制动，是发生深静脉血栓脱落导致肺栓塞猝死的高危因素。医方在患者围手术期的处理和对病情的预判存在一定过错，应承担次要责任。医方对疾病的诊断应及时、客观、全面，完善会诊记录和病程记录，病例书应符合相关书写要求，对相关疾病的诊断、预判，应当向患者作出详细说明，保障患者的知情权。

患者双侧踝部软组织挫伤和左踝右足骨折系重物直接暴力致伤，D-二聚体高达1700ng/ml，虽然B超彩超报告示双下肢深静脉未见明显阻塞，但是患者长时间卧床有发生深静脉血栓及肺栓塞的高风险。在输注血小板治疗之前应给予相应复查，如双下肢B超、D-二聚体等。术前血栓风险评估：二聚体高达4000—5000ng/ml，甚至高达10000ng/ml。术前常规下肢血管彩超检查、高于正常应该复查D-二聚体，如D-二聚体呈下降趋势认为发生血栓风险较小，上升则认为发生血栓风险加大，应予积极的相应治疗。术后应规范预防血栓治疗。

三 后路腰2/3椎板开窗减压："腰椎管狭窄伴左下肢不全瘫"，术后患者右下肢肌力下降，引发纠纷[①]

涉及科室：骨科

鉴定意见及判决结果：（1）被鉴定人王某入院后，医方诊断为"腰椎管狭窄伴左下肢不全瘫"，诊断成立，具有手术适应症，选择后路腰2—3椎板开窗减压，术式选择正确，术前对手术风险进行了告知，医方上述行为符合诊疗常规。（2）根据病历记载被鉴定人术前"右下肢肌力5级"，术后第一天查体"右下肢胫前肌肌力2级，蹰长伸肌肌力、趾长伸肌肌力1级，胫后肌3+级"，说明术后右下肢出现肌力明显下降客观事实存在。现有鉴定材料中虽无直接证据表明医方手术直接造成神经损伤，但亦不能排除手术过程中对神经根间接产生干扰作用，医方存在不足。（3）关于术后相关治疗，医方针对被王某术后出现的右下肢肌力下降采用了激素冲击疗法，但激素使用剂量较小，存在不足。故本案被鉴定人于医院行"后路腰2/3椎板开窗减压、腰3—5椎板减压、椎间盘切除、椎间植骨融合、椎弓根螺钉内固定术"术后发生右下肢肌力下降，属于多因一果。综合考虑医院过错、医疗风险及自身疾病等因素认为：医院上述过错与被鉴定人王某右下肢肌力下降的损害后果之间存在一定因果关系，建议原因力大小为次要为宜，法院酌定医院承担30%赔偿责任，计13万余元。

[①] 天津市河西区人民法院（2020）津0103民初5540号民事判决书。

医疗风险提示及律师点评：现代医学理论认为，脊椎手术术后出现不全瘫为该手术术后并发症，属于可预见而不能完全避免的一种并发症，其发生的原因有血肿压迫、钉位不良、椎弓根爆裂、间隙定位错误，神经受到干扰、早期感染、再灌注损伤、病变范围较大术后未减压的边缘产生新的相对性挤压等因素。根据病历记载：被鉴定人术前"右下肢肌力5级"，术后第一天查体"右下肢胫前肌肌力2级，踇长伸肌肌力、趾长伸肌肌力1级，胫后肌3+级"，说明术后右下肢出现肌力明显下降客观事实存在。对于此种病人，医方应更加重视手术可能对神经根间接产生干扰作用。

四 "左侧人工股骨头置换术"：医院对提供给患者使用的髋关节股骨头不能证明产品合格，相关费用如何处理？进一步治疗费用如何处理？医院是否需要赔偿患者精神损害？是否需要双倍返还费用？[①]

涉及科室：骨科

鉴定结论：术前手术告知书尽告知义务，术中所用人工关节具有产品合格证，术后影像学资料显示假体位置合适。术后髋关节出现疼痛、假体松动系人工关节置换术后并发症，与患者年龄、骨质疏松等因素有关。鉴定结论为：本病例不属医疗事故。

原审法院判决理由及结果：原告在被告处就医，植入人工假体，并以植入的假体不合格为由，提起本次诉讼。因为假体主要配件包括双极股骨头、股骨柄、股骨颈均由被告在为原告治疗时使用，被告应提供上述配件的合格证，否则，应当承担举证不能的法律后果。被告提交条形码复印件，并以此证明假体合格，因该文件上有美国公司字样的条形码数张及其他国家文字的条形码两张，并有中文字样的北京某医疗器械有限公司髋关节假体的合格证一份，某医疗器械有限公司声明，该公司的上述合格证仅为该公司生产的栓子的合格证，并非全套髋关节假体的合格证，而该复印件上生产髋关节假体其他配件的美国公司以及销售髋关节假体的天津公司与某医疗器械有限公司均没有任何业务往来，综上分

---

① 天津市第二中级人民法院（2015）二中民四终字第157号民事判决书。

析认定，本案相关证据中没有髋关节假体（除栓子外）其他组件的合格证。

原告左髋关节置换术后假体松动，而被告对提供给原告使用的髋关节股骨头主要部件组成不能提供合格证明，故不排除因原告提供的假体存在质量问题导致原告左髋关节置换术后假体松动的后果。由于原告未能在被告处得到应有的有效治疗，故被告收取原告置换假体花费的医疗费4.2万元应退还原告。另，从本案证据分析，原告在医院就医主要原因在于原告的股骨粗隆间骨折未能在被告处得到有效治疗而实施的再次治疗，原告股骨粗隆间骨折并非被告医疗侵权行为直接造成，且原告也未能举出有效证据证明其在医院治疗的费用中含有治疗被告侵权行为不良后果的相关费用。

二审法院判决理由：

（1）夏某在医院接受治疗后，到医院再次接受治疗期间发生各项费用是否应由医院负担。夏某在医院所接受的治疗是基于股骨粗隆间骨折，夏某提交的证据不足以证明股骨粗隆间骨折的发生与医院的治疗行为有关，应属原发疾病，判令该费用由夏某自行负担，并无不当。

（2）医院是否应向夏某支付精神损害赔偿金。《最高人民法院关于确定民事侵权精神损害赔偿责任若干问题的解释》第八条第一款规定："因侵权致人精神损害，但未造成严重后果，受害人请求赔偿精神损害的，一般不予支持。"原审法院综合考虑夏某因医院的侵权行为而遭受的精神损害的严重程度而酌情认定医院不需向夏某支付精神损害赔偿金，并无不妥。

（3）医院是否应当双倍返还医疗费。夏某主张医院在使用医疗产品的过程中存在欺诈行为，但本案现有证据只能证明医院使用医疗产品的过程存在瑕疵，夏某并未提交证据证明医院在主观上存在欺诈的故意，因此二审法院对夏某的该项主张不予支持。

驳回上诉，维持原判。

医疗风险提示及律师点评：本案中，被告提交条形码复印件，仅为该公司生产的栓子的合格证，并非全套髋关节假体的合格证，并不能因此而推断出其产品合格。对于医院不能提供合格产品给患者所造成的损失，应使二者存在法律上的因果关系，而非一切损失。

《消费者权益保护法》第五十五条：经营者提供商品或者服务有欺诈行为的，应当按照消费者的要求增加赔偿其受到的损失，增加赔偿的金额为消费者购买商品的价款或者接受服务的费用的 3 倍；增加赔偿的金额不足 500 元的，为 500 元。经营者明知商品或者服务存在缺陷，仍然向消费者提供，造成消费者或者其他受害人死亡或者健康严重损害的，受害人有权要求经营者赔偿损失，并有权要求所受损失 2 倍以下的惩罚性赔偿。该条规定在我国消费领域中确立了惩罚性赔偿金制度。本案中，法院认为现有证据只能证明医院使用医疗产品的过程存在瑕疵，夏某并未提交证据证明医院在主观上存在欺诈的故意，故本案不适用《消费者权益保护法》。

五 腰椎后路 TLIF 间盘摘除 Cage 植骨融合椎弓根钉棒侧弯矫形内固定术：骨科手术中固定用螺钉发生断裂，无法取出，医院如何承担赔偿责任？厂家是否承担赔偿责任？[①]

涉及科室：骨科

一审法院判决理由及结果：本案中，原告在被告医院进行治疗，在手术过程中医院使用涉诉的医疗器械为原告进行了相应手术，原告支出相应医疗费用，则本案中对于原告而言，涉诉医疗器械的销售者应是被告医院，其应当向原告承担产品质量责任。而对于被告某公司而言，该公司并未与原告之间发生直接的买卖行为，其只是本案涉诉医疗器械的进口商和在我国国内市场的销售商，原告此时主张被告某公司亦作为医疗器械的销售者承担责任，缺乏必要的事实依据，不予支持。

关于本案是否应当对于涉诉医疗器械进行质量鉴定一节，一审法院认为，首先涉诉的医疗器械目前仍然留存在原告体内且难以安全取出，被告医院庭审中也表示目前不具备安全取出该器械的条件，此时如果强制要求原告将体内的断裂部分取出进行鉴定是不现实的。但同时应当注意到，产品缺陷的范围是多方面的，本案中的医疗器械是 2014 年 7 月植

[①] 天津市第二中级人民法院（2017）津 02 民终 4498 号民事判决书。

入患者体内的,在 2016 年 5 月即发现该器械中的螺钉断裂,二被告在庭审中均不能明确指出涉诉医疗器械的使用年限,这本身就反映出其缺乏必要的使用和警示说明。关于损失范围,原告通过举证证明了原告在涉诉手术过程中所发生的医疗费用,正是由于在该手术中植入的器械断裂造成了目前原告损害,故此,该费用应当属于原告的损失而由被告医院予以承担。在被告医院承担上述赔偿责任后,并不影响其向该器械的生产者追偿。需要说明的是,本案原告在立案时案由为健康权纠纷,庭审中,原告当庭主张要求依据《产品质量法》追究二被告的产品质量责任,故此本案案由应当作出相应变更。被告医院赔偿原告刘某医疗费损失 5.8 万元。

　　二审判决理由:法院认为,刘某的主张能否得到支持,首先应明确螺钉发生断裂的原因,是否系产品本身缺陷所致。由于涉诉产品并非一般产品,其属于植入患者体内的医疗产品,对该产品断裂的原因需要通过专家鉴定予以明确。但在一审审理中,医院表示该院目前不具备安全取出该器械的条件,刘某亦表示目前植入其体内的器械无法取出,故目前不适宜强制要求刘某将体内的断裂部分取出进行鉴定。鉴于此,综合分析本案在案证据及事实情况,对于螺钉断裂的原因,不能排除螺钉本身存在质量缺陷问题,或医疗机构的医疗行为存在过错以及患者自身原因等多因素。一审法院在未经鉴定明确是否系产品质量存在缺陷的前提下,即认定上诉人承担责任,并由上诉人向生产者进行追偿,有所不当。上诉人主张某公司承担连带责任,依据不足,法院不予支持。二审期间,上诉人(医院)自愿表示在本案中向刘某支付 5.8 万元,法院照准。被上诉人刘某就保留追索赔偿的事项,可待鉴定确认螺钉断裂原因后,向相关责任人主张权利。二审维持原判。

　　医疗风险提示及律师点评:骨科手术非常重要的特点在于植入人体的医疗器械应当是符合国家规定的质量标准,本案属于非常典型的由于医院提供的医疗器械质量不合格而导致的损害赔偿责任。本案中,被告某公司并未与原告患者之间发生直接的买卖行为,其只是本案涉诉医疗器械的进口商和在我国国内市场的销售商,并不符合法定的担任被告的情形,原告此时主张被告某公司亦作为医疗器械的销售者承担责任,不予支持。

根据《产品质量法》第八条"以下行为应当认定为生产、销售假冒伪劣产品的行为：(一)生产国家明令淘汰产品，销售国家明令淘汰并停止销售的产品和销售失效、变质产品的行为。(二)伪造产品产地的行为。(三)伪造或者冒用他人厂名、厂址的行为。(四)伪造或者冒用认证标志等质量标志的行为。(五)在产品中掺杂、掺假的行为。(六)以假充真的行为。(七)以次充好的行为。(八)以不合格产品冒充合格产品的行为。"具体到医疗器械领域，例如包括未取得注册证、未经海关报关、伪造规格型号、生产标准编号、生产厂址、生产日期等。本案中，原告使用被告植入的器械不到 2 年就发生断裂，并且被告无法提供器械使用期限的证明，虽然被告某公司提供了大量涉诉器械在上市销售前的相应许可和质检报告，但是仍然无法排除本案原告植入的医疗器械个体存在质量缺陷的可能性，也无法明确解释涉诉医疗器械断裂的原因，故此，应当认定涉诉的医疗器械存在相应的产品质量缺陷，应当承担相应的损害赔偿责任。

植入人体的医疗器械，临床确实无"明确使用年限"，脊柱融合内固定大部分术后不取出，骨折内固定物术大部分后取出（高龄病人考虑不宜耐受再次手术不予取出）。脊柱融合术后椎弓根断裂，可能原因脊柱没有得到预期融合，反复活动应力下断裂。目前临床研究脊柱融合达不到 100%。分析医疗责任有必要分析融合手术操作是否规范，CAGE 植入位置、植骨情况。

六　全麻下行腰 3—5 减压内固定：患者腰椎间盘突出症合并腰椎管狭窄，手术后忽略既有陈旧性脑梗死病史，导致患者脑卒中[①]

涉及科室：骨科

鉴定结论及判决结果：(1) 全麻下行腰 3—5 减压内固定术，术式选择正确。麻醉方式选择正确，麻醉过程平稳，根据麻醉记录单和术后的重症记录，证实患者术后清醒。根据病历既往史记载及现场询问家属陈

[①] 天津市河西区人民法院（2017）津 0103 民初 12242 号民事判决书。

述既往无脑梗病史。医嘱记载（给予络活喜 5mg/QD，海捷亚 1 片/QD）术前已给予降压治疗，术前告知家属相关并发症发生的可能性，家属签字后实施手术。(2) 病程记载术后第一天"患者自述右下肢疼痛症状缓解，查体发现双上肢活动正常，双下肢感觉正常，左下肢活动不能，右下肢活动良好，急查腰椎体核磁和颅脑 CT，颅脑 CT 提示：未见新鲜脑梗塞及出血灶，腰椎 CT 及核磁提示：腰 4/5 左侧方椎管狭窄，腰 4 椎体下缘软骨结节部分残留"。据此行腰椎术后探查术无手术禁忌。(3) 根据病程记载：患者诉出现左侧上肢肌力感觉下降，查体提示：颈软，双侧瞳孔等大等圆，对光反射（+），伸舌居中，双侧鼻唇沟对称不浅，双侧面部感觉对称，左侧上肢肌力Ⅱ-Ⅲ级，左侧感觉降低，左下肢肌力 0 级，右侧肢体肌力Ⅳ级，双侧病理征（-）。请神经内科会诊，会诊意见查头核磁平扫。2 月 14 日核磁回报提示胼胝体右侧及膝部右侧急性脑梗死。(4) 根据病历记载，自术前医方根据病人血压情况给予降压治疗，后给予抗凝、他汀类药物治疗，持续治疗直至转到神经内科病房，用药合理。转至神经内科后未给予抗血小板聚集及他汀类药物，治疗欠规范。(5) 根据病历记载患者既往有高血压，口服降血压药物，血压控制不理想，而高血压是脑血管病最重要的危险因素，但入院后行头颅 CT 检查提示：右侧丘脑及左侧基底节区腔隙性脑梗死及软化灶。2014 年 2 月 12 日头颅核磁共振检查提示患者既往有陈旧性脑梗死病史。脑梗死是高复发、高致残的疾病，诊断和治疗具有复杂性。本次脑卒中与既往史有直接关系。(6) 医方病历书写不规范，如病历记载不及时等。医院应承担 30% 的责任，计 14 万余元。

医疗风险提示及律师点评：术前，医方根据病人血压情况给予降压治疗，后给予抗凝、他汀类药物治疗，转至神经内科后，应继续给予抗血小板聚集及他汀类药物。再结合鉴定报告"患者既往有陈旧性脑梗死病史，脑梗死是高复发、高致残的疾病，诊断和治疗具有复杂性。本次脑卒中与既往史有直接关系"的分析，原告自身有原发疾病和病情发展的不可逆，确定被告承担次要赔偿责任。

七 骨科手术中，患者存在窦性心动过缓，未见心脏内科会诊记录；虽有心电监护但未见正常生命体征记录，生命体征出现异常时（如血压下降、室颤或心脏停搏）病历记录中没有体现准确时间，引发医疗纠纷[1]

涉及科室：骨科

鉴定结论及判决结果：（1）患者，74岁，手术过程顺利，手术操作基本符合规范。麻醉术前评估无明显禁忌，麻醉方式（神经阻滞）选择得当，麻醉过程平稳，术后安返病房，镇痛泵配方符合规范，锁定时间15分钟，所用药物与镇痛泵参数与患者突发病情变化无明确相关性。（2）查阅病历资料，患者转入重症监护病房后，给予抢救治疗，纠正凝血功能障碍、纠正胃肠功能障碍等综合治疗，患方未提出异议，专家组认为医方在此期间符合诊疗规范。（3）术前心脏评估欠充分，患者有糖尿病历史、高龄、高血脂，此次术前检查虽然射血分数（EF）56%属于正常范围，但是左室壁心肌欠协调，同时存在窦性心动过缓，未见心脏内科会诊记录。（4）根据病程记录，术后患者从出现头晕恶心症状，到发生心脏骤停1个小时5分钟，医方没有给予心电图检查。虽有心电监护但未见正常生命体征记录，同时对患者病情缺乏密切观察，生命体征出现异常时（如血压下降、室颤或心脏停搏）病历记录中没有体现准确时间。综上所述，根据患者病情的演变，专家组考虑患者的死亡系心源性猝死，被告应承担50%的赔偿责任，计18.5万余元。

医疗风险提示及律师点评：骨科手术中，患者存在窦性心动过缓，未见心脏内科会诊记录；虽有心电监护但未见正常生命体征记录，生命体征出现异常时（如血压下降、室颤或心脏停搏）病历记录中没有体现准确时间，引发医疗纠纷。

八 医方没有对患者静脉血栓栓塞（VTE）的风险评估、抗凝治疗风险评估的病程记录以及预防性治疗的相关风险告知[2]

涉及科室：骨科

尸检结论：（1）"因'摔伤致左膝部肿胀、疼痛、活动受限1小时'

---

[1] 天津市河西区人民法院（2016）津0103民初9145号民事判决书。
[2] 天津市河西区人民法院（2014）西民四初字第952号民事判决书。

到医院住院治疗，突发心慌不适，经抢救无效死亡。"病理解剖证实广泛性心肌梗死、肺动脉栓塞、肺水肿等病变发生。（2）广泛性心肌梗死，使心脏功能严重受损，加之肺动脉栓塞、肺水肿的发生，进一步加重心脏负荷，终致呼吸、循环等脏器功能衰竭而死亡。

鉴定结论及判决结果：（1）病人骨科情况诊断明确，医方拟手术治疗，因术前检查血糖升高11.4mmol/L需要调整，故推迟手术，不属于医方过错。患者存在糖尿病、高血压，心电图检查证实合并冠心病，并且骨折和制动均为血栓栓塞高危因素；医方于入院后第二天应用压力抗栓泵（共8.5小时），13日，下午两点开始应用低分子肝素，医方已经考虑到对栓塞的预防。（2）患者病情变化急剧，虽经抢救无效死亡，病理检查证实主要死亡原因为急性大面积肺栓塞。该病发病急骤，病情凶险，死亡率极高。（3）医方在诊疗行为中，存在以下过错：没有对该患者静脉血栓栓塞（VTE）的风险评估和抗凝治疗风险评估的病程记录以及预防性治疗的相关风险告知；医方开具的复方骨肽和β-七叶皂苷钠没有明确适应症，但与患者的死亡没有因果关系；医方虽履行了相关告知义务，但沟通欠充分。结论为：尽管该病死亡率极高，但医方未对VTE进行风险评估，VTE预防不规范，风险告知欠充分，被告应对原告的合理请求承担30%的赔偿责任，计17万余元。

医疗风险提示及律师点评：静脉血栓栓塞症（VTE）包括深静脉血栓形成（DVT）和肺动脉血栓栓塞（PTE），每年全球VTE的发生近1000万例，是重要医疗问题，也是院内非预期死亡的重要原因。本案中，由于院方没有及时对患者进行静脉血栓栓塞（VTE）的风险评估和抗凝治疗风险评估的病程记录以及预防性治疗的相关风险告知，存在一定的过错。

九　腹部闭合性损伤：普通外科医生未警惕腹部闭合性损伤的可能，存在漏诊①

涉及科室：骨科

鉴定结论："平扫 CT 提示肠管胀气、超声提示腹腔存在积液等情况下，普通外科医生未警惕腹部闭合性损伤的可能，对腹部情况进行动态检查漏诊。损伤的延迟处理延长了患者 ICU 留置时间，增加了患者术后康复的难度。"综上所述，确认被告在诊疗过程中针对腹部闭合性损伤存在漏诊，延误治疗时间，参与度为主要因素，但与原告的损害后果无因果关系，被告承担 80% 的赔偿责任，计 31 万余元。原告目前情况不构成伤残等级。

被告拿到报告后，提出质询异议，认为不存在漏诊。某医学会再出专家质询意见答复："（1）患者腹部闭合伤系受伤时发生的，门诊病历及住院病历中，无医生追问腹部闭合伤的可能，也均无相关腹部检查。（2）在诊断患者有肠梗阻的可能时，医生对患者腹部体征没有严密的观察及关注。自患者主诉腹痛腹胀、医生给予腹部 CT 检查后，病历中均无腹部体征的相关记录。（3）结合手术中发现腹腔内 1000ml 黄色浑浊液体并伴有粪样固体，空肠内充满气液，小肠、结肠肠壁水肿严重。小肠见距回盲部 1m 及 1.4m 处小肠破裂，破口直径分别为 1.0cm、0.8cm。根据以上情况分析，患者手术前应有一段时间的腹部相关的体征表现，而医生没有及时发现。综上，由于医生的漏诊和对腹部闭合性损伤的延迟处理延长了患者 ICU 留置时间，增加了患者术后康复的难度。"

医疗风险提示及律师点评：本案中，原告因高空坠落受伤入院，在对原告治疗中，经某医学会鉴定医方在诊疗过程中针对原告腹部闭合性损伤存在漏诊，延误治疗时间过错，参与度为主要因素。虽未造成原告脏器落下残疾，但被告的误诊增加了原告术后康复的难度，延长了原告 ICU 留置时间，使得原告身心遭受伤害，经济负担加大，应承担赔偿责任。

---

① 天津市河西区人民法院（2016）津 0103 民初 11489 号民事判决书；天津市第二中级人民法院（2018）津 02 民终 5341 号民事判决书。

十 全麻下行后路颈 2 胸 2 椎板切除减压内固定术：患者目前存在四肢瘫为严重脊髓型颈椎病手术后并发症，而医方在手术前针对该疾病可能出现的术中术后病情变化及该病的严重性未与患者及家属充分沟通[①]

涉及科室：骨科

鉴定结论及判决结果：（1）医方诊断明确，手术时机适宜，术式选择得当，符合该疾病诊疗程序。该疾病行后路 C2T2 全椎板减压，C37 侧块 Summit 内固定术，医方为保证颈椎术后的正常生理曲度及稳定性，给予侧块钉棒内固定，不存在过度医疗问题。（2）专家组查阅了手术记录，显示术者与患方鉴定会现场陈述的术者不一致，该问题不属于医疗技术范畴，故专家组对该事实不予评价；患者影像及病史符合严重颈椎管狭窄诊断，严重颈椎管狭窄轻度外伤即可造成四肢瘫，手术是目前脊柱外科通常选用的合理有效方法。（3）该病例术前影像学资料显示有椎管严重狭窄、后纵韧带骨化、脊髓有高信号，提示颈脊髓本身已存在严重的损伤，术中术后病情加重的风险极高，医方术前与患者及家属就本病例治疗方法及过程中存在的高风险沟通告知不充分，手术时间过长及意外情况亦未予充分告知；（4）患者第一次手术全麻苏醒后四肢无主动活动，医方在观察 150 分钟后四肢主动活动仍未恢复，当时情况下患者又不适宜做进一步的影像学检查，术者及麻醉医师对该疾病给予充分讨论决定行二次手术探查，专家组认为是必要的。但就二次手术的必要性及相关问题未向家属告知欠妥。构成一级伤残，其原因力为轻微因素，被告对原告承担 10% 的责任，计 18 万余元。

医疗风险提示及律师点评：广泛性椎板切除减压术适用于发育性或继发性椎管狭窄的患者。本案中，术前影像学资料显示，颈脊髓本身已存在严重的损伤，对于这样风险极高的手术，医方应与患方充分沟通，并做好记录。对于二次手术的必要性，同样应进行充分的告知。综上，患者目前存在四肢瘫为严重脊髓型颈椎病手术后并发症，医方在手术前针对该疾病可能出现的术中术后病情变化及该病的严重性未与患者充分

---

① 天津市河西区人民法院（2014）西民四初字第 892 号民事判决书。

沟通，应承担相应的过错责任。

严重胸椎管狭窄属于高风险手术，容易发生缺血再灌注神经损伤，术前应充分告知、术中严格操作避免神经干扰、术中减压同时予激素减轻缺血再灌注损伤。

十一 行右肱骨髁间骨折切开复位内固定术：尺骨近端骨折，骨痂形成，医院漏诊导致纠纷[①]

涉及科室：骨科

鉴定结论及判决结果：（1）患儿因外伤性右肱骨髁间粉碎性骨折入院，4天后行右肱骨髁间骨折切开复位，采用1枚拉力螺钉及3枚克氏针内固定，术后拍片达解剖复位标准。诊断明确，手术时机适宜，术式合理，无不妥之处。（2）行康复治疗时，右肘关节发生弹响，肿胀，疼痛难忍。当日晚间回医院急诊拍片复查，医方答辩材料中述未见明显骨折，但专家组阅右肘关节X光片示：尺骨近端骨折，骨痂形成。故认定右尺骨近端发生过骨折。（3）依据上述情况分析，患儿右尺骨近端发生骨折与其进行康复治疗发生意外（肿胀、剧烈疼痛）有一定因果关系。医方的医疗过错行为与患儿右肘关节功能障碍有一定的因果关系，患儿李某伤残等级为八级伤残，其原因力为主要因素，酌情认定医院承担80%的赔偿责任，计34万余元。

医疗风险提示及律师点评：肱骨髁上骨折切开复位内固定术肱骨髁上骨折是儿童最常见的骨折，绝大多数新鲜骨折用手法复位小夹板固定治疗，疗效满意。本案中，行康复时未发现明显骨折，但实际上尺骨近端骨折，骨痂形成，儿童肱骨远端骨折（包括髁间）根据骨折类型可行手法复位+石膏或夹板外固定、手术治疗。康复治疗后发生尺骨近端骨折，属于康复治疗问题。康复治疗前后有必要对其影像学复查。在治疗允许情况下尽早锻炼有利于避免关节僵硬。长期制动关节僵硬，很可能康复治疗效果不满意。

[①] 天津市第二中级人民法院（2016）津02民终220号民事判决书。

十二 行右胫骨平台骨折切开复位内固定术：医方对患者可能发生的急性冠脉综合征没有给予高度重视及预防措施，对于患者死亡有一定影响[①]

涉及科室：骨科

死亡诊断：（1）急性心肌梗死，右股骨内踝内侧副韧带抵止点撕脱骨折。（2）高血压病，2型糖尿病，心律失常窦性心律不齐，多源室性早搏，双束支传导阻滞，右胫骨平台骨折（scher Ⅱ型），心源性休克。

鉴定结论及判决结果：（1）患者右侧胫骨平台骨折诊断明确，有手术适应症；患者有心前区疼痛病史，心电图显示双束支传导阻滞，窦性心动过缓，同时有高血压、糖尿病及高脂血症，表明患者存在基础心血管疾病。（2）医方存在的问题：①属于心脏病高危患者，有明确的冠状动脉造影适应症，未执行心脏内科会诊意见；②对原有可能存在的冠状动脉病变及血管风险估计不足，且缺乏沟通；③病历资料和心电图记录欠充分。医方对患者可能发生的急性冠脉综合征没有给予高度重视及预防措施，存在过错，其原因力为半量因素，承担50%的责任，计44万余元。

医疗风险提示及律师点评：急性冠状动脉综合征的主要病因为动脉粥样硬化斑块破裂、血管痉挛。近年来发病率逐年上升，好发于糖尿病患者、高血压患者、吸烟者、长期大量饮酒者等，温度变化、心肌耗氧量增加、吸烟、酗酒等会诱发本病。本案中，进行骨科手术时，对于属于心脏病高危患者，有明确的冠状动脉造影适应症，未执行心脏内科会诊意见，对原有可能存在的冠状动脉病变及血管风险估计不足。

十三 破伤风抗毒素：骨科外伤病人，医院在诊疗过程中采集病史不全面，没有给予注射破伤风抗毒素，导致患者破伤风[②]

涉及科室：骨科

鉴定结论及判决结果："（1）患者海上作业受伤，10小时后自行前往医院经急诊就诊并收入骨科病房进一步治疗，医院在诊疗过程中采集病史不全面，没有给予注射破伤风抗毒素，医方存在过错。（2）根据法

[①] 天津市河西区人民法院（2017）津0103民初10079号民事判决书。
[②] 天津市河西区人民法院（2015）西民四初字第1182号民事判决书。

院移送的病历记载，患者曾在外院诊断为破伤风，事实成立，与医院的过错存在一定的因果关系。（3）目前患者现场查体的情况与破伤风疾病无关。本次鉴定不予伤残等级评定。"医院诊疗行为存在过错，其参与度为完全因素，承担100%责任，计26万余元。

医疗风险提示及律师点评：破伤风抗毒素是由破伤风类毒素免疫所得的血浆，经胃酶消化后纯化制成的液体抗毒素球蛋白制剂，通常用于预防和治疗破伤风。本案中，原告在海上作业不慎受伤，院方对原告伤口进行了头皮清创缝合术、右前臂悬吊等紧急措施，后原告自行离院。没有给予注射破伤风抗毒素，医方存在过错。

该部分致谢专家：景成伟，天津中医药大学第二附属医院骨科主任医师、医学博士。长期从事骨科临床工作，曾获天津市卫生行业先进个人。北京中西医结合脊柱微创外科常委、中国医师协会天津脊柱学组委员、骨质疏松学组委员、浙江省中西医结合学会围手术期专业委员。

井万里，天津市第一中心医院骨科，主任医师，天津中医药大学兼职教授，《中华创伤骨科杂志》特邀编委，长期从事脊柱外科临床工作。擅长手术治疗腰椎管狭窄症、腰椎间盘突出症、颈椎病、颈腰椎骨折及脊柱炎症等疾患，对脊柱微创手术有丰富的临床经验。以第一作者或通讯作者发表 SCI 收录期刊和中文核心期刊论文 10 余篇，主编专著 1 部，主持或参与天津市科委及卫健委科研课题 7 项，获科研成果 7 项，填补天津市技术空白 2 项。

第十节　肝肾移植：移植外科

一　全肝移植手术中多次开腹的手术感染问题？肝源可否作为医药费用？[①]

涉及科室：移植外科

尸检结论：死者因肝移植后出血进行 3 次开腹探查，肝动脉吻合处

[①] 吉林省延吉市人民法院（2018）吉 2401 民初 2970 号民事判决书。

坏死渗血，肝动脉结扎，肝脏广泛变性，伴脂肪变性，局灶肝坏死，与膈肌广泛粘连。尸检意见：根据死者全身情况及尸体检查，推测死者死因可能是肝动脉结扎后肝细胞坏死、多脏器功能衰竭，临终前电解质紊乱（高血钾）可能是导致死亡原因之一。

鉴定结论：医院为董某行全肝移植存在技术过失或错误致肝动脉吻合处出血，剖腹探查后大量盐水冲洗，腹腔感染不能控制，被鉴定人入院时病情为肝功能失代偿期，不能耐受多次开腹手术，二次开腹增加感染机会，第三次剖腹肝动脉出血，修补后结扎导致肝坏死，医院对董某死亡后果应承担70%的责任。

判决结果：对肝源费40万元，医院主张其不属于医疗费用的一部分，不同意负担，但法院认为，该肝源费应属于医疗费。对亲属主张的存尸费、运输费3万元，未提供相关证据证明，该费用应包括在丧葬费中，故对该项请求，法院不予支持。对亲属主张的律师代理费，无法律依据，法院不予支持。本案中，董某的医疗费为54.2万元＋购血费1.2万元＋肝源费40万元－社会保险报销22万元＝73.5万元；根据《最高人民法院关于审理医疗损害责任纠纷案件适用法律若干问题的解释》第二十四条第（一）项的规定，对董某的死亡赔偿金按照天津市城镇常住居民人均可支配收入40278元计算，即：40278元×18年＝72.5万元，共计150万余元，医院承担70%，即105万元。对亲属的精神损害抚慰金支持5万元，合计110万元。

医疗风险提示及律师点评：肝功能失代偿期，是指患者有严重的肝病，并且肝脏功能无法满足正常生理需要，出现一系列并发症的时期。肝功能失代偿期可以出现很多严重的临床并发症，比如：引起大量腹水、黄疸、脾功能亢进、消化道出血，甚至引起肝癌，严重影响患者生命健康。患者一定要引起重视，注意保护肝功能，严格戒酒，积极治疗慢性肝炎等疾病。定期检查肝功能指标和腹部影像学检查，发现有并发症或者不适症状等情况，要及时就医治疗。肝硬化发展到晚期，出现肝功能失代偿，有时需要通过肝移植手术才能获得良好的治疗效果。

本案中，医院由于技术失误或错误，在为董某行全肝移植过程中，致肝动脉吻合处出血，且入院时病情为肝功能失代偿期，不能耐受多次开腹手术，存在重大失误，应对患者的损失承担相应的责任。

二 系统性红斑狼疮：医方将应入病历的检查报告予以隐匿，护理记录未与住院病历统一装订成册、临时医嘱中记载的超声心动检验报告及肝胆 B 超病历材料没有置放在上诉人提交的住院病历中、缺少检验报告单等相关材料，法院如何处理？①

涉及科室：移植外科

鉴定过程：被告（医院）承认未将原告提交的 4 张检验报告单放入医方住院病历中，且被告认可原告提交的上述检验单是从被告处取得。原告认为被告的病历资料存在隐匿，故不同意以此病历为依据进行鉴定，被告辩称因患者情况紧急才没有将上述报告单放入病案。

判决理由：本案中，医患双方产生纠纷后，医方将应入病历的检查报告予以隐匿，使原告方对整个病历的真实性提出异议，亦造成此纠纷无法通过司法鉴定程序客观地评判被告在对刘某的过错，故推定被告具有过错，被告赔偿原告计 99.9 万元。

二审判决：上诉人提交的鉴定材料存在缺失检验报告，未统一装订的情形，从患者病故至提交鉴定材料长达 8 个月的时间，仍未形成完整规范的病案，违反了《医疗机构病历管理规定》关于医疗机构应当在收到住院患者检查、检验结果和相关资料后 24 小时内归入或者录入住院病历的相关规定，且上诉人也未就其上述行为作出合理的解释，一审法院推定上诉人有过错符合法律规定，认定上诉人承担赔偿责任并无不当。

医疗风险提示及律师点评：如医患双方一方对病历真实性不认可，则鉴定部门对法院的委托鉴定不予受理；或病历资料不全，则不能确保鉴定结论的客观性。因被上诉人（患者）对上诉人（医院）提交的鉴定材料提出质疑，鉴定机构无法作出鉴定意见。医院必须提供完整的病例，否则法院推定医院有过错。医患双方产生纠纷后，医方将应入病历的检查报告予以隐匿，包括：住院病历一册及护理记录两页作为案件鉴定的

---

① 天津市第一中级人民法院（2020）津 01 民终 2199 号民事判决书。

材料,因护理记录未与住院病历统一装订成册、临时医嘱中记载的超声心动检验报告及肝胆B超病历材料没有置放在上诉人提交的住院病历中、鉴定材料的住院病历中缺少4张检验报告单等相关材料等,使原告方对整个病历的真实性提出异议。进行司法鉴定的前提是对于病例材料不存在争议,如果存在争议,那么无法通过司法鉴定程序客观地评判。本案中,由于医院的过失造成病例不完整,法院适用过错推定原则,推定医院有过错。

三 行肝、肾、胰联合移植术:在移植病例中,是否应有对慢性终末期肝病和失代偿肝硬化严重程度量化指标的总结分析,以及病人是否具备肾移植的绝对手术适应症,而同时需行胰腺移植的必要性个体化作出具体说明?[①]

涉及科室:移植外科

鉴定结论:"(1)专家组依据病人临床表现与术前医疗数据回顾分析认为:①CTP评分7分,符合肝移植的CTP>7最低标准,LD评分14分,符合LD>10分肝移植的候选者标准。该病人××DNA阳性不是肝移植手术的绝对禁忌症。术后医方亦给予了针对性治疗。②术式采取肝胰器官簇移植、单纯肾移植术式得当。无证据证实肝胰肾移植器官术后发生急性排斥反应与原发无功。③术前评估虽然存在瑕疵和不足,但病人存在肝胰肾联合移植手术适应症,术后未出现急性排斥反应,近期手术效果满意。(2)查阅病历长期医嘱和临时医嘱,在术后早期肠外营养治疗时,营养配方中按比例给予胰岛素符合治疗规范。后改为肠内营养治疗,医嘱中未见到使用胰岛素的记录。另外,胰腺移植近期,给予适量胰岛素也是允许的。(3)医方对移植术后发生急性绞窄性小肠梗阻的诊疗存在延迟,但应指出的是,该急腹症发生在医源性免疫缺陷的背景下,即使医方及时诊疗,仍然存在病情恶化的可能。"鉴定意见为"医方诊疗行为与患者死亡的损害后果存在因果关系,其原因力为半量原因"。

---

① 天津市南开区人民法院(2016)津0104民初10034号民事判决书。

判决理由及标准：综合考虑该鉴定意见对被告在进行肝胰肾联合移植术前、诊疗急性小肠梗阻过程中具体过错行为的表现形式和过错程度的陈述，以及被告向患方提供的日结清单与出院费用总清单记载不一致的瑕疵，结合鉴定意见认定"半量原因力"的结论，酌情由被告向原告方承担60%的赔偿责任，计63万余元。

医疗风险提示及律师点评：（1）本案中，鉴定机构审阅医方提供的病例资料，包括术前小结、术前讨论、疑难病例讨论等事关术前评估的关键部分，未见对慢性终末期肝病和失代偿肝硬化严重程度量化指标的总结分析，未见对慢性肾功能衰竭与胰岛素依赖型糖尿病的因果关系的分析，以及病人具备肾移植的绝对手术适应症而同时需行胰腺移植的必要性个体化具体说明。（2）医方对于急性绞窄性小肠梗阻的诊治存在延迟与不足，表现在：①医方具备CT检查设备，病人腹痛发生后多次腹平片检查，说明其具备CT检查的耐受力，却未及时使用。医方多名医生虽有普外工作的经历，但对免疫抑制治疗背景下发生的急性绞窄性小肠梗阻的凶险性与不典型表现理解不深、认识不足。腹内疝或小肠扭转早期及时诊断甚为重要，在没有肠缺血坏死的前提下，仅需将异位或扭转的小肠与系膜复位即可。②腹腔穿刺的时机明显滞后。在未明腹痛原因前，不应短时连续使用类阿片类镇痛药物。医方应知晓肝胰移植术后，由于消化道重建小肠和肠系膜解剖位置的改变，术后可能发生急性肠梗阻的危险因素和概率增加，医方手术时机明显延迟。（3）患方申述的医方违反器官移植伦理审查、重大或首例实行的手术需申报批准的相关规定，建议应由卫生行政管理机构认定。

此部分致谢：王兴强，天津市第一中心医院肝病科副主任医师、医学博士，现任天津器官移植分会青年委员，天津中西医结合重症委员会委员。擅长脂肪肝、病毒性肝炎、疑难肝病及肝移植并发症的治疗。致力于肝衰竭终末期肝病患者肝移植围手术期的管理工作，积累了丰富的临床经验。

第十一节 急诊医学：急诊科—重症医学科

一 应用糖皮质激素要非常谨慎，需严格掌握适应症，单纯以退热和止痛为目的使用糖皮质激素是不当的；病历中缺少必要的病史、临床表现以及辅助检查的记录，且两次就诊病历中均未见神经系统相关检查的记录[①]

涉及科室：急诊科、中医科

鉴定结论及判决结果：患者在医院门诊就诊时，病历记录欠规范，如：未见提问记录，与患者沟通欠充分。患者目前状态与该疾病本身发生、发展及转归有关。

专家补充意见认为：（1）根据两家医院的病历记录，当时医方没有采取腰穿检查符合逻辑。（2）Z医院门诊病历记录内容过于简单，缺少必要的病史、临床表现以及未见"感染性发热"诊断的客观检查结果的记录，直接开出了3天的"痰热清、胸腺五肽药物"，让患者回家输液治疗。（3）患者回家后10个小时病情迅速恶化，突出表现意识障碍、抽搐、二便失禁等症状，经W医院证实诊断颅内感染、病毒性脑炎，以上事实客观存在，回顾分析该患者所患脑病的早期症状属非常不典型。

司法鉴定意见书分析如下：（1）医方初步诊断"2型糖尿病、糖尿病神经病变，急性扁桃体炎，泌尿系统感染"成立。被鉴定人入院后予以退热、抗感染等对症支持治疗，符合诊疗常规原则。（2）综观医学会的医疗损害意见书及专家补充意见和司法鉴定意见，可见医学会的医疗损害意见书没有记载被医院临时医嘱用药情况及对药物用于原告使用是否妥当进行分析认定，而仅以"退热药物"治疗，符合诊疗规范简单概述。在对被告医院诊疗行为的认定中，其医疗损害意见书与专家补充意见表述不一，在医疗损害意见书中表述为"患者在Z医院急、门诊就诊时，病历记录欠规范，如：未见体温记录、与患者沟通欠充分等"，以此

[①] 天津市蓟州区人民法院（2013）蓟民初字第6809号民事判决书；天津市第一中级人民法院（2017）津01民终6680号民事判决书。

确认医院存在不足，而在专家补充意见中表述为"Z医院门诊病历记录内容过于简单，缺少必要的病史、临床表现，以及未见支持感染性发热诊断的客观检查结果的记录，直接开出了3天的痰热清、胸腺五肽药物让患者回家输液治疗"，指出了被告医院诊疗行为存在的问题，却未予分析认定。医学会的医疗损害鉴定意见书和专家补充意见对原告的并病案分析缺乏全面性和客观性，法院不予采信。司法鉴定中心的司法鉴定意见具有客观性、全面性，法院予以采信，法院酌定二被告所承担的责任比例为各承担15%为宜，计25.6万余元。

医疗风险提示及律师点评：糖皮质激素是临床应用比较广泛的药物，但是有一定的副作用，所以，必须掌握好适应症和副作用，才能使糖皮质激素发挥最好的作用。应用糖皮质激素要非常谨慎，需严格掌握适应症，单纯以退热和止痛为目的使用糖皮质激素，特别是在感染性疾病中以退热和止痛为目的的使用，都是不当的。本案中，被鉴定人入院后仍存在发热，院方予以复方氨林巴比妥注射液、地塞米松注射剂治疗，处置欠规范，存在过错。被鉴定人两次就诊医方处，但医方病历记录内容较为简单，病历中缺少必要的病史、临床表现以及辅助检查的记录，且两次就诊病历中均未见神经系统相关检查的记录，不排除存在体格检查欠规范、全面性的可能性，存在过错。

（1）本案例实质及核心问题是由于主观及客观原因导致未能及早明确患者"病毒性脑炎诊断"，从而导致其产生一系列包括认知、运动、感觉功能受损在内的一系列临床后遗症。

（2）临床发热原因多见且极为复杂，涉及几乎所有系统，它可以是很简单的上呼吸道感染所致，也可以由一些致命性感染引起，还可能是一些危重疾病的临床表现之一。故探寻发病原因是医生一项艰苦但又必须做的工作。

（3）对于激素的使用不应过度依赖也不能妖魔化，应严格遵循适应症使用。激素有强烈的抗炎作用，所以有退热止痛的功效，但临床上绝不能当作退烧药使用。遗憾的是很多基层医院仍有滥用激素、抗生素、维生素的习惯，将之用作万能处方，这是不对的。

（4）病例书写的完整性。病例书写不规范、不完整是临床医方被告时最容易被抓住把柄的地方，然而也是最容易被医生忽视的地方。

二 中长链脂肪乳对栓塞患者是禁用药，容易导致新发梗塞，最终导致患者为植物人[①]

涉及科室：急诊科

判决理由及结果：医院作为综合医院，在为张某使用药物过程中应提起高度注意，中长链脂肪乳对栓塞患者是禁用药，医院却为张某使用，导致其新发梗塞，病情加重。张某的病情虽存在多种因素，但医院不能举证证明张某的病情发展是其他因素造成，故医院应承担全部赔偿责任。区医学会的鉴定意见：医院承担轻微责任。然而，该鉴定没有对张某是否存在胆囊炎急性发作情况进行分析论证，而胆囊炎的诊断正确与否在本案起关键作用，故对区医学会的鉴定结论关于责任承担一项不予采信，对于医疗事故等级的认定，法院判决医院承担100%责任，计73.8万元。

医疗风险提示及律师点评：中长链脂肪乳主要作为肠外营养支持制剂，为机体补充必需脂肪酸，机体的代谢通常离不开脂肪的氧化，脂肪的氧化能为机体提供大量能量。中长链脂肪乳相比较长链脂肪乳能快速地代谢，从而在短时间内可以为机体提供大量的能量，主要是适合不能经口进食的患者，对于这类患者，通常需要从静脉进行营养补充。中长链脂肪乳通常还与氨基酸、碳水化合物、维生素、微量元素等多种制剂，组成全静脉的营养支持制剂。中长链脂肪乳具体的用量，一定要由专科的医师或营养师，根据患者的身高、体重、生理状况进行计算。在使用时也应该注意，对于有严重的肝功能或肾功能不全的患者，一般要谨慎使用。本案中，由于医院没有意识到中长链脂肪乳对栓塞患者是禁用药，却为张某使用，导致其新发梗塞，病情加重，发生二级甲等医疗事故，应承担相应的法律责任。

（1）患者的根本临床后果是因为对新发脑梗未能及时预判、诊断以及采取相应处理。

（2）脂肪乳剂作为场外营养重要的组成部分确实会因其造成血液黏

[①] 天津市第一中级人民法院（2019）津01民终3268号民事判决书。

滞度增加从而增加栓塞性疾病风险，但其是脑梗的相对使用禁忌症，而非绝对禁忌症。临床医师应该根据患者的综合情况考量其使用必要性，以及在使用方式、剂量、输液速度快慢、是否同时合并糖尿病、高血压、高血脂等基础疾病，有无同时使用其他易导致栓塞风险增加的治疗等因素综合判断。同时一定要向家属交代使用该药物的收益和可能出现的风险，充分告知，并予以书面签字。

三　患者肺动脉栓塞：医方没有针对严重的低氧血症采取诊治措施，无病程记录，"死亡通知单"上的死亡时间有误，发生医疗纠纷①

涉及科室：急诊科

鉴定结论：（1）医方的治疗符合诊疗规范，医方在患者留观期间无"液体出入量"记录。鉴定会现场，3 天液体入量 4350ml（医方陈述），4700ml（患方陈述），存在 350ml 的差异，但从临床资料分析，不存在液体过负荷问题。（2）专家组认为根据现有临床资料考虑肺动脉栓塞是导致死亡的原因。医方在诊疗过程中存在的过错：7 月 23 日 13 时 44 分动脉血气分析显示：7.34；二氧化碳分压：50mmH；氧分压：45mmH。医方没有针对严重的低氧血症采取诊治措施。7 月 22 日 21 时至 7 月 23 日 20 时（23 小时）无病程记录。医方书写的患者"死亡通知单"上的死亡时间有误。（3）患者时年 82 岁高龄，患有多种疾病（脑梗、呼吸道感染、心律失常、高血压等），在此基础上发生肺动脉栓塞，死亡概率很高。虽然胸部增强 CT 没有显示明显的肺血管充盈缺损的征象，专家组认为根据临床资料仍不能排除远端肺动脉栓塞的存在，病情突然急转直下，高度提示新的肺动脉栓塞发生，导致患者死亡。法院判决被告承担 35% 的责任，计 10.5 万余元。

医疗风险提示及律师点评：肺栓塞是严重威胁人类健康的疾病，是血液中的固态物质造成一支或多支肺动脉部分或完全阻塞，通常由血栓引起，也可由其他异物引起，但相对少见。动脉血气检测动脉血氧分压，即动脉血氧分压情况，通常情况下在 80—100mmH，若低于正常值下限，

---

① 天津市和平区人民法院（2018）津 0101 民初 2952 号民事判决书。

叫低氧血症，通常情况下引起通气和换气功能障碍疾病都可引起低氧血症。该病情临床上常见，早期病情可以通过治疗改善症状，如发展至终末期低氧血症，则预后不佳。低氧血症症状主要为呼吸困难和多器官功能障碍，可伴有精神神经症状或者出现消化与泌尿系统的表现，甚至肝肾功能障碍。本案中，通过对患者的动脉血气分析、二氧化碳分压，医方没有针对严重的低氧血症采取诊治措施，且其中无病程的记录，医方应承担过错责任。

（1）急诊科特点：人员复杂、病种混杂、环境嘈杂。对于高龄、基础疾病较多的患者必须予以高度重视。

（2）急诊处置的原则是生命优先原则，即把可能危及生命的疾病诊治列入优先处置，包括：肺栓塞、心肌梗塞、脑卒中、气胸、心肺复苏、休克、药物中毒、危险性上消化道出血、溺水等。而本案例中医生处置明显对肺栓塞的后果预估不足。

（3）病例记录不详细、不及时。尤其是对抢救过程及死亡通知单描述存在争议之处，易留下纠纷隐患。

四 医护人员的抢救义务：医院尽到合理的诊疗义务的标准是什么？120救护车随车医护人员是否被救上岸的现场第一时间采取心肺复苏等抢救措施，对患者的体温保持是否采取相关措施？医院是否可以举证证实其急救车上配备并使用了心电监护等急救设备？[1]

涉及科室：120急救中心、医院急诊科

法院认证意见：马某与徐某、董某从冰面经过，行至河中心时，冰面破裂，3人落水，医院派出的120急救车也达到现场等待医疗救援。马某被救上岸后，被120急救车送往医院，医院组织抢救无效，宣布马某死亡。证人解某、肖某、冯某陈述其在救护车下没有看到随车医护人员，而医院提供的证人证言、120急救电话记录、医院急诊监控视频等证据可以证实车上有医护人员。双方证据相比较，证人解某等人的证言存在观察受限的可能，而医院的证据较为完整客观，具有更高的证明力，因此

---

[1] 天津市滨海新区人民法院（2016）津0116民初46801号民事判决书。

可以认定120急救车配备了医护人员，但根据医院庭审陈述可以认定：医护人员并未在救援现场下车采取抢救措施，也未参与往救护车上抬人。

法院在医学会协助下，邀请专家对本案所涉专业问题进行分析论证，讨论意见认为：溺水导致脑缺氧10分钟后的抢救成功概率很小；认定死亡不能仅凭外观体征判断，需要医学检查诊断。救护车一般需要配备医护人员和吸氧机、心电监护、除颤器、急救箱等必要的抢救设备，但对医护人员的人数没有明确规定，法院酌定责任比例为30%，计9.7万余元。

医疗风险提示及律师点评：关于救治行为是否存在过错问题：（1）马某被抢救出水面前的溺水时间较长，生还机会微小，但未经医疗检查诊断，不能仅从马某体征上去判断其上岸时已经死亡而不具有救治意义，医护人员已尽到合理的诊疗义务。（2）120救护车随车医护人员未在马某被救上岸的现场第一时间采取心肺复苏等抢救措施，也未现场参与将马某抬上救护车，对马某的体温保持没有采取相关措施。（3）医院未举证证实其急救车上配备并使用了心电监护等急救设备，存在一定缺陷。

（1）案例争议焦点在于120救护车到场时患者是死亡还是抢救状态，同时给予抢救措施是否得当。比如120救护车到现场时是否做心电图，是否对生命体征进行有效评估监测以及如实记录。

（2）对于溺水人员的抢救除了基本的心肺复苏措施以外还应考虑是否需要电除颤、电复律、低体温保暖、凝血异常的干预处理等综合治疗。

（3）120救护车并非单纯转运车辆，其在除承担转运任务外更担负着危重病人第一现场急救处理的重任。

五 冠状动脉介入性治疗：手术记录和心血管介入治疗报告单并未出现在病历中，法院推定医院存在过错，承担败诉责任[①]

涉及科室：急诊科

判决理由及结果：医院向法院提交张某病历原件一份，其中包括手

---

① 天津市蓟州区人民法院（2017）津0119民初5522号民事判决书、天津市第一中级人民法院（2019）津01民终1674号民事判决书。

术记录和心血管介入治疗报告单。即使按医院所述向医调委提交的33页病历复印件就是封存的病历，但手术记录和心血管介入治疗报告单并未出现在该33页病历中。医院在封存病历前有时间完善病历。在医调委调解过程中，调解员两次向医院提及手术记录和造影报告单，但医院均未向医调委提供。而在诉讼过程中，医院才出示手术记录和心血管介入治疗报告单，显然不符合病历书写规范对于书写时间的要求。本院对手术记录和心血管介入治疗报告单真实性无法核实，不能作为鉴定的依据。医疗机构应按规定书写并妥善保管病历资料，如不能提交客观、完整的鉴定检材，致使无法通过鉴定明确责任，应推定其有过错，承担赔偿责任。

患者张某到达医院急诊后，医院向家属下达病危病重通知书，家属亦在通知书上签字确认，法院酌定医院承担60%责任，计71万元。二审中，医院未按照规定书写病历，其在一审诉讼中提供的病历亦无法确认真实性，造成司法鉴定无法进行，医院应当对原告的损失承担全部赔偿责任。一审判决依据不足，二审改为100%责任，改为118万余元。

医疗风险提示及律师点评：医学是非常专业的自然科学，也是一个不断完善而又无法完善的学科，永远不可能达到完美无憾，而人体是精密的个体，每个个体亦存在差异。在当前医疗配置和医学水平的条件下，在治疗过程中出现难以预料的状况在所难免，不可能满足每一个患者及家属的需求，这也是医学的局限。

《病历书写基本规范》规定，手术记录应在术后24小时内完成。《医疗事故处理条例》规定，因抢救急危患者，未能及时书写病历的，医护人员应在抢救结束后6小时据实补记。本案中，医院由于没有在24小时内完成手术记录，也没有在抢救6小时内完成书写病例，医院适用过错推定原则，判决医院承担法律责任。

这又是一例关于病例记录不完整导致医疗纠纷的案例，教训不可谓不惨痛。可能医生的处理并无不当之处，手术流程完全合乎规范，但病历记录失误就会导致非常严重的医疗纠纷，甚至酿成事故赔偿。临床医生普遍重视临床操作技能、诊疗思维的培养，而忽略病历书写的重要性。实际上病历是免于临床医生受到医疗官司牵连最有力的武器，很遗憾这把武器现在由于医生自身的不重视和使用不当反而带来自噬之灾。

该部分致谢专家：史晓峰，主任医师，教授，医学博士，哈佛大学医学院访问学者。中华医学会中西结合学会急救专业委员会委员，中华医学会急诊分会青年委员，天津市医学会急诊分会委员，天津市中西结合学会急救专业委员会委员。累计第一作者发表论文30余篇，其中SCI 12篇、中华系列及核心期刊文章20余篇，主持课题3项：国家级1项，市局级课题2项。

第十二节　疼痛与康复科

一　胶原酶渗入蛛网膜下腔：骶裂孔硬膜外导管药物中出现双下肢无力等病变后，医方应考虑药物进入蛛网膜下腔，应立即中止手术并采取补救措施[1]

涉及科室：疼痛科

区医学会医疗事故鉴定结论：（1）患者为腰4—5椎板减压术、椎间CAGE植入术、椎弓根钉内固定术后两年，腰5骶1椎间盘突出；马尾神经综合征。医方经骶裂孔硬膜外导管注射胶原酶治疗，诊断明确，诊疗过程符合规范。（2）医方在操作过程中胶原酶渗入蛛网膜下腔，导致患者神经功能损伤加重及排尿功能障碍加重。患者目前查体所见双下肢肌力Ⅳ级，排尿功能障碍，本病例属于三级戊等医疗事故，医方承担次要责任。

市医学会医疗事故鉴定结论：（1）根据医院影像资料，专家组诊断腰5—骶1椎间盘后突出症，结合上述症状和体征，医方经骶裂孔硬膜外导管注射胶原酶治疗适应症存在。医方选用的介入治疗方法及治疗药物正确。（2）医方在胶原酶注射后患者出现肌力下降，经脑脊液化验考虑为胶原酶浸入蛛网膜下腔引起患者神经功能损害，二者存在因果关系。（3）患者出现神经功能损害后，医方采取了脑脊液置换治疗、激素抗炎、抑酸、营养神经、改善循环、补液、补充维生素、补充能量等对症治疗，措施得当。

医疗损害鉴定结论：（1）医疗行为评估：本例医方诊断成立，予胶

---

[1] 天津市第二中级人民法院（2019）津02民终5642号民事判决书。

原酶溶解术治疗指征明确，术式合理，但医方经骶裂孔硬膜外导管药物中出现双下肢无力等病变后，医方应考虑药物进入蛛网膜下腔，应予中止手术，尽早行脑脊液置换、激素等对症治疗，应认为医方操作存在不足，出现并发症后处置延误。患者术后 6 小时许再次出现突发双下肢无力等病变后，医方诊疗符合常规。（2）因果关系分析：本例医方在手术治疗中存在不足，出现病变后的处置存在延误。本例患者系老年男性，自身存在腰椎退变、多节段椎间盘突出及腰椎手术史，不能排除患者自身病情导致其目前损害后果。患者术前签署手术同意书，愿意承担相应手术风险，应认为存在患者自身病情和治疗风险因素，评定为七级残疾。

判决理由及结果：一审法院对该司法鉴定意见书予以认定，医院应对患者的经济损失按 45% 比例承担赔偿责任，计 20 万余元。二审维持原判。

医疗风险提示及律师点评：胶原酶溶解术是治疗腰椎间盘突出的介入疗法，胶原酶溶解术对患者造成伤害很小，并且可以有效消除不适症状。胶原酶溶解术也有一定的缺陷，在治疗过程中，如果穿刺位置错误，导致胶原酶进入蛛网膜下腔，患者会有截瘫的风险，并且有患者对胶原酶过敏。如果腰椎间盘突出患者合并严重椎管狭窄的话不适合进行胶原酶溶解术。本案中，医方经骶裂孔硬膜外导管药物中出现双下肢无力等病变后，医方应考虑药物进入蛛网膜下腔，应予中止手术，尽早行脑脊液置换、激素等对症治疗，医方操作存在不足，出现并发症后处置延误。

二 在局麻下行左侧颈椎椎间隙神经阻滞术：在患者存在颅内病变情况下，医方是否首先应明确头痛原因即给予颈神经根阻滞治疗？医方在给患者进行颈神经阻滞治疗后未能获得预期疗效，转天患者出现恶心呕吐症状，是应当继续完善检查及相关科室会诊，还是应当继续营养神经、止吐、缓解头晕治疗？[1]

涉及科室：疼痛科

鉴定结论：医方过错：（1）医方对该患者进行的介入治疗存在诊断

---

[1] 天津市第一中级人民法院（2018）津 01 民终 6831 号民事判决书。

不明确，治疗指征不得当。本次患者出现癫痫是在医方进行介入治疗后发病，没有证据表明与医方进行有创治疗无关，考虑为中枢病因所致，有存在脑膜炎的证据。患者死于不可逆脑功能损害及多脏器功能衰竭。（2）医方虽使用了多种抗癫痫药物，但未能有效控制癫痫发作。医方在诊治患者过程中行 DSA、脑室外引流及颅内压监测符合诊疗规范。本鉴定为医疗技术鉴定，医疗器械相关问题不在本鉴定范围内。法院酌定医院应对患者家属的损失承担 70% 的赔偿责任，计 40.5 万余元。

医疗风险提示及律师点评：在患者存在颅内病变情况下，医方首先应当明确头痛原因即给予颈神经根阻滞治疗。该患者在入住医院疼痛科之前曾被外院明确诊断为右侧桥小脑角区表皮样囊肿，脑内多发缺血灶，该患者头痛原因不能除外由该疾病引起。医方在给患者进行颈神经阻滞治疗后未能获得预期疗效，转天患者出现恶心呕吐症状，应当继续完善检查及相关科室会诊，而不应当盲目继续营养神经、止吐、缓解头晕治疗，而导致医方在 6 天时间内未能积极查找病因。医方应承担过错责任。

三 全麻下行右侧股骨颈骨折闭合复位空心加压螺钉内固定术：右股骨颈骨折手术后，患者转入康复科后，医方未行常规右髋部 X 线检查，未对患者右股骨颈骨折愈合情况进行评估，未对患者进行骨密度检查及抗骨质疏松治疗。右髋疼痛，医方未及时进行相关检查及处理[①]

涉及科室：康复科

案情经过：（1）患者转入康复科后，医方未行常规右髋部 X 线检查。医方在制订康复计划前，未对患者右股骨颈骨折愈合情况进行评估，采取的康复治疗对股骨颈骨折带来的不利影响认识不足。（2）医方未对患者股骨颈骨折可能出现的康复治疗风险尽到说明义务。医方考虑患者骨质疏松，但早期未对患者进行骨密度检查及抗骨质疏松治疗。患者主诉右髋疼痛，医方未及时进行相关检查及处理，内固定失效可能与骨质疏松、骨折类型、不当功能锻炼等因素有关，患者右足干性坏疽与右股骨颈骨折内固定失效无相关性。患者构成六级伤残，被告医院承担 75% 责

---

① 天津市第一中级人民法院（2019）津 01 民终 2732 号民事判决书。

任，计69万余元。

医疗风险提示及律师点评：股骨颈骨折闭合复位内固定术，包括：骨折、闭合复位、内固定等。闭合复位与开放复位是相对关系，开放复位是指切口后观察到骨头，再进行复位，闭合复位无须切口，无法观察到骨折部位，有一种特殊的床称为牵引床，患者平躺在牵引床上后，经牵引床牵引，股骨颈位置即可复位，或者使用手法复位，无须使用牵引床，通过人工或者是在大腿下端打一根针牵引复位，通过拍片机器观察正位、侧位对应效果较好即可，复位完成后进行内固定，内固定通常是使用螺钉内固定，在骨折部位打进一根针后，约使用三颗空心螺钉固定即可。本案中，医方术后未行常规右髋部X线检查，未对患者右股骨颈骨折愈合情况进行评估，导致内固定失效，医方应承担相应的法律责任。

该部分致谢专家：史可梅，天津医科大学第二医院疼痛科主任，主任医师、副教授、硕士生导师。中国医师协会疼痛科医师分会委员、女医师疼痛分会常委、天津医师协会疼痛科医师分会会长、天津医学会疼痛分会副主任委员、中华医学会麻醉学分会疼痛学组、药理学组委员。擅长颈肩腰腿痛、关节痛、骨质疏松疼痛、带状疱疹神经痛、三叉神经痛、癌性疼痛等各种难治性慢性疼痛的综合治疗，尤其在微创介入治疗方面处于天津市领先水平。

第七章

妇产科

第一节 妇科

一 "全子宫+双附件+大网膜病损切术+膀胱修补术":子宫平滑肌肉瘤早期诊断、术后病理切片误诊及发现盆腔物应尽到鉴别诊断义务,防止误诊[1]

涉及科室:妇科、肿瘤科

鉴定结论及判决结果:(1)被告对死者患者的病理诊断为子宫肌瘤属于误诊,当时上述子宫肌肉瘤尚属早期,对于手术病理回顾性诊断,行"子宫肌瘤剥除术"后保留子宫的患者,应立即经腹全子宫切除加双侧附件切除,由于病理切片的误诊,使患者丧失了早期诊断、早期治疗的机会,医院存在过错。(2)患者第二次住院治疗时,被告未进行CT、增强核磁等进一步检查鉴别其性质,盲目诊断盆腔性肿物,给予抗生素治疗,被告未能尽到鉴别诊断的注意义务,再次误诊。综上,鉴定意见认为患者子宫平滑肌肉瘤广泛转移的诊断明确,但子宫平滑肌肉瘤早期诊断、术后病理切片误诊及发现盆腔物未尽到鉴别诊断义务,导致再次误诊,与患者最终死亡结果有一定因果关系,法医学参与度为C级,参与度参考范围20%—40%,法院确定医院承担40%责任,计53.8万余元。

医疗风险提示及律师点评:子宫平滑肌肉瘤主要来源于子宫肌层的

---

[1] 天津市滨海新区人民法院(2020)津0116民初32460号民事判决书。

平滑肌细胞，可单独存在或与平滑肌瘤并存，是较少见的子宫肉瘤，因此被告应保持警惕，从病史、体检、超声、MRI 影像及术中剖视、冰冻及术后病理切片等环节加以注意。子宫平滑肌肉瘤源于局部病变，其侵蚀性肿瘤的特点是早期即发生局部及远处转移，血性传播是其主要传播方式。本案中，被告对死者患者的病理诊断为子宫肌瘤属于误诊，这是第一次错误；第二次住院时，医方盲目诊断盆腔性肿物，给予抗生素治疗，未能尽到鉴别诊断的注意义务，这是第二次错误。

二 医方行腹腔镜下全子宫切除术 + 盆腔粘连松解术 + 盆腔异位病灶烧灼术：手术操作未尽到充分注意义务与术后患者出现膀胱阴道瘘有因果关系，导致赔偿案件[①]

涉及科室：妇科、泌尿科

鉴定结论及判决结果：（1）医方行腹腔镜下全子宫切除术 + 盆腔粘连松解术 + 盆腔异位病灶烧灼术，术中手术操作未尽到充分注意义务与术后患者出现膀胱阴道瘘有因果关系。（2）当患者自述出现膀胱阴道瘘症状后，医方未及时告知病情、组织会诊等，最终患者膀胱阴道瘘持续一年多治愈；医方为患者 3 次行膀胱阴道瘘修补术，患者痊愈出院。患者出现膀胱阴道瘘，被告医院承担 100% 责任，计 42 万余元。

医疗风险提示及律师点评：子宫腺肌症是子宫内膜异位症的一种，也就是子宫内膜移位到子宫的肌层内，在肌层内生长，每次来月经的时候就会出现痛经并且出现子宫的增大，如果比较严重的话会出现月经量过多，经期延长。早期可以保守治疗，包括曼月乐、孕激素或短效口服避孕药治疗。如果症状明显，保守治疗无效，患者无生育要求，则可以手术治疗。本案中，患者手术指征明确，医方行腹腔镜下全子宫切除术 + 盆腔粘连松解术 + 盆腔异位病灶烧灼术治疗方案无误，但在手术中未尽到充分注意义务与术后患者出现膀胱阴道瘘有因果关系，导致患者出现膀胱阴道瘘。

[①] 天津市南开区人民法院（2017）津 0104 民初 2528 号民事判决书；天津市第一中级人民法院（2019）津 01 民终 5661 号民事判决书。

三 患者进行第一次膀胱阴道瘘修补术前查尿常规示：尿白细胞+++、尿蛋白+、尿红细胞++++、尿常规红细胞36/ul↑、尿常规白细胞>180/ul↑，医方应如何处理？①

涉及科室：妇科泌尿科

鉴定结论：（1）患者因子宫腺肌症、盆腔左侧肿物（巧克力囊肿）、前次剖宫产史，手术处理及操作未发现违反操作规范之处。（2）分析患者术后发生膀胱阴道瘘的原因：①患者术后发生膀胱阴道瘘系严重的手术并发症，其原因复杂，不能明确具体原因，考虑前次剖宫产及病灶广泛侵及膀胱是主要原因。②为治疗膀胱阴道瘘，虽经反复多次手术治疗、膀胱镜检查+治疗等，每次手术及治疗选择的手术方式及指征是正确的，处理及操作未发现违反操作规范之处。手术治疗多次失败的原因应为手术复杂困难，发生手术并发症。（3）医方在治疗过程中存在的过错和不足：①医院术前准备不足，患者术前B超已发现合并有病灶侵及膀胱，没有引起足够重视，术前没有相关的会诊及更积极的术前准备。②患者在医院行修补术，该院泌尿科在为患者进行第一次膀胱阴道瘘修补术前查尿常规示：尿白细胞+++、尿蛋白+、尿红细胞++++、尿常规红细胞36/ul↑、尿常规白细胞>180/ul↑。③医方对泌尿系感染情况没有给予足够的重视，术前检查及抗生素的应用欠充分。医院存在术前检查及抗生素应用欠充分的不足，但与患者多次行修补术无直接因果关系，法院酌情确定被告承担比例30%为宜，计23万元。

医疗风险提示及律师点评：膀胱阴道瘘是女性最常见的泌尿生殖瘘。目前治疗膀胱阴道瘘的方法包括保守治疗、经阴道修补、经腹部开放性修补、经腹经腹腔镜修补等，积极有效治疗后患者预后较好。患者术前B超已发现合并有病灶侵及膀胱，没有引起足够重视，术前没有相关的会诊及更积极的术前准备。患者在医院行修补术，该院泌尿科在为患者进行第一次膀胱阴道瘘修补术前查尿常规示：尿白细胞+++、尿蛋白+、尿红细胞++++、尿常规红细胞36/ul↑、尿常规白细胞>180/ul↑，医方对泌尿系感染情况没有给予足够的重视。

---

① 天津市南开区人民法院（2017）津0104民初1231号民事判决书。

四　左乳癌冰冻+根治术Ⅰ甲：医院在化疗期间未给患者抗病毒药物治疗，未给予保肝药物治疗，导致患者死亡①

涉及科室：妇科乳腺科

鉴定结论及判决结果：（1）患者主因"发现左乳肿物1周"入院，行左乳癌冰冻+根治术Ⅰ甲：左乳浸润性癌，术后予以T方案化疗一周。（2）表面抗原（阳性），核心抗体（阳性），治疗指南，药物治疗。医方未针对慢性乙肝携带者在化疗前履行告知义务，医方仅给予护肝治疗。该患者二次化疗系在门诊进行治疗，但鉴定会现场未见门诊病历，故无法对二次化疗期间的诊疗行为予以客观评价。（3）患者因"左乳癌术后1个月余，要求复查、免疫治疗"入H医院泌尿外科治疗，收治到泌尿外科不妥。在住院期间检查转氨酶增高医方未给予保肝药物治疗，白细胞检查异常医方未给予重组人粒细胞刺激因子药物治疗。（4）患者在医院门诊治疗，鉴定会现场也未提供门诊病历，故无法评价诊疗行为。医院在化疗期间未给患者抗病毒药物治疗，医院未给予保肝药物治疗，医院承担30%责任，计27.6万元。二审维持原判。

医疗风险提示及律师点评：左乳腺浸润性癌是一种病理学上的说法，乳腺的浸润性癌指的是乳腺的原位癌，经过一段时间后在某些因素的作用之下，癌细胞可以继续发展、穿透上皮的基底膜侵入上皮下层、黏膜下层，这时癌细胞就可以通过血管、淋巴管扩散，以及扩散到局部、远处的淋巴结。浸润性乳腺癌较原发癌原位癌病期晚，恶性程度相对较高。浸润性乳腺癌，经过手术治疗、放疗、化疗、免疫治疗和靶向治疗的效果是很明显的，所以浸润性乳腺癌也应该给予积极治疗，有很长的生存期。

左乳浸润性癌病人最重要的治疗方法是行根治性的手术切除或加腋窝淋巴结的清扫手术，对于合适的病人也可以采用保乳手术进行治疗，在手术之后根据病理的情况可以选择术后辅助的化疗、术后辅助的靶向药物治疗，以及术后辅助的内分泌治疗等。本案中，患者行左乳癌冰

---

① 天津市河东区人民法院（2016）津0102民初775号民事判决书；天津市第二中级人民法院（2016）津02民终4688号民事判决书

冻+根治术Ⅰ甲，医方未针对慢性乙肝携带者在化疗前履行告知义务，在住院期间检查转氨酶增高医方未给予保肝药物治疗，白细胞检查异常医方未给予重组人粒细胞刺激因子药物治疗。

该部分致谢专家：徐燕颖，主任医师，医学博士，硕士生导师。天津医师协会妇产科分会常委，天津医学会妇产科分会委员，天津医学会妇科内镜分会常委，天津医学会妇科肿瘤分会委员，天津医师协会妇科内分泌分会委员，天津康复医学会盆底专委会委员。

第二节　产科

一　行剖宫产+刮宫术：医方剖宫产手术后观察有欠缺、病程记录混乱、第二次开腹探查手术后未将切除的大网膜送病理检测，导致患者死亡而引发纠纷。患者术后血压下降与腰麻+硬膜外麻醉方法是否有关？[①]

涉及科室：产科

鉴定结论及判决结果：（1）患者剖宫产指征明确；剖宫产手术麻醉方式的选择及处理得当，与产后出血无关；剖宫产术中出血400ml，剖宫产术后半小时阴道出血700ml，术后两个多小时阴道出血250ml，共出血1350ml。虽经对症处理，但未达到有效止血，至剖宫产术后13个小时方才发现腹腔内出血，再次开腹探查，腹腔内出血3100ml。从病例中未见详细病程记录，医方在病情的观察和处理上欠缺。（2）第二次手术即第一次开腹探查，术中未明确腹腔内出血部位，应及时请外科台上会诊；第三次手术即第二次开腹探查，对大网膜血凝块、渗血及部分大网膜切除的记录在外科会诊记录中可见。据此描述，单纯大网膜出血是造成如此大量腹腔出血的原因难以确定。（3）患者产后大出血，失血性休克、DIC，多脏器衰竭系死亡原因。鉴定专家出庭接受质询表明，被告诊疗行为的过错主要表现在剖宫产手术后观察有欠缺、病程记录混乱、第二次

[①] 天津市南开区人民法院（2015）南民初字第9408号民事判决书。

开腹探查手术后未将切除的大网膜送病理检测,鉴定专家组推论导致患者死亡的原因是由分娩、宫缩乏力诱发的DIC。被告承担90%责任,计108.2万余元。

医疗风险提示及律师点评:弥散性血管内凝血(DIC)是一种综合征,可发生于许多疾病。本案,患者行剖宫产+刮宫术,被告对患者采取的腰麻+硬膜外麻醉方法是一种安全有效的麻醉方式,被国内外大量应用,患者回病房后血压与麻醉方式无关。被告在剖宫产手术后观察有欠缺、导致患者死亡的原因是由分娩、宫缩乏力诱发的DIC,被告承担过错责任。

二 新生儿颅骨骨折:产钳使用不当发生新生儿颅骨骨折引发癫痫,历经21年引发的赔偿案件,其中,原被告曾经签过协议,调解内容是否为本医患纠纷的一次性了结?原告可否再诉?[①]

涉及科室:产科

鉴定结论:原告之母刘某1986年入住医院,分娩一女婴。原告于2009年9月在某区人民法院对被告提起医疗赔偿之诉,经该院调解,出具民事调解书:被告给付原告经济补偿共计人民币15万元整作为一次性了结,今后双方再无任何纠葛。

2011年期间,原告至法院对被告提起医疗损害赔偿之诉,要求确定被告医院于1986年10月对原告的医疗行为为医疗事故,赔偿数额待结果作出后确定。2011年5月法院民事裁定驳回原告起诉,该裁定书载明:"原告基于同一损害事实,已向某区人民法院提起诉讼,区人民法院已出具生效法律文书予以解决。现原告再次就同一损害事实向本院提起诉讼,原、被告之间的争议已经生效法律文书解决,故本院不再审理。"后原告再诉。

鉴定结论:第4项载明"多囊卵巢综合征病因复杂,目前无法确定抗癫痫药与此病的关系"、第5项载明"医疗不足与新生儿颅骨骨折存在因果关系,新生儿颅骨骨折与癫痫病的发生存在因果关系"。

---

① 天津市第一中级人民法院(2017)津01民终2604号民事判决书。

该鉴定书分析意见第 2 条载明"考虑本例产钳使用不当发生新生儿颅骨骨折，尽管癫痫的发病原因很多，但本例产钳造成的颅骨骨折与以后癫痫有关"。第 5 条载明"产钳后给新生儿一次性使用鲁米那为常规用药，与患者日后发生癫痫及多囊卵巢综合征无关"。

一审法院判决理由及结果：现某医学会作出的医疗事故技术鉴定结论认定，原告患癫痫与被告的诊疗不当有关，被告承担 80% 的责任，计 34 万元。

二审法院判决理由及结果：原告于 1986 年 10 月在医院出生，与医院系医患关系。关于主张医院承担全部赔偿责任问题，某医学会作出的医疗事故技术鉴定结论认定：①本病例属于三级丙等医疗事故，医方负主要责任，考虑本例产钳使用不当发生新生儿颅骨骨折，尽管癫痫的发病原因很多，但本例产钳造成的颅骨骨折与以后癫痫有关。②无证据表明本病例癫痫与发生多囊卵巢综合征存在因果关系；长期服用丙戊酸钠抗癫痫药罕见引起多囊卵巢综合征，但本例未能提供详细用药时间、剂量等证据，故不能确定二者之间的因果关系。③产钳后给新生儿一次性使用鲁米那为常规用药，与患者日后发生癫痫及多囊卵巢综合征无关。患癫痫与医院的诊疗不当有关，一审判决医院承担 80% 责任，对请求医院承担患多囊卵巢综合征、不孕不育的赔偿责任不予支持是正确的，二审维持原判。

医疗风险提示及律师点评：（1）原告与被告就区人民法院调解内容是否为本医患纠纷的一次性了结。对此，原、被告双方各持己见，分歧较大。结合该案中的开庭笔录以及调解书载明的内容，该调解系对原告出生后出现颅骨骨折，被告就该情况未向原告及其家属进行告知的相关赔偿事宜进行一次性了结，被告赔偿原告 15 万元。现原告依据损害后果要求被告承担赔偿金及后续医疗问题提出主张，不属同一纠纷的重复诉讼，法院依法审理。（2）关于医院主张系重复起诉且已超过诉讼时效问题，民事调解书系对出生后出现颅骨骨折，医院就该情况未向其家属进行告知的相关事宜进行赔偿，现依据损害后果要求医院承担赔偿责任及后续医疗问题，不属重复起诉，且未超过诉讼时效，一审法院予以审理并无不妥。

三　早产儿视网膜病变 ROP：医院在实施氧疗的同时应对给氧浓度、方式、时间、血氧饱和度、眼底检查等方面给予高度注意并告知患者家属。医院不能对病历中出现的多处非一次书写完成作出合理解释，导致患儿失明而产生的纠纷[1]

涉及科室：产科

一审法院判决理由：（1）现原、被告对原告被诊断为早产儿视网膜病变 ROP 并无异议。原告因新生儿轻度窒息、吸入性肺炎、早产儿、缺氧性脑病、低钠低蛋白血症入被告医院新生儿科住院治疗，原告未对被告的上述诊断提出异议。针对上述诊断，原告有用氧指征，被告对原告实施包括吸氧治疗的方案并无不当，现被告不能对病历中出现的多处非一次书写完成作出合理解释。原告住院期间，被告虽曾对血氧饱和度及氧浓度进行过监测，但不能提供充分证据证实对吸氧时间，血氧饱和度，氧浓度等给予了高度注意义务及严格控制，并对相关情况给予充分告知。（2）被告以实施医疗行为时卫生部尚未颁布《早产儿治疗用氧和视网膜病变防治指南》（2004 年施行），为免责抗辩理由证据不足。由于用氧不当及原告自身存在的新生儿早产、低体重、窒息等均可导致 ROP 发病，被告的医疗行为为其中原因之一。但原告不同意进行医疗事故鉴定，鉴于本案所涉及医疗行为的科学性、专业性，现有证据不足以确定导致原告损害后果的原因力及其大小，综合本案认定的事实，被告承担 50% 责任比例为宜。

二审裁判理由及结果：关于本案争议的上诉人医院是否应就早产儿用氧可能导致 ROP 病症有告知义务，医院虽主张，在对本案患儿实施医疗行为时，卫生部尚未颁布《早产儿治疗用氧和视网膜病变防治指南》，且其已经履行了告知义务，在患儿出院前进行了相应的眼科检查，但经鉴定上诉人医院在患儿病历中添加与眼睛有关的相关内容，如"出院后做眼科检查"等，且医院不能对病历中出现的非一次性书写作出合理解释，足以说明上诉人医院知道早产儿用氧可能导致 ROP 病症，严重时可导致失明，以及应采取何种措施防止、阻断 ROP 发病。上诉人医院并未

---

[1] 天津市第一中级人民法院（2013）一中民少终字第 31 号民事判决书。

在患儿住院期间和出院时对其家属进行告知，致使患儿错过了阻止和治疗 ROP 病症的窗口期，产生了终生失明的现实情况。故上诉人医院违反了法定的告知义务，法院酌情确定医院承担 80% 责任比例为宜，计 72 万余元。

医疗风险提示及律师点评：ROP，作为疾病，是早产婴儿的盲症，表现为早产婴儿视网膜病变（ROP），随着体重不足婴儿的生存率日益增加，这种眼疾在发展中国家越来越普遍。医院知道早产儿用氧可能导致 ROP 病症，严重时可导致失明，但未对其家属进行告知，致使患儿错过了阻止和治疗 ROP 病症的窗口期，产生了终生失明的现实情况，应承担相应的赔偿责任。由于对早产、低体重儿给予吸氧治疗是可能导致 ROP 发病的原因之一，故被告在实施氧疗的同时应对给氧浓度、方式、时间、血氧饱和度、眼底检查等方面给予高度注意并对相应情况予以告知。

四　化验单中凝血异常：院方发现凝血异常的化验单没有及时告知家属，导致产妇死亡而引发赔偿[①]

涉及科室：产科

案情经过：2017 年 8 月 25 日，原告王某女儿庞某到医院住院临产，并进行各项常规检查。其中生成凝血功能检验报告显示，抗凝血酶Ⅲ 38.2（参考值 75—125）；纤维蛋白（原）降解产物 6.5（参考值 0—5）；D-D 二聚体 1.98（参考区间 0—0.05），检验报告未对以上三项项目提示标注，未向产妇庞某及其家属告知血液异常情况并采取相应措施，同日 10 点 35 分庞某顺产。当晚，庞某出现不适症状，被告请医院心脏内科会诊，会诊过程中患者突然烦躁、意识不清、呼吸停止，被告立即采取抢救措施，无效死亡。

鉴定结论及判决结果：本案中，医方未尽到及时向被鉴定人家属说明和取得书面同意的义务。结合本案综合分析，依据检验报告、产科手术治疗单、产后记录，医院发现化验单中凝血异常时未及时告知家属，也未采取进一步的措施进行救治，在诊疗过程中存在明显过错。

---

① 天津市南开区人民法院（2020）津 0104 民初 4274 号民事判决书。

关于承担责任的比例，在某物证司法鉴定所作出的补充说明中建议院方医疗过错因素的参与程度为90%。综合考虑医院的过错程度以及给患者家属造成的痛苦，法院酌定医院承担80%的赔偿责任，计105万余元。

医疗风险提示及律师点评：凝血功能异常，就是由于各种原因引起的凝血因子功能不足或缺乏，从而导致内源性凝血途径或外源性凝血途径出现障碍，病人出现一系列出血倾向的症状。首先，要检查凝血常规，发现是内源性的凝血途径，还是外源性凝血途径，或者两条途径都出现异常，明确凝血功能异常的原因，给予对应的治疗。本案中，依据检验报告、产科手术治疗单、产后记录，医院发现化验单中凝血异常时未及时告知家属，也未采取进一步的措施进行救治，应承担过错责任。

五 病程记录：产妇生产过程中，封存的病历中有医院未完成的病历部分及医护人员书写的草稿，使用的是非"病程记录"的专用纸张，其中大部分书写在其他用纸的背面，书写混乱；而使用"病程记录"专用纸张的部分亦有时间及书写行数的间断，可否作为鉴定依据？鉴定部门不能作出鉴定结论，法院可否推定婴儿于娩出后死亡？医院是否应对其死亡的后果承担全部赔偿责任？[①]

涉及科室：产科

一审法院判决理由及结果：（1）因曲某在被告医院就医后，被告对曲某病情诊断有误，并依其误诊先后告知原告方转院治疗，未及时对曲某给予相应的治疗，且因其病历书写不规范，病程记录等病历材料不具有病历的客观、全面、真实、准确等属性，致使鉴定部门不能作出鉴定结论，故被告应对曲某的死亡承担全部赔偿责任。（2）原告婴儿死亡时间的判断。被告主张婴儿娩出前死亡，依据的是病历记载的曲某被推到手术室时无胎心。原告方主张婴儿是娩出后死亡，因被告所依据的病历不具有客观真实性，依据现有证据不能证明婴儿于娩出前死亡。庭审中

---

① 天津市第一中级人民法院（2019）津01民终859号民事判决书。

被告表示，被告建议患者转院系考虑患者有脑系的症状和内科的症状，对患者羊水栓塞的病症没有及早地判断，对患者出现颅内症状判断得不够准确，因患者脑部的症状与羊水栓塞疾病有关，被告对此存在瑕疵和过错。（3）关于曲某所孕的婴儿是否具有自然人权利能力及被告对其死亡的结果应承担的赔偿责任比例问题。因被告所提交的涉案病历不具有客观真实性，被告不能充分举证证明婴儿于娩出前死亡，且因其病历书写不规范，病程记录等病历材料不具有病历的客观、全面、真实、准确等属性，致使鉴定部门不能作出鉴定结论，故一审法院推定婴儿于娩出后死亡，具有自然人权利能力，被告亦应对其死亡的后果承担全部赔偿责任，即100%责任，计27万余元。

二审判决理由和结果：医院不能完成提供病历的法定责任，应当承担相应法律后果，一审法院判令医院承担100%责任，并同理推定胎儿娩出后死亡，适用法律均无不当，二审维持原判。

医疗风险提示及律师点评：被告提交的涉案的相关病历是否具有真实性是本案存在的较大争论点。

一审法院查明，被告提交的涉案病历经原、被告双方两次封存，第一次封存的时间为2016年3月22日，第二次封存的时间为3月24日。庭审中原、被告均认可第二次封存系将第一次封存的病历拆封后又添加了8页病历后再次封存，其中病程记录4页，手术前小结记录、手术前讨论记录、手术记录、分娩记录各1页。第一次封存的病历中被告医护人员书写的病历有一部分使用的是非"病程记录"的专用纸张，其中大部分书写在其他用纸的背面，书写混乱；而使用"病程记录"专用纸张的部分亦有时间及书写行数的间断，不能体现病历书写应有的客观、全面、真实、准确等属性。对于第二次封存的8页病历，被告表示系与抢救相关的病历，其补记病历符合规定。因病程记录等并非抢救记录，故第一次封存的病程记录等不符合规定。结合庭审中原、被告的意见，一审法院对上述涉案病历的真实性不予采信。

本案中，医院认为本案应以涉案病历作为医疗损害赔偿鉴定依据，鉴于病历形式及内容的不规范、不严谨，一审法院对其真实性予以否定是正确的。医院不能完成提供病历的法定责任，应当承担相应法律后果，故一审法院推定婴儿于娩出后死亡,具有自然人权利能力,被告亦应对其死亡的后果承担全部赔偿责任。

六 医方存在引产指征不充分,缩宫素使用不规范,导致患者子宫全切,引发医疗纠纷[①]

涉及科室:产科

鉴定结论及判决结果:(1)患者孕40+3周先兆临产入院,医方根据其孕期检查、入院查体时并无阴道试产禁忌,以及尊重患者阴道试产的愿望,为其制定阴道试产分娩计划,符合诊疗常规。(2)患者阴道试产过程中出现头盆不称,后医方转行剖宫产术,手术时机适宜,符合病情进展的需要。当患者产后出血、病情危重时,医方采取相应抢救措施,同时联系上级医院开通绿色通道转诊,不存在救治延误。医方诊疗过程存在以下过失:医方存在引产指征不充分:产妇孕40+3周,不存在过期妊娠,未提示胎盘功能下降,胎心正常,产程尚未启动,无须尽早终止妊娠,因此引产指征不充分,且球囊促宫颈成熟使用方法不得当。产妇产程正常,未提示宫缩乏力,使用缩宫素指证不明确。(3)临产后转行剖宫产术是产后出血的高危因素之一,病历记录产妇宫口开全35分钟,胎儿头下降不理想为枕后位,因头盆相对不称在静脉麻醉下行剖宫术是可以的,但产妇存在头盆不称、宫缩乏力情况下,易发生产后出血,医方对此估计不足,在剖宫产术中预防产后出血措施不到位。

《医疗损害鉴定意见书》做如下阐述:产后出血系最常见的分娩期并发症,所有产妇都有发生产后出血的可能。此患者系临产后转行剖宫产增加出血风险。但医方引产指征不充分、球囊促宫颈成熟使用方法不得当,缩宫素使用不规范,增加了子宫收缩乏力产后出血的风险,且剖宫产术中预防产后出血措施不到位。医方承担75%的责任,计37.9万余元。

医疗风险提示及律师点评:本案中,产妇产程正常,未提示宫缩乏力,使用缩宫素指征不明确,缩宫素使用不规范,且剖宫产术中预防产

[①] 天津市和平区人民法院(2020)津0101民初423号民事判决书。

后出血措施不到位,均与患者最终子宫全切存在因果关系,医方承担主要责任。

七 产妇疑似肺感染,医院未予抗凝治疗,导致患者肺梗死[①]

涉及科室:传染病科、产科

鉴定结论及赔偿结果:(1)产妇32岁,孕37+5周,臀位,胎膜早破入医院待产,剖宫产指征明确,医方的诊疗过程符合规范。患者在医院就诊时拍胸片、胸部CT,医院考虑肺感染,由于鉴定会现场未见患者就诊医院的门诊病历,故无法对医院的诊疗行为给予客观评价。(2)医院胸外科收治胸痛持续3天不缓解伴胸水低热的患者,在患者住院第8天病情突然变化之前,胸痛仍持续,入院时D-二聚体2984ng/ml,动脉血氧分压75mmH,结合病人剖宫产后两周病史,以及胸部CT显示的左下肺阴影,高度提示肺梗死,医方始终未予考虑,因此未予以抗凝治疗。患者去卫生间后(一级护理情况下)病情突然恶化,经胸部增强CT证实肺动脉栓塞,经抢救无效死亡,抗凝治疗可能改变病情转归,但不一定能避免肺动脉主干栓塞的发生。医院的诊疗行为无过错;医院的诊疗行为与患者的死亡存在因果关系,其原因力为半量因素,被告医院对原告的合理请求应承担50%的赔偿责任,计58万余元。

医疗风险提示及律师点评:肺梗死是在肺栓塞的基础上进一步发生肺组织缺血性坏死的一种疾病,约占肺栓塞的15%。一般认为,肺梗死的临床表现与梗死面积成正比,梗死面积越大,临床症状越重,影像学检查可见三角形或楔形的实变影。肺的代偿性很强,正常成年人一般只需要肺的一半有效通气面积即可维持正常的气体交换,所以肺梗死面积对肺的氧气供应影响不大,如果出现大面积梗死,可行肺叶切除术。本案中,患者入院时D-二聚体2984ng/ml,动脉血氧分压75mmH,结合病人剖宫产后两周病史,以及胸部CT显示的左下肺阴影,高度提示肺梗死,医方始终未予考虑,未予以抗凝治疗。

[①] 天津市河东区人民法院(2014)东民初字第1959号民事判决书。

八 盆腔积血：产妇生产过程中 4 次手术而导致的损害赔偿责任[①]

涉及科室：产科

鉴定结论及赔偿结果：患者入住医院待产，行剖宫产术，术后 10 小时因盆腔血肿行二次手术。（1）患者产程进展减速期始，胎头下降停滞 6+小时，时间过长。患者术中子宫切口裂伤及右侧阔韧带血肿，医方止血不彻底，导致二次手术。（2）患者盆腔积血，两次手术加清宫术增加了盆腔感染的机会，系导致宫腔粘连的高危因素。术后患者盆腔感染，反复宫腔操作，与宫腔粘连存在直接因果关系。依据现有证据尚不能判定闭经及子宫缩小的原因。法院认定医院承担 70% 的赔偿责任，计 9.5 万余元。

医疗风险提示及律师点评：盆腔血肿是指盆腔内积血并形成血肿，最常见的原因是盆腔感染而导致的血肿，盆腔受到炎症的反复刺激，可能会导致盆腔黏膜水肿和充血，同时还可能导致阴道分泌物增多、阴道异味、阴道瘙痒，甚至是阴道出血等症状。患者术中子宫切口裂伤及右侧阔韧带血肿，医方止血不彻底，导致二次手术。两次手术加清宫术增加了盆腔感染的机会，系导致宫腔粘连的高危因素。

九 医院明知产妇有不良分娩史却未告知，侵犯的是"告知和建议义务"还是"告知和建议权利"？

本案中，陈某在 2005 年 3 月 18 日做产前检查时将其曾于 2003 年 1 月因胎儿隐性脊椎裂引产的情况告知医院，医院在明知陈某有不良分娩史的情况下未告知陈某夫妇有关产前诊断的知识，未以书面形式告知和建议其到具备产前诊断资质的医疗机构进行产前诊断，违反了《母婴保健法实施办法》的有关规定。因医院未履行告知和建议义务，致使陈某未能通过产前诊断准确了解胎儿的健康情况，进而作出继续妊娠或终止妊娠的正确选择。医院的不作为，侵犯了陈某夫妇对胎儿健康情况的知情权，并影响其健康生育选择权，使有先天性脊椎缺陷的女儿出生，造成精神痛苦，应当给予适当的精神损害赔偿。原告诉讼主张的医疗费、

[①] 天津市河东区人民法院（2019）津 0102 民初 4925 号民事判决书。

陪护费、支具费、营养费等费用的产生与医院的过失并无直接的因果关系，再审判决未予支持并无不当。本案医院的不作为是未履行告知义务和建议义务，再审判决认定为"医院未行使告知权和建议权"不当，法院予以纠正。①

该部分致谢专家：徐茜，华中科技大学同济医学院妇产科学博士，天津医科大学总医院产科副主任医师，主要从事产科常规诊治，擅长各种产科合并症和并发症的管理及急危重症的救治，另外对产科感染性疾病和优生优育有丰富经验。

第三节 试管婴儿等辅助生殖相关的法律问题

一 试管婴儿诊疗失误引发的纠纷②

鉴定结论：医方给杨某 2 所做的染色体检查，报告过于简单且结果不正确，与染色体异常儿出生有关联，应认为医方存在过失；医方对 ICSI + IVF - ET 成功后的产前检查、诊断问题告知不够明确，没有在受孕成功后进行必要的围产保健和进一步筛查指导；孕妇应于 16 + 周时做"羊穿"，但送检病历中未见孕妇进行此项检查，错过选择优生的一次机会，但也不能完全排除医方告知义务不到位。

杨某 1 的染色体检查显示其属于染色体异常，目前存在的智力低下和生长发育迟滞符合染色体病的特征。杨某 1 的染色体异常是由其父杨某 2 遗传，杨某 1 的出生与医院的医疗过失有关（医方的染色体检查报告错误和告知义务不到位），考虑到阮某在进入围产保健环节（12 周后）未再到医院随诊，并且未进行系统规范的围产保健筛查工作（按照要求应于 16 + 周时做"羊穿"），错过了可以发现胎儿染色体异常的机会，导致染色体异常孩子的出生，综合考虑认为，责任程度为共同责任。

判决理由及结果：考虑到杨某 1 的出生与遗传学因素，与围产期未

---

① 最高人民法院（2012）民再申字第 219 号再审民事裁定书。
② 北京市第二中级人民法院（2016）京 02 民终 1843 号民事判决书。

做唐氏筛查、羊穿等多方面原因有关,医院承担60%责任,计44万余元。

医疗风险提示及律师点评:杨某2的染色体检查报告出现错误,医院将遗传学非正常的胚胎当作正常的胚胎植入子宫,使得阮某怀孕,产下染色体异常儿,侵害了阮某、杨某2的优生优育权,同时也侵害了杨某1的生命健康权。就阮某、杨某2的病症而言,流产、生育畸形儿的概率较其他夫妻要高很多,故而才选择胚胎移植技术,是一种积极优生的方式。医院在染色体检查环节出现错误,让优生优育的目的从源头就难以实现,反而大大提高了生育染色体异常儿的概率,故医院应承担相应的侵权责任。

二 输卵管通液术前未进行全面检查引发的纠纷[①]

鉴定意见:(1)医院在对被鉴定人荣某治疗过程中存在的错误:实施的相关输卵管通畅术没有履行告知签字认可;实施输卵管通液术前未进行全面检查,没有测量体温,没有排除盆腔炎症;使用麻醉药物不规范的过错,该过错与其盆腔炎的症状持续,且逐渐加重之间存在因果关系。(2)被鉴定人荣某的伤残等级为六级伤残。鉴定意见:医院的诊疗行为与被鉴定人荣某盆腔炎的症状持续,且逐渐加重之间的原因力大小为主要原因力。

判决理由及结果:原告及其丈夫共计花费医疗费7.8万余元,被告应予赔偿。对于原告在北京、天津等医院治疗的费用及其他门诊费用,因无相关病例及转院证明,法院不予认定,赔偿各种费用8万余元。

医疗风险提示及律师点评:原告荣某在被告处治疗后首次去医院诊断的是急性盆腔炎,鉴定意见也认定被告的过错与原告盆腔炎的症状持续,且逐渐加重之间存在因果关系,2018年1月8日出院诊断的病情中,除盆腔炎与被告的过错有因果关系外,其余病情与被告的过错无因果关系。鉴定机构依据2018年1月8日的出院诊断作出伤残评定,对被告显失公平,故对鉴定意见认定原告构成伤残六级,法院不予认定。

---

① 河北省唐山市中级人民法院(2019)冀02民终8957号民事判决书。

对于原告主张的残疾赔偿金，法院不予支持。关于一次试管婴儿费用为4万元，因原告婚后多年未育，去被告处就诊也是治疗未育，原告也未提供证据证明被告的诊疗行为与其未育有因果关系，故对该费用法院不予支持。

第四节　代孕相关法律问题

案情简介：王某与美孕公司签订《服务合同》一份，载明"甲方：王某，乙方：美孕国际医疗投资发展有限公司"。乙方系美国美孕医疗中心在国内的指定合作单位，负责提供体外受精相关治疗的前期咨询服务，咨询费用为人民币27万余元，代孕费用20万美元，但最终未成功代孕。[1]

原卫生部颁布的《人类辅助生殖技术管理办法》第三条规定，禁止以任何形式买卖配子、合子、胚胎，医疗机构和医护人员不得实施任何形式的代孕技术。由此可见，现行法律并未承认或赋予代孕行为以及与代孕行为相关的活动的合法地位。王某与医疗公司签订的合同，违背了基本的公序良俗原则，应认定为无效合同。合同无效后，并不免除债权的效力，对于27万元的服务费，公司应予返还。

相关利息、交通、住宿、律师、翻译等费用是否可以要求返还？是否可以要求经办人承担连带责任？

本案中，由于双方签订的是无效合同，双方的损失应自行承担。所以，王某要求公司承担交通费、住宿费、公证费、律师服务费、汇款费、翻译费的诉请，不予支持。王某另要求王某2对美孕公司的返还义务承担连带清偿责任，因王某2并非合同相对方，且美孕公司确认王某2属职务行为，故王某该诉请，无法律依据，不予支持。

---

[1] 上海市第二中级人民法院（2018）沪02民终8849号民事判决书。

第八章

儿科—新生儿科

第一节 新生儿科

一 新生儿青紫、新生儿湿肺：出生15小时，新生儿由于呼吸循环衰竭死亡，导致的损害赔偿责任[1]

涉及科室：新生儿科

鉴定结论：医院相关医师履行执业谨慎注意不充分，诊疗行为欠及时规范，延误疾病的诊断治疗，存在医疗过错；新生儿3次阿氏评分均为10分，表明生后一般情况尚可。出生后发生青紫，根据目前临床医学技术发展水平，可以治愈，可以避免发展为呼吸、循环衰竭，更不能仅仅生存15小时而死亡，因此相关医师的过错诊疗行为，与新生患儿呼吸、循环衰竭死亡后果存在一定程度的因果关系；根据上述临床医学理论，考虑其死亡后果有多个成因，综合认为相关医师过错诊疗行为在新生儿死亡损害后果形成中的原因力，以评定主要因素为宜。

判决理由及结果：本案病例经物证鉴定中心鉴定，医院的过错诊疗行为系新生儿死亡结果发生的主要因素。因新生儿并未进行解剖尸检，且医疗领域存在一定未知性和不确定性，鉴定意见综合考虑导致新生儿死亡存在多个成因，并认定医院的诊疗行为系造成新生儿死亡结果的主要因素，予以采纳，酌定医院侵权责任比例为80%，计75万余元。

医疗风险提示及律师点评：新生儿湿肺又叫作新生儿暂时性呼吸困

---

[1] 天津市第二中级人民法院（2018）津02民终6693号民事判决书。

难或第Ⅱ型呼吸窘迫综合征，是一种自限性疾病。本案中，新生儿3次阿氏评分均为10分，故为健康新生儿，新生儿青紫、新生儿湿肺，按照目前医疗条件可以治愈，更不能仅仅生存15小时而死亡，院方承担过错责任。

二 医院未及时发现患儿发生新生儿坏死性小肠结肠炎的早期症状和体征，延误诊断及治疗，对患儿的病情重视程度不够，导致患儿死亡[①]

涉及科室：新生儿科

鉴定结论：（1）坏死性小肠结肠炎，胆汁淤积性肝炎，融合性小叶性肺炎，高胆红素相关性肾病，脑水肿胆红素沉积，肾上腺出血。患儿因坏死性小肠结肠炎术后胃肠道外营养导致胆汁淤积症继而引发肝功能衰竭，同时并发肺部严重感染至心、肺等多器官功能衰竭而死亡。

（2）关于A医院对庄某诊疗过程的评价：关于病历书写情况的评价：新生儿坏死性小肠结肠炎（NEC），是新生儿时期严重的肠道疾病。医方依据患儿的临床症状、体征及检查结果诊断庄某患新生儿坏死性小肠结肠炎，医方的诊断明确，符合诊疗规范。

A医院未早期行相关检查，延误患儿病情的诊断及治疗。审阅患儿的病历资料，医方的对患儿病情重视程度不够，对患儿所患新生儿坏死性小肠结肠炎病情未予充分的告知。医方过错：第一，未尽到注意义务，未及时发现患儿庄某发生新生儿坏死性小肠结肠炎的早期症状和体征，延误其诊断及治疗。第二，医方对患儿的病情重视程度不够，对患儿所患新生儿坏死性小肠结肠炎病情未予充分的告知。鉴于庄某为早产儿，出生体重极低，免疫力低下及所患感染较重。故此，建议医方负次要责任。

（3）关于L医院对庄某诊疗过程的评价：①关于庄某所患新生儿坏死性小肠结肠炎的手术评价：新生儿坏死性小肠结肠炎的外科治疗指征是发生气腹、腹膜气体征明显，内科治疗后病情仍继续恶化和出现全身情况和腹膜炎、腹腔脓肿、肠坏死、肠梗阻或休克不能纠正等情况，均

[①] 北京市东城区人民法院（2015）东民初字第08526号民事判决书。

需考虑紧急外科手术治疗。患儿庄某主因"腹胀 5 天"入住 L 医院,经儿科会诊后诊断为新生儿坏死性小肠结肠炎,该诊断正确。新生儿坏死性小肠结肠炎,经保守治疗后患儿症状无明显改善且逐渐加重,同时考虑病变肠管坏死进展迅速,严重时可出现短肠综合征。术前检查未见绝对手术禁忌,术中将坏死的 32cm 小肠完全切除,近端肠管与距回盲部约 3cm 回肠吻合,修补两处穿孔,5-OPDS 成形双孔造瘘。考虑出现短肠综合征,为利用远端剩余 35cm 小肠,行剖腹探查+肠切除肠吻合+造瘘还纳术,使小肠能吸收营养,促进生长发育。医方的手术操作符合诊疗规范。②关于庄某所患新生儿坏死性小肠结肠炎术后治疗的评价:患儿庄某行剖腹探查+肠切除肠吻合+肠造瘘术,术后予抗感染、补液治疗。后反复多次开奶,患儿均出现腹胀情况,奶量难以增加,行平片检查考虑出现不全肠梗阻,本拟再次行手术治疗,然考虑患儿感染重、体重低、手术耐受力差,予积极处理尽量创造手术条件。病程中患儿出现肝功能衰竭征象,予积极保肝治疗,发现 PICC 管路堵塞,予以气管插管对症处理后转入 PICU 二组继续进一步治疗,入科后行头颅超声检查未见异常。再次出现四肢抽搐,急查血气结果正常,急诊头颅超声未见异常,脑电图:异常婴儿脑电图,头颅 MR 提示颅内静脉血管扩张,考虑静脉发育异常可能。胸部 CT 右肺少许炎症伴局部肺组织膨胀不良:左侧肺不张,出现呼吸费力,经积极抢救无效宣布死亡。审阅整个诊疗过程,患儿在发生 PICC 管堵塞后,出现间断抽搐、口唇青紫,行气管插管转入 PICU 进行救治。医方未尽到高度谨慎注意义务,使 PICC 管发生堵塞,鉴于庄某为早产儿,出生体重极低,免疫力低下及所患感染较重。故此,建议医方负轻微责任。

(4)关于 T 医院对庄某诊疗过程的评价:T 医院对患儿进行的诊疗行为,符合诊疗规范,无医疗过错行为,与被鉴定人庄某的死亡后果之间不存在因果关系。

双方当事人收到鉴定意见书后,原告方对鉴定意见不予认可,并提出鉴定人出庭质询申请。鉴定人出庭质询,原告方提出的异议内容主要是医院在对患儿喂养奶粉过程中存在过错导致庄某患新生儿坏死性小肠结肠炎及 L 医院使用 PICC 管过程中堵塞引起患儿肺部感染、癫痫等症状，鉴定人针对原告提出的问题答复如下：①现代医学提倡母乳喂养，但无明确法律规定必须母乳喂养，故无法评价配方奶喂养是否符合诊疗规范。因为新生儿坏死性结肠炎的病因和发病机制目前尚不清楚，喂养过程中的奶粉浓度和奶粉量掌握不合理是诱发新生儿坏死性小肠结肠炎的原因之一，不排除与喂养有关，但还存在其他很多原因，早产儿各方面器官都发育不全，免疫力低下，存在患各种疾病的可能性，而新生儿坏死性小肠结肠炎对于早产儿发生的概率占90%。②大力冲管引起尿激酶栓塞，但根据尸检报告的结论，患儿没有肺栓塞的情况，故冲管行为对肺栓塞及脑栓塞没有起到作用。患儿突然出现呼吸费力伴抽搐，医方给予紧急头罩吸氧，患儿情况恢复。患儿后来出现的癫痫是否与医方诊疗行为有关无法确定，原因可能是早产儿大脑有异常放电情况，也可能是因为遗传因素。另外，患儿有结缔组织病，自身免疫能力较差。

质询过程中被告医院认为患儿出现腹胀、呕吐的症状可能是低血钾症状或是新生儿坏死性小肠结肠炎，院方已经给予了积极的治疗。患儿腹部不胀、肠鸣音存在，不具有新生儿坏死性小肠结肠炎的症状。鉴定人答复：新生儿坏死性小肠结肠炎，而非低血钾症，院方的诊断错误进而针对性的治疗方案错误。L医院认为PICC管堵塞不会引起患儿癫痫，与患儿的死亡结果之间不存在因果关系。鉴定人答复：患儿堵管后已经呼之不应，血氧饱和度下降又被送回NICU治疗，抽搐导致电解质失衡，患儿本身体质较弱，冲管堵管的动作会对患儿产生刺激，引起癫痫发作。PICC管堵塞使病情已经相对稳定的患儿表现为缺氧，使患儿的病情加重，进而对最终的死亡结果产生影响。

判决理由及结果：患儿患新生儿坏死性小肠结肠炎，医方是否存在过错？L医院在医疗过程中PICC管堵塞是否操作不当进而引起患儿肺部感染和癫痫发作。鉴定意见：医院未及时发现患儿庄某发生新生儿坏死性小肠结肠炎的早期症状和体征，延误诊断及治疗，对患儿的病情重视程度不够，对患儿所患新生儿坏死性小肠结肠炎病情未予充分的告知，负次要责任。L医院未尽到注意义务，出现PICC管发生堵塞的情况，存在过错，负轻微责任。A医院承担30%责任，计37万余元；L医院承担5%的赔偿责任，计6万余元。

医疗风险提示及律师点评：新生儿坏死性小肠结肠炎的临床特点为：腹胀，常为首发症状，先有胃肠排空延迟、胃滞留，而后出现全腹胀，进行性加重并出现肠型，肠鸣音减弱或消失，呕吐，便血。审阅医方的病历资料，病程记录记载：患儿现腹胀明显，可见胃肠型，吐两次黄黏液，予下胃管，抽出较多气体，连接胃肠减压，腹软不胀，查体腹胀明显。未见有早期胃滞留、胃扩张特点的记述，以及进行性腹胀的记载。

患儿庄某出生时被诊断为新生儿吸入综合征、新生儿呼吸窘迫综合征，其患新生儿坏死性小肠结肠炎的概率高达90%，患病机理至今尚不明确，而新生儿坏死性小肠结肠炎死亡率也达到10%—30%，被告医院在喂养患儿过程中未能及时对新生儿坏死性小肠结肠炎作出诊断进而给予相应的对症治疗，具有一定的过错，患儿至L医院时病情已经较为严重，L医院对其进行了必要的对症治疗且患儿病情有所好转，仅是在PICC管冲洗过程中具有一定的过失。

该部分致谢专家：许文静，中国医科大学医学硕士毕业，曾于三甲医院新生儿科从事诊疗工作数年，后就职于天津新世纪妇儿医院新生儿科，天津市和平区新生儿危重症抢救专家组成员。

第二节 儿科

一 歌舞伎面谱综合征（Kabuki 综合征，KS）：儿童腺样体、双侧扁桃体切除术后心脏骤停导致死亡的赔偿责任[1]

涉及科室：儿童外科

鉴定结论及判决结果：高某术前心电图见"轻度S压低，T波异常（符合前侧壁心肌缺血），提示异常"。医方术前儿科、麻醉科会诊，提示患儿"生长发育略迟缓"，但针对异常心电图未见针对性会诊意见，未予心电图、超声心动图等相关复查，术前评估不完善，存在过错。但结合高某术后心电图及医院超声心动图检查报告，提示其除左上腔静脉残存，

---

[1] 北京市东城区人民法院（2017）京0101民初19407号民事判决书。

心脏未见明显异常。仅就现有材料，高某术后心脏骤停与术前异常心电图之间存在明确因果关系的意见欠充分，不能依据该份心电图认定高某术前存在手术禁忌。术毕，高某心脏骤停，医方实施抢救，恢复自主心率，发现七氟烷未关闭后立即关闭。由于高某术中持续应用七氟烷吸入麻醉，血压、心率稳定，分析认为该药引起高某心脏骤停的可能性极小。但抢救过程中，医方未第一时间关闭七氟烷，存在过错。医方术中缺乏麻醉机机械通气工作正常监测记录的支持，麻醉管理监测不到位，不能判断高某机械通气状态，无法排除医方未及时发现呼吸功能障碍致高某缺氧时间过长、心脏骤停的可能，医方注意义务履行不足，存在过错。高某心肺复苏后，自主呼吸恢复，但意识始终未恢复，四肢肌张力异常，对疼痛刺激反应强烈。医方心肺复苏抢救及时，给予头颈局部放置冰袋、甘露醇降颅压、吸氧等脑复苏治疗原则正确，但根据其心脏骤停史，高某意识未恢复，临床上应考虑发生了缺氧缺血性脑损伤，治疗上应转入ICU继续施行脑复苏治疗。医方于麻醉恢复室内请神经内科会诊也未提出进一步脑保护诊疗方案，医方对高某脑复苏的处置欠到位，存在过错。

高某2011年生，早产儿，生长发育迟缓，儿科查体提示特殊面容，腭弓稍高，手指短，双手贯通掌，左手尺侧箕形纹增多，临床疑似"歌舞伎面谱综合征"，家属拒绝行基因学等相关检查。高某死后未行尸体解剖，未获得死亡原因的病理学诊断，亦未查明高某是否存在机体多系统或器官发育异常的情况。根据现有送检材料，分析高某病程发展符合腺样体、双侧扁桃体切除术后心脏骤停，呼吸衰竭、心肌损害、电解质紊乱等综合征致最终死亡的过程。心脏骤停属于小儿全麻手术的并发症，临床救治难度较大，即使心肺复苏成功，常因并发缺氧缺血性脑病等多脏器损伤导致致残率、死亡率较高，预后不良。术前，医院曾行相关风险告知，医疗风险是高某最终死亡的基础原因。患儿自身可疑KS，目前医疗水平对该病认识有限，诊断困难，不能除外自身存在一定的隐匿性危险因素。医方术中麻醉管理监测不到位，未履行完善的风险规避义务，不利于并发症的早期发现和处理。心肺复苏术后，处理不到位，对其转归和预后也存在一定不利影响。综合考虑高某自身因素、目前医学水平、医疗风险和医方过错，医方过错与其他因素共同作用导致高某术后心脏骤停、缺氧缺血性脑损害等心肺复苏术后综合征，最终死亡的损害后果，A医院过错原因力大小为同等。

后，医院向北京某司法鉴定中心提出书面质询：（1）关于麻醉监测。医方缺乏正常机械通气的检测记录，不能排除高某因通气异常导致缺氧时间过长后继发心脏骤停。而关于心脏骤停的具体发生时间鉴定人并未评价；医方术中无呼气末二氧化碳监测，虽行血氧监测，但心脏骤停前十分钟内未见记录，也未见可以反映血氧、通气正常的血气分析检查结果，不论常规规定的呼气末二氧化碳、血氧监测，还是可选择的辅助支持检查项目（血气分析），在高某心脏骤停前十分钟内均是空白，不能证明高某心脏骤停前十分钟内通气、血氧正常；此外，医方麻醉记录和抢救记录中均反映高某"9:31心跳停止，BP（血压）测不出"，也提示高某确实存在缺氧，但在此之前，医方缺乏监测记录，麻醉监测管理不力，存在过错。（2）关于脑复苏。高某全麻术后发生心脏骤停，心肺复苏术后意识未恢复，肌张力异常。医院表示"已考虑脑缺氧缺血有关"，那么，针对心肺复苏后的脑复苏或神经重症的治疗，医院也认可除了医方采取的体表低温治疗，还包括低温操作并发症的监测和处理，上述医疗活动均为应在重症监护治疗室内继续施行的脑复苏项目。鉴定人认为"医方心肺复苏抢救及时，给予头颈局部放置冰袋、甘露醇降颅压、吸氧等脑复苏治疗原则正确，治疗上应转入ICU继续施行脑复苏治疗……医方对高某脑复苏处置欠到位"并无不妥。（3）关于高某心脏骤停和死亡原因。高某的死亡原因，鉴定意见书中明确表述，高某死后未行尸体解剖，未获得死亡原因的病理学诊断，亦未查明患儿是否存在机体多系统或器官发育异常的情况。故鉴定人已经考虑到了高某自身体质异常和未行尸体解剖对于高某死亡结局的发生和死亡原因的准确判断产生的不利影响。但同时，由于医方存在麻醉监测不力等医疗过错，亦不能排除上述过错与其他因素共同作用导致高某术后心脏骤停、缺氧缺血性脑损害等心肺复苏术后综合征，最终死亡的损害后果。医方过错原因力大小为同等，承担50%责任，计67万余元。

医疗风险提示及律师点评：歌舞伎面谱综合征（KS）是一种遗传综合征。医方术中麻醉管理监测不到位，未履行完善的风险规避义务，不利于并发症的早期发现和处理。心肺复苏术后，对高某缺氧缺血性脑损伤的认识不足、处理不到位，存在过错。

二 患者在儿童时期输血感染肝炎，22年后发现能否得到赔偿？[①]

涉及科室：儿科

鉴定结论及判决结果：原告于1992年4月23日因"阵发性右下腹痛7小时伴恶心"入被告处住院治疗，诊断为急性阑尾炎，于当日在全麻下行阑尾切除术+憩室处肠切除肠吻合术，手术顺利，出血不多，术后给予输血100ml、血浆200ml、人体蛋白10g，于1992年5月2日出院。后原告于2013年6月20日分娩前查××分型××抗体阳性。2014年2月，原告体检发现谷丙转氨酶高于正常，经医院诊断为慢性丙型××。2014年4月1日，原告查丙型××核糖核酸结果为$2.01 \times 10^5 IU/ml$。

2014年8月20日，原告至一审法院要求确定原告感染××与在被告处输血存在因果关系，被告在原告手术顺利出血不多的情况下实施输血，存在过错，并申请进行医疗损害鉴定。2015年10月15日，某医学会出具《医疗损害意见书》，分析意见为：由于××的主要传播途径是输血和血液制品，鉴于双方都没有证据提供1992年至2013年患者感染××的其他途径，且1993年我国才开始对献血人员进行HCV筛查，1992年给患者输注血液和血制品不排除血液感染的可能。患者患急性单纯性阑尾炎，麦克尔憩息，行阑尾切除、小肠部分切除术。手术记录提示"手术顺利，出血不多"。医方在为患者实施手术后的输血指征掌握不严格，存在过错，不能排除输血行为与患者的慢性丙型××无因果关系，八级伤残。

判决理由和结果：被告对输血指征掌握不严格，原告目前的损害后果不排除血液感染的可能，故一审法院判定由被告医院按照60%的比例赔偿原告因"丙型××"而蒙受的合理损失，计20.3万余元。二审维持原判。

医疗风险提示及律师点评：本案是因医疗行为引起的侵权诉讼，某医学会出具的《医疗损害意见书》已经明确医院在为丁某实施手术后的

[①] 天津市第二中级人民法院（2017）津02民终224号民事判决书。

输血指征掌握不严格，存在过错，故医院要求免责，依据不足。

《最高人民法院关于贯彻执行〈中华人民共和国民法通则〉若干问题的意见》第一百六十八条规定："人身损害赔偿的诉讼时效期间，伤害明显的，从受伤害之日起算；伤害当时未曾发现，后经检查确诊并能证明是由侵害引起的，从伤势确诊之日起算。"本案中，上诉人丁某于1992年4月23日在上诉人医院手术后被输血，于2013年6月20日分娩前查体显示××抗体阳性，于2014年2月体检经医院诊断为慢性丙型××。2015年10月15日，某医学会出具《医疗损害意见书》，认定医院在为丁某实施手术后的输血指征掌握不严格，存在过错，不能排除输血行为与丁某的慢性丙型××无因果关系。现丁某起诉医院要求给予赔偿，依法并未超过诉讼时效。

三　爆发性心肌炎：患儿心脏检查记录（心率、心电图等）应当规范，抢救记录应当翔实[①]

涉及科室：儿科

鉴定结论及判决结果：（1）根据医院病理科病理剖验报告诊断：重度间质性心肌炎累及全心，考虑为病毒性；双肺肺水肿，肺出血；肠系膜慢性淋巴结炎；慢性喉炎伴淋巴组织增生等，死因分析为重度心肌炎是正确的。（2）在病毒感染的急性期，心肌炎的症状常被全身症状所掩盖。急性爆发性心肌炎进展迅速，死亡率高。（3）根据病理诊断结果，医方诊断为"上感"依据不足，临床治疗使用药物（抗生素）缺乏针对性。病历中，未见关于患儿心脏检查记录（心率、心电图等），说明医方诊疗行为存在缺陷，医方病历记载不规范，抢救记录不翔实。

此后，因被告医院申请再行鉴定，某医学会出具09号医疗事故技术鉴定书，分析意见：（1）根据患儿起病急骤及病史、临床表现、实验室检查、尸检报告结果考虑死因为爆发性重症心肌炎。（2）患儿病史短，医方在较短诊疗过程中根据患儿的病史、临床表现等，给予血常规、尿淀粉酶及腹部B超检查等，并予抗菌药物及补液治疗。诊疗行为基本符

[①] 天津市河西区人民法院（2018）津0103民初229号民事判决书。

合常规。(3) 医方在病历书写方面欠规范（如抢救记录无医师签字、无心率记录）；未见心电图检查报告。本病例属于一级甲等医疗事故，医院承担20%赔偿责任，计10万余元。

医疗风险提示及律师点评：爆发性心肌炎是一种急性重症心肌炎，它起病急骤，发展比较迅速，预后凶险。数小时内就可出现急性心力衰竭，表现为呼吸急促，烦躁不安，心率增快，胸闷憋气；也可出现心源性休克或阿斯综合征发作，也可发生猝死。实验室检查心肌酶升高，心电图可有 S-t 改变，或者高度房室传导阻滞，导致晕厥。该病起病急骤，病史短，特征性临床表现少，病死率高。该患儿病史短暂，系为学龄前儿童，更易发生猝死。本案中，医方在病历书写方面欠规范（如抢救记录无医师签字、无心率记录）；未见心电图检查报告。

四 全麻下行左食指、右中指指间关节松解、取皮植皮、邻近皮瓣转移、克氏针固定术：儿童骨科手术中没有记录屈曲挛缩的程度；术前告知没有说明术后缺血性坏死的可能，导致损害赔偿责任[①]

涉及科室：儿童骨科

鉴定结论及判决结果：(1) 患儿2011年生，主因"出生后发现双手手指无法伸直"于2014年11月4日住院治疗，诊断为双手关节挛缩。6日全麻下行左食指、右中指指间关节松懈、取皮植皮、邻近皮瓣转移、克氏针固定。术后第六天医方发现患儿皮肤变黑，2014年12月11日全麻下行右手中指中、末节截指术。(2) 入院诊断正确，行"左手食指、右中指指间关节松懈、取皮植皮、邻近皮瓣转移、克氏针固定手术"指征明确。(3) 医方过错：术前检查不严谨，没有记录屈曲挛缩的程度；术前告知没有说明术后缺血性坏死的可能；手术记录中没有描述松解术后末端血运情况；术后病程记录不完善，没有观察血运情况；术后换药、观察不及时。(4) 患儿右手中指中、末节大部分皮肤变黑坏死、截指，与医方诊疗过错有因果关系。患儿构成九级伤残，被告医院承担80%的赔偿责任，计14万余元。二审维持原判。

[①] 天津市第二中级人民法院（2017）津02民终3135号民事判决书。

医疗风险提示及律师点评：关节除了包括两个对合良好的骨头外，其周围还有关节囊及韧带组织，来共同维持关节的稳定性，当关节受伤，尤其是严重的骨折或软组织损伤，由于早期需要关节制动，就会导致关节周围韧带及关节囊瘢痕修复，纤维变短，关节就会出现不能完全伸直，屈曲畸形，就称为关节挛缩，如果是早期的话，也就是伤后 6 周以内，是可以通过加强功能锻炼来改善的，如果超过 6 周，功能锻炼很难有效改善关节功能，只能考虑手术软组织松解治疗了。

先天性多关节挛缩症是比较罕见的疾病，表现在双手出现关节挛缩，是个屈曲的畸形，患者的患侧手掌很难打开，手处于握拳或者半握拳的状态。先天性多关节挛缩症可能发生在手上，也可能发生在膝关节和踝关节等处。先天性多关节挛缩症应及时进行治疗，早期可以进行一些康复治疗或者佩戴支具进行治疗，但是如果保守治疗效果不是很好，就要及时做手术进行治疗。本案中，医方术前检查不严谨，没有记录屈曲挛缩的程度；术前告知没有说明术后缺血性坏死的可能；手术记录中没有描述松解术后末端血运情况；术后病程记录不完善，没有观察血运情况；术后换药、观察不及时。

该部分致谢专家：马林，吉林大学外科学硕士、法学学士学位，现就职于天津市儿童医院。

第九章

五官科

第一节 口腔科

一 因牙疼引发 4 颗牙齿拔除伴牙槽骨部分缺损：某口腔诊所提供患者病例不真实而承担损害赔偿责任[1]

涉及科室：口腔科

判决理由及结果：鉴定意见："患者的牙槽骨部分缺损，合并牙齿缺失 4 枚，鉴定为十级伤残。"某口腔诊所对患者的病历应当依据相关诊疗规范要求进行制作，但根据某司法医学鉴定中心对于文证审查之结果可以看出，某口腔诊所向鉴定部门所提交的患者之病历缺乏基本的真实性要求，从而导致鉴定部门无法受理相关的鉴定，故法院认为应当推定某口腔诊所对于患者的损害后果具有过错，应当承担相应的责任。某口腔诊所虽主张患者病情之根本原因在于其自身疾病且患者对于自身病情存在拖延等情形，但患者在直至做手术之前积极寻求医疗机构医治，其本身亦并非存在相关医学背景之人员，虽治疗过程存在波折但不能说明其对自身病情存在拖延之情形，故法院对某口腔诊所之主张不予认定。某口腔诊所已退还患者诊疗费用，足以说明其对于患者病情之治疗缺乏相应有效手段，则其后无论患者是否再去其处均不应再对患者进行治疗，其仍为患者采取措施之行为亦无助于患者建立对病情之正确认知。法院综合本案具体情况、患者的治疗过程、某口腔诊所的诊治时间及病历存在问题等因素，认为某口腔诊所对

---

[1] 天津市滨海新区人民法院（2020）津 0116 民初 10703 号民事判决书。

于损害后果应当承担责任。某口腔诊所给付原告各项费用合计 10 万余元。

医疗风险提示及律师点评：本案中，某口腔诊所向鉴定部门所提交的患者之病历缺乏基本的真实性要求，从而导致鉴定部门无法受理相关的鉴定，故法院认为应当推定某口腔诊所对于患者的损害后果具有过错，其应当承担相应的责任。

二 某口腔门诊部与他人签订承包合同，避开卫生行政部门监管，是否合法？几个合伙人之间签订的"股东协议"是否具有法律效力？股东出资协议书，实为合伙协议[①]

涉及类型：民营医院的股东间

法院判决理由及结果：2013 年，张某、吴某与案外人林某、蔡某签订某口腔门诊部股东出资协议书约定：四方共同出资经营与委托某口腔门诊部项目，同时通过 5 年合作，拥有该项目 49% 原始股权与资产；以本案张某名义与某口腔门诊部签署的合作协议与医院的营业执照、医疗机构执业许可证，股东身份证复印件，作为本合同附件，作为合伙项目凭证。2013 年 11 月 4 日，张某与某口腔门诊部签订承包合同书约定：门诊部全权委托张某管理与经营；合作年限为 2013 年 11 月 15 日至 2018 年 11 月 14 日，承包时间共 5 年；合作费用为第 1 年 24 万元，第 2 年 27.6 万元，第 3 年 31.2 万元，第 4 年 36 万元，第 5 年 41.2 万元，共计 160 万元；门诊部给予张某永久经营管理权，本次委托期限为 5 年，委托期满后，双方另行签订合同，本次委托期间张某不参与分红，本次委托结束后，张某拥有门诊部所有权与分配权，合作 1 年后，张某给予门诊部 10% 的原始股份，合作 2 年后，张某给予门诊部 20% 的原始股份，合作 3 年后，张某给予门诊部 30% 原始股份，合作 4 年后，张某给予门诊部 40% 的原始股份，合作 5 年后，张某给予门诊部 49% 的原始股份；风险保证金 30 万元。

某口腔门诊部作为一家经注册登记的医疗机构，通过与张某签订承包合同，使张某绕过申请、审批医疗机构执业许可证的合法程序，避开卫生行政部门监管，而成为某口腔门诊部的实际经营者。双方行为的实

[①] 天津市第一中级人民法院（2016）津 01 民终 1115 号民事判决书。

质是某口腔门诊部将其医疗机构执业许可证出借给张某使用。由于《医疗机构管理条例》第二十三条的规定，属于管理性强制规定，并不影响双方所签订承包合同的效力。对于张某涉及变相出借医疗机构执业许可证的行为，法院另行向卫生行政部门出具司法建议，建议予以查处。根据张某提交的录音中双方对话的内容，可以确认张某与口腔门诊部对张某不再经营口腔门诊部的事宜达成了合意，即双方同意解除承包合同。某口腔门诊部返还张某风险保证金10万元；口腔门诊部返还张某承包管理费2.2万余元；口腔门诊部于判决生效后十日内返还张某房租0.3万余元；口腔门诊部给付张某代垫电费0.2万余元。二审维持原判。

医疗风险提示及律师点评：《医疗机构管理条例》第二十三条：医疗机构执业许可证不得伪造、涂改、出卖、转让、出借。现实中，大量存在合同双方通过签订承包合同，使某一方绕过申请、审批医疗机构执业许可证的合法程序，避开卫生行政部门监管，这种行为违反了国家医疗机构监管的强制性规定，应由卫生行政管理部门负责查处。但作为债权性质的合同，具有相对独立性，该违反国家卫生行政管理的行为，并不影响双方所签订承包合同的效力，所以对于债权部分应予返还。

法院依据张某提供的承包合同、转账凭证、收条、收据、销货单、送货单、录音光盘、整理记录、股东出资协议书及口腔门诊部提供的证人证言、购销合同、销售提单、欠条、患者出具的说明病历，并根据查明的事实及法律的相关规定，判令门诊部返还张某各项费用，事实认定清楚，驳回上诉，维持原判。

三 广告宣传：某口腔医院"名医汇聚、最低拔牙率、周期减半、365天医生都在、矫正周期6—16个月"是否涉嫌虚假宣传？医院总是频繁更换医生是否合法？[①]

涉及科室：口腔科

判决理由：

1. 病历显示：主诉：门牙有缝，要求矫正。矫治设计：无托槽拔

---

① 天津市南开区人民法院（2018）津0104民初6229号民事判决书。

牙隐形矫正。矫治方案：（1）拔除。（2）整平排齐，关闭拔牙间隙。（3）调整前牙覆盖及咬合关系。（4）精细调整。（5）保持。原告在"我已理解并同意上述方案并接受治疗"处签字，落款时间为2016年7月19日。原告表示认可被告在接诊时对原告进行了疗程、费用、风险、矫正方式、流程事项的告知，但并非被告医生主动向原告说明的，而是在原告追问下回答的。法院对真实性予以采信。

2. 被告为证明就拔牙相关事项及风险向原告进行告知，向法院提交《拔牙患者知情同意书》两份复印件。其中显示：我已详细阅读并理解口腔科的各项治疗须知内容，我愿意接受某口腔医院医生为我治疗，并签字同意。法院对真实性予以采信。

3. 被告为证明接诊医生向原告进行变更治疗方案后相关风险事项的告知，原告理解并接受治疗签字确认，向法院提交《正畸治疗知情书》复印件。《正畸治疗知情书》记载治疗程序和过程、方法等。该知情书患者签名处有原告签字。原告对该证据真实性无异议，认可系本人签字，但对证明目的不认可，表示原告未查看其中内容，在不知情情况下签字。法院认为，因原告认可其本人签字，故法院对该证据真实性予以采信。

4. 原告为证明治疗过程不严谨，以及原告在对内容不知情情况下签字，向法院提交病历复印件。原告表示该病历系原告自被告处复印，其中第9页无主治医生签字。被告认可该证据系被告为原告复印的，但表示该病历不完整，应以被告提供的完整的病历为准。法院认为，因原告提交的病历系病历一部分，被告已经提交原告的完整病历且原告被告提交的病历真实性无异议，故法院对该证据不予采信。

5. 原告为证明被告以虚假或引人误解的方式误导原告，构成故意欺诈，向法院提交网页截图。原告表示该证据系原告自被告官网上截屏，其上显示"名医汇聚、最低拔牙率、周期减半、365天医生都在、矫正周期6—16个月"。被告对该证据中彩印的真实性不认可，对其他材料真实性无异议，但关联性不认可，表示该网页确系被告新闻动态、服务项目、特点介绍，并非对某一治疗方案的承诺，与本案无关。法院对该部分真实性予以采信。

6. 原告为证明其自行网上查询得知自己状况不适合隐形正畸，向法院提交网页截图，原告表示该截图咨询对象并非被告。被告表示任何人在网上都可以发表信息,内容并不正式。法院认为,因原告仅提交网页截图,并非权威机构的认定,现被告不予认可,法院不予采信。

7. 原告为证明被告曾与原告协商赔付问题时同意退一赔三,向法院提交微信截图。原告表示微信对方系被告尹姓工作人员。被告对该证据真实性无异议但证明目的不认可,表示该微信对象确为被告普通员工,但该员工并无任何承诺的权限,且该信息是被告拒绝原告的要求,仅能证明被告收到原告信息,并未认可原告主张的退一赔三。法院对真实性予以采信。

8. 原告为证明被告正畸科医生缺失,被告为原告制订了并不适合原告的治疗方案是为增加被告的业绩收入,向法院提交招聘启事网页截图。该证据系截图,现被告不予认可,故法院对证明目的不予采信。

庭审中,原、被告均认可2016年7月19日治疗方案为无托槽拔牙隐形矫正方案,2017年12月29日治疗方案变更为透明托槽+涂层弓丝方案,现原告仍采用后者方案治疗中。原告明确表示拒绝鉴定。

法院判决理由及结果:根据原告的病历记载,原告主诉为门牙有缝,要求矫正,并为此支付治疗费2.5万元,被告为原告进行了相应治疗,但治疗目的并未实现。鉴于原、被告均认可原告并未达到治疗目的,故原告要求解除合同退还治疗费2.5万元,符合法律规定,法院予以支持。

医疗风险提示及律师点评:本案的焦点在于原告主张被告存在如下两点欺诈行为能否成立:其一,原告表示经被告劝告选择的治疗方案并非原告本意,该方案无法实现隐形正畸面部矫正的目的。被告对此不予认可,表示被告根据检查结果结合原告需求制定的治疗方案,并已就该治疗方案对原告进行充分说明,治疗前就矫正疗程、费用、注意事项及风险、知情权等向原告进行了详细告知,并有原告在《口腔正畸治疗须知》上的签字确认。法院认为,原告主张治疗方案的选择并非原告本意,但原告并未提交充分证据证明该治疗方案系被告强迫或诱导致使原告选择,且原告在病历中确认理解、同意该治疗方案并接受治疗,还在记载的治疗方案上签字确认,并在《拔牙患者知情同意书》《正畸治疗知情书》《口腔正畸治疗须知》上签字,应认定原告对治疗的方法、过程和安全性均已作出认可。原告作为完全民事行为能力人，应当能够明确预见签订上述文件签字的相关后果。至于原告表示签字时未查看文件内容之说法，因无证据佐证，法院不予支持。其二，原告表示之所以选择被告治疗，是因原告自网站上了解到被告名医汇聚、牙齿矫正速度与传统方法比加快50%。但实际被告医生不固定，频繁更换，并非专职医生，自2016年5月治疗至今仍未达到效果，与宣传不符。被告表示，被告不存在夸大、虚假宣传的行为，为原告更换医生是治疗需要，不存在非专职医生，在《口腔正畸治疗须知》中也说明了原告治疗需要多位医生，且被告并未就治疗期间进行承诺。法院认为，原告应提前对医院的基本情况进行合理审核，并据此作出是否在该院接受医疗服务的决定。被告可以提供相关的证明文件来证明该院具备相应治疗条件，故原告主张被告虚假宣传，事实依据不足。关于原告主张被告更换医生，为其治疗的并非专职医生，原告就此并未提供充分证据予以佐证，且原告签字确认的《口腔正畸治疗须知》明确载明原告操作需要多位医生共同进行，对此，法院不予采信。关于原告主张治疗时间过长问题，因原告并未提交证据证明双方对治疗时间有明确规定，故法院亦不予采信。综上，被告不存在欺诈行为，故原告要求被告3倍赔偿的主张，法院不予支持。待原告有充分证据证明其主张的欺诈行为存在时可就此另行提起诉讼。

四 在患者的治疗内容、风险告知书及知情同意书上均无原告的书面签字认可，仅能提供助理医师资格证书，从而引发的赔偿责任[①]

涉及科室：某口腔医院

判决理由及结果：被告在为原告进行诊疗行为过程中因其疏忽，相关的书面材料中均无原告的签字认可，也就是说在诊疗内容、相关风险等方面均无原告的书面同意。即便存在被告辩称的相关内容已经原告口头同意，但被告提供的录音证据模糊不清，无法辨认其中内容，且口头同意的形式也与法律规定相左。另外，在被告为原告进行治疗过程中，仅有助理医师一人进行操作，被告在数次庭审中始终未能提供该医师的

---

① 天津市河东区人民法院（2018）津0102民初3269号民事判决书。

执业资格证书等证明该医师可以单独进行该诊疗操作的其他证据（在委托的鉴定中也同样因为这一原因导致鉴定机构无法进行鉴定）。被告医院赔偿原告 3 万余元。

医疗风险提示及律师点评：本案中，被告自认因其工作人员疏忽，在治疗内容、风险告知书及知情同意书上均无原告的书面签字认可，被告虽抗辩称经过原告口头同意，但其提供的录音证据模糊不清，未能反映出相应内容。被告自认在为原告的牙齿进行相应诊疗行为过程中仅有被告处助理医师案外人孙某一人单独进行操作，被告庭审过程中仅能提供孙某的助理医师资格证书，故被告应承担相应的赔偿责任。

五　根管治疗：医方在为患者实施牙冠修复的诊疗过程发生的纠纷[①]

涉及科室：口腔修复科

鉴定结论：（1）患者主因烤瓷冠脱落，在某口腔医院牙体牙髓科就诊，进行根管治疗，后转至修复一科进行核冠修复，考虑到患者咬合紧及深覆合导致修复间隙不足，对颌牙进行了适当的调和，完成烤瓷冠修复。（2）专家组认为医方在为患者实施牙冠修复的诊疗过程符合规范。根据患者现场查体，目前口腔内不存在患者所述的早接触问题，医方给予患者的治疗方案和措施无不妥。患者自述的全身不适症状与本次治疗过程无因果关系。

判决理由及结果：原告提交修复科复诊号的挂号收据，但门诊病历中未予记载，2013 年被告为原告拆除烤瓷牙修复体，但在病历中亦未予以记载，被告的上述行为违反了《病历书写基本规范》，存在着瑕疵，但该瑕疵与原告的损害后果并无因果关系。鉴定费用、专家质询费由原、被告各负担二分之一。法院认为，一审卷宗中上诉人已提交其自行拍摄的口腔照片，二审中上诉人提交的照片与一审时提交的照片区别是不同时间节点拍摄的，故该照片不属于新证据。被告某口腔医院赔偿原告各项费用 1.2 万余元。二审维持原判。

医疗风险提示及律师点评：对于《医疗损害意见书》的效力认定问

---

① 天津市第一中级人民法院（2019）津 01 民终 1066 号民事判决书。

题。医学会作出的《医疗损害意见书》委托程序合法，鉴定人出庭接受了质证，开庭之后某医学会也以书面形式对原告提出的问题给出了相应的答复，鉴定意见客观、真实，法院予以确认。综上，被告的医疗行为与原告目前自述的全身不适症状并无因果关系。

六 全麻下行骨埋伏智齿拔除术后出现左面部持续肿胀麻木：医生为患者拔智齿引发的损害纠纷[①]

涉及科室：口腔科

鉴定结论：（1）患者因"右下后牙肿痛1年，要求拔除"至某口腔医院住院治疗。医方诊断：28、38、48完全骨埋伏阻生正确，有拔牙指征。48冠牙周炎诊断依据不足。（2）根据病历记载，手术同意书中已明确诊断28、38、48完全骨埋伏阻生，行牙齿拔除术＋牙龈翻瓣术＋下颌骨部分切除术＋颌骨病灶搔刮术，医方已行说明义务，并有患者及家属签字。（3）患者的左下颌智齿属低位阻生，位置较低，拔除手术操作复杂，易出现并发症。（4）医方术前对手术难度评估不充分，如未行CBCT检查及充分术前讨论。（5）根据专家组现场查体，结合影像资料，考虑患者左下牙槽神经存在损伤，与医方手术操作有关。（6）病历书写欠规范，如手术记录对38阻生齿拔除记载不详细。

判决理由及结果：综合考虑本案相关事实及证据，被告应对其医疗过错导致原告左下牙槽神经损伤的损害后果承担75%的赔偿责任，计12万余元。二审维持原判。

医疗风险提示及律师点评：完全骨埋伏阻生智齿因其完全位于牙槽骨内，需要去除周围骨阻力后才能将其拔除。尤其是下颌骨埋伏阻生智齿的牙根往往与下牙槽神经位置关系密切，拔牙后出现神经损伤并发症的风险较高。对复杂的低位埋伏阻生智齿拔除术，往往需要在全麻下进行，需要切开牙龈暴露牙槽骨，然后去除牙齿周围的部分牙槽骨，去除阻力后挺出患牙。对于存在慢性炎症的牙齿需要行牙槽窝清创术。本案

[①] 天津市和平区人民法院（2019）津0101民初1772号民事判决书、天津市第一中级人民法院（2019）津01民终6168号民事判决书。

中,患者行牙齿拔除术+牙龈翻瓣术+下颌骨部分切除术+颌骨病灶搔刮术,医方未完善术前CBCT检查及充分术前讨论,对手术难度评估不充分,未提前告知患者可能出现下牙槽神经损伤症状,加之病历书写欠规范,应对患者的损害承担赔偿责任。

> 该部分致谢专家:吕晓飞,医学硕士,天津医科大学第二医院口腔科主治医师,专业领域:牙列缺损和全口牙列缺失的种植义齿修复,牙齿的美学修复。

第二节 眼科

一 大疱性角膜病变:医调委的调解结论最终没有被采用,那么调解结论在法律上如何界定?可否作为证据使用?在医调委主持调解过程中发表的意见可否作为认定案件事实的依据?[①]

涉及科室:眼科

医调委调解意见:(1)对于高龄且做过眼内手术的患者,应尽到高度注意义务,进行角膜内皮显微镜检查,若患者内皮细胞不健康是手术禁忌症,医方未做此项检查,违反医疗常规;(2)患者内皮细胞损伤也可能与术中操作不当有关;(3)医方未对患者术后情况尽到充分评估和告知。医患双方均同意医调委分析意见,确认医方承担80%责任。后双方因伤残鉴定及赔偿金额问题未达成调解协议。

鉴定结论:某鉴定中心对患者人体损伤致残程度进行鉴定,鉴定过程中对薄某右眼进行检查,视力:OD=0.06,OS=0.6-2。分析意见:依据薄某现有医院病历资料,结合法医学检验,患者右眼手术后大疱性角膜病变,并行右眼闭合式穿透性角膜移植+前房成形术,构成十级伤残。

判决理由:B医院、患者在医调委的分析意见,属于双方对该项事实及责任的确认,认同该分析意见是双方开启赔偿金额谈判的基础,而非双方就赔偿问题达成的妥协协议。B医院主张在医调委主持调解过程中发

---

① 天津市滨海新区人民法院(2019)津0116民初41694号民事判决书。

表的意见不能作为认定案件事实的依据,显然不成立。法院认为 B 医院在患者手术前未尽高度注意义务,未完善角膜内皮显微镜检查,对患者术后出现的"右眼视力模糊,角膜水冲、混浊"等情况未做充分评估和告知,而 B 医院提供的相关病历资料亦显示其确实未尽到上述义务,并酌定 B 医院赔偿责任比例为 80%。

医疗风险提示及律师点评:大疱性角膜病变是一种后天获得性疾病,是由于各种原因严重损伤角膜内皮细胞,导致内皮细胞功能失代偿而失去液体屏障和正常泵样功能,引起的角膜基质水肿和上皮水疱样改变。本病常见于青光眼、葡萄膜炎、视网膜脱离、外伤等眼部疾病的晚期,以及白内障摘除和(或)人工晶状体植入、角膜内皮营养不良、长期高眼压或抗青光眼手术、单纯疱疹病毒或带状疱疹病毒感染损伤内皮等。

医疗纠纷人民调解委员会依据《天津市医疗纠纷处置办法》的相关规定开展工作,其工作内容是在查明事实、分清责任的基础上,促进医患双方当事人互谅互让、消除隔阂,其调解员由具备临床医学专业知识的人员担任。由此可见,天津市在组织本案医患双方调解时对薄某病例的分析意见,属于具有专业知识的人员对专门问题作出的分析认定,该意见即使不属于司法鉴定机构出具的鉴定意见,但仍具有证据意义。本案中,医院在患者手术前未尽高度负责义务,未完善角膜内皮显微镜检查,对患者术后出现的"右眼视力模糊,角膜水冲、混浊"等情况未做充分评估和告知,应承担相应的法律责任。

二 晶体眼后房型人工晶体植入术:病历未见角膜曲率检查等数据记载,病历不规范;两次给予甘露醇降眼压期间没有眼压监测的记录,如进行监测发现眼压控制不理想可以采取其他降眼压的措施,应当及早实施虹膜根切术以避免视功能受损[①]

涉及科室:眼科

鉴定结论:(1)该病例临床诊断明确,手术治疗过程符合操作常规,

---

① 天津市和平区人民法院(2014)和民一重字第 0001 号民事判决书、天津市第一中级人民法院(2017)津 01 民终 4857 号民事判决书。

术后达到临床预期效果，术前已行告知义务。患者术后出现高眼压为术后并发症，医方对并发症的处理得当。（2）术前检查不全面，病历未见角膜曲率检查等数据记载，病历不规范，医疗行为存在缺陷，但该缺陷与患者所诉眼部不良状况无因果关系。人工晶体是否合格问题不属于医疗事故技术鉴定范围。本病例不属于医疗事故。

判决理由及结果：原告认为在其左眼术后出现高眼压的情况下，被告给予甘露醇治疗，但在此后没有随时监测眼压的变化，如进行监测发现眼压控制不理想可以采取其他降眼压的措施，如上述治疗仍不见效，应当及早实施虹膜根切术以避免视功能受损。正是被告近14小时没有给予任何观察和治疗，导致原告丧失最佳救治时间，从而导致原告左眼视力丧失和不可恢复大瞳孔的损害后果。目前患者视功能下降与患者自身高度近视视网膜病变的基础疾病有关，但不能排除眼压波动的因素。对于原告主张的被告为原告所做的视力检查结果均为伪造，并提供原告在TD医院视力检查结果病历，鉴定人认为上述视力检查缺乏客观检查，故无法判定是否与被告和原告的检查结果之间存在矛盾，故对原告的主张，法院不予采信。法院酌定被告一次性补偿原告5万元。

医疗风险提示及律师点评：本案中，原告因双眼高度近视20余年到被告处住院治疗，入院诊断：双眼高度近视，双眼老年性白内障，经常规检查合格后行双眼白内障摘除及后房型人工晶体植入术，诊断明确，符合该手术适应症，手术过程符合操作常规。术后高眼压为该手术常见并发症，手术当日晚给予甘露醇治疗，处理及时得当。原告视功能下降与原告自身高度近视视网膜病变的基础疾病有关，但不能排除眼压波动的因素。被告医生与原告进行了术前谈话，对手术可能发生的麻醉意外、术后并发症及并发症防治进行了告知，谈话记录有被告医生及原告本人签字。病历中"有晶体眼后房型人工晶体植入术前谈话记录：有晶体眼后房型人工晶体植入术是一种有效、安全、稳定的近视矫正方法……"这种表述放大了该手术有利的方面，容易引起患者的误解，从而忽视了可能发生的风险与意外。原告一直强调被告医生在术前向原告承诺该种手术疗效好，说明被告对手术的风险和可能出现的意外，向原告交代不充分、不完善。同时，原告在术后出现高眼压症状，被告于当日晚给予甘露醇治疗，但是期间未见对眼压监测的记录,医疗行为存在过错。两级三次鉴定的结论是明确且一致的,即不属于医疗事故,但被告向原告病情交代不完善,沟通不到位、手术记录单不规范,同时在两次给予甘露醇降眼压期间没有眼压监测的记录,医疗行为存在过错。但上述过错与原告视功能下降的损害后果无关。所以,法院运用公平原则对于原告的损失予以补偿。

三 医方行人工晶体复位术造成患者视力障碍[1]

涉及科室:眼科

鉴定结论:医方行人工晶体复位术,术式选择欠妥与患者的损害后果存在一定因果关系,目前患者双眼视力障碍程度构成七级伤残,其参与度为次要因素。

法院判决理由及结果:原、被告形成医患关系后,被告应严格遵循诊疗规范履行诊疗行为。鉴定结论:医方行人工晶体复位术,术式选择欠妥,目前患者双眼视力障碍程度构成七级伤残,其参与度为次要因素。故被告应就原告产生的损失承担40%的赔偿责任,计17万余元。

医疗风险提示及律师点评:人工晶状体是目前矫正无晶状体眼屈光的最有效的方法,它在解剖和光学上取代了原来的晶状体,构成了一个近似正常的系统,尤其是固定在正常晶状体生理位置上的后房型人工晶状体。本案中,医方行左眼人工晶体复位术,术后发生角膜失代偿、大疱性角膜炎,术式选择欠妥与患者的损害后果存在一定因果关系,造成患者双眼视力障碍程度构成七级伤残,应承担相应的赔偿责任。

四 白内障超声乳化联合人工晶体植入+前部玻璃体切除术 OS:医院在手术同意书中"恶性青光眼 OS"字体系后添加,侵犯患者知情权而承担赔偿责任[2]

涉及科室:眼科

鉴定结论:被鉴定人张某的左眼视力障碍程度构成Ⅷ(八)级伤残;

---

[1] 天津市第一中级人民法院(2017)津01民终6304号民事判决书。
[2] 天津市第一中级人民法院(2016)津01民终4396号民事判决书。

其目前生活部分不能自理，属部分护理依赖。

法院判决理由：原告因眼部疾患入住被告医院，诊断明确，具有手术指征，据此为原告施行左眼小梁切除＋前房穿刺术。术式选择正确，同时也向原告进行了术前告知，原告签署了手术同意书。原告对第二次手术产生争议，认为被告术前告知就是实施白内障手术，根本没有提到恶性青光眼。根据病历中第二次手术同意书中术前诊断"恶性青光眼OS"字体系后添加，白内障超声乳化手术记录中诊断"恶性青光眼OS、抗青光眼术后OS"系后添加。被告虽提出手术同意书中"恶性青光眼OS"字体系后添加，但是添加时间在原告签署手术同意书之前的抗辩，但未证明，法院不予采信。长期医嘱单及临时医嘱单中的记录内容矛盾，且不能作出合理解释，据此可以认为被告没有对恶性青光眼的诊断及其手术风险进行告知，侵害了患者的知情权及选择权，被告应当对此承担责任。

手术记录并非手术者或助手书写，违反了《病历书写基本规范》。另外，被告为患者植入人工晶体，却没有书面告知，也侵犯了原告的知情权。被告手术同意书、手术记录中的手术名称与术前其他记录不同，也说明被告对病历记录的管理存在一定问题。恶性青光眼通过晶状体摘除和玻璃体切除手术治疗是正确的。原告的损害后果经鉴定为左眼视力盲目4级以上，构成八级伤残，被告的过错仅是轻微因素。被告K医院赔偿原告各项费用的20％，计14万余元。

医疗风险提示及律师点评：睫状环阻滞性青光眼是一种少见而严重的特殊类型闭角青光眼，它可造成一眼或双眼失明，准确的发病机制尚未清楚。本案中，被告在二次手术时没有为患者植入人工晶体，却没有书面告知，侵犯了原告的知情权。被告手术同意书、手术记录中的手术名称与术前访视记录、麻醉同意书、麻醉记录中的不同，应承担相应的法律责任。

五 全麻急诊下行左眼球内容物剜除术：医方在未完善相关检查进行鉴别诊断以明确感染性质，给予抗病毒治疗时间偏晚，导致患者眼球摘除[①]

涉及科室：眼科

鉴定结论：医方未完善相关检查进行鉴别诊断，以明确感染性质，在入院即考虑存在病毒感染可能的情况下，抗病毒治疗时间偏晚，以上诊疗行为不够规范，存在过错；医方因被鉴定人无法配合行共焦显微镜检查，给予其出院。医方对于检查的必要性及不及时治疗的严重后果无书面告知，出院嘱一周后主任医师门诊复查，未向被鉴定人方说明此时的病情性质不宜出院，或建议其他医院进一步治疗。后有液体流出1周入国际和平医院，诊断"左眼角膜溃疡穿孔"，细菌培养为肺炎克雷伯菌，行左眼球内容物剜除术。医方在诊疗过程中存在告知不足。确定被鉴定人左眼角膜溃疡穿孔，临床予以手术摘除，构成七级伤残。

司法鉴定意见：对被告向原告提供诊疗行为过程中，在未完善相关检查进行鉴别诊断以明确感染性质，给予抗病毒治疗时间偏晚；对于共焦显微镜检查的必要性、重要性及不及时治疗的严重后果无书面告知；未向原告说明病情性质不宜出院或建议其他医院进一步治疗等方面存在过错的认定，一审法院均予确认。鉴定意见认定原告自身患病时间较长，性质复杂不明确等亦无不妥。又，原告在从被告处出院后次日到河北省某医院就诊后，未及时接纳医院住院治疗的建议，以致最终在时隔一个月后产生左眼眼球摘除的后果，其本人应承担一定责任。一审法院对司法鉴定意见予以确认，被告承担40%的责任，计9万余元。

医疗风险提示及律师点评：

1. 医疗行为与损害后果的因果关系分析。被鉴定人因诊断左眼角膜炎性质待查入医方，给予抗感染等治疗，病情略有好转后加重，后因被鉴定人无法配合行共焦显微镜检查而出院，出院后一个月余因"左

[①] 天津市第一中级人民法院（2021）津01民终580号民事判决书。

眼角膜溃疡穿孔"于外院行左眼球内容物剜除术,现左眼球缺失。本案被鉴定人入院时诊断左眼角膜炎、性质待查,出院时诊断仍为左眼角膜炎性质待查,虽然根据病史及症状考虑病毒性感染,但给予抗病毒治疗不够及时。同时没有行相关病原学检查及眼内液的检查以明确病因,给予有效治疗。在被鉴定人无法配合角膜共聚焦显微镜检查时,未告知相关检查的重要性,存在过错。被鉴定人所患眼角膜炎症持续时间较长,性质复杂不明确,在眼疾严重的情况下自动出院,自身存在一定不利因素。

2. 针对干扰素使用问题。被告举证证实了为原告开出长期医嘱的医生祁某具备医师资格和在被告处执业的资格,祁某开出使用干扰素医嘱次日的病程记录显示,主任医师 Z 某查房后,也给出了"加用干扰素 OSqid 抗病毒抗炎治疗"的意见;被告提交了"重组人干扰素 α2b 滴眼液"的说明书,该药物的适应症为疱疹病毒性角膜炎,药理毒理为广谱抗病毒。结合被告对原告的诊疗,其给予原告抗炎抗感染药物并无不当。该药物不良反应之一为眼部刺痛,在原告主诉眼痛显著的情况下,被告未继续给药;在出院时,被告医嘱原告带药中包含干扰素。现原告以被告当庭提供说明书的药物不能确定是当初为原告使用的药物,但无相关证据证明,法院对此不予采信。综合上述查明事实,原告主张被告违规使用干扰素的主张不能成立。

3. 是否存在鉴定机构篡改病历进行虚假鉴定的问题。对于鉴定意见书将河北省某医院门诊病历中的"左眼角膜溃疡"摘录为"左眼角膜炎症",鉴定机构已经作出更正,明确了此情节对于鉴定结论的认定无实质性影响。鉴定机构在鉴定意见书中已经阐述了"角膜溃疡"是判断"角膜炎症"的临床形态特征之一,强调了治疗角膜炎不能单纯根据临床表现作出病因诊断,而应首先确定是感染性或非感染性,指明了被告是根据病史及症状考虑病毒性感染,但给予抗病毒治疗不及时,同时没有行相关病原学检查及眼内液检查以明确病因,给予有效治疗。上述分析充分有据,一审法院不予支持原告认为鉴定机构篡改病历进行虚假鉴定要求重新进行司法鉴定的主张。

六　免费白内障手术：医院免费实施复明手术失败，应当如何承担赔偿责任[①]

涉及科室：眼科

判决理由：由 A 组织提供资金，医院派遣医生，在某县开展免费复明手术。原告在县 Z 医院住院，进行术前检查，检查结果为左眼白内障，双眼青光眼待查。后对原告实施两次手术，均因原告眼压高而未能植入晶体，对原告实施了左眼小梁切除术，鉴定为八级伤残。同时认为 Z 医院在组织病源、推荐患者中存在过错，目前原告左眼的视力损伤系其实施的不当手术及原告本人患有青光眼共同所致，故医方的医疗过程与原告左眼的情况有因果关系，过错参与度为 20%—30%。鉴定认为，原告左眼后续治疗预后情况无法估计，未达到护理依赖程度。

判决结果：由被告某县 Z 医院赔偿原告的经济损失 10 万余元，剩余经济损失 22 万余元由原告自负；A 组织不承担责任。

医疗风险提示及律师点评：本案为医疗损害责任纠纷，属于侵权案件，其赔偿义务主体应当是实施侵权行为的民事主体，即具体的医疗单位。本案中被告 A 组织仅为慈善义诊活动提供资金，并未参与具体的医疗行为，不是侵权主体，不承担责任。医院受邀请到某县 Z 医院义诊，根据《医师外出会诊管理暂行规定》的规定，应当由某县 Z 医院承担赔偿责任。

> 该部分致谢专家：柯屹峰，医学博士，天津医科大学眼科医院副主任医师，中华医学会眼科学分会会员，中国生物医学工程学会干细胞分会会员。主要专业方向为眼底病、眼外伤临床诊断及治疗。2013—2015 年国家公派留学美国加州大学洛杉矶分校 Jules Stein 眼科研究所从事干细胞及外泌体的研究。主要研究方向为视网膜细胞及干细胞在视网膜变性疾病中的作用。目前主持国家自科学基金及天津市自然科学基金各 1 项。发表 SCI 论文 10 余篇，并且担任多个期刊的审稿人。

[①] 陕西省延川县人民法院（2016）陕 0622 民初 974 号民事判决书。

第三节　整形美容

一　注射聚丙烯酰胺：美容诊所为患者实施的隆胸手术存在过错导致损害赔偿责任[1]

鉴定结论：对于最终的损害结果，鉴定所根据检查报告、杨某陈述、杨某之前手术时的查体情况，确定杨某双乳内仍有注射物。聚丙烯酰胺注射后并发症的发生，多与手术密切相关，并发症的发生率虽然与材料本身及患者的个体差异有关，违规操作是并发症发生率较高的主因。杨某经多次手术取出隆胸异物仍存有聚丙烯酰胺的原因与第一次注射时有一定的原因。综上，杨某所述其身体的不适症状系其注射聚丙烯酰胺的并发症，与聚丙烯酰胺（英捷尔法勒）残留物间有一定的因果关系；鉴于并发症的发生可能与材料本身的毒性及个体差异有关，建议医方负主要责任。杨某的伤残等级属于九级。

判决理由及结果：在生效的法律文书中已认定美容诊所为杨某实施的隆胸手术存在过错，承担全部责任。鉴定机构也明确杨某所述其身体的不适症状系其注射聚丙烯酰胺的并发症，与聚丙烯酰胺（英捷尔法勒）残留物间有一定的因果关系。故法院认定，杨某在幸福医院再次接受手术后所产生的相关费用，由美容诊所承担80%的责任，计8.7万余元。

医疗风险提示及律师点评：杨某隆乳所用"英捷尔法勒"凝胶成分为聚丙烯酰胺水凝胶，在使用过程中极易出现各种并发症，并可出现血肿、感染、炎症、移位、堵塞乳腺管等，且出现并发症后完全取出不易。在2006年4月30日，国家食品药品监督管理局作出撤销聚丙烯酰胺水凝胶（注射用）医疗器械注册证的决定。因此，杨某的目前状况与使用"英捷尔法勒"凝胶注射隆乳治疗有直接因果关系。

---

[1] 北京市第一中级人民法院（2018）京01民终1319号民事判决书。

二 明显手术瘢痕：手术失败，虽然无法鉴定因果关系，但仍承担损害赔偿责任[①]

鉴定结论："双眼外眦角处可见手术瘢痕，双眼下睑缘下方 2cm 处可见平行睑缘的比较明显的手术瘢痕，左眼下睑瘢痕较右眼明显。右眼下睑鼻颧皱襞较左眼明显。"鉴定意见为："患者双眼睑整形手术后，双眼下睑皮肤瘢痕形成，不构成伤残等级。"

判决理由及结果：原告虽提出何医生注册地为北京却在天津行医构成非法行医；手术操作违章，术前没有对右眼进行测量，手术切口错误，会诊没有告知也没有征得其同意；不予封存和提供病历、伪造、篡改病历，导致无法鉴定；以非药品美瑞可修护菁华液当作药品使用等理由，但经询，原告按医疗损害责任纠纷主张权利，依据法律的相关规定，举证责任应该在原告。重审期间，经原告申请，原审法院曾委托多家鉴定单位对被告是否存在医疗过错、因果关系、参与度、伤残等级、营养补偿及后续治疗费用进行鉴定，虽历经将近一年时间，但均因各种原因而未果。故，原告承担举证不能的责任。但综观本案，被告作为整形美容的医疗机构，应区别于普通的治疗患者所患原发性疾病的医疗机构，应具有更强的技术与医疗水准以助来院就医人员达到追求美好的愿望，现原告因感觉面部不美观、为追求一种锦上添花的更美效果而到被告处进行医疗整形，术后不仅未达到原告预期效果反而造成原告"睑裂闭合不全、外眦畸形""脸神经损伤""左三叉神经第二支分布性感觉减退。睑裂闭合不全、双眼外眦角处、双眼下睑缘下方 2cm 处可见平行睑缘的比较明显的手术瘢痕，左眼下睑瘢痕较右眼明显"。经原告申请原审法院委托了数次鉴定均无果，且原告已对眼部做过再次修复，同时考虑原告到被告处就医的目的、原告目前伤情现状、损失情况、被告作为医疗整形美容机构的特殊性及其在整个事件中的种种不足等方方面面因素，原审法院认为本案以被告对原告进行一次性赔偿为宜，具体数额酌定为 10 万元。二审维持原判。

医疗风险提示及律师点评：被告在整个事件中确有以下不足：（1）为

[①] 天津市第二中级人民法院（2015）二中民四终字第 1543 号民事判决书。

原告施行手术的主诊医师何某，其医师执业地点为北京某医学美容专科医院，却在被告处坐诊，确系异地执业；（2）原告要求封存病历，被告仅为其复印12页病历，庭审中双方对封存病历问题争执较大，被告代理人称被告为原告复印12页病历已履行了病历封存义务，说明原告确曾到被告处要求封存病历，被告所持复印即为封存的观点显系不应为其作为专业医疗机构所应有的概念性错误；（3）被告病历确有矛盾，如关于何某的身份，其两处病程记录中为"坐诊"，但13页之后又有一页插页——伊美尔医疗美容医院连锁机构院际会诊申请单，记载为"会诊"；同时上述院际会诊申请单记载申请会诊时间与病历中手术护理记录单记载时间是矛盾的。

三　曼托假体隆胸术：医方应尽的高危注意义务不够到位应承担的损害赔偿责任[①]

鉴定结论：（1）王某因小乳症于2018年11月29日至美容医院部行曼托假体隆胸术，医方术前检查记载过于简单，不够全面、仔细，应认为医方存在不足。（2）王某诊断小乳症，医方术前方案有相关告知但未见替代方案（医方应将手术方案及替代方案各自的利弊向患者充分告知，让被鉴定人知情选择），此情况应认为医方告知方面不到位，存在缺陷或不足。（3）医方术后告知略简单（隆胸术后出现假体移位，双侧乳房不对称，高低不一致时，应积极采取弥补的措施等），应认为医方存在不足。

关于医方的医疗过错与王某损害后果之间的因果关系及责任程度分析：王某因小乳症至医方行曼托假体隆胸术，具有手术适应症，术前有相关风险及患方知情告知签字。考虑王某自主选择医方门诊行隆胸手术，医方技术条件有限的情况，结合医方的过错情况，综合分析医方的诊疗行为和过错，建议医方责任程度的原因力为同等责任，赔偿各种损失12万余元。

医疗风险提示及律师点评：假体隆胸的风险包括：（1）感染、血肿，

[①] 北京市海淀区人民法院（2019）京0108民初3315号民事判决书。

任何手术都有感染的风险，患者应到正规的医疗机构。（2）包膜挛缩，这是假体隆胸最多见的并发症，一般情况下经过治疗及护理可恢复，严重的甚至要取出假体。假体排异或移位较少见，但因个人体质或术后护理不当或者医生操作不当均有可能引起，严重者需要取出假体。（3）乳房或乳头麻木，一般6—12个月可恢复正常。

四 医美合同履行主体：共同用户与医院未签订书面美容合同，医院称已经履行完毕美容服务，法院如何认定？[①]

涉及领域：医疗美容合同

法院判决理由及结果：原告曾经在被告C公司处购买日常美容服务。2018年3月开始，原告与被告公司就面部提升项目进行磋商。原告向被告公司支付合计40.7万元。关于前述款项对应的美容合同的具体内容及履行情况：原告称为包括五官在内的面部提升，具体履行期限、质量等没有约定，合同亦没有履行，4月12日原告与被告公司共同前往A公司看了要做哪些地方。被告称为面部提升，合同已经于4月12日原告与被告C公司共同前往A公司履行完毕。原被告双方就合同具体约定项目内容、数量、履行期限、质量、方式、地点等约定均未提供证据，同时被告就合同履行的情况亦未能提供证据。

关于合同的主体情况：原告主张虽然其合同相对方为被告C公司，但要求天津C公司与北京A公司共同承担返还责任，理由为4月12日支付的8.4万元系在A公司刷卡，A公司与C公司存在恶意串通的行为。被告C公司和A公司称二被告为合作关系，由被告C公司专业做美容介绍工作，为被告A公司介绍客户，由被告A公司实际进行操作，二被告都是合同履行的主体。

原被告双方虽口头订立了面部提升美容项目服务合同，但对合同标的、履行期限、数量、质量、地点、方式等必备条款均未能进行约定，法院亦无法依据法律条款予以确定，被告C公司、A公司就合同已经履行完毕亦未提供证据，法院无法确认原被告双方订立了明确可履行的

[①] 天津市滨海新区人民法院（2018）津0116民初84127号民事判决书。

合同。

被告作为提供美容服务的专业机构，未能明码标价，与原告协商确定合同履行内容，亦未能提供合同已经履行的证据，有违诚实信用，被告应当赔偿订立合同过程中给原告造成的损失。据此，被告应返还原告为与被告订立面部提升美容合同而支付的费用。关于返还的具体金额，原告的代理人称为40.74万元，包括2018年3月13日向被告C公司支付的0.78万元，4月10日向被告C公司支付的0.48万元。但原告本人称仅包括4月3日收取的13.66万元，4月12日收取的8.4万元，4月13日收取的17.42万元，法院依法采信，确认被告应返还原告39.48万元及利息损失。

医疗风险提示及律师点评：《民法典》第一千一百六十八条：二人以上共同实施侵权行为，造成他人损害的，应当承担连带责任。本案中，被告C公司、A公司就合同已经履行完毕亦未提供证据，法院无法确认原、被告双方订立了明确可履行的合同，因此应承担相应的法律责任。

五 医疗美容广告侵权：医疗美容医院进行宣传时，应注意保护他人的知识产权[①]

涉及领域：医疗美容

判决理由及结果：原告林某系具有一定知名度的女演员、歌手，曾出演过多部电视、电影、音乐作品，并进行过多项商业代言活动。被告系于2004年4月成立的依法取得营业执照的企业法人。2012年7月××网站登载了题为《倾世美人林某惊艳》的文章，文章内容包括："虽然林某的年龄也不小了，但是水美人林某护肤保养工作却做得十分到位的，我们依旧能够找出当年的清纯和如今的成熟与稳重。除了日常必备的保养工作外，林某还有其他护肤秘籍吗？让我们来看一下吧"，文章随后介绍了"e乐姿嫩肤术"并使用了1张原告的肖像图片，结尾处有咨询、预约专家、在线咨询的链接选项。原告认为被告未经同意在其官方网站上使用原告的肖像图片，侵犯了原告的肖像权、名誉权，故通过北京市某

[①] 天津市河西区人民法院（2013）西民四初字第621号民事判决书。

公证处对在线浏览相关网页的过程进行证据保全。北京市某公证处出具了公证书。

关于赔礼道歉的方式，给原告造成的影响也直接来源于该网站，故被告在其网站首页上刊登道歉信息影响更好。被告医疗整形美容专科医院有限公司在其网站首页上公开向原告林某赔礼道歉，持续五天，内容须经法院审核。逾期不执行，法院将在全国公开发行的报纸上刊登本判决主要内容，费用由被告医疗整形美容专科医院有限公司支付；赔偿原告林某经济损失 7 万元、精神损失费 0.8 万元、公证费 0.24 万元。关于公证费，系合理费用，法院予以支持。关于诉讼代理人的差旅费，依据不足，法院不予支持。

医疗风险提示及律师点评：关于被告辩称其与原告诉称的侵权网站无关的主张，法院认为，原告提供的公证书中的网页图片上有关于涉诉网站隶属于被告公司的内容，且有被告公司的名称、地址、联系方式，原告就该争议事实的举证责任已完成，而被告提供的证据不能证明涉诉网站与其无关，故法院对被告的抗辩主张不予采纳。

该部分致谢专家：姚庆君，医学博士，主任医师。天津市医学会医学美学与美容学分会主任委员、天津市健康管理协会医学美容与皮肤健康专业委员会主任委员、天津市医学会医学鉴定分会第一届委员会医疗美容学组组长、中国研究型医院学会整形外科常务理事，从事整形修复外科工作 30 年，完成各类手术 2 万余例。

第 十 章

肿 瘤 科

第一节 肿瘤内科

一 低分化鳞状细胞癌：依据核磁检查报告，患者双侧咽隐窝变浅，鼻咽顶后壁增厚。双侧颈动脉鞘周围可见多发等 T1/长 T2 信号结节影，边界清楚，于 DWI 呈稍高信号影，最大直径为 1.6cm，对于此种情形医院和医生应予以充分重视，并考虑其为鼻咽癌的可能性[①]

涉及科室：耳鼻喉肿瘤科

鉴定结论：（1）专家组现场查阅医院病理切片，诊断应为非角化性癌。医院原始病理报告（右侧咽隐窝）淋巴瘤，考虑为结外/T 细胞淋巴瘤。该病理报告诊断错误。（2）鼻咽癌患者死亡主要原因为局部复发和远端转移，该患者初诊时已为鼻咽癌临床Ⅱ期，最终患者死亡的主要原因为癌细胞的广泛转移。

判决理由：依据核磁检查报告示，患者双侧咽隐窝变浅，鼻咽顶后壁增厚。双侧颈动脉鞘周围可见多发等 T1/长 T2 信号结节影，边界清楚，于 DWI 呈稍高信号影，最大直径为 1.6cm。临床诊断鼻咽癌Ⅱ期。该案中，由于针对该患者鼻咽癌的诊断，医方给予的放疗剂量偏低。后患者的左颈部肿物逐渐增大，医方没有足够重视，至 2012 年 3 月经颈部强化 CT 证实患者左侧颈部淋巴结转移。患者死亡的主要原因为癌细胞的广泛转移，但与被告医院的误诊行为、治疗方面的不足存在因果关系，因此

---

① 天津市第一中级人民法院（2015）一中民一终字第 0401 号民事判决书。

某医学会作出的被告过错与患者死亡损害后果具有因果关系，原因力为半量因素，被告承担50%的责任。

医疗风险提示及律师点评：鼻咽癌是我国常见恶性肿瘤之一，在我国南方尤其是珠三角地区尤为常见。其常见临床表现有听力下降、回涕带血、上颈部淋巴结肿大等。原发于鼻咽部的韦氏环淋巴瘤在我国也经常见到，但常见病理类型为B细胞淋巴瘤，T细胞来源淋巴瘤少见。鼻咽癌需要的放疗剂量较高，局部病灶应给予70Gy以上，而淋巴瘤放疗剂量一般较低，不超过45Gy，两者相差较大，放疗的范围及联合应用的化疗也存在较大区别。无论是鼻咽癌还是淋巴瘤，经过正规积极治疗，治愈的希望还是非常大的，早期鼻咽癌治愈率可达90%以上。本案例中，由于将早期的鼻咽癌误诊为淋巴瘤，所给予的放疗剂量明显偏低，虽然案件中没有提到化疗问题，但是两者常规应用化疗方案也存在明显区别。本案中，在发现鼻咽部病变伴有上颈部淋巴结肿大时应该考虑到原发于鼻咽部的常见肿瘤，做好鉴别诊断。本例患者双侧咽隐窝变浅，鼻咽顶后壁增厚，双侧颈动脉鞘周围可见多发等T1/长T2信号结节影，边界清楚，于DWI呈稍高信号影，最大直径为1.6cm，临床诊断应考虑到鼻咽癌可能，临床医生应与病理科医生充分沟通，重视鉴别诊断。医方应对其过错承担相应的法律责任。

二 患者因（纵膈）霍奇金淋巴瘤术后20余年，晚期患者存在多种高风险因素，肺穿刺活检操作过程应注意尽到更为详尽的告知义务[①]

涉及科室：淋巴瘤科

鉴定结论及判决结果：（1）死因分析：患者死后未做尸检，但结合患者原发疾病、胸穿后病情变化过程、胸部CT报告，临床考虑患者死亡原因为肺穿刺活检所致胸腔出血，失血性休克导致死亡。（2）诊疗行为分析：①患者有肺穿刺活检的适应症。患者老年女性，主因双下肢疼痛1个月余入医院诊治。既往（纵膈）霍奇金淋巴瘤病史行放、化疗后20余

---

① 天津市河西区人民法院（2017）津0103民初9561号民事判决书；天津市第二中级人民法院（2020）津02民终3099号民事判决书。

年，骨髓穿刺检查诊断结果：骨髓转移癌。入院后行 P-CT：双肺弥漫多发结节，不除外恶性。②术前未尽到充分告知义务。肺穿刺活检操作过程符合诊疗操作规范，但该患者晚期存在多种高风险因素，血液化验检查存在危急值。查阅病历关于肺穿刺活检操作风险告知不充分，缺乏针对性告知，未尽到充分说明义务。③穿刺术后病情变化观察、分析及处理不完善，救治措施未能做到及时有效。患者死因为肺穿刺活检所致胸腔出血，失血性休克死亡，医方对患者肺穿刺后出现的病情变化重视不够，未能及时明确诊断，对胸部 CT 提示的异常未能及早发现，医疗行为存在过失，医院承担 70% 的责任，计 66 万余元。

医疗风险提示及律师点评：霍奇金淋巴瘤是恶性淋巴瘤中的一种，一般发病时相对年轻，治疗效果较好，多数病人能够长期生存。本例病人发病时 40 岁左右，放化疗后已生存 20 余年，也符合霍奇金淋巴瘤特征。淋巴瘤治疗效果较好，生存期较长，由于治疗过程中所用放化疗本身的毒副作用问题，随着年龄的增长，有可能会导致在治疗结束多年以后出现第二原发恶性肿瘤。本例病人在霍奇金淋巴瘤治疗后 20 余年出现新的病变，不能排除第二原发肿瘤，对肺内存在的病灶进行穿刺活检明确诊断指征明确。肺穿刺活检常见并发症包括气胸、出血甚至大出血、肺梗塞等，疗前需要充分评估穿刺的获益和风险，并做好医患沟通。本例病人穿刺后出现突发胸痛喘憋、血氧下降、血压下降，应考虑到各种可能出现的并发症，做好相关鉴别，给予适宜处理。

根据病历记录及患者穿刺后病情变化过程：患者 15 时 30 分完成 CT 引导下肺部穿刺，穿刺后复查合并气胸。16 时患者主诉腿部疼痛、大汗，心电监护示：P103 次/分，R18 次/分，BP98/68mmH，氧气吸入 3L/分，血氧饱和度 88%—94%。前往 CT 室行胸部 CT 检查，示少量胸腔积液（病例中 CT 报告示左侧胸膜腔见大片状液体密度影，呈中等量，并见少量气体密度影，8 月 17 日，未见 CT 片）。17 时 10 分完成胸部 CT 检查，返回病房，监护示：P134 次/分，R16 次/分，BP90/60mmH，氧气吸入 10L/分，血氧饱和度 89%。鉴定会现场医方陈述"当时 B 超示少量胸腔积液"（未见报告）；后患者病情加重出现喘憋症状。17 时 22 分患者主诉胸部剧烈疼痛，严重喘憋，大汗，四肢湿冷，颜面口唇苍白。17 时 24

分患者很快意识丧失，心电监护示：P54 次/分，R10 次/分，血压测不出，血氧饱和度 56%，抢救无效死亡。结合患者穿刺后心率逐步增快，血氧饱和度、血压逐步下降，并出现喘憋等症状，提示患者穿刺后病情迅速变化，应考虑与穿刺有关，胸部 CT 提示左侧胸膜腔见大片状液体密度影，呈中等量，并见少量气体密度影，应首先考虑血气胸、失血性休克可能性大，考虑肺栓塞依据不足，应及时胸穿检查明确诊断，及时处理血气胸、失血性休克。而医方在患者病情急剧变化时，诊断鉴别不充分，对胸部 CT 检查的异常未引起重视，未及时明确诊断，处理措施不恰当，使患者失去最佳救治时机，医疗行为存在过错。

三 "空肠造瘘术"实际造瘘位于回肠，手术失误引发的赔偿案件[①]

涉及手术：食管癌

空肠造瘘术鉴定结论：患者入住被告处，入院诊断为食管胸上段癌、慢性胃炎、高血压，予以放化疗。据被告提交的住院病历记载，医方向患者家属交代病情，随时可能出现生命危险，患者家属表示放弃进一步治疗，要求出院，出院后一切风险患者家属自行承担，患者家属表示理解，并由患者之子签字表示同意。后患者死亡，由 X 医院开具居民死亡医学证明书。医学会出具医疗损害意见书，分析意见为："患者因'食道癌晚期'不能进食，造成手术失误，增加了患者痛苦，该医疗过程医方应负全责。根据目前材料，该空肠造瘘手术方式未对肠道功能造成损害，故未达到伤残标准。"

食管癌放化疗鉴定结论：患者为晚期食管癌放化疗后食管气管瘘，医方诊断明确，医方选择放化疗治疗并无不当。医方在为患者行空肠造瘘时出现手术失误，导致患者的造瘘管放入了回肠末端，影响了患者的营养支持。医方对手术失误未能及时发现，也未尽到告知义务。

判决理由及结果：被告医院对徐某的空肠造瘘术失误，故从该手术至弥补该手术失误的过程，被告应负全责。根据病历记载，徐某拔出腹

[①] 天津市河西区人民法院（2014）西民四初字第 137 号民事判决书；天津市第二中级人民法院（2016）津 02 民终 5121 号民事判决书。

部造瘘管,应认定该日为弥补手术失误截止日期。综上,徐某所产生的损失被告应按照100%责任比例赔偿。食管癌放化疗期间,因有某医学会的鉴定结论手术失误与死亡为轻微因素,考虑医方过错,法院酌情判令被告承担20%责任,故该过程所产生的损失及徐某因死亡其近亲属所应得到的赔偿,被告应按照20%比例承担赔偿责任,计28万余元。

医疗风险提示及律师点评:本案中,该患者系食管癌晚期病人,医方给予66G/33f三维适形强调放疗,同步每周给予多西他赛40mg化疗。食管癌是我国常见恶性肿瘤,放化疗是其主要治疗方式之一。我国局部晚期食管癌常规放疗剂量在50—70G,医方的放化疗治疗计划及过程无明确医疗缺陷。食管纵隔瘘及食管气管瘘是局部晚期食管癌较常见的并发症之一。食管癌放化疗后出现食管纵隔瘘或食管气管瘘原因较多,包括肿瘤局部复发、低营养状态、合并感染、良性溃疡、机械刺激、剧烈咳嗽、不当饮食以及放化疗局部性反应等。出现食管瘘后一般通过空肠造瘘术建立营养通路,保证患者营养。本案中,"患者因'食道癌晚期'不能进食,在医院行'空肠造瘘术',但实际造瘘位置位于回肠,手术失误增加了患者痛苦,该'空肠造瘘术'医疗过程医方应负全责"。虽然空肠造瘘术出现位置失误,造成造瘘口位置位于回肠,影响了患者的营养摄入,但病人死亡的根本原因还是由于食管癌病情进展造成,空肠造瘘失误在其病程发展过程中所占比重较少。

四 滤泡型非霍奇金淋巴瘤:患者不在医院期间仍存在患者的查房记录,该记录为虚假的,医院应承担赔偿责任[①]

涉及手术:"恶性淋巴瘤"的放疗治疗

鉴定结论:(1)医方对患者滤泡型非霍奇金淋巴瘤ⅣA期的诊断明确。(2)根据病情,医方采用的含氟达拉滨的化疗方案、时机及剂量合理。(3)氟达拉滨的主要不良反应为骨髓抑制和神经系统毒性。患者昏迷出现在高热发生之后,且氟达拉滨已停用18天,血细胞分析检查显示

---

① 天津市第二中级人民法院(2017)津02民终2113号民事判决书。

患者已度过骨髓抑制期，故不支持氟达拉滨引起的神经系统毒性损伤。（4）医方存在不足：①根据医患双方的陈述及答辩，病人化疗后长时间离院，医院存在管理缺失，未尽到医疗及管理义务。②病历记录欠规范。综上所述，医方诊疗存在违规，但与病人死亡无因果关系。第九项结论：不构成医疗事故。因原告对该鉴定意见书持有异议，遂向市医学会申请再行鉴定。专家组不能客观、准确地得出鉴定结论，故决定本鉴定暂时中止。

　　一审判决理由及结果：综合分析《医疗事故技术鉴定书》，可以确认被告医院针对患者何某的病情诊断正确，采取的治疗方案合理；医方在针对病情变化后更改化疗方案，没有书面告知患者；医方病历书写欠规范。同时依据现有证据不能认定医方对患者治疗存在延误。据此，被告应承担25%责任，计21万余元。

　　二审判决理由及结果：患方自身病情发展，不能证实患者病情恶化的根本原因在于被上诉人。被上诉人诊疗用药不存在不当，且患方主动请假回家，在病情变化时未及时返回医院，因此，患者自身病情的原因力及个人行为对后果起到较大作用。撤销一审民事判决，医院赔偿各项费用合计36万余元。

　　医疗风险提示及律师点评：滤泡型非霍奇金淋巴瘤多数属于惰性淋巴瘤的范畴，如果没有治疗的指征，可以观察等待，一直到疾病进展之后再进行治疗。在观察等待期，第1年应该每3个月体检1次，以后每3—6个月体检1次，如果出现了指征，再给予治疗。治疗方法为：Ⅰ期、Ⅱ期的患者主要以放疗为主，对于Ⅱ期有大肿块或者Ⅲ期和Ⅳ期的患者，应该给予局部放疗或者一线的化疗，氟达拉滨是滤泡性淋巴瘤的常用化疗药物。本案涉及的正是滤泡型非霍奇金淋巴瘤治疗中引发的法律问题，但主要争论的焦点不是治疗是否存在失误，而是治疗住院期间患者请假院外居住期间发生的意外医院是否存在过错。

　　关于被上诉人是否存在管理失责问题。患者化疗后，病情存在不确定性，如患者符合出院条件，被上诉人应为患者办理出院。但被上诉人对患者仍采取继续住院方式，由此说明患者有继续住院诊疗的必要性。在患者病情存在重大不确定性的情形下，患者请假回家，作为具有专业知识的被上诉人，应对患者尽到充分告知义务，而被上诉人的请假登记簿中的"温馨提示"对患者何某的提示作用不足。在患者何某不在医院期间仍存在患者的查房记录，该记录为虚假的，某医学会鉴定中亦因没有客观真实的病程记录致使无法确定是否存在病情延误事实。被上诉人对患者放任管理及编制虚假病历足以认定被上诉人应对此承担责任，一审法院确认被上诉人对上诉人损失承担赔偿责任是正确的。

关于市医学会出具"关于患者医疗鉴定中止意见"的法律分析意见如下：(1) 患者主因"腹胀、腹痛，双下肢浮肿半月余"入住医院治疗，经淋巴结病理检查确诊为"滤泡型非霍奇金淋巴瘤"。先后给予 CHOP 及 RCHOP 方案化疗 4 次，但是患者由于血小板减少转入医院血液科治疗，经过病情评价诊断为滤泡型非霍奇金淋巴瘤ⅣA 期，给予氟达拉滨（50mg/天，共 3 天）为主的方案化疗。专家组认为：根据患者的病情，医方对患者的诊断正确，采取的治疗方案合理。(2) 医方在针对病情变化后更改化疗方案，没有书面告知患者；医方病历书写欠规范。(3) 经专家组对医患双方的现场询问，认为患方在采取氟达拉滨为主的化疗后，患者挂床回家休息期间导致病情延误，最后病情恶化，是造成患者死亡的主要原因。但由于没有客观真实的病程记录等病历材料，且双方在鉴定会现场针对挂床期间的病情陈述不一致，故无法判定医方是否对患者治疗存在延误。鉴于上述情况，专家组不能客观、准确地得出鉴定结论，故决定本鉴定暂时中止。

五　淋巴瘤：患者血生化检查显示血糖为 1.4mmol/L，已符合危急值，病程记录中未见危急值报告及处置情况，医方在病历记载中存在一定瑕疵[①]

涉及科室：淋巴肿瘤科

鉴定意见及判决结果：被鉴定人于 7 月 18 日死亡，主要为其自身恶性淋巴瘤所致，医方的过错未能使被鉴定人的疾病得以尽早诊断及针对

---

① 天津市第二中级人民法院（2021）津 02 民终 1855 号民事判决书。

性的治疗。考虑到被鉴定人自身存在恶性淋巴瘤,从发现临床症状到死亡不足 1 个月,从多发淋巴结肿大、腹水等相对较显现的症状出现后到死亡不足 1 周,可见其疾病发展之迅速、肿瘤恶性程度之高,留给临床治疗时间短暂仓促,一审法院确定医院承担 15% 的责任,计 16.5 万余元。二审维持原判。

医疗风险提示及律师点评:医方未尽到谨慎注意义务。被鉴定人转入医院就诊,预约 B 超引导下腹股沟穿刺活检,并给予抗炎、退热等对症治疗,行右侧腹股沟穿刺活检,病理结果回报(右侧腹股沟肿物穿刺)间变性大淋巴瘤,ALK 阳性,后死亡。结合其之前病史,患者已右侧腹股沟肿块伴发热 10 余天,曾于医院外两家医院就诊治疗,患者腹股沟淋巴结肿大及发热的原因始终未明确。发热待查的原因从大方向可分为感染性疾病、肿瘤性质疾病、非感染性炎性疾病、其他疾病,本例中患者存在发热 10 余天,给予了退热、抗炎等治疗,但仍存在体温升高情况,结合患者伴随腹股沟淋巴结肿大情况。后行腹部+盆腔+浅表淋巴结 B 超示双颈部及右侧腹股沟多发肿大淋巴结,右中下腹网膜增厚,脾肿大,腹水,位于盆腔。患者入院后检查的多发淋巴结肿大、腹水等情况,更说明不能排除恶性肿瘤的可能,医方在患者入院时已给予了预约 B 超下进行淋巴结活检的治疗计划,但直至一个礼拜后才进行该项检查,至 3 天后才有病理回报明确诊断,患者入院 10 天后才得以明确诊断,且在明确诊断之前的治疗期间患者体温始终未得到有效缓解,故医方检查诊断不及时,存在过错。

审阅送检医方病历材料件,医方 7 月 13 日晚上 8 时左右患者有吸氧、心电监护的治疗记录,但医方病程记录中无 7 月 13 日、7 月 14 日病程记录,未能更全面地了解患者此时是否存在病情变化;7 月 16 日患者血生化检查显示血糖为 1.4mmol/L,已符合危急值,虽临时医嘱单中已显示给予静脉高糖等对症处理,但病程记录中未见危急值报告及处置情况,医方在病历记载中存在一定瑕疵。

六 多发骨质破坏：骨髓穿刺涂片示成熟浆细胞不多（占1.5%），考虑增生的纤维组织为病变主体，倾向于良性；且免疫固定电泳无异常蛋白区带，M蛋白阴性等检查结果，属于诊断依据不足的情况下进行抢救性化疗，不符合诊疗规范，应当承担赔偿责任①

涉及科室：肿瘤科

鉴定结论："（1）患者因'左膝关节疼痛2年余，腰部、双侧肋部及髋部疼痛3月余'，入住医院。多次影像学检查考虑骨髓瘤可能性大；且血钙升高（3.17mmol/L）；IgA略高（4.69g/L）。但是，骨髓穿刺涂片示成熟浆细胞不多（占1.5%）；考虑增生的纤维组织为病变主体，倾向于良性；且免疫固定电泳无异常蛋白区带，M蛋白阴性。综合上述检查结果，医院进行2个周期的抢救性化疗，不符合诊疗规范。（2）院方为进一步明确诊断，在右骶髂关节进行活检手术，手术记录操作合理。术后切口发生感染，属手术合并症。现场查体所见，患者手术部位伤口保持愈合。（3）患者在入院后化疗前查血糖7.6mmol/L，表明患者治疗前已存在血糖升高的问题，化疗应用地塞米松引发一过性血糖波动，请会诊后，血糖控制满意。目前，患者血糖升高与医方所给予的化疗治疗没有相关性。"综上所述：医方在诊断依据不足的情况下给予化疗存在过错，其原因力为主要因素，但目前患者未见明显人身损害后果。

一审判决结论及结果：考虑被告的诊疗过错，对于原告因两次化疗所发生的费用，被告应按照80%比例予以赔偿，被告医院赔偿原告各项费用15万余元。二审维持原判。

医疗风险提示及律师点评：患者因多发骨质破坏就诊，MRI检查、PET检查均考虑为恶性肿瘤，骨髓瘤可能性大，但是骨穿活检病理报告未见骨髓瘤和转移瘤表现。后再次活检病理检查仍未见恶性肿瘤征象，再出现骶尾部窦道后手术治疗，诊断为：（1）骶尾部窦道；（2）甲状旁腺瘤伴功能亢进。骨髓瘤的典型影像学特征为穿凿样、虫蚀样骨破坏，但是骨髓瘤诊断还应有骨髓活检见浆细胞明显增多，免疫电泳存在

---

① 天津市第二中级人民法院（2017）津02民终1579号民事判决书。

异常蛋白区带等特征,本案中,医方在诊断依据不足的情况下给予化疗存在过错,应承担相应的法律责任。

第二节 肿瘤外科

一 全麻胸腔镜下行左侧胸腔探查术+胸腔闭式引流术:患者临床诊断为结核性脓胸,入院行胸腔镜手术之后对胸水的性质检查不完善,未行胸膜病理活检;治疗排除结核仅行 PPT 而未做其他检查,对结核病的相关检查不够完善,延误患者的诊断和治疗[①]

疾病诊断:肺癌+肺结核

鉴定结论:结合患者的病史、临床症状、影像学、病理等相关检查,可临床诊断为结核性脓胸。医方在第一次入院行胸腔镜手术之后对胸水的性质检查不完善,未行胸膜病理活检。医方在第二次入院治疗排除结核仅行 PPT 而未做其他检查,对结核病的相关检查不够完善。医方为患者行左侧胸膜剥脱术无手术禁忌症。结论为:由于医方检查不完善而延误了患者的诊断和治疗,医方存在一定过错,目前患者不构成伤残等级,医方过错参与度为主要因素。

判决依据及结果:根据某医学会的鉴定结论,因医院检查不完善而延误患者的诊断和治疗,医院应对王某的损失承担赔偿责任,考虑医院的过错程度,一审法院酌定医院承担70%的责任,计16.3万余元。二审维持原判。

医疗风险提示及律师点评:胸腔镜手术(电视辅助胸腔镜手术)使用现代摄像技术和高科技手术器械装备,在胸壁套管或微小切口下完成胸内复杂手术的微创胸外科新技术。胸腔镜手术被视为20世纪末期胸外科界革命性的突破,是微创胸腔外科应用范围最为广阔的胸腔镜手术。从技术层面看,电视胸腔镜手术(VATS)是通过二至三个"钥匙孔",在电视影像(ViDo-assiSed)监视辅助下完成过去由传统开胸进行的操作手术。其本质是用"腔镜"做手术(或称为腔镜外科),相对于传统的

[①] 天津市第二中级人民法院(2018)津02民终2920号民事判决书。

开刀手术具有创伤小、恢复快、住院时间短等技术特点，其本质与开刀手术的原理相同，但改变了传统的手术入路、分离步骤、结扎与缝合方式以及手术过程中的观察方式（由直接肉眼观察到经内镜观察）。微创技术在内涵上包括了所有在直接影像（内境）或间接影像（超声、X线、核磁等）引导下所完成的各种诊断与治疗技术。本案是由于胸腔镜手术而引发的纠纷，纠纷的主要原因是患者为结核性脓胸，而医方初诊恶性胸腔积液予以胸腔镜治疗，但没有针对结核性脓胸的可能进行胸膜活检，导致了患者病情的诊疗延误。胸腔积液的常见原因包括结核性胸膜炎、恶性肿瘤胸膜转移等，胸膜活检为明确诊断的常用方法。由于医方检查不完善而延误了患者的诊断和治疗，医方存在一定过错，应承担相应的法律责任。

二 右腘窝肿物：右侧腓总神经部分断裂伴创伤性神经瘤形成，和术后肌电图检查提示右侧腓总神经不全性损害神经纤维在术中受到损伤，并没有采取补救措施[①]

涉及科室：肿瘤外科

鉴定结论：（1）患者主因右腘窝肿物入医院住院治疗，住院通知单诊断：右腓总神经鞘瘤。全麻下行右腘窝肿物切除术，具有手术切除适应症，选择手术切除术合理。（2）术前讨论中只记录了"手术指征明确、交代了手术风险及并发症"，没有具体内容，特别是没有记载"伴放射性疼痛，后逐渐出现右侧第 3.4 趾麻木"的神经系统症状和右腘窝肿物（右腓总神经鞘瘤）的相关性。没有记录手术存在的风险和可能存在的并发症，也没有记载并发症后的手术治疗措施。（3）手术自愿协议书比较详细而广泛地交代了右腘窝肿物切除术的手术意外、风险和并发症。其中第 3 条已记载"损伤或者切除神经（腓总神经，胫神经等）"，但是没有记载交代损伤或切除神经后的手术修复措施。（4）术后腓总神经部分损伤，继续神经营养治疗，始终没有提出手术治疗举措，构成八级伤残。医院按照 80% 的比例赔偿，计 18.5 万余元。

---

① 天津市河西区人民法院（2018）津 0103 民初 4373 民事判决书。

医疗风险提示及律师点评：（1）病理切片中的神经纵切成分与医方手术是否相关。显微镜和术中神经电生理监护已在神经外科等多学科应用多年，有利于神经细微结构的辨识和解剖，作为三甲医院忽视了这项技术，显然欠缺。（2）镜下查阅医院456847病理切片诊断：神经鞘瘤，2号切片边缘可见少许束状神经纵切成分。Wiesel骨科手术学指出大多数孤立性良性周围神经鞘瘤有囊壁包裹……切除标本应没有神经纤维组织。说明病理切片中的神经纵切成分与医方手术相关。（3）医方未就手术采取补救措施。临床骨科学指出周围神经损伤观察2—3个月仍无恢复迹象，应手术探查和修复。医方显然未采取恰当及时的手术补救措施。

三　全麻下行十二指肠切除＋腹腔淋巴结清扫术：患者被诊断淋巴肿瘤是对的，但本病例诊断没有分亚型；术前、术中未做十二指肠胰头病理检查，综合因素导致患者死亡[①]

涉及科室：肿瘤肝胆胰外科

鉴定结论及判决结果：（1）患者间断呕吐，CT检查考虑十二指肠胰头肿瘤，并十二指肠梗阻及胆道梗阻，有手术适应症。专家组阅医方提供的病理切片3张、免疫组化切片15张。从HE光镜观察结果和免疫组化染色结果分析与医方的病理诊断结果一致，为淋巴瘤。（2）医方过失：①医方虽然诊断淋巴肿瘤是对的，但本病例诊断没有分亚型，应明确为霍奇金淋巴瘤，且免疫组化做的抗体不全，应补充CD10、Mum1、Bcl-b、Ki-67等。该病例应考虑为弥漫性大B细胞淋巴瘤，ABC来源。②医方术前、术中未做十二指肠胰头病理检查。③根据病历资料，患者住院期间存在腹腔感染，医方未给予进一步的检查，如：CT等。④医方对患者出院指征掌握不当。医方应对患者出现发热及白细胞增高的原因进行进一步的分析和检查。（3）医方淋巴瘤诊断明确后，是否请相关专家制定下一步治疗方案与患者死亡无因果关系。专家组分析考虑患者肺栓塞诊断证据不足，患者死亡系综合因素（老年、

---

① 天津市第二中级人民法院（2015）二中民四终字第615号民事判决书。

恶性肿瘤、梗阻性黄疸、重大手术创伤等）所致，同时，不除外有术后感染的因素。本病例属于一级甲等医疗事故，医院承担30%的赔偿责任，计21万余元。

医疗风险提示及律师点评：胰十二指肠切除术是腹部手术中难度最大、操作最复杂、费用最高的手术方式，适用于胰头癌、胆管下段癌、十二指肠肿瘤、壶腹周围癌、慢性胰腺炎、胰头和十二指肠损伤，手术切除范围包括胰头、十二指肠、胃远端、空肠上段、胆管下段，切除后需做胰肠吻合、胆肠吻合、胃肠吻合。根据疾病类型选择手术方式，包括胰头十二指肠切除术、保留幽门的胰头十二指肠切除术、腹腔镜胰十二指肠切除术、全胰十二指肠切除术。本案中，医方术前、术中未做十二指肠胰头病理检查，存在一定的过错。患者住院期间存在腹腔感染，医方未给予进一步的检查，如：CT等，医方对患者出院指征掌握不当。医方应对患者出现发热及白细胞增高的原因进行进一步的分析和检查，排除感染后再通知病人出院。由于院方的过错与病人后续的死亡存在一定的因果关系，应承担相应的赔偿责任。

四　纵膈肿物切除术：医院在全麻胸腔镜下为患者实施左开胸前上纵膈肿物切除术，造成原告锁骨下动脉撕裂出血，引发的赔偿案件[①]

相关科室：肿瘤胸外科

鉴定结论：（1）院方在术前虽有肿物定位诊断，但术中探查发现囊肿后缘与大血管紧贴且与周围组织粘连，是术前影像无法显示，因此无法完全估计手术风险，应承担风险主要责任，参考系数60%。（2）探查无法发现肿物与血管紧贴粘连程度，难免锐性分离肿物不伤及血管、神经，手术措施不力，存有过失，考虑出血发生后能迅速压迫止血，及时缝合破裂血管，应对过失造成的损害承担主要责任，理论系数75%。术后出现膈肌麻痹、声音嘶哑，无论是锐性分离，还是抢救出血过程中发生均与手术抢救有关。（3）根据CT显示：左膈肌麻痹造成左膈肌抬高，纵膈左偏，左胸腔缩小，左肺不张已呈条索状萎缩，右肺野透过度已不

[①] 天津市河西区人民法院（2013）西民四重字第4号民事判决书。

均，均说明其损伤已不可逆转。左喉返神经麻痹、声音嘶哑，构成Ⅹ（10）级伤残。（4）根据检查所见及其活动明显影响呼吸功能，不能完成日常体力活动，造成日常生活自理能力下降，尤其夜间体位变化，呼吸困难加重，需要他人帮助，评定为部分护理依赖，并进一步作出鉴定意见："院方术前虽有肿物定位诊断，但对于手术风险估计存在不足，应承担风险D级主要责任，参考系数60%；术中措施不力，未能完全避免伤及血管、神经，院方应承担相应医疗过错责任E级，理论系数75%。患者术后遗留膈肌麻痹、声音嘶哑，与手术不当有关。左膈肌麻痹致左肺不张影响呼吸功能构成Ⅴ（5）级伤残，左喉返神经麻痹、声音嘶哑，构成Ⅹ（10）级伤残。呼吸困难，影响日常生活自理需部分护理依赖。对医疗风险与过错共同造成的医疗损害综合评定：风险主要责任D级，参考系数60%，过错相应责任E级，理论系数75%，（60%＋75%）/2，院方应承担责任比例67%。"

判决理由及结果：该鉴定意见确认本案被告对于手术风险估计存在不足，术中措施不力，未能完全避免伤及血管、神经，被告承担67%的责任，计28万余元。

医疗风险提示及律师点评：纵膈肿瘤主要指在纵膈内生长的肿瘤，除了支气管、气管、食管和心脏生长的肿瘤。纵膈肿瘤属于胸部常见的肿瘤，目前分为继发性和原发性，继发性纵膈肿瘤主要指身体其他部位的肿瘤转移所引起，原发性纵膈肿瘤根据位置分为前、中、后。部分纵膈肿瘤患者早期无明显的临床症状，但随着肿瘤增大，可出现咳嗽、胸痛、神经系统症状、压迫症状等。因此，发现纵膈肿瘤时应采取手术治疗，例如全胸腺切除术、神经源性肿瘤切除术、机器人纵膈肿瘤手术等。本案中，院方对于手术风险估计存在不足，术中措施不力，未能完全避免伤及血管、神经，应承担相应医疗过错责任。

五 十二指肠乳头占位：全麻下行胰十二指肠切除术，医院方未能采取有效的防护措施，且未能及时发现呼吸道反流误吸，一定程度上延误了对患者的抢救时机，导致患者死亡[①]

涉及科室：肝胆胰外科

鉴定结论：（1）有关手术方式问题，某中心鉴定意见书中已经说明，院方对患者张某行"胰十二指肠切除术"符合诊疗常规。（2）有关患者术后发生误吸问题，鉴定意见书中也已进行详细阐述，认定与院方未能采取有效的防护措施有关，且未能及时发现呼吸道反流误吸，一定程度上延误了对患者的抢救时机，但客观上患者处于麻醉苏醒期，咽喉反射尚未完全恢复，诊断有一定难度。（3）关于参与度问题，鉴定意见书中也进行了说明，参与度评定属于学理性探讨内容，参与度大小的把握存在一定的主观因素，鉴定人对于参与度的评定仅为供审判参考的学术性意见，而非确定审判赔偿程度的法定依据。

判决理由及结果：根据司法鉴定中心出具的司法鉴定意见书，被告医院对被鉴定人张某力的医疗行为存在明显不足（医疗过失），与张某死亡之间存在直接因果关系。建议医院对患者的医疗过失行为参与度为60%—80%。考虑被告的诊疗过失、患者死亡的后果及诊疗过失与死亡后果的因果关系，法院酌定被告对于原告的损失按照70%比例予以赔偿。被告医院赔偿原告各项费用56万余元。二审维持原判。

医疗风险提示及律师点评：十二指肠肿瘤可以分为两大类，包括良性肿瘤、恶性肿瘤，最经典、最科学的方法实际上是将肿瘤完整切除，具体如下：传统方法有开腹手术，腹部打开以后切除肿瘤；腹腔镜下切除肿瘤；如果病情较早、癌肿较小，可以通过胃镜下切除。不管用腹腔镜，还是用外科手术方法切除肿瘤，因为十二指肠位置特殊，尤其是十二指肠靠近乳头，不管是良性肿瘤，还是恶性肿瘤，都会牵涉到胆管和胰管，甚至牵涉胰腺，所以手术较大。手术过程中由于患者处于麻醉状态，术后恢复期患者的咽反射功能不全，易于出现误吸。本案中，院方

[①] 天津市河西区人民法院（2013）西民四重字第9号民事判决书；天津市第二中级人民法院（2014）二中民四终字第537号民事判决书。

未能采取有效的防护措施有关，且未能及时发现呼吸道反流误吸，一定程度上延误了对患者的抢救时机，应承担相应的法律责任。

　　该部分致谢专家：赵路军，肿瘤学博士、天津医科大学教授、博士研究生导师，天津市肿瘤医院放疗科主任医师。从事肿瘤治疗临床工作30余年，近年来一直从事肺癌、食管癌、胸腺瘤等胸部肿瘤的临床及科研工作。主持及参与完成国家自然科学基金多项，先后在国内外杂志发表相关论文200余篇，其中国际权威杂志SCI收录论文近百篇。

第十一章

医疗大健康

第一节　中医科

一　难治性肾病综合征：血透过程中出现间断血液滤过的并发症导致患者死亡[①]

鉴定结论：(1) 因未进行尸体解剖检验，患者杨某病理学死亡原因不明，根据临床分析，患者死亡原因为败血症休克。(2) 患者最后一次入院期间，院方肺部感染的诊断依据不足。(3) 患者难治性肾病综合征、严重低蛋白血症、高度水肿，有行血液净化治疗的适应症，血透过程中出现一过性低血压为间断血液滤过的并发症之一，术前已履行相关风险告知义务，取得签字同意。(4) 患者病情突然出现变化，且进展迅速，院方虽给予相关的检查和处理，但处理欠及时。(5) 患者家属不同意患者进入 ICU 病房，仅同意维持各种药物，对患者的愈后存在一定影响。(6) 胸腔穿刺引流术虽然无绝对禁忌症，也取得了家属的知情同意，但根据患者当时情况，院方行该手术欠慎重。(7) 病历书写欠规范。综上，被告应当对原告承担 20% 的民事责任，计 18 万余元。

医疗风险提示及律师点评：本案为难治性肾病综合征，主要表现为血透过程中出现间断血液滤过的并发症，导致患者死亡。

(1) 加强对危重患者的病情告知和风险评估。本案中被告方在患者病情危重和血滤、胸穿等操作时均进行了充分的病情告知，得到了法院

[①] 北京市西城区人民法院（2013）西民初字第 01442 号民事判决书。

的认可,但对该危重患者行胸腔穿刺引流术时,虽然取得了家属的签字同意,但鉴定中认为进行该手术欠慎重,提示医生要时刻树立风险意识,尤其在行有创操作前,对患者病情充分评估其风险获益比,即便取得了家属签字,也不代表无须承担不良结果的责任。

(2)重视临床诊断的严谨性。①本案中司法鉴定意见提到肺部感染诊断依据不足,考虑到该患者是转入病人,在临床病历书写中常出现转入患者的诊断直接复制前一科室的转出诊断,而往往忽视其诊断的合理性和严谨性。无论新入院患者或转入患者,其所下诊断应具有充分的病史、辅助检查等依据。②被告方在血培养回报革兰阴性杆菌情况下,考虑到重度感染,应用了特殊使用级抗生素亚胺培南进行抗感染治疗,但未能在患者诊断中明确脓毒血症,同时对该病的风险性未对患者家属进行必要告知,是被告在本案中的主要过错。

(3)重视加强病历管理。本案中在有关胸腔穿刺的操作记录方面,护理记录与病程记录存在记载不一致,虽与患者的死亡无直接关系,但也暴露了日常病历管理中的漏洞,医生与护士经常忙于各自的医疗活动,在文书记录上常缺少必要沟通和核对机制,当发生医疗纠纷时可能会出现潜在过错点。

二 刃针治疗:中医门诊超过执业范围承担的损害赔偿责任[①]

案情经过:本案经过3家鉴定机构研判,均无法鉴定。杨某因右腕疼痛到某中医诊所就诊,该诊所对杨某实施治疗后,杨某病情加重,经鉴定右腕部损伤,右腕关节功能部分丧失,构成九级伤残,右桡神经远端损害,右拇指功能部分丧失,构成十级伤残。该中医诊所在原审中自认仅对杨某实施了刃针治疗,但根据杨某提供的对话录音内容显示,法院对某中医诊所对杨某实施了刃针治疗并注射麻药的诊疗行为的事实予以确认。

判决理由及结果:(1)某中医诊所提供的《医疗机构执业许可证》副本载明其诊疗科目包括"中医科:内科专业、妇产科专业、针灸科专业",说明某中医诊所的上述诊疗行为已超出登记的诊疗科目范围。

---

① 辽宁省沈阳市中级人民法院(2020)辽01民终341号民事判决书。

（2）根据《医疗机构病历管理规定》第十条第一款："门（急）诊病历原则上由患者负责保管。"但杨某否认某中医诊所向其交付过门诊病历，某中医诊所主张将门诊病历已交付给杨某，对此某中医诊所应当承担举证责任，而该中医诊所不能提供证据证明其已向杨某交付门诊病历，应承担举证不能的不利后果。（3）根据《中医病历书写基本规范》第十二条："门（急）诊病历内容包括门（急）诊病历首页［门（急）诊手册封面］、病历记录、化验单（检验报告）、医学影像检查资料等。"门（急）诊病历并不包括麻醉记录等资料，患者的麻醉记录应由医疗机构保管，而该中医诊所并不能提供麻醉记录，亦存在过错。结合医方过错、医方超出范围行医及杨某自身疾病特点等因素，法院酌定对杨某的损害后果某中医诊所承担70%的赔偿责任，计15万余元。

医疗风险提示及律师点评：本案是刃针治疗，中医门诊超过执业范围承担的损害赔偿责任的问题。（1）重视临床病历书写和管理。本案中被告方为个体中医诊所，在门诊病历管理上存在明显错误，未能对原告的就诊过程进行记录，按照法律规定，医方不能举证证明其向患方开具并交付病历，应推定医方存在过错。（2）严格按照执业范围开展诊疗活动。本案一审与二审判决结果差别较大，原因之一在于二审过程中明确了被告方使用麻醉药品、超诊疗范围的医疗行为，且无相关记录，认定被告方存在过错。

其他中医科潜在风险：对患者病情进行充分的评估和告知。如进行针灸等操作时，可能出现晕针的风险，应准备充分的急救药品和器材。部分危险穴位、应严格按照操作规范进行施术，避免扎到肺脏、中枢神经等，引起危重病情。在开具中药及中成药处方时，应严格按照药典规定的剂量和配伍要求，避免用药过量和禁忌配伍。对长期服药患者，应定期检查肝肾功能及彩超等，避免可能存在的肝肾损害。

该部分致谢专家：袁红霞，天津市名中医，首批全国优秀中医临床人才，天津中医药大学教授，博士生导师。

闫早兴，天津市中医药研究院附属医院脾胃科主治医师，医学博士。

第二节 老年病科

一 左侧额颞顶岛叶及左侧基底节区软化灶："意识障碍、脑卒中"的老年病人患者对血压进行完整记录，向患者家属交代病情及告知治疗措施、风险等应有患者家属签字[①]

涉及科室：老年病科

鉴定意见：（1）关于医方诊疗行为的评价。①被鉴定人入内科急诊后，医方作出"意识障碍、脑卒中"的入院诊断成立，由于患者病情危重，呼吸有暂停，于就诊时已交代病情，家属拒绝呼吸机等有创抢救措施，医方上述诊疗行为不存在过错。②关于血压的监测。被鉴定人入内科急诊后，首诊病历中未对患者血压进行记录，至当日近5小时内无血压记录；三次病程记录中均记载"患者血压测不出"，听证会上医方陈述"不排除此间患者无血压与医方机器故障有关"。医方对患者的血压监测不利，未尽到应有的注意义务，存在过错。③关于病历书写。医方在门诊病历中多次向患者家属交代病情及告知治疗措施、风险等，但根据病历记载情况，仅有两次取得了患者家属的签字，医方病历书写不规范，存在不足。（2）本案被鉴定人为高龄患者，既往脑梗死、高血压病史，此次入院时查体显示其状况极差，病情危重，且由于入院后医方多次建议患者家属进行相关积极治疗措施，家属均表示拒绝，故被鉴定人的死亡应为其自身疾病自然转归的结果。但医方在患者入院后对患者的血压未能尽到其应有的注意义务，故认为医方的上述过错可能对患者死亡的发生具有一定的不利影响。被告承担20%的责任，计6.7万余元。

医疗风险提示及律师点评：脑卒中属于急性脑血管病，俗称中风，包括出血性脑卒中、缺血性脑卒中。本案中，医方对患者的血压监测不力，未尽到应有的注意义务，存在过错，应承担相应的法律责任。

---

① 天津市和平区人民法院（2020）津0101民初5677号民事判决书。

二 心源性休克："急性下壁心肌梗死"的诊断对于家属进行告知义务，没有给病人吸氧、心电图监护以及输注甘露醇，造成急诊抢救行为不规范；无完整规范的、全面的神经系统检查记录，是造成败诉的重要原因[①]

涉及科室：老年病科

鉴定结论：根据病历心电图\心肌酶化验，均支持急性下壁心肌梗死的诊断；患者病情加重后请心脏内科会诊、及时吸氧、心电图监护并转重症医学科进一步抢救治疗，符合诊疗规范；自明确急性下壁心肌梗死诊断后，转往医院继续治疗，符合诊疗规范；患者89岁高龄，查阅急诊病历心电图提示S段已回落，T波倒置，考虑心肌梗死发病超过48小时，不适合溶栓和介入治疗。患者既往有高血压、脑梗病史，在此基础上发生急性下壁心肌梗死，心源性休克，仅就诊2小时即突发心源性脑缺血而进行心肺复苏抢救。因此预后判断死亡风险极高，医院的病历证实患者最终因急性下壁心肌梗死心脏破裂死亡。

判决理由：对于医院的过错参与程度，根据本案的实际情况，法院确定医院的过错参与度为40%，即医院对于原告的损失承担40%的责任，合计11万余元。

医疗风险提示及律师点评：本案，根据病历心电图、心肌酶化验，均支持医院对于患者的病情诊断为急性下壁心肌梗死，诊断明确。但医院在诊疗过程中未充分尽到"急性下壁心肌梗死"的诊断对于家属进行告知义务，对于危险后果采取了回避的态度，侵犯了患者及家属的知情权。医疗过错：包括错误地输注甘露醇、未吸氧、未予心电监护；在诊疗过程中的病历记载不完整，应当承担相应的责任。但同时不可忽视患者石某年龄较大，入院时病情危重，死亡原因系急性下壁心肌梗死心脏破裂，故患者自身疾病对于其死亡后果亦存有相应因素，鉴定机构的鉴定意见客观真实。鉴定机构的鉴定意见对于患者家属所提出的上述医院在诊疗过程中的过错均进行了相应分析认定，在无相反证据证实某医学会的鉴定存有实体或程序瑕疵的情况下，对于鉴定机构的鉴定意见，法

---

① 天津市津南区人民法院（2017）津0112民初3887号民事判决书。

院予以确认。另外，医方在转至重症医学科前数小时内没有告知家属"急性下壁心肌梗死"的诊断，未尽说明义务；在转至重症医学科前数小时内急诊科处理不规范（没有给病人吸氧、心电图监护以及输注甘露醇）；急诊病历没有完整规范的、全面的神经系统检查记录，这些也是导致医院承担法律责任的重要原因。

第三节 体检科

一 医院体检中心未发现甲状腺肿的存在，此行为属于漏诊，引发的赔偿责任[①]

涉及科室：体检科

纠纷经过：原告系某大学职工，1997年、2006—2014年、2016年在被告处进行常规体检，检查结果显示甲状腺均未见异常。2014年9月，原告在其他医院检查甲状腺右叶肿大，于2014年9月9日入住被告处，诊断为甲状腺肿物，于2014年9月15日全麻下行冰冻＋全甲状腺切除术，2014年9月19日出院，出院医嘱：注意饮食休息，口服补充甲状腺素。定期复查，变化随诊。

鉴定结论：（1）患者戴某，男，59岁，2014年9月外院检查甲状腺右叶肿大，再次到肿瘤医院就诊，诊断为甲状腺肿，经过质询手术医生证实为甲状腺右叶的胸骨后甲状腺肿，并行甲状腺全切术。（2）根据结节性甲状腺肿的病程判断，患者2014年手术前，在医院体检中心未发现甲状腺肿的存在，此行为属于漏诊。但此患者为甲状腺右叶的胸骨后甲状腺肿，并且甲状腺左叶为弥漫性结节性表现，选择甲状腺全切手术方式正确。手术后终身服用优甲乐药物治疗，系疾病本身所致的后果。（3）据《黄家驷外科学》关于单纯性甲状腺肿的治疗指出，25岁以前推荐药物治疗，对于25岁以后以及有压迫气管的患者应早期手术治疗。体检中心的漏诊行为延误了患者的治疗时机。（4）医方的体检中心外科医生是否具备体检资质，可由卫生行政主管部门予以审查。

[①] 天津市河西区人民法院（2017）津0103民初8146号民事判决书。

判决理由及结果：根据该鉴定结论，被告的漏诊行为与原告的预后有一定因果关系，参与度为轻微责任，被告承担20%的赔偿责任，计11万余元。

二 乳腺浸润性小叶癌：民营体检机构遗漏患者的重症状况而承担的损害赔偿责任①

涉及科室：体检机构

鉴定结论：乳腺浸润性小叶癌，目前医学上难以评价乳腺肿瘤体积大小与肿瘤恶性度、血运转移之间的关系，即早期明确诊断乳腺肿块性质、早期防范恶性肿瘤转移方面具有一定困难性；患者自身罹患右乳乳腺浸润性小叶癌明确，其发生与医院体检行为无因果关系，且以早期发生血运转移（骨转移）为特点；患者于2015年12月4日超声发现右侧乳腺异常情形下延至2016年1月10日至医院规范诊疗一定程度影响患者病情预后；医院2014年10月30日进行乳腺红外检查不属于目前临床上对乳腺癌筛查常规选用的设备；医院2015年10月28日的体格检查中无外科检查对发现患者乳房肿物具有不利影响；结合2015年12月4日超声检查结果及2013年超声检查异常结果，在2015年10月28日双侧乳腺超声检查时，患者右侧乳腺肿块客观存在，医院在本次超声检查时存在技术性不足，与郑某右乳乳腺癌未能及时发现进而未及时诊治最终死亡结果具有一定因果关系。

一审法院判决理由及结果：郑某在M门诊部进行健康体检，M门诊部应根据郑某的体检项目认真检查，并依据检查结果作出健康报告。根据鉴定意见，M门诊部的体检行为存在一定的医疗过错，与郑某右乳乳腺癌未能及时发现进而未及时诊治最终死亡结果具有一定的因果关系，M门诊部应根据过错程度承担赔偿责任。参考鉴定意见，法院酌定M门诊部过错程度为20%，赔偿原告各项损失共计18.5万余元。

二审法院判决理由及结果：本案中根据郑某2015年12月4日超声检查结果及2013年超声检查异常结果，可以确定郑某在2014年和2015年

---

① 河南省洛阳市中级人民法院（2020）豫03民终2165号民事判决书。

体检时，右侧乳腺存在异常，而上诉人在两次体检过程中均未发现郑某乳腺存在异常。鉴定意见认为，上诉人 M 门诊部的体检行为存在一定的医疗过错，与郑某右乳乳腺癌未能及时发现进而未及时诊治最终死亡结果具有一定的因果关系，一审参考鉴定意见酌定 M 门诊部过错程度为 20%，符合法律规定及本案实际情况。驳回上诉，维持原判。

三 体检机构的报告中，经常看到"建议必要时专科诊治"，是否符合针对被鉴定人发生宫颈接触性出血症状的医学建议？①

涉及部门：体检科

判决理由：（1）关于 M 医疗行为：审查 2015 年 1 月 19 日健康体检报告，从被鉴定人妇科检查结果显示宫颈充血、糜烂、囊肿等特点，被告体检机构考虑为慢性宫颈炎的临床表现，符合临床医学对常见病的判断思维。此次体检进行了宫颈液基薄层细胞学检查（TCT），检查报告示未见上皮内病变及恶性肿瘤。虽然从被鉴定人 2 年后发现宫颈癌（ⅡA2 期）特点而言，需考虑当时可能存在癌前病变；但鉴于早期症状不典型，健康体检受到双方约定检查项目的局限，被告体检机构未能考虑被鉴定人可能存在癌前病变、尚不能认定为医疗过错问题。被告体检机构在主要阳性结果及建议和异常指标解读方面，提出必要时专科诊治，以及建议做 TCT 并去正规医院就诊，符合被鉴定人宫颈检查示充血、糜烂、囊肿特点的医学建议。但在异常指标解读方面，对 TCT 检查的医学解释，指出宫颈癌细胞检出率达 95% 以上，对此，该医学解释与《妇产科学》教科书指出该检查敏感性较低的观点不一致，因此、被告体检机构未能给予被鉴定人对 TCT 检查准确的医学解读，对被鉴定人对 TCT 检查价值局限性的认识产生一定不利影响。审查 2017 年 6 月 2 日健康体检报告，妇科检查中记载宫颈接触性出血。宫颈接触性出血是宫颈癌较常见的临床症状之一，虽然也可见于慢性宫颈炎，但从两种疾病的预后而言，以及与 2015 年 11 月 9 日妇科检查所见情况比较，提示被鉴定人的宫颈病变进展，对其是否存在宫颈癌应是本次健康体检关注和筛查的重点问题。

---

① 河北省石家庄市中级人民法院（2020）冀 01 民终 1240 号民事判决书。

妇产科检查和妇科超声检查，反映被鉴定人宫颈未见外生物，也未提示发现宫颈管增粗、附件异常。一方面说明被鉴定人宫颈癌符合内生型特点，与后续医学检查相一致；另一方面从后续妇科检查和超声所示，反映被鉴定人宫颈癌病情在2017年6月至12月期间有进展、肿瘤体积增大。TCT检查报告示未见上皮内病变及恶性细胞，宫颈细胞学要求标本采集前应避免性交、阴道检查、阴道冲洗及上药，标本采集避开月经期等；对于被告体检机构是否在体检前向受检者进行相关告知、妇产科检查医师是否在检查前进行相关询问，以及妇产科医师的取材操作等，超出本次技术鉴定评价范畴，请法庭进一步审理确定。可以说明的是，样本是否合格对阅片判断有影响；但即使样本合格，也存在一定的假阴性结果，与该检查敏感性较低有关，联合HPV检查可提高检查的敏感性。本案被鉴定人此次健康体检时，已出现宫颈接触性出血，虽然TCT检查未提示癌前病变或恶性肿瘤，但从健康体检对受检者的医学指导方面，应建议尽快去医院专科进一步检查。被告体检机构的报告中，建议"必要时专科诊治"，不符合针对被鉴定人发生宫颈接触性出血症状的医学建议。

（2）关于S医院医疗行为。本案被告医院不是对被鉴定人接诊、实施医学诊疗行为的医疗机构，而是对被告体检机构送检的样本进行检查并出具检查报告的医疗机构。对于两家机构合作涉及的相关权利、义务问题，不是本次技术鉴定评价范畴。对于标本的保存、转送，以及涉及的医疗产品合格性问题，本次鉴定也无法评定。建议法庭对此进行质证审查，以明确两家医疗机构之间在TCT检查方面双方约定的相关问题。就报告的技术性分析方面，两份检测报告单上均记载标本满意，说明达到了阅片的细胞学要求；但受到取材部位影响，存在得到假阴性结果的可能性。S医院医疗行为基本符合医学工作程序要求。综上，依据S医院病理检查报告单和S医院病历记载，被鉴定人于2017年12月经宫颈活检示中分化鳞状细胞癌，经后续专科诊断宫颈癌（ⅡA2期）。在2015年11月9日健康体检时，被鉴定人临床症状、体征和TCT等辅助检查尚未提示明确宫颈癌早期特点，被告体检机构未能对被鉴定人作出判断和相应的医学建议，不存在医疗过错问题；而被告体检机构对TCT检查的医学解释，可对被鉴定人就TCT检查筛查宫颈病变价值局限性的认识产生一定不利影响。

判决理由及结果：本案中，原告在被告 M 处进行健康体检，但是未能通过筛查发现宫颈上皮内病变。根据鉴定意见，2015 年 11 月 19 日体检未能作出判断和相应的医学建议，虽然从被鉴定人 2 年后发现宫颈癌（ⅡA2 期）特点而言，需考虑当时可能存在癌前病变，尚不能认定为医疗过错问题。但在异常指标解读方面，体检机构对 TCT 检查的医学解释，对原告对 TCT 检查价值局限性的认识产生一定不利影响。但原告对 TCT 检查价值局限性的认识，尚不能认定与未能检出癌前病变所造成的损害后果有因果关系，因此，被告 M 的该项解读虽存在过错但不应承担赔偿责任。关于被告 M 的过错主要表现为以下几点：（1）未提交证据证实在体检前向受检者进行相关告知标本采集前注意事项，可能对样本产生影响，而样本对阅片判断有影响。（2）2017 年 6 月 2 日原告进行健康体检时，已出现宫颈接触性出血，需高度关注宫颈癌病变问题，延误其 6 个月左右的诊治时机。原审法院酌定对于原告除术前辅助化疗外的各项损失，被告 M 承担 30% 的次要责任即 14 万余元。

律师点评：（1）相关考虑因素：被鉴定人宫颈癌系自身疾病，存在一定时间的发生、发展过程，早期症状不典型。被告体检机构存在的医疗过错：被告体检机构对被鉴定人的医疗行为是对疾病和风险的筛查、评估和医学建议，不属于医学诊疗行为。该鉴定机构作出如下鉴定结论：依据现有医学资料、石家庄 M 体检管理有限公司门诊部存在医疗过错，与郑某延误 6 个月左右诊治宫颈癌时机具有一定因果关系。

（2）原因力程度的分析。该医疗过错与被鉴定人郑某需在手术前接受辅助化疗方案方面、从技术鉴定立场分析建议为主要因果关系范围；该医疗过错在被鉴定人郑某双侧卵巢切除方面，需要结合被鉴定人是否绝经，是否具有切除卵巢的治疗意愿予以判断。本次技术鉴定难以评价。依据现有医学资料，S 医院出具 TCT 检测结果的医疗行为不存在过错。但该医院与健康体检机构之间在如何保证 TCT 检测结果质量方面的协议问题，需要法庭进一步举证审理确定。可以说明的是，具有明确的质量保证协议，对于提高检出率具有一定的有益作用。被鉴定人郑某双侧卵巢切除术后评定为六级伤残；其术前辅助化疗和双侧卵巢切除术评定误工期 96 日、护理期 66 日、营养期 66 日。宫颈细胞学要求标本采集前应避免性交、阴道检查、阴道冲洗及上药，标本采集避开月经期等，被告 M 是否在体检前向原告告知了相关事项，原告称未告知，被告 M 称应当已经告知，但均未提交证据予以证实。

（3）被告体检机构未能向被鉴定人告知不排除存在癌症疾病风险。被鉴定人 2015 年 11 月至 2017 年 6 月期间，在间隔 1 年 6 个月余内未能按照一年一次的常规间隔时间进行健康体检，从年度体检的立场丧失一次健康检查机会。在 2017 年 6 月 2 日健康体检时，被鉴定人妇科检查出现接触性出血，已经具有宫颈癌的症状特点，需高度关注宫颈癌病变问题；虽然 TCT 检查为阴性结果，但结合被鉴定人临床症状和 TCT 检查的局限性特点，被告体检机构未能向被鉴定人告知不排除存在癌症疾病风险，以及给予规范的医学建议、存在医疗过错问题。依据现有医学资料，被告 S 医院对被告体检机构送检的样本进行细胞学检测，出具检测报告单，不存在医疗过错问题。被告体检机构在 2017 年 6 月 2 日对被鉴定人进行健康体检时存在的医疗过错，延误其 6 个月左右的诊治时机：就被鉴定人 2017 年 6 月和 12 月的检查情况而言，其宫颈癌病情有可能由ⅡA1 期发展至ⅡA2 期。无论ⅡA1 期还是ⅡA2 期，手术治疗方案均需行全子宫切除，而双侧卵巢是否保留，主要取决于被鉴定人是否绝经、是否有切除卵巢的意愿。而被鉴定人是否保留卵巢的意愿，是否会受到宫颈癌进展的影响，本次技术鉴定无法评价。宫颈癌病变由ⅡA1 期发展至ⅡA2 期，可增加术前辅助化疗方案。

（4）被告 M 的过错与原告延误诊治时机具有一定因果关系。原告延误 6 个月左右的诊治时机，其宫颈癌病情有可能由ⅡA1 期发展至ⅡA2 期，导致原告增加术前辅助化疗，鉴定机构出具鉴定意见认为被告 M 的过错与原告延误诊治时机具有一定因果关系，从技术鉴定立场分析建议为主要因果关系，因此，对于原告增加术前辅助化疗的损失 1 万余元，原审法院酌定被告 M 承担 70% 的责任即 0.7 万余元，原告双侧卵巢切除经鉴定为六级伤残，鉴定机构认为双侧卵巢是否保留，主要取决于被鉴定人是否绝经、是否有切除卵巢的意愿。原告病历显示其月经规律，其是否有切除卵巢的意愿，主观方面无法证实，但原告在卵巢功能基本正常的情况下作出切除卵巢的决定应当与宫颈癌有关，是基于对术后预后效果的考虑。但是原告进行健康体检的目的就在于疾病及其风险因素的筛查与风险评估，得到医学指导，以早期发现、早期进行治疗，健康体检不是疾病的诊治，延误治疗造成的病情现状与早期发现、早期治疗之间的差距无法准确确定，但是因为被告 M 的过错造成延误 6 个月治疗时间对于治疗方案及预后可能产生不利的影响，考虑到被告 M 未能证实在术前告知原告标本采集的注意事项，有可能造成样本不合格，影响 TCT 检查结果，且在出现接触性出血时，未能告知原告不排除存在癌症疾病风险以及给予规范的医学建议、延误原告 6 个月左右的诊治时机的事实。

四 "清肠排毒养生"免费体验活动，造成直肠阴道损伤引发的诉讼[①]

涉及范围：社区医院

判决理由及结果：原告在被告 Q 门诊部提供的《清肠排毒养生客户档案》上签名，该客户档案上记载有原告的个人信息，另在第二条载明"有以下病症患者不能进行清肠排毒养生：患有严重心脏病、肠道肿瘤、严重贫血、怀孕期、肛肠出血或穿孔、疝气、肝硬化、肛瘘管、严重痔疮、近期肠道手术者、动脉瘤、肾功能低下者；严重低血糖、腹腔和肠道手术未超过 6 个月者"。相关医生具有执业资质。本案中，原告到 Q 门诊部进行"清肠排毒养生"免费体验活动，双方形成服务合同关系，原告在"清肠排毒养生"造成直肠阴道损伤，对于原告的损失，作为提供服务方的 Q 门诊部应承担相应的法律责任。经鉴定为九级伤残。

本案被告 Q 门诊部在为原告提供"清肠排毒养生"服务中，未按其提供的《清肠排毒养生流程》进行操作，亦未提交证据证实其在提供服务前对原告进行了详尽的指导或提醒原告要严格按照《操作流程》进行操作，且被告 Q 门诊部提供的"减肥排毒仪"无生产厂家、厂址及联系方式，无法证实该设备为符合国家质量安全要求的产品；原告在接受服务过程中，具有注意义务，被告未举证证实原告存在过错，故被告 Q 门

---

① 天津市西青区人民法院（2018）津 0111 民初 2668 号民事判决书。

诊部应就原告的全部损失承担赔偿责任。被告 Q 中医门诊部赔偿原告 27 万余元。

五　手法矫正治疗方法在腰椎间盘突出症治疗方面有严格的适应症，临床上应慎重把握①

涉及科室：中医理疗

鉴定结果：（1）患者主因腰疼就诊于医院门诊，医方未经影像学及其他检查，给予患者行腰部手法矫正治疗后，患者腰部及左侧臀部疼痛加重。医方诊疗过程无明确诊断，诊疗行为草率，与患者就诊后症状加重有因果关系。（2）专家组查阅患者在医院就诊后，在其他医院就诊的住院病例记载，患者 5 年前和 1 年前分别进行过腰部微创和射频手术治疗。患者腰部疾患为本次治疗之前客观存在，目前患者的症状体征与原有的基础病有一定的关系。（3）手法矫正治疗方法在腰椎间盘突出症治疗方面有严格的适应症，该治疗方法存在一定的风险，临床上应慎重把握，目前患者不构成伤残。

医方在给患者进行诊疗过程中，诊疗行为不规范，与患者就诊后症状加重有因果关系，其原因力为主要因素。另外，原告发生医疗事故前患有腰椎间盘突出，考虑原告病情的需要和损害后果，被告承担 70% 的责任，计 11 万余元。

第四节　养老机构

一　养老院里独居老人摔倒，合同中约定老人摔倒养老院免责，是否具有法律效力？②

涉及行业：养老院

判决理由及结果：原告作为住养人、原告之子 Z 某作为托养人与被

---

① 天津市南开区人民法院（2016）津 0104 民初 7699 号民事判决书。
② 天津市南开区人民法院（2020）津 0104 民初 4697 号民事判决书；天津市第一中级人民法院（2020）津 01 民终 5198 号民事判决书。

告签订《养老服务合同》。合同第十二条免责条款约定,因被告及其工作人员以外的第三人及原告自身的原因(如摔伤、自杀、猝死、过量饮酒、私自离开被告处所造成的失踪或服用自备食物、药品、保健品等)或其他意外伤害受到人身、财产损害的,被告不承担赔偿责任。原告的身体状况在被告处的评估报告中显示均为独居。被告认可原告在其处住养时摔伤,法院不予置议。但被告主张无法确定摔伤原因,且卫生间卫生系由案外人某物业管理有限公司负责,因此实际侵权人应为案外人天津某物业管理有限公司。然根据原、被告提交的证据均无法显示原告摔伤的具体原因,被告亦未提交证据证明案外人某物业管理有限公司具有致使原告摔伤的具体侵权行为,故对于被告主张案外人某物业管理有限公司为实际侵权人的抗辩法院不予采信。被告收取相关费用后,对住养老人应负护理、照看义务,原告在2017年在被告处独居时已满89周岁,年事已高,虽经评估确定护理等级为自理级,但被告亦应对其加强陪护。原告在明知其年事已高及行动能力弱差的情况下,仍在入住被告处至事故发生时多年期间内未变更护理等级,影响被告对原告的护理需求的判断。被告承担70%责任,计5万余元。二审改为赔偿原告各项费用的40%,合计3万余元。

律师点评:原告如厕时不慎摔倒在地,随后被告通知原告家属。当日,原告被送至医院进行急诊治疗,诊断伤情为左股骨转子间粉碎骨折。原告已与被告签订《养老服务合同》。被告主张原告不属于一对一的全程护理,且已提醒原告家属升级对原告的护理等级,但原告家属予以拒绝,因此按照合同约定的免责条款,原告摔伤不应由被告承担赔偿责任,但合同中对于因被告及其工作人员以外的第三人及因原告自身的原因(如摔伤、自杀、猝死、过量饮酒、私自离开被告处所造成的失踪或服用自备食物、药品、保健品等)或其他意外伤害受到人身、财产损害的,被告不承担赔偿责任等相关内容的约定明显具有免除自身责任,排除对方主要权利的性质,因此该相关内容无效。

关于上诉人提出改判驳回被上诉人的全部诉讼请求一节,考虑事发时被上诉人独居且年近九旬,虽护理等级为自理,但上诉人应加强其陪护。现上诉人管理中出现疏漏,应认定对事故发生存在过错,上诉人提出改判驳回被上诉人全部诉讼请求之主张法院不予采纳。考虑上诉人作为养老机构的收费较低,存在一定的公益性质,综合本次事故起因、双方的过错程度,加之程某高龄等情况的考虑,酌情确定由上诉人承担40%民事赔偿责任,法院予以调整。

二 养老院里自理级老人摔伤,应当如何赔偿?①

涉及行业:养老院

判决理由:何某在被告 K 养老院院内大门附近,使用其自带的助步车时,先步行向前推车,后坐车向后倒行,之后仰面摔倒在地,被告的工作人员将何某送往医院治疗,后死亡。原告将何某安置在被告处,在明知何某身体状况及行动能力的情况下,入住时未对护理等级为自理级提出异议,自何某入住被告处至事故发生近两年期间未提出变更护理等级,影响被告对何某的护理需求的判断,对事故发生亦存在过错,被告承担30%的赔偿责任为宜。

判决结果:被告 K 养老院赔偿原告各项损失共计13万余元。

律师点评:本案中,结合监控录像,何某倒行时并未有人及时制止,以致事故发生。且被告称养老院内还有其他老人使用助步车,既然被告了解该情况,就应及时发现安全隐患,提醒老人们正确使用器械并加强管理,故被告存在工作管理中的疏漏。何某在事故发生两个月左右后死亡,结合何某年事已高、仰面摔倒在地的情况以及病情,不能排除何某死亡与此次事故之间的关联关系。被告辩称其不应承担赔偿责任,于法无据,法院不予采信。

三 养老机构内的老人外出丢失,后被人民法院宣告死亡,应如何赔偿?②

涉及部门:养老机构

法院判决理由及结果:罗一作为托养人,与 K 养老院签订养老协议书,约定罗二入住 K 养老院。双方约定护理级别为半护(介助)级别。该协议

---

① 天津市津南区人民法院(2018)津 0112 民初 9271 号民事判决书。
② 天津市第一中级人民法院(2018)津 01 民终 607 号民事判决书。

第五条第（十）项约定：甲方对有自理能力的住养人外出，建立外出登记制度。其间发生一切问题，甲方不承担责任。后罗二外出后一直未归。一审法院判决宣告罗二死亡。K养老院应当根据罗二的精神状况、身体状况等具体情况，决定是否准许外出。鉴于事发的前日，罗二因病到医院输液，客观上表明罗二身体存在隐患且K养老院明知，而K养老院对此没有尽到谨慎管理义务。具体本案，罗二因被宣告死亡，原告承担90%的责任比例，K养老院承担10%的责任比例为宜，计7万余元。二审维持原判。

律师点评：根据法律规定，罗二作为完全民事行为能力人，其自K养老院外出，导致被宣告死亡，应对其自身的行为负主要责任。K养老院在对罗二住养期间的管理服务上也存在瑕疵，也应承担部分责任。具体理由为：虽然罗二系完全民事行为能力人，但入住时罗一已经告知K养老院罗二头脑受刺激，K养老院也如实记录，根据双方的协议书及护理等级来看，罗二的自理程度介于完全自理和完全不能自理之间，相对于自理等级的住养人，K养老院有较重的护理义务。根据K养老院提供的协议书第五条第（十）项的约定，该条款结合护理等级标准等文件理解来看，"有自理能力的住养人"应指完全自理的人。根据《天津市养老机构护理等级标准》（试行）规定，介助等级范围包括：①年龄在70周岁以上；②日常生活行为依赖扶手、拐杖、轮椅和升降等设施帮助及需要他人帮助者；③身患慢性疾病，但病情基本稳定，在日常生活中需相应护理者；④思维和肢体活动有轻度障碍，生活规律时有失常，需他人帮助者。罗二的护理等级为介助（半护），不能完全适用该条款，因此，罗一同意罗二外出并不意味就免除K养老院的责任。

四 养老机构对于老人应当建立健康档案，定期组织体检应有记录；对于全护级别护理的老人，死亡时应有护理人员在场；老人死亡时，首先应通知家属，拨打120急救，不能根据自己的经验认定为死亡[①]

涉及部门：养老机构

法院判决理由及结果：第三人与兰某及被告签订《入住养老机构协

---

① 天津市第一中级人民法院（2019）津01民终980号民事判决书。

议书》，约定由第三人作为托养人，兰某作为住养人，入住被告处。护理级别为自理级；被告应建立健康档案；被告应定期安排体检，如出现病情变化，应协助进行治疗；如在住养期间去世，由第三人负责善后事宜。后被告工作人员发现兰某没有生命体征，未通知家属，未拨打120，亦未送往医院。被告经与第三人商议，将兰某尸体送至殡仪服务有限公司。依据被告履行合同的瑕疵情况及过错程度，结合兰某入院前患有脑栓塞、高血压等疾病和病情发展的不可逆因素，以及对养老护理行业本身具有的公益性等情况考虑，被告承担30%责任，计26万余元。

律师点评：兰某与被告签订协议，被告收取了相应费用，应当对兰某的饮食起居等方面进行照顾，并根据兰某的身体状况等提供相应的护理。从被告的收费标准来看，对于兰某的护理等级是逐渐提高的，自2015年6月开始更是提高为全护的标准，但被告并未为兰某建立健康档案，亦未对其定期体检，行为上存在瑕疵。根据被告对事实经过的陈述，兰某死亡时并无护理人员在场，被告为兰某提供的全护级别护理，不应存在脱离看护的情况。此外，兰某死亡时，被告未通知家属，未拨打120急救，仅依据被告工作人员的认定就确定了兰某死亡，该工作人员又无相关的医护人员资质，被告的行为显然存在过错。

第五节　月子会所内发生的损害赔偿责任

一　月嫂从事妇女产后月子家庭护理，由于过失导致新生儿死亡，应该如何承担赔偿责任？[1]

涉及领域：月嫂服务、母婴护理中心

法院判决理由及结果：2017年8月19日，梁某（甲方）、邓某（乙方）与M公司（丙方）签订的《雇佣合同》约定：（1）丙方为甲、乙双方提供中介服务，促成双方签署本雇佣合同。（2）甲方雇佣乙方为家庭护理员，乙方前往甲方指定的居所从事妇女产后月子家庭护理或婴幼儿家庭护理。（3）甲方雇佣乙方的期限为28天，自2017年11月19日起至

---

[1] 广东省佛山市中级人民法院（2019）粤06民终2394号民事判决书。

期限结束止（乙方实际上岗日期不一致时，从乙方实际上岗之日起计算），期满后双方雇佣关系自动终止。(4) 费用：……②乙方为甲方提供产后月子家庭护理或婴幼儿家庭护理。乙方工作结束时甲方向乙方支付实际工作天数的工资。③丙方收取之中介费，只提供介绍用工、跟踪服务情况、提供有关咨询等服务，对甲乙双方的雇佣关系并不构成任何担保、连带的责任，甲乙双方之间发生任何纠纷与丙方无关；如乙方有任何违法、侵权、违约行为，甲、乙双方自行解决，丙方不承担任何责任。(5) 甲方义务：……⑫丙方跟踪服务、了解乙方工作、思想情况，甲方有义务给予支持；丙方组织月嫂活动、年终月嫂工作总结及表彰大会，甲方应给予配合，安排乙方放假参会。⑬甲方与乙方之间是雇主与雇工关系，双方发生纠纷，适用有关雇主与雇工的相关法律规定进行处理，与丙方无关。(6) 由于乙方侵权行为或违约行为造成甲方（包括甲方家庭成员）损失的，甲方自行向乙方要求赔偿。若乙方下落不明的，丙方可提供相关资料予以协查，但丙方不负责赔偿乙方造成的任何损失。

受害人江某1出生后，邓某上岗为梁某和江某1提供产妇及婴儿家庭护理服务。后江某1被屋外面响起的鞭炮声吓醒啼哭起来，并吐了奶。邓某将江某1的呕吐物清理干净后，发现江某1脸色变青、嘴唇发黑，后经抢救无效，江某1死亡，死亡原因为新生儿窒息。另查，邓某在发现江某1吐奶时，没有对江某1采取如拍背等急救措施。梁某就本案事故向公安局报警，控告邓某过失致人死亡。公安局经审查后认为邓某的行为不属于犯罪行为，作出《不予立案通知书》，决定不予立案。

综合双方当事人的过错程度，法院认为一审判决酌定邓某对损害后果（江某1死亡）承担50%的赔偿责任，梁某、江某2自行承担50%的责任。一审法院判决被告邓某赔偿原告43万余元，精神抚慰金5万余元，被告M公司对被告邓某承担10%的连带责任。二审维持原判。

律师点评：

焦点问题1：邓某对江某1的死亡有无过错，是否需要承担责任？第一，梁某、邓某与M公司签订合同约定，M公司作为中介机构，促成梁某与邓某达成雇佣的合意，由梁某雇请邓某作为月嫂照顾梁某和江某1，梁某直接向邓某支付劳动报酬。因此，梁某与邓某之间成立劳务关系。

第二，江某1因窒息死亡，至于窒息的原因，虽然没有经过尸检无法明确具体原因，但综合各方当事人陈述的事件经过以及医生的陈述，根据高度盖然性原则，法院确认江某1因呛奶导致呼吸困难是窒息的原因之一。第三，根据日常生活经验法则及江某1主治医生李某的笔录可知，在孩子呛奶的情况下，为孩子拍背，然后清理口腔呕吐物，则一般可以处理或者缓解。邓某确认按照其培训规范，在发现孩子呛奶后应观察孩子脸色，严重的就需要拍背处理，其亦确认江某1在呛奶后没有哭，属于严重的情形。因此，在发现江某1呛奶严重后，有无拍背直接影响救治的效果。第四，邓某在公安机关的询问笔录中，均未陈述其在发现江某1呛奶后对江某1进行了拍背处理，特别是2018年4月9日的询问笔录中，公安机关反复询问发现呕奶后采取什么措施时，邓某表示只是帮婴儿清理过呕吐的奶水，其他的措施就没有了。公安机关的笔录是事故发生后第一时间所做，此时当事人对事件记忆最深刻，表述相对客观，可信度较高。故法院采信梁某关于邓某在江某1呛奶后没有对其进行拍背处理的主张。综上，邓某作为专业育婴师，在接受梁某的雇请作为月嫂照顾江某1饮食起居期间，没有按照操作规范的规定，在江某1严重呛奶后未及时对江某1进行拍背处理，导致江某1的呼吸困难未能及时缓解，其对江某1的窒息死亡存在过错；梁某、江某2作为江某1的法定监护人，虽然聘请了月嫂照顾孩子，但不能免除自身对江某1的照顾、护理义务，特别是对于新生儿更应当谨慎看护，梁某、江某2没有尽到监护责任，其对江某1的死亡亦存在过错。

焦点问题2：如邓某需要承担责任，则M公司是否需对邓某承担连带责任？提供居间服务的中介机构仅为委托人报告机会或提供媒介服务，而根据邓某与M公司《职业介绍协议书》可知M公司会对邓某的工作能力进行指导和评定，提供业务咨询服务，涉案《雇佣合同》亦显示M公司会跟踪服务、了解邓某工作、思想情况，组织月嫂活动、年终月嫂工作总结及表彰大会，而M公司对邓某的上述行为具有明显的管理性质，可见M公司在本案中的居间行为有别于一般的中介服务，虽其对邓某提供劳务不进行直接管理，但存在间接管理的职权。因此，M公司应对邓某的过错承担相应的管理责任，一审判决酌定M公司在邓某应承担的责任范围内承担10%的连带责任公平合理。

二 母婴护理过程中，母婴均生病住院，月子会所如何赔偿？[①]

涉及领域：月子会所、母婴护理中心

法院判决理由及结果：秦某1（甲方）与AJ公司（乙方）签订《入住合同》及《定房确认单》。产妇为孙某，婴儿是秦某2。合同第四条第四款约定，甲方产妇及宝宝在乙方入住期间，如因疾病需暂时住医院观察，此段住房时间的费用扣除，凭医院的诊断证明办理退费。甲方在乙方会所入住期间，如出现各种疾病等异常情况，须及时到医疗机构进行诊治，费用自理，乙方不承担任何责任。后经历过一些服务后，秦某离开护理中心，至医院就医。秦某2（婴儿）在医院住院治疗6天，孙某（产妇）住院7天。孙某和秦某2出院后，没有再入住A公司护理中心。在被告的护理中心秦某2实际住了13天，孙某实际住了14天。

根据孙某和秦某2入住护理中心时被告对孙某和秦某2的身体状况进行的评估及《医院出院记录》，孙某和秦某2身体状况是健康的。原告孙某、秦某2生病与被告违约行为存在因果关系，与孙某、秦某2的自身体质也有关系。孙某入住时存在乳房有肿块，有乳腺增生、乳头凹陷、皲裂、奶路不通的情况。秦某2腹部检查脐带未脱落、有血性分泌物，孙某患病后秦某2未进食母乳。被告并未禁止秦某2的监护人对秦某2行使监护的权利，监护人有责任观察及发现婴儿有生病或不适的情况。本案中被告服务质量不符合约定，被告对孙某（产妇）的损失承担50%的责任，对秦某2（婴儿）的损失承担70%的责任。A公司退还秦某、孙某交押金2000元及服务费2万余元；A公司赔偿孙某0.3万余元，赔偿秦某1万余元。

律师点评：被告作为专业的护理机构，有护理产妇及婴儿的职责。《入住合同》约定产妇的日常护理服务项目包含心理健康疏导、产期药浴擦洗、中药洁发、体温血压测量、产后恢复操、每周淋巴排毒按摩、教导妈妈婴儿基本照护等。执行的标准依据"妈妈观察记录"所列各项执

[①] 天津市河北区人民法院（2018）津0105民初4108号民事判决书。

行。但根据被告提交的《妈妈护理记录》，被告未对孙某进行产褥操指导、伤口护理、淋巴排毒护理、骨盆修复护理的服务。根据被告提交的《妈妈课程》，被告第二周未按照课程安排向孙某授课，存在违约。《入住合同》约定婴儿的护理项目包含：黄疸观察、脐带护理、会阴护理、游泳、洗澡、抚触、剪指甲等日常护理。执行的标准依据"宝宝观察记录"所列各项执行。被告提交《宝宝护理记录》中显示，自2018年3月20日至2018年4月1日期间，被告未对秦某2进行剪指甲、宝宝游泳、食量胃口观察、女宝宝分泌物观察的护理服务，存在违约。被告并没有为孙某、秦某2履行全部服务，应当承担违约责任。

三　家里聘请的24小时护工由于工作不尽职，导致老人摔倒，应如何赔偿？当时介绍月嫂的服务部是否应该承担赔偿责任？[①]

涉及领域：护工

纠纷经过：原告王某因年事已高且患病行动不便，原告儿子经被告K月嫂服务部居间，雇用被告陈某作为护工照顾原告生活起居。陈某在照顾原告时，原告不慎摔倒。3天后原告觉得疼痛难忍，至社区卫生服务中心治疗，诊断其右股骨颈骨折，住院治疗14天，花费医疗费2万余元，构成九级伤残。

法院判决理由及结果：本案原告聘请被告陈某代为照顾自己生活起居，陈某作为护工有义务确保原告在日常生活中的基本安全。陈某明知原告行动不便，却让原告一人站立在门口，对原告摔伤负有一定责任。原告作为完全民事行为能力的成年人，亦应承担相应的责任。结合本案情况，原告与被告陈某间责任应以5∶5分为宜。从K月嫂服务部提供的证据及陈某的陈述可看出，K月嫂服务部提供的是信息中介服务，其与陈某间无雇佣关系也无隶属关系，被告K月嫂服务部辩称其与原告是居间合同关系法院予以采信，对本案原告的损害后果，月嫂服务部无过错，原告无证据证明其与被告月嫂服务部已形成家政服务合同关系，其要求被告月嫂服务部承担责任的依据不足，法院不予支持。被告陈某赔偿原

[①] 河南省邓州市人民法院（2018）豫1381民初1107号民事判决书。

告王某损失 2 万余元；驳回原告对被告 K 月嫂服务部的诉讼请求。

第六节 精神科

一 鉴于精神类病患的特殊性，医院安全保障义务要明显高于普通医院，出现患者损害应如何赔偿？[①]

涉及科室：精神科

鉴定结果：陈某因患有精神分裂症第 8 次入医院住院治疗。后于病房内摔倒，经医院初步诊治后，陈某入 A 医院住院治疗，被诊断为：左股骨颈骨折。陈某的伤情经某司法鉴定所鉴定，鉴定意见为："被鉴定人左髋关节功能损伤符合十级伤残。被鉴定人应自外伤之日起护理期 150 日，营养期 180 日。"

法院裁判理由及结果：医院承认陈某在本案中主张的事实，故对陈某主张的事实予以确认。对于医院是否尽到了安全保障义务，一审法院认为，现从监控视频可查，事发当时陈某在病房走廊内行走，无其他人员与陈某碰撞，亦不可查事发地面是否有障碍物影响陈某行走，陈某自行摔倒，后又自行离开，由于事发突然，且事发时间较短，无医护人员发现该情况，但在事发后第二天医院对陈某进行了检查，故不存在医院对陈某救治不及时。另从监控视频可查，陈某摔倒处走廊地面无接缝，走廊两侧有扶手，说明医院尽到了一定的安全保障义务。但医院作为主要治疗精神类病患的医院，不同于普通医院，鉴于精神类病患的特殊性，其安全保障义务要明显高于普通医院。陈某入住医院处后，医院并未要求陈某必须有家属进行陪护，则又提高了其保障义务。医院在向陈某家属送达《精神科住院患者易发生跌伤护理告知书》时，明确提到患者服用精神科药物后，可能会出现头晕等症状发生跌伤，说明医院知晓该风险的存在，而在陈某无家属陪护的情况下，仅以告知书的形式将该风险转嫁于陈某，显失公允。综上，判定医院应对陈某的损失承担 60% 赔偿责任。被告医院赔偿原告各项费用合计 9 万余元；精神损害抚慰金 0.3 万

[①] 天津市第二中级人民法院（2018）津 02 民终 7974 号民事判决书。

元。二审维持原判。

医疗风险提示及律师点评：根据本案查明的事实，患者系自行摔倒，其未举证证明摔倒与医院设置的设施有关，或系医院过错导致，故其要求医院承担80%的责任缺乏事实和法律依据，法院不予支持。但考虑到陈某正在医院接受治疗期间，并无家属陪护，医院对于陈某的日常行为安全应当履行相应的保障义务，其在发现陈某受伤后并未在第一时间通知家属，主观上存在过错，法院综合考虑当事人状况、事发经过、结果等各方面因素，酌情确定医院承担60%的责任，并无违反法律规定之处。

该案中"医院在向陈某家属送达《精神科住院患者易发生跌伤护理告知书》时，明确提到患者服用精神科药物后，可能会出现头晕等症状发生跌伤，说明医院知晓该风险的存在，而在陈某无家属陪护的情况下，仅以告知书的形式将该风险转嫁于陈某，显失公允。综上，判定医院应对陈某的损失承担60%赔偿责任"。患者服用精神科药物后，可能会出现头晕等症状发生跌伤，除口头告知患者及家属存在相关风险外，还需要进行告知书签署及进行病历记录。精神科长期住院患者中无家属陪伴者居多，实际工作中就如何既让患者及家属得到最好的医疗照护，同时又避免风险是需要具体分析的，但总体来讲还是以医疗文书的完备记录为准。

二 精神分裂症：精神分裂症病人在厕所摔伤的损害赔偿责任[①]

涉及科室：精神科

鉴定结论：原告申请对其伤残等级、误工期、护理期、营养期进行鉴定。某司法鉴定所出具鉴定意见书，认定被鉴定人高某外伤致四肢瘫（二肢以上肌力4级以下），为Ⅳ级伤残；被鉴定人高某外伤致颈部活动度丧失10%以上，为Ⅹ级伤残；建议被鉴定人高某外伤后误工期、护理期、营养期均至评残前一日。

裁判理由及结果：行为人因过错侵害他人民事权益，应当承担侵权责任。被侵权人对损害的发生也有过错的，可以减轻侵权人的责任。本

[①] 天津市西青区人民法院（2015）青民一初字第3701号民事判决书。

案中，原告主张厕所湿滑造成自己跌倒，但根据原告描述，其蹲下后身体向前扑倒，不符合滑倒的客观特征，且原告未提交证据证实厕所湿滑，故原告该主张法院不予采信。原告虽然患有精神分裂症，经过一段治疗后，其并未丧失最基本的生活自理能力，故其如厕的行为，应当在其能力可控范围之内，之所以摔倒受伤主要还是自身的疏忽大意或其他不可控因素，并非因精神疾病造成。但被告在医院的管理环节、对病人的关怀服务方面还存在需要进一步改进和完善之处，故法院酌情确定被告对于原告合理的经济损失承担40%的赔偿责任。被告某医院赔偿原告各种费用40%，即16万余元。

医疗风险提示及律师点评：《民法典》第一千一百六十五条：行为人因过错侵害他人民事权益造成损害的，应当承担侵权责任。依照法律规定推定行为人有过错，其不能证明自己没有过错的，应当承担侵权责任。本案中，患者摔倒受伤，被告在医院的管理环节、对病人的关怀服务方面还存在需要进一步改进和完善之处，具有一定的过失，故法院酌情确定被告对于原告合理的经济损失承担40%的赔偿责任。

医疗硬件及环境本身完备也是体现人文关怀的一部分，医院可做更多人性化的调整，设计有利于患者安全及医疗观察的设施。另外，医护人员定时及不定时查房也是更好地保障医疗安全的关键，及时发现问题、及时处理，并第一时间告知家属、进行病历记录是关键。

三　医疗纠纷发生后，医院应当提供进行鉴定的病例，如果医院不提供病例，需要承担败诉的法律后果[①]

涉及科室：精神科

判决理由：患者张某因精神疾病长期在被告医院接受间断性治疗，因未定型精神病发作再次入住被告医院，后猝死。原告认为被告对患者的医疗行为存在过错导致患者死亡，因此起诉要求被告赔偿。庭审中，原告对患者在被告处的住院病历的书写时间等提出文检鉴定，由于被告拒绝提供住院病历原件，导致文检鉴定无法进行。法院认为，被告对患

---

① 天津市第一中级人民法院（2014）一中民一终字第27号民事判决书。

者（已故）的医疗行为是否构成医疗事故，需要通过医疗事故鉴定方可确定。进行该鉴定前，应当对鉴定材料（包括病历）的真实性进行甄别确认。现原告提出对病历书写时间等进行文检鉴定，因被告拒不提供病历原件，导致鉴定无法进行，因此被告应承担举证不能的法律后果。根据《医疗事故处理条例》第二十八条第四款的规定，被告对患者张某的死亡应当承担责任，本案应当参照《医疗事故处理条例》及相关规定处理。故原告主张的丧葬费应按照医疗事故发生地规定的丧葬费补助标准计算，精神损害抚慰金应按照医疗事故发生地居民年平均生活费计算6年进行赔偿。关于原告主张的死亡赔偿金，因没有依据，法院不予支持。关于原告主张的医疗费，因原告仅能提供1100元医药费票据原件，对于其他医药费，因没有充分证据予以证明，法院不予支持。被告医院一次性赔偿原告各项费用共计14万余元。二审维持原判。

医疗风险提示及律师点评：《民法典》第一千二百二十二条：患者在诊疗活动中受到损害，有下列情形之一的，推定医疗机构有过错：（一）违反法律、行政法规、规章以及其他有关诊疗规范的规定；（二）隐匿或者拒绝提供与纠纷有关的病历资料；（三）遗失、伪造、篡改或者违法销毁病历资料。本案中，原告提出对病历书写时间等进行文检鉴定，因被告拒不提供病历原件，导致鉴定无法进行，因此被告应对此承担举证不能的法律后果。

医院方不能提供病历本身构成了医疗事故鉴定中过错的主要原因，提醒医生及时进行医疗处置的记录是关键，禁止涂改、伪造病历是医生的基本守则，而面对每一份病历都抱有敬畏的心态是基础。

该部分致谢专家：魏倩倩，天津市安定医院主治医师，精神医学硕士，国家二级心理咨询师，中国心理卫生协会首批注册心理咨询师。从事心理门诊诊疗、心理咨询与治疗工作，具有丰富的临床实践经验。主要致力于精神及心理疾病临床诊疗、个体精神健康咨询与治疗、婚姻与家庭治疗、青少年心理问题咨询、职业压力与发展咨询与干预等。

下 编

法律实践篇

第十二章

卫生健康领域的行政诉讼案件

第一节 医院购买设备引发的行政处罚案[①]

涉及科室：设备科

判决理由：原告某医疗器械公司因经营需要购置卡式灭菌器一台用于手术室的器械消毒，Q医疗器械销售有限公司中标。原告与该中标公司签订了买卖合同，约定以14.3万元的价格购买灭菌器一台。被告接案外人举报称原告手术室使用的灭菌器为非正常渠道购买，没有正规授权。被告经初步核查后，予以立案，后对涉案设备进行了现场检查。被告向销售灭菌器公司中国代表处邮寄了《协助调查函》，要求该公司协助查明涉案设备标签的真实性，是否为该公司销往中国产品，是否在国家食品药品监督管理总局办理过医疗器械产品注册登记。后该公司回函称，涉案设备的标签及标签上的序列号是伪造的，涉案设备不是销往中国的机器，系其欧洲分公司销往其他国家的，涉案设备未在中国注册登记。

被告作出被诉《行政处罚决定书》，认定原告购进的蒸汽灭菌器未取得医疗器械注册证，货值金额为14.3万元，依据法律规定，对原告给予没收灭菌器1台，并处人民币71.5万元的行政处罚。原告交纳了上述罚款。

原告认为被诉《行政处罚决定书》无效的理由为：该处罚认定事实

[①] 天津市滨海新区人民法院（2018）津0116行初188号行政判决书。（注：本案原告为某医疗器械公司，被告为区市场监管局）。

不清、适用法律不当、查封超期、办案超期、被诉《行政处罚决定书》送达超期、被告负责人未对调查结果进行审查、在并未调查终结的情况下进行初审等，但上述事由均非确认行政行为无效的标准。因此，被诉行政行为的违法性显然没有达到无效的程度。依照法律规定，法院驳回原告的诉讼请求。

律师点评：根据《行政诉讼法》第七十五条规定："行政行为有实施主体不具有行政主体资格或者没有依据等重大且明显违法情形，原告申请确认行政行为无效的，人民法院判决确认无效。"《最高人民法院关于适用〈中华人民共和国行政诉讼法〉的解释》第九十九条规定："有下列情形之一的，属于行政诉讼法第七十五条规定的'重大且明显违法'：（一）行政行为实施主体不具有行政主体资格；（二）减损权利或者增加义务的行政行为没有法律规范依据；（三）行政行为的内容客观上不可能实施；（四）其他重大且明显违法的情形。"据此，"重大且明显违法"是构成无效行政行为的条件，即该无效行政行为的违法情形已经重大且明显到任何有理智的人均能够判断的程度。本案中，原告明确其请求确认被诉《行政处罚决定书》无效，是认为被诉《行政处罚决定书》符合重大违法的情形，具体是指被诉《行政处罚决定书》符合《行政处罚法》第三条第二款关于"没有法定依据或者不遵守法定程序的，行政处罚无效"的规定。依据《行政处罚法》第二十条及《医疗器械监督管理条例》第三条第二款的规定，被告区市场监管局具有行政主体资格，对本辖区内使用未依法注册的医疗器械的行为进行调查并作出行政处罚决定属其法定职权，原告对此也无异议。因此，原告的主张不成立。

第二节 医生被患者殴打，不服公安机关处罚案

案件经过：原告江某系第三人湘雅医院医生，2017年4月23日上午，在就诊过程中被患者刘某殴打。岳麓公安分局作出第一次《处罚决定书》，决定对刘某处以罚款500元的行政处罚，江某认为公安机关处罚太轻，申请行政复议。2017年8月14日，长沙市政府作出第一次《复议决定书》，认为被告岳麓公安分局的行政处罚决定适用法律错误，决定撤

销《处罚决定书》，并责令重新作出处罚决定。2017年8月18日，被告岳麓公安分局重新作出被诉《处罚决定书》，决定对刘某罚款200元。次日，被告岳麓公安分局将该《处罚决定书》送达给第三人湘雅医院，但未送达江某。后，原告江某再次向长沙市政府申请行政复议，长沙市政府决定维持被诉《处罚决定书》，并邮寄送达各方当事人。江某仍不服，提起行政诉讼。① 本案涉及的法律问题如下。

1. 关于原告及第三人诉讼主体资格问题。

《行政诉讼法》第二十五条第一款规定："行政行为的相对人以及其他与行政行为有利害关系的公民、法人或者其他组织，有权提起诉讼。"本案的特殊之处在于，治安案件的报案人系湘雅医院，报案的主要内容也是"有人在医院闹事"，被告岳麓公安分局认定刘某有"扰乱单位秩序"的行为，对其作出了治安处罚的行政决定，且原告江某与第三人湘雅医院认为刘某对原告江某存在故意伤害行为，岳麓公安分局定性错误，处罚偏轻。可见该治安案件的受害人有二，湘雅医院是其一，原告江某是其二。但是湘雅医院却没有对治安行政处罚决定提起行政诉讼，完全符合立法所规定的"没有提起诉讼"的情形，因此，法院依法应当通知湘雅医院作为第三人参加本案诉讼。同时，原告江某有受伤的客观事实存在，无论刘某是否实施了殴打行为，江某也系治安案件的被侵害人之一，依法享有行政复议、行政诉讼的权利。

2. 关于被告岳麓公安分局行政处罚决定的合法性问题。

（1）被告岳麓公安分局有作出行政处罚决定的法定职权。

根据《治安管理处罚法》第七条第一款"县级以上地方各级人民政府公安机关负责本行政区域内的治安管理工作"的规定，本案的被告岳麓公安分局有维护本行政区域内的治安管理工作的法定职责，对于本辖区内的违法行为人可以给予治安管理处罚，作出相应的行政处罚决定。

（2）被告岳麓公安分局关于"原告江某所受轻微伤应当认定为推搡拉扯形成"的事实认定正确。

实施治安管理处罚，只能以客观存在的事实作为基本依据，对法律

---

① 湖南省长沙市铁路运输法院（2020）湘8601行初480号一审行政判决书。

事实作出相应的评价。基于此，现有证据可以证实原告江某受伤的事实客观存在，其损伤符合钝性外力作用所致的软组织挫伤，构成轻微伤。

（3）被告岳麓公安分局关于"刘某的违法行为，应认定为'扰乱单位秩序'"的定性准确。

本案中，刘某因不满江某对其母亲诊疗过程中的推诿行为，踢翻诊室内桌椅，与江某发生推搡拉扯，而导致江某受轻微伤、门诊被迫停诊半天，客观上导致医院正常秩序的混乱。因现有证据不足以证明刘某存在殴打行为，岳麓公安分局认定江某的损伤是双方在推搡拉扯过程中造成，刘某主观上伤害对方身体的故意并不明显，认定刘某的行为符合"扰乱单位秩序"的特征，定性准确。原告江某及第三人湘雅三医院认为应以故意伤害行为追究刘某违法责任的有关主张，依据不足，不予采纳。

（4）被告岳麓公安分局作出的行政处罚决定适用法律正确，量处适当。

《治安管理处罚法》第十九条第（四）项规定，"主动投案，向公安机关如实陈述自己的违法行为的"可以减轻处罚或者不予处罚。司法实践中，违法行为人尚未被抓获归案，主动投案如实供述自己罪行，成立一般自首，而办案单位出具的《归案情况说明》系还原违法行为人到案情况的重要依据。本案中，治安案件的办案单位——岳麓公安分局派出所出具的《归案情况说明》中载明，"刘某于案发当日下午14时许到派出所投案。虽然刘某在第一次接受问话时没有承认与江某有推搡拉扯的事实，但在随后的调查询问中刘某对与江某发生推搡拉扯的事实作了陈述，其陈述前后并不矛盾"。被告岳麓公安分局基于上述情况说明，在处罚决定书中，作出刘某有"主动投案，如实陈述"的情节认定，符合法律规定。

应当指出的是，根据《行政处罚法》和《治安管理处罚法》的有关规定，被告岳麓公安分局在作出被诉《处罚决定书》时，就应当对刘某违法行为的情节轻重幅度作出认定。但在行政诉讼的原一审、二审时，被告岳麓公安分局当庭确认刘某的违法行为属情节较重情形。至湖南省高级人民法院再审时，其当庭发表意见改称刘某的违法行为属一般情节情形。至本案庭审，被告岳麓公安分局当庭发表意见亦称刘某的违法行为属一般情节情形,被告岳麓公安分局对于刘某违法情节的认定意见前后矛盾,应当依法纠正。但鉴于本案是重新审理,治安案件系偶发的医患纠纷引起,未造成严重影响等事实,采信岳麓公安分局对刘某的违法行为属"一般情节"的认定。

如前所述,被告岳麓公安分局认定刘某的违法行为属于"一般情节"情形,正常处罚幅度应为"处200元以下罚款",考虑刘某有减轻处罚情节,应作出处罚款200元以下的决定。《治安管理处罚法》规定"以下"包含本数,刘某作为被处罚人接受涉案行政处罚决定,且已主动缴纳罚款。故被告岳麓公安分局重新作出的罚款200元的被诉《处罚决定书》未对刘某减轻处罚,更未对其"降格处理",适用法律和量处并无不当。

(5)被告岳麓公安分局的行政处罚决定在执法程序方面存在轻微违法。

第一,涉案《处罚决定书》未载明违法情节幅度属轻微违法。公安部《公安机关办理行政案件程序规定(2018修正)》第一百七十五条第(三)项规定,"作出行政处罚决定的,应当制作行政处罚决定书。决定书应当包括处罚的种类、幅度和法律依据。"本案中,被告岳麓公安分局在涉案《处罚决定书》中未对刘某违法行为的情节属严重还是一般作出认定,违反了上述规定。该问题也是造成原告江某的困扰和不理解,并提起本案诉讼的重要因素。故法院依法确认岳麓公安分局未在《处罚决定书》列明违法行为人刘某的违法情节处罚幅度,系程序轻微违法。

第二,被告岳麓公安分局未将涉案处罚决定书副本抄送给原告江某属轻微违法。《治安管理处罚法》第九十七条第二款规定,"有被侵害人的,公安机关应当将决定书副本抄送被侵害人。"本案被侵害人应包括原告江某和第三人湘雅三医院,被告岳麓公安分局重新作出的被诉《处罚决定书》未向被侵害人江某送达,故该送达程序轻微违法。原告江某的有关主张于法有据,法院依法采纳。

第三,被告岳麓公安分局的调查询问过程有轻微违法。《公安机关办理行政案件程序规定(2018修正)》第七十条规定,"对于投案自首或者群众扭送的违法嫌疑人,公安机关应当立即进行询问查证……"刘某到案时间为2017年4月23日14时许,但民警制作第一次询问笔录的时间为 7 小时以后的当晚 21 时 27 分。被告岳麓公安分局辩称为警力不足，民警需立即前往益阳找证人做调查；但刘某的询问笔录载明其被询问时间为"当日 12 时 38 分至 14 时 04 分"，江某的询问笔录载明其被询问时间为"当日 12 时 54 分至 14 时 20 分"。刘某系治安案件的违法行为人，其第一时间的陈述是否及时制作笔录，直接影响着整个治安案件的处理，立法本意也是对违法行为人进行询问并记录应优先于对证人证言的取证，被告岳麓公安分局的办案单位未遵循上述规定。《行政处罚法》第三十七条第一款规定，"行政机关在调查或者进行检查时执法人员不得少于两人"。被告岳麓公安分局提交的询问笔录载明，事发当日 12 时 38 分至 14 时 20 分期间，办案民警刘某某同时询问原告江某和刘某。实际情况系原告江某和刘某分别被询问时，并非一直有两位民警在场，询问程序存在轻微违法。考虑到基层派出所警力不足的现实情况，同时采信被告岳麓公安分局的办案人员因为赶往外地找证人调查的辩称，法院依法认定被告岳麓公安分局的调查询问程序轻微违法。原告江某的有关主张于法有据，法院依法采纳。

依据《最高人民法院关于适用〈中华人民共和国行政诉讼法〉的解释》第九十六条规定，通知、送达等程序轻微违法，且对原告依法享有的听证、陈述、申辩等重要程序性权利不产生实质损害的，属于规定的"程序轻微违法"。《行政诉讼法》第七十四条第一款"行政行为程序轻微违法，但对原告权利不产生实际影响的人民法院判决确认违法，但不撤销行政行为"。本案中，被告岳麓公安分局能够尽到维护医疗秩序、保护医护人员权益的法定职责，对治安违法行为予以处罚，但在作出行政处罚行为时没有完整地遵循法定程序。被诉《处罚决定书》认定事实清楚，适用法律正确，但是在送达及调查询问等其他程序中轻微违法。由于这些违法之处对原告江某的实体权利并不产生实际影响，同时为了避免因行政程序和司法程序空转而浪费行政和司法资源，法院应当依法确认被告岳麓公安分局作出的行政行为违法，但保留其效力。

3. 关于被告长沙市人民政府作出的行政复议决定的合法性问题。

《行政复议法》第二十八条第一款规定，"具体行政行为违反法定程序的，决定撤销、变更或者确认该具体行政行为违法；决定撤销或者确认该具体行政行为违法的,可以责令被申请人在一定期限内重新作出具体行政行为"。被告长沙市政府受理行政复议申请后,依法追加刘某作为第三人,在法定期限内作出复议决定并送达给各方当事人,符合法定程序。但对被告岳麓公安分局作出被诉《处罚决定书》的程序违法未予以纠正,作出维持原行政机关的行政决定不当,违反上述法律规定,应当依法予以撤销。原告江某的有关诉讼请求于法有据,法院依法采纳。

综合本案实际,年逾八旬的老年患者及其家属为了住院在医院老年科门诊和急诊科之间往复求助而无果,是诱发本案的起因。本案刘某受过高等教育,却法律意识淡薄,遇事不能冷静应对,采取过激行为对待医生,侵犯了医院、医生的合法权益,应当受到行政处罚,付出违法的代价。如果患者及家属能够多一些理解、多一些尊重,医院能够进一步完善规范诊疗制度,医护人员能够多一些医者仁心、多一些换位思考,切实提高医疗服务水平,就能够共同构建和谐医患关系。

第三节 医疗机构未取得资质,不服行政处罚案[①]

1. 关于卫健委《处罚决定》程序是否合法问题。

根据《基本医疗卫生与健康促进法》第七条、第九十九条的规定,卫健委具有统筹协调区内医疗卫生与健康促进工作的职能职责。卫健委接到群众的举报电话后依法受理、调查、作出《行政处罚事先告知书》并依法送达,告知行政处罚相对人未取得《执业许可证》就开展执业活动,属于非法开展医疗执业活动,依据该法第九十九条的规定,拟对其作出没收违法所得及罚款,并告其享有陈述申辩和听证的权利。

2. 关于卫健委作出的《处罚决定》认定F公司非法开展医疗执业活动的事实是否正确、证据是否充分的问题。

其一,F公司的经营范围是零售化学药制剂、中成药、中药饮片等,即对药物进行零售,其并未取得《医疗机构执业许可证》,对此双方无争议,予以确认。其二,区卫健委在F公司处现场检查时在张某面前的木

---

① 重庆市第四中级人民法院(2021)渝04行终30号二审行政判决书。

桌抽屉内发现了 31 张《拆零记录》，即中药处方。故张某开具《拆零记录》是治疗行为。其三，张某虽具有执业医师资格，但其服务的机构即 F 公司未取得《医疗机构执业许可证》，而聘请张某作为医生进行治疗并开具处方，销售中药，开展医疗执业活动，其行为违反了法律规定。

3. 关于卫健委作出的《处罚决定》对违法所得的认定以及适用法律是否正确的问题。

其一，卫健委依据何某在 F 公司店内消费的金额以及有张某签名的 8 张《拆零记录》计算出违法所得 2109.8 元的认定正确。其二，根据《基本医疗卫生与健康促进法》第九十九条规定："违反本法规定，未取得《医疗机构执业许可证》擅自执业的，由县级以上人民政府卫生健康主管部门责令停止执业活动，没收违法所得和药品、医疗器械，并处违法所得五倍以上二十倍以下的罚款，违法所得不足一万元的，按一万元计算。"区卫健委根据以上法律规定决定处以 F 公司没收违法所得 2109.8 元，且因 F 公司的违法所得不足 10000 元，区卫健委按照 10000 元计算处以最低五倍的罚款即 50000 元，其作出的处罚决定适当，适用法律正确。

4. 关于在登记执业地点外行医的处罚。

根据《医疗机构管理条例》第五条："县级以上地方人民政府卫生行政部门负责本行政区域内医疗机构的监督管理工作。"本案中，被告卫生健康委向法院提供的证据能够证明原告实施未经批准在登记的执业地点以外开展诊疗活动行为，违反《医疗机构管理条例》第二十四条及《卫生部关于对非法采供血液和单采血浆、非法行医专项整治工作中有关法律适用问题的批复》（2004）第一条第（四）项的规定，依照《医疗机构管理条例》第四十四条、《医疗机构管理条例实施细则》第七十七条及《卫生行政处罚程序》的规定，对原告作出行政处罚决定，证据确凿，适用法律、法规正确，程序合法，处罚适当。[①]

5. 对于医疗机构的处罚，是否要求其主观上存在恶意？

根据《卫生部关于对非法采供血液和单采血浆，非法行医专项整治工作中有关法律适用问题的批复》第一点第（四）项"医疗机构未经批

---

① 辽宁省鞍山市中级人民法院（2020）辽 03 行终 146 号二审行政判决书。

准在登记的执业地点以外开展诊疗活动,按照《医疗机构管理条例》第四十四条规定处罚"的规定,医疗机构只要存在违法行为就符合处罚条件,不要求具有主观恶意。

6. 违法成本是否包括成本?违法成本除了金钱,是否包括有形物?

《医疗机构管理条例》第四十四条中"非法所得"指未取得《医疗机构执业许可证》擅自执业的人员或机构在违法活动中获取的包括成本在内的全部收入。[①] 新行政处罚法明确了违法所得是指实施违法行为所取得的款项,包含了成本。如没收业务收入、没收所收取的检验费用、没收所收取的认证费用等,仅指金钱不包括具体的有形物。另外,在具体计算违法所得时,违法行为已经发生,但尚未实际收到的款项,原则上也应计入违法所得。[②]

7. "擅自执业的人员为非卫生技术专业人员",是否应查明事实?

根据《行政诉讼法》第三十四条"被告对作出的行政行为负有举证责任,应当提供作出该行政行为的证据和所依据的规范性文件"的规定,行政机关作出的行政决定应当事实清楚、证据充分。本案中,被告区卫计局作出的行政处罚决定书中的处罚依据是《医疗机构管理条例实施细则》第七十七条第(二)项"对未取得《医疗机构执业许可证》擅自执业的,责令其停止执业活动,没收非法所得和药品、器械,并处以三千元以下的罚款;擅自执业的人员为非卫生技术专业人员的,责令其停止执业活动,没收非法所得和药品、器械,处以三千元以上一万元以下的罚款"。法院认为,被告区卫计局在其作出的行政处罚决定书中未对上述规定的"擅自执业的人员为非卫生技术专业人员的"事实进行查明确认就引用该条款予以处罚人民币 8000 元的行为不当,且根据本案现有证据及被告区卫计局在庭审中的陈述,其认定"违法所得人民币 11410 元"的事实证据不足。综上,被告区卫计局作出的行政处罚决定系认定事实不清、主要证据不足,且适用法律、法规错误。[③]

---

① 广西壮族自治区卫生厅卫法监法发〔2000〕第 45 号。
② 2021 年 11 月 18 日山东省司法厅《新修订行政处罚法贯彻实施工作指引》。
③ 四川省内江市市中区人民法院(2017)川 1002 行初 67 号行政判决书。

8. 义诊行为处罚的法律问题。

《卫生部关于组织义诊活动实行备案管理的通知》（2001）第二条：县级以上卫生行政部门负责对义诊活动的备案、审查、监督和管理。义诊组织单位原则上应组织本地区的医护人员在本地区范围内举行义诊，在开展义诊活动前15—30日到义诊所在地县级以上卫生行政部门备案；需跨县（区）、市（地、州）或省（自治区、直辖市）组织义诊时，组织单位应在开展义诊活动前15—30日分别向其所在地和义诊所在地相应的县（区）、市（地、州）、省（自治区、直辖市）卫生行政部门备案。由于没有备案，医疗机构的行为属于未经卫生行政部门备案擅自组织义诊的行为，因为《医疗机构管理条例》与上位法《基本医疗卫生与健康促进法》第九十九条第一款相冲突，所以不能适用。由于《基本医疗卫生与健康促进法》对于未取得医疗机构执业许可证擅自执业的，由县级以上人民政府健康主管部门责令停止执业活动，没收违法所得和药品器械，并处一万元的五倍以上二十倍以下的罚款。[①]

9. 关于义诊"0"收益案件进行处罚的相关法律分析。

一般来讲，医疗机构认为医疗卫生行政机关处罚决定错误，提起行政复议或者行政诉讼，主要从处罚主体错误、认定事实与适用法律主体错误、执法程序错误、是否罚款以及罚款具体数额等问题进行说明，所以，有必要对这几个方面进行厘清。

（1）申请人认为处罚主体错误。

由于很多义诊的工作人员并没有执业医师资格，法律并未将义诊纳入非法行医的排除事项之外，所以，即便是义诊，即便是申请人没有任何违法所得，那么仍属于非法行医的范畴。至于有的申请人认为义诊是合法行为，因为是"0"收益，所以不应当对其进行处罚，则纯属对于法律的曲解。而且有的案件中，很多人只是临时帮忙，并不固定发放工资，这也不能否认其存在的雇佣关系。只要其有非法行医的行为，无论是否有违法所得，无论是否与工作人员构成雇佣关系，医疗行政主管部门都可以进行处罚。

[①] 河南省信阳市卫生健康委员会信卫医罚（2021）6号行政处罚书。

（2）关于申请人认定被申请人的认定事实与适用法律主体错误。

关于认定事实与适用法律主体的问题，主要从医疗机构的工作人员是否取得医师执业资格证书，义诊是否登记报备等方面来综合认定。

（3）关于执法程序错误。

行政机关对于医疗机构的行政处罚应进行告知，并告知其有陈述、申辩与听证的权利，对于符合听证的情形，行政机关应当举行听证。程序正义是督促行政机构依法行政的重要方面，如果行政机关没有做到程序合法，法院可以依法予以撤销。

（4）关于罚款数额于法无据的问题。

第一，关于是否必须罚款的问题。《基本医疗卫生与健康促进法》第九十九条：违反本法规定，未取得医疗机构执业许可证擅自执业的，由县级以上人民政府卫生健康主管部门责令停止执业活动，没收违法所得和药品、医疗器械，并处违法所得五倍以上二十倍以下的罚款，违法所得不足一万元的，按一万元计算。请注意，法律的条文的表述为：责令停止执业活动＋没收违法所得和相关器械＋罚款。对于罚款的问题，法律的表述为"并处"，也就是说必须罚款；如果是可以选择的话，法律就应当表述为"或"，所以对于非法行医，卫生行政执法部门必须罚款，而非选择性罚款。

第二，罚款的数额问题。法律的表述为：违法所得不足1万元的，按1万元计算。从文义解释的角度来看，法律并没有将"0"所得排除在外，也就是说即便是"0"所得，卫生行政部门也可以认定其为非法所得"1万元"。同时，按照《山东省关于非法行医行政处罚裁量基准》，申请人擅自执业的为非卫生技术专业人员，属于较重违法情形，按照山东省实际情况可以处于6倍以上10倍以下罚款。因此，被申请人对其处罚6万元并无不当。[1]《重庆卫生计生行政处罚裁量权实施办法》（现已废止）的规定，非医师行医的，有下列情形之一的：……擅自执业时间在6个月以上；……没收违法所得及其药品、器械，并处超过6万元至10万元的罚款。徐某从事诊疗活动在6个月以上，据此璧山卫健委依据《执业

---

[1] 山东省荣成市卫生健康局荣卫医罚（2020）56010号行政处罚决定书。

医师法》第三十九条，给予徐某罚款 9 万元的行政处罚，在合理范围之内。①

10. 未取得医师资格的医学专业毕业生，是否构成刑法第三百三十六条第一款规定的"未取得医生执业资格的人非法行医"？②

陈某是取得《执业医师证书》，黄某虽未取得医师资格的医学专业毕业生，但是经医疗机构安排在医师指导下从事相应的诊疗活动，是在陈某指导下工作，CT 报告单指导医生处没有签名，不符合《最高人民法院关于审理非法行医刑事案件具体应用法律若干问题的解释》第一条的规定："具有下列情形之一的，应认定为刑法第三百三十六条第一款规定的'未取得医生执业资格的人非法行医'：（一）未取得或者以非法手段取得医师资格从事医疗活动的；（二）个人未取得《医疗机构执业许可证》开办医疗机构的；（三）被依法吊销医师执业证书期间从事医疗活动的；（四）未取得乡村医生执业证书，从事乡村医疗活动的；（五）家庭接生员实施家庭接生以外的医疗行为的。"同时，卫生部关于非法行医有关问题的批复（2007）也明确规定，已取得《医师资格证书》并具备申请执业医师注册条件的医师，非本人原因导致未获得《医师执业证书》前，在其受聘的医疗预防保健机构和工作时间内的执业活动不属于非法行医。

11. 医院具有执业许可证，但是医生没有执业许可证，应如何处罚？③

医院在从事医疗活动过程中，任用未取得执业医师资格的黄某 1 从事 CT 检测诊疗活动，任用未取得执业医师资格的黄某 2 到五官科从事诊疗活动，任用执业类别为口腔专业的执业医师陈某从事五官科诊疗活动，任用执业类别为公共卫生的执业助理医师严某从事心电图检测诊疗活动，事实清楚，证据充分。根据《医疗机构管理条例》第四十八条"使用非卫生技术人员从事医疗卫生技术工作的，由县级以上人民政府卫生行政部门责令其限期改正，并可以处以 5000 元以下的罚款；情节严重的，吊

---

① 重庆市第一中级人民法院（2020）渝 01 行终 502 号行政判决书。
② 广东省阳江市中级人民法院（2015）阳中法行终字第 11 号二审行政判决书。
③ 广东省阳江市中级人民法院（2015）阳中法行终字第 11 号二审行政判决书。

销其《医疗机构执业许可证》"的规定，应予处罚。卫计局经过立案，调查取证，作出行政处罚预先告知书、听取陈述申辩，然后作出本案行政处罚决定并送达了医院，程序合法，适用法律正确，处罚恰当。

第四节 患者不服行政机关未吊销医生执业资质案

一 患者死亡，家属投诉医生无证行医、非法行医，投诉医院"伪造病历、篡改病历、销毁病历""医师会诊诊断不正确"等问题，法院如何处理？[①]

争议焦点：（1）关于原告投诉金某、王某无证行医、非法行医的问题。《执业医师法》第十三条规定："国家实行医师执业注册制度。"本案中，金某、王某已经取得《医师执业证书》，执业地点亦在医院，二位医师在医院行医符合规定，故省卫健委经调查后认定"金某、王某两位医师执业范围和执业地点均符合要求"，认定事实清楚。

（2）关于原告投诉医院存在"伪造病历、篡改病历、销毁病历"的问题。本案中，针对原告投诉的"金某无证行医冒充呼吸专家伪造呼吸科会诊记录"等问题，被告省卫健委对第三人医院进行了现场，按照投诉的具体事项进行调查，将病历中会诊记录、临时医嘱、辅助报告单、电子病历系统逐一核实，第三人医院在接受调查过程中出具的答复以及对相关医师的调查，对病历书写的情况及原因进行了合理说明、解释。被告根据调查情况、调取病历中的记载以及询问情况，并对会诊记录、书写会诊记录等会诊流程及电子病历的设置、常规化验与急查检验的区别、临床医师的出诊安排、ICU科室病志补录等情况予以告知，对封存病历中缺少相关会诊记录的情况予以说明，认定事实清楚，其答复并无不当。

（3）关于原告投诉医院存在"医师会诊诊断不正确、对无诊疗项目适应症的患者进行诊疗"等问题。在没有专业机构技术鉴定、没有依据作出处理的情况下，被告通过调查，答复及建议"不属于违法行为查处

[①] 辽宁省沈阳市中级人民法院（2020）辽01行终1771号行政判决书。

范畴（属于医疗技术争议范畴），建议您通过医疗事故技术鉴定、医疗损害民事赔偿等渠道主张合法权益"并无不当。关于原告投诉医院"诊疗项目收费与病历医嘱不相符，存在病历造假"的问题，病历是否造假的问题在前述已经查明阐述，收费是否正确并不能证明病历是否虚假，收费问题不属于被告职权范围，被告答复"请您与医院和省物价分局联系解决"并无不当。综上，省卫健委接到原告提出的投诉申请后，对原告投诉的问题依照法律规定履行了立案、调查等程序，在调查、询问后，因并无充分证据能够证明医院存在违法的行为，对于原告的诉求，法院不予支持。

二　患者家属对于省卫健委对被举报医师作出不予行政处罚决定不服提起诉讼，法院如何处理？实习的大学生在 CT 报告单上的署名，法院如何认定？[①]

争议焦点：（1）关于被举报医院的相关医师是否具有篡改、伪造、隐匿病历的行为。从本案现有双方当事人的证据材料看，并不能证明涉案医师确有与患者崔某相互勾连，以陷害他人为目的伪造、篡改、隐匿病历资料等行为存在。被上诉人省卫健委根据调查确认的相关事实认定涉案医师确有病历书写和诊疗不规范等问题，符合实际情况。

（2）关于涉案医师是否有超范围执业应予查处的行为。涉案医师王某、徐某执业范围为"外科"。从被上诉人省卫健委调查查明的事实和本案病历材料反映的事实看，涉案两位医师根据影像学报告的结论作出"腰椎压缩性骨折"的诊断，并不违反医师执业范围有关规定，不属于超范围执业。关于崔某眼部"视神经损伤"的诊断则是由眼科医师会诊时作出，也未超出医师执业范围。至于当时未取得执业医生资格的胡某在 CT 报告单上署名的问题。胡某当时是在省人民医院实习的大学生，其在 CT 报告单上的署名，经过了执业医生邢某的审核签名，该带教行为符合《医学教育临床实践管理暂行规定》第十二条、第十四条的规定，也不存在违规问题。

[①] 湖北省武汉市中级人民法院（2020）鄂 01 行终 1208 号行政判决书。

(3) 关于被上诉人湖北省卫健委对被举报医师作出不予行政处罚决定是否合法。根据被上诉人省卫健委的调查和本案证据，可以证明涉案医师均亲自参与了对患者的诊疗活动，故不存在未经诊查签署诊断意见的情形。

法院认为，虽然涉案医师徐某、王某存在病历书写和诊疗过程不规范等违反卫生行政规章制度和技术规范的问题，但患者崔某并没有提出异议，客观上也没有给患者崔某造成不良后果。对于上诉人提出因为涉案医师的诊断导致鉴定人作出致人轻伤的司法鉴定结论，从而造成上诉人无辜受到刑事责任追究的严重后果的意见。因此，本案中涉及的病历书写和诊疗过程存在的不规范问题，并不必然导致鉴定结论出现错误。上诉人因错误的伤情鉴定结论曾无辜受到刑事责任追究，与涉案医师病历和诊疗行为不规范没有直接的因果关系。故上诉人要求被上诉人湖北省卫健委依据《执业医师法》的规定，对涉案医师作出吊销其执业证书的处罚的意见不成立。

第十三章

医疗领域有关刑事犯罪

第一节 医疗事故罪与非法行医罪的区别

非法行医罪（刑法第 336 条），是指未取得医生执业资格的人非法行医，为他人治病，情节严重的行为。犯本罪的，处三年以下有期徒刑、拘役或者管制，并处或者单处罚金，严重损害就诊人身体健康的，处三年以上十年以下有期徒刑，并处罚金；造成就诊人死亡的，处十年以上有期徒刑，并处罚金。

医疗事故罪（刑法第 335 条），是指医护人员由于严重不负责任，造成就诊人死亡或者严重损害就诊人身体健康的行为。犯本罪的，处三年以下有期徒刑或者拘役。

一 病人死亡，患者家属认为医生不负责任，构成医疗事故罪，法院应如何处理？[①]

鉴定结论：（1）医院按冠心病心绞痛给予被害人口含消心痛和口腔喷雾硝酸甘油气雾剂治疗，但是由于医护人员业务水平低，诊疗制度不落实，没能诊断出急性左心衰竭，因此未能有针对性地给予强心、利尿等急救处理，也未能按有关制度规定，迅速建立静脉输液通道，组织力量就地抢救，而采取了紧急后送医院的抢救措施，在向医院转送途中又缺乏有效的急救手段，贻误了治疗。（2）抢救过程中，医院使用 50mg 氨

---

① 山东省济南市历下区人民法院（2016）鲁 0102 刑初 645 号民事判决书。

酰心安减慢被害人心率，但本例被害人心率快应是急性左心衰竭的临床表现，使用氨酰心安是禁忌症。首次剂量使用50mg，对于80岁高龄的被害人是非常危险的，因而可能是加速病情恶化的原因之一。（3）冠心病并发急性左心衰竭是65岁以上老人的常见致死原因，是心脏病的急症，有40%—50%的病例呈猝死形式。该例被害人此次发病，病情危重而且极不稳定，对这样危重的病人，医护人员诊疗制度不落实，不测血压、不做查体等检查是造成误诊的原因之一。

判决理由：医疗事故鉴定认为刘某存在诊断错误，使用了急性左心衰竭的禁忌药物，且首次使用剂量过大，被害人是80岁的老人，并患有肺病，可能加重病情恶化；在抢救过程中，值班人员刘某未给被害人测血压、未建立静脉输液通道，直接影响了对被害人病情的判断和有效救治措施的实施；被害人病情危重，应该组织力量就地抢救，不应匆忙转院，在向医院转送途中又缺乏有效的急救手段，贻误了治疗，以上种种表现均说明刘某医疗技术水平低，诊疗制度不落实，抢救制度执行不严格。另，医院的急救车医疗设备简陋、车辆颠簸等，均不能认定为刘某的过错。被害人患冠心病并发急性左心衰竭是老人的常见致死原因，有40%—50%的病例呈猝死形式，故被害人最终死亡系其自身疾病、医护人员及值班人员业务水平低、缺乏临床经验、诊疗制度不落实、医疗设备不到位等多种因素共同所致。

再者，刘某的医疗行为系职务行为，已被鉴定为一级甲等医疗事故，医院承担主要责任，被害人家属已获得赔偿，刘某亦被单位作出处理，判决刘某无罪。

二 医院值班护士严重不负责任，造成患者死亡，是否应负刑事责任？[①]

案情简介：被告人杨某在海淀区某医院住院部，作为大夜班副班护士，未严格履行巡视职责，在其值班期间，被害人崔某被同室精神病人唐某扼颈机械性窒息死亡，医院赔偿被害人家属50万余元。

---

① 北京市海淀区人民法院（2009）海刑初字第2049号刑事判决书。

判决理由及意见：被告人杨某身为医院医护人员，严重不负责任，造成就诊人一人死亡，其行为已构成医疗事故罪。鉴于医院已经对杨某开除，且医院自身管理也存在错误，判决被告人杨某犯医疗事故罪，免予刑事处罚。

律师点评：本案中，医院的严重失职不在于医疗、诊断行为，而在于护理，在于没有履行好保护就诊者基本人身安全，没有及时发现和排除安全隐患，给第三人的侵害行为留下了充足的条件和时机，最终使就诊人生命安全受到侵害，构成一级甲等医疗事故。被害人崔某属于被采取保护措施需要特护的患者，定时松解安全带、按规定巡视和床头检查护理是医院保障其人身安全的重要职责。被告人杨某身为值班副班护士，严重不负责，与患者死亡结果存在因果关系。鉴于医疗事故系由多原因所造成，医院已对被害方进行赔偿；杨某已被医院开除，故可以对其免予刑事处罚。

第二节　非法行医罪

一　未取得医师执业证书行医，造成他人死亡，应承担相应的法律责任[①]

案情经过：2008 年至案发，被告人刘某在未取得《医师职业证书》以及《医疗机构执业许可证》的情况下，私自非法行医。刘某在诊所内对被害人王某进行诊治，将肌肉无力病症错误诊断为感冒，且进行静脉注射。后再次对王某进行静脉注射，王某感觉身体不适，经抢救无效死亡。经法医学尸体检验意见书认定，王某符合心源性猝死（电解质紊乱低钾血症）和（或）吉兰—巴雷综合征合并呼吸衰竭死亡。

判决理由及结果：被告人刘某未取得医生职业资格非法行医，对被害人病情错误诊断，并延误其接受正确的治疗，情节严重的行为已构成非法行医罪，依法应予惩处。鉴于被告人当庭自愿认罪，赔偿被害人家属经济损失并取得谅解，故依法对其从轻处罚。判决被告人刘某犯非法

---

① 天津市北辰区人民法院（2014）辰刑初字第 0430 号刑事判决书。

行医罪,判处有期徒刑二年,缓刑三年,并处罚金5000元。

二 未取得医师资格给他人做整形美容手术造成伤残,构成非法行医罪[①]

案情简介:被告人李某在未取得医生执业资格的情况下,在家中多次为被害人张某面部注射微晶瓷,进行医疗美容,造成被害人张某额部皮肤凹凸不平、嘴唇肿胀,经鉴定为七级伤残、轻伤二级。

判决理由及结果:被告人李某未取得医生执业资格,非法行医,情节严重,其行为已构成非法行医罪。鉴于被告人李某具有自首情节,赔偿了被害人张某的经济损失,法院对其依法从轻处罚。判决被告人李某犯非法行医罪,判处有期徒刑一年十个月,罚金人民币4万元。

第三节 医生收受回扣的刑事责任

案情简介:赵某担任医院眼科行政主任期间,收受供货商给付的回扣共计37万元。赵某作为眼科主任,在医院向供货商订购进口人工晶体过程中,参与了询价、谈判、合同签订和采购的过程。2015年4月12日,赵某接受检察院调查,如实供述了收受回扣的事实。

相关讨论:根据《最高人民法院、最高人民检察院关于办理商业贿赂刑事案件适用法律若干问题的意见》规定,医疗机构中的国家工作人员利用职务便利收受财物,以受贿罪论。医疗机构中的非国家工作人员利用职务便利收受财物,以非国家工作人员受贿罪论。医疗机构中的医疗人员利用开处方便利收受财物以非国家工作人员受贿罪论处。区分医疗机构的医生是"国家工作人员"身份还是"非国家工作人员"身份,关键在于医护人员收受销售人员的财物是基于其在药品、医疗器械、医用卫生材料等医药产品采购活动中具有相关职责,还是医护人员利用开

[①] 北京市海淀区人民法院(2017)京0108刑初2151号刑事判决书。

处方的职务便利。①

第四节　国有医院信息管理员"拉统方"的刑事责任

案情简介：丁某在担任医院信息管理员期间，利用维护计算机网络及日常信息统计工作的便利，收取好处费共计4.7万余元。

上海市嘉定区人民法院经审理后认为，其行为构成非国家工作人员受贿罪。上海市第二中级人民法院经审理后认为，原审被告人丁某身为事业单位中从事公务的国家工作人员，利用职务上的便利，非法收受他人钱财，为他人谋取利益，其行为已构成受贿罪，撤销原判，以受贿罪改判丁某有期徒刑3年，缓刑3年，违法所得予以没收。

相关讨论：丁某作为国有事业单位的编制人员，对医保数据负有监控和管理职能，从事的工作具有公务性质，应视为受国有企业、事业单位等委托从事公务的人员，应以国家工作人员论。同时，丁某通过"拉统方"向医药营销代表提供的医保数据系因其具备相关数据的管理职能而获得，应当认定为受贿罪。②

第五节　"冒牌医生"做终止妊娠手术的刑事责任

案情简介：张某在其母亲的陪同下来到乡卫生院欲做引产手术，她们找到了该院的值班人员李某，要求李某为张某做手术，李某认为，自己没有把握，便说个体诊所的王某会做引产手术，在张某母亲的要求下，李某便打电话给王某，请她来卫生院帮张某做引产手术，王某来到卫生院后叫李某先帮张某注射缩宫素，二人轮流做了几个小时引产手术后，才发现用产钳夹出来的东西是张某的大肠。随后，二人急忙找人帮忙将张某送往县人民医院进行救治。经鉴定，张某的伤情构成重伤乙级。另

---

① 医生收受回扣构成受贿罪还是非国家工作人员受贿罪，上海刑事辩护律师网，http://www.falv119.net/xingshianli/dianxinganli/n4328.html。
② 国有医院信息管理员"拉统方"非法收受财物构成受贿罪，上海刑事辩护律师网，http://www.falv119.net/xingshianli/dianxinganli/n4328.html。

查，被告人王某与李某二人均未取得医生执业资格。

　　法律适用：医疗事故罪是指医护人员严重不负责任，造成就诊人死亡或者严重损害就诊人身体健康的行为；非法行医罪是指未取得医生执业资格的人非法行医，情节严重的行为；非法进行节育手术罪是指未取得医生执业资格的人擅自为他人进行节育复通手术、假节育手术、终止妊娠手术或者摘取宫内节育器，情节严重的行为。本案中，王某未取得医生执业资格的情况下，擅自为张某做终止妊娠手术，将张某大肠钳出致其重伤，情节严重，首先根据《刑法》第三百三十六条第二款规定，应定为非法进行节育手术罪，排除适用非法行医罪的规定。[①]

[①] 本案应当认定非法行医罪还是非法进行节育手术罪？上海刑事辩护律师网，http://www.falv119.net/xingshianli/dianxinganli/n1273.html。

第十四章

医疗投资管理风险防控

第一节 医疗投资的土地使用权纠纷

一 国土局某分局是否有权将国有建设用地使用权交付给其他公司使用?[1]

高新管委会与医院签订《投资合作协议》后,医院与 J 公司签订《合资建设妇女儿童医院合作协议书》,最后由 J 公司设立的 Y 公司与医院共同出资设立了 W 公司。W 公司在取得环境评价、项目批复等行政审批手续后,没有得到市、县人民政府作出划拨土地的决定,国土局某分局就将 80 余亩国有建设用地使用权交付给 W 公司使用。

国土局某分局与 W 公司签订《土地预付款支付协议》,W 公司基于该协议向成都高新管委会支付 2500 万元土地出让金。W 公司在案涉土地上进行了工程建设,但至今未取得该土地的使用权,工程项目也未建设完成。

国土局某分局和 W 公司对《土地预付款支付协议》的效力未产生争议,均认为该协议有效。但是,在当事人对合同效力不存在争议的情况下,并不能免除人民法院对合同效力进行主动审查的义务。人民法院代表国家对民事行为的性质和效力作出的判断,以便正确适用法律和处理当事人之间的民事权益争议。就案涉的《土地预付款支付协议》而言,虽然具备当事人名称、标的和数量、价款等合同必备条款,但其第四条

---

[1] 四川省高级人民法院(2020)川民终 550 号二审民事判决书。

中明确载明"本协议为乙方办理正式土地出让手续的前置协议",说明该协议是当事人为签订正式国有土地使用权出让合同所订立的预约而非本约。预约是为订立本约所成立的契约,均为独立存在的合同。

《城市房地产管理法》第十五条规定:"土地使用权出让,应当签订书面出让合同。土地使用权出让合同由市、县人民政府土地管理部门与土地使用者签订。"

本案中没有证据证明 W 公司占有使用该土地属于临时用地、租用土地或者无偿划拨,结合之后双方签订的《土地预付款支付协议》中表明 W 公司要通过出让方式取得该土地使用权以及 W 公司在该土地上修建永久建筑物等行为,法院认定国土局某分局向 W 公司的交地行为实际是一种履行出让行为的交付。

国土局某分局与 W 公司之间的法律关系构成了事实上履行的本约和已经订立的预约在交易内容上的重合。双方签订的《土地预付款支付协议》虽然具备了国有土地使用权出让合同本约大致相当的主要内容,但在性质上仍是预约而非本约。国土局某分局已经履行土地使用权交付的情况下,事实上成立了国有土地使用权出让的本约吸收《土地预付款支付协议》预约的内容,双方成立国有土地使用权出让合同的本约。国土局某分局本身不具备出让国有土地使用权的主体资格,没有证据证明其在交付土地前事先取得了相应的授权和事后得到了成都市人民政府的追认,故该国有土地使用权出让合同本约亦因主体不适格而应认定无效。

二 医疗建设用地转让手续

按照《民法典》的规定,除规定经营性用地应当采用招标、拍卖等公开竞价的方式出让外,还规定同一土地有两个以上意向用地者也应当采用招标、拍卖等公开竞价的方式进行出让。即使国土局某分局有权与 W 公司协议出让该宗土地,也应当事先向社会公开征求有无其他的意向用地者。国土局某分局既没有征求有无其他意向用地者,也没有与 W 公司签订书面出让合同的情况下,直接将土地交付给 W 公司使用的行为实质上排斥了其他潜在用地者公平竞争的权利,不符合法律规定,故法院认定双方成立的事实上的国有土地使用权出让合同本约亦为无效。相关行政机关向 W 公司发出修建房屋的行政许可行为不能反向证明 W 公司取得土地使用权的行为有效，其提出《土地预付款支付协议》和事实上的土地使用权出让行为均为有效的理由不成立，法院不予支持。

三 医疗用地转让合同无效的处置措施

国土局某分局与 W 公司之间的国有土地使用权出让合同无效，W 公司应当返还相应的土地。鉴于 W 公司经过合法审批手续在该土地上建设了相应的建（构）筑物，根据"房地一体"的原则，高新管委会要求 W 公司将土地及相应附着物一并予以返还的请求成立，法院予以支持。至于 W 公司在案涉土地上的投入以及相应的过错赔偿问题，因 W 公司对法院释明的合同效力持有异议，且拒绝在本案中对此提出反诉并提供相应证据，故不属于本案审理的范围，其可在本案判决生效后另行予以主张。

第二节 疫情防控期间医疗投资中的房屋租赁合同纠纷[①]

纠纷经过：M 公司与 A 医院于 2019 年 7 月 1 日签订《租赁合同》。M 公司为出租人，甲方；A 医院为承租人，乙方。双方约定：甲方将房屋出租给乙方。乙方承租的该商铺仅供乙方从事医院经营。后 A 医院因为疫情影响，不能继续履行合同，遂起纠纷。

判决结果：天津 A 医院（有限合伙）支付原告 M 资产管理有限公司租金 404 万余元、违约金 188 万余元，两项合计 592 万余元。被告深圳 A 医院对被告天津 A 医院（有限合伙）上述债务承担无限连带责任。

1. 解除合同时间：A 医院于 2020 年 4 月 23 日向 M 公司作出《解除房屋租赁合同告知函》，M 公司于 4 月 26 日收到该函。后双方多次会谈协商未果。A 医院于 2020 年 9 月 21 日发出《告知函》，明确双方已于 2020 年 4 月 23 日解除合同及 M 公司有权对案涉房屋对外出租避免损失扩

---

① 天津市东丽区人民法院（2021）津 0110 民初 2802 号民事判决书。

大事宜。2020年12月22日，M公司就案涉房屋与他人签订《天津市农村集体资产租赁合同》。M公司为履约合同进行了前期工作，在2020年1月，全国发生"新冠"疫情，在A医院于2020年4月26日向M公司送达解除函时，尚处于该疫情不可控时期，继续履行合同对A医院明显不公平，故A医院有权解除合同。A医院在协商中始终坚持上述解除函之效力，故法院确认双方解除合同时间为2020年4月26日。

2. 免租期的租金。起租期自2019年10月1日起，终止日期为2034年9月30日，租期为15年，开业日期暂定为2020年8月1日。上述租期中，甲方给予乙方的免租装修期自2019年10月1日起至2020年8月1日止，共计10个月。该商铺年租金710万余元。租金按每季度为一个支付期，实行上付租金制。因双方在合同中有约定，故A医院应当按照合同的约定支付自2019年10月1日至2020年4月26日的租金，即 $1.05 \times 18536.43 \times 208 = 4048356.31$ 元。

3. 根据双方会谈纪要，A医院已经在2020年4月27日撤出租赁物，根据解除合同后租赁物的状况，A医院撤场应视为完成了租赁物的移交，故对于M公司要求A医院支付剩余免租期租金及租金的请求，法院不予支持。

4. 违约金问题。合同约定，一方违约行为，另一方有权对甲方提出违约金赔偿要求，赔偿标准为剩余年限应付租金余额的10%作为违约金。双方约定了违约条款，现因A医院解除合同，致使合同无法履行，A医院应当承担违约责任。根据双方解除合同原因、履约情况、A医院违约情节，结合违约造成M公司损失等综合考虑，M公司主张的违约金1000余万元的标准过高，法院予以调整为188万余元。

5. 保证金问题。因双方合同业已解除，法院已判决A医院承担给付租金及违约金责任，A医院同意将已缴纳50万元保证金扣除，故并无补足保证金之必要。

第十五章

律师团队代理部分案件

第一节 劳动人事争议案件

一 W 医生与 K 医院劳动人事争议仲裁案

天津市第三中级人民法院
民事判决书

（2023）津 03 民终 1068 号

上诉人（原审被告）：K 医院

被上诉人（原审原告）：W 某

上诉人 K 医院因与被上诉人 W 某劳动争议一案，不服天津自由贸易试验区人民法院（2022）津 0319 民初 19293 号民事判决，向本院提起上诉。本案现已审理终结。

……

一审法院认定事实：W 某于 2017 年 7 月 17 日入职 K 医院，担任急诊科医师。双方签订《天津市事业单位聘用合同书》，期限自 2017 年 7 月 17 日至 2020 年 7 月 16 日，该合同到期后，双方续订至 2023 年 7 月 16 日止。

2017 年 9 月 15 日，K 医院、W 某及案外人 Z 医院三方签订《Z 医院医师规范化培训协议书》，约定 Z 医院录取 W 某为医师规范化培训学员，培训专业为急诊科。W 某的培训期限为 2017 年 9 月 15 日至 2019 年 9 月 14 日，共 2 年。2019 年 1 月 9 日三方签署《Z 医院医师规范化培训协议书补充协议》，其内容主要为 W 某向 K 医院承诺在培训期间和期满结业后 5 年内不提出调离 K 医院工作，否则视为 W 某违约，Z 医院、K 医院有权要求 W 某承担违约责任，同时赔偿二者的损失。该损失包括但不限于在此期间已经向 W 某所支付的工资、绩效及缴纳的五险一金等一切费用。K 医院确认其未就上述培训支付专项培训费。

上述协议签订后，W 某已于 2017 年 9 月 15 日前往 Z 医院进行医师规范化培训，直至 2019 年 9 月完成培训后返回 K 医院工作。2021 年 6 月 22 日 W 某向 K 医院提出辞职信，因个人原因提出辞职。同日，K 医院人力资源部出具证明，确认已收到该辞职信。2021 年 7 月 22 日 K 医院答复不予批准离职，W 某自 2021 年 7 月 22 日起未再到 K 医院实际工作，并于 2021 年 9 月向天津港保税区劳动人事争议仲裁委员会申请仲裁，请求确认双方之间的劳动关系已于 2021 年 7 月 21 日解除；K 医院提出反请求，请求确认 W 某违背双方签署的补充协议，要求 W 某承担违约责任，支付违约金 259804.88 元。该案件经仲裁委审理后，裁决驳回双方各自的仲裁请求。后 W 某不服仲裁裁决向法院起诉，2022 年 3 月 14 日天津市第三中级人民法院作出二审判决，因 W 某不符合可随时单方面解除聘用合同的情形，且 K 医院在收到 W 某通知后已明确答复不同意解除双方聘用合同，故判决驳回 W 某的上诉请求。

2022 年 3 月 14 日上述判决书生效，W 某未回 K 医院继续工作，K 医院自 2021 年 8 月起未再向 W 某发放工资，但实际已为 W 某缴纳 2021 年 8 月至 2022 年 4 月期间的社会保险，其中包括已垫付 W 某个人应负担的社会保险合计 13314.85 元。

2022 年 4 月 18 日，K 医院向天津港保税区劳动人事争议仲裁委员会申请仲裁，申请：请求裁决 W 某向申请人支付违约金共计 311648.37 元。W 某提出反请求：1. 确认双方的劳动合同已于 2022 年 3 月 19 日解除；2. K 医院为 W 某出具解除劳动合同的证明书、办理社会保险和公积金、人事档案转移手续。该仲裁委于 2022 年 7 月 25 日作出津保劳人仲裁字〔2022〕第 50349 号仲裁裁决：1. 确认 K 医院与 W 某的聘用合同于 2022 年 3 月 18 日解除；2. K 医院于本裁决生效之日起十五日内为 W 某开具解除劳动合同证明书并办理档案及社会保险关系转移手续，W 某需配合；3. W 某于本裁决生效之日起五日内一次性向 K 医院返还 2021 年 8 月至

2022年4月期间的社会保险个人缴纳金额13314.85元；驳回K医院其他关于违约金的仲裁请求。

W某未就仲裁裁决结果提起诉讼，当庭表示认可仲裁裁决结果。K医院同意第1、2项裁决结果，不同意第3项仲裁结果，故向一审法院提起诉讼。

一审法院认为，劳动争议案件应履行仲裁前置程序，原告仲裁申请与起诉状请求数额的内容及计算方式一致，均为2017年9月至2019年9月期间原告为被告支出的工资、社保、公积金及2021年8月至2022年4月原告为被告缴纳的社保（内含个人应缴纳部分），本案原告的诉讼请求已经仲裁前置程序，符合劳动争议案件的法定程序要求，被告主张原告起诉未经仲裁前置，一审法院不予支持。

对事业单位人事争议案件的实体处理，应当适用人事方面的法律规定，但涉及事业单位工作人员劳动权利的内容在人事法律中没有规定的，适用《中华人民共和国劳动法》的有关规定。根据《中华人民共和国劳动合同法》第二十二条、《中华人民共和国劳动合同法实施条例》第十六条规定，被告在接受专项培训后因个人原因提出辞职，违反了其与Z医院、K医院签订的《Z医院医师规范化培训协议书补充协议》中关于服务期的约定，应当按照约定向K医院支付违约金，但根据原告提交的应退回费用明细表显示，其主张的违约金实际为培训期间已支付给W某的工资、社会保险及公积金，鉴于该三项费用不属于上述法律规定的培训费用的范围，且K医院未就W某的培训支付过专项培训费，原告的诉讼请求没有法律依据，一审法院不予支持。鉴于K医院主张的费用中包含2021年8月至2022年4月W某未提供劳动期间为其垫付的社会保险个人缴纳金额13314.85元，该部分费用W某亦同意返还，根据《中华人民共和国社会保险法》相关规定，W某应当返还K医院为其垫付的2021年8月至2022年4月期间社会保险个人缴纳金额13314.85元。

关于仲裁机构对W某的反申请的裁决结果：1.确认K医院与W某的聘用合同于2022年3月18日解除；2.K医院于本裁决生效之日起十五日内为W某开具解除劳动合同证明书并办理档案及社会保险关系转移手续，W某需配合。未支持W某要求K医院办理公积金转移手续的请求。

双方均无异议,一审法院予以确认。依照《中华人民共和国劳动合同法》第二十二条、第五十条第一款,《中华人民共和国劳动合同法实施条例》第十六条,《事业单位人事管理条例》第十七条,《中华人民共和国劳动争议调解仲裁法》第五条、第六条规定,判决:"一、被告W某于本判决生效后十日内向原告天津医科大学Z医院K医院返还为W某垫付的2021年8月至2022年4月期间社会保险个人应缴纳部分13314.85元;二、驳回原告天津医科大学Z医院K医院的其他诉讼请求;三、确认被告W某与原告天津医科大学Z医院K医院的聘用合同于2022年3月18日解除;四、原告天津医科大学Z医院K医院于本判决生效之日起十五日内为被告W某开具解除劳动(聘用)合同证明书,并办理档案及社会保险关系转移手续。如果被告未按本判决指定的期间履行给付金钱义务,应当依照《中华人民共和国民事诉讼法》第二百六十条规定,加倍支付迟延履行期间的债务利息。"

二审中,当事人没有提交新证据。本院对一审法院查明的事实予以确认。

本院认为,本案的争议焦点为:W某是否应当向K医院返还培训费311648.37元。《中华人民共和国劳动合同法》第二十二条规定:"用人单位为劳动者提供专项培训费用,对其进行专业技术培训的,可以与该劳动者订立协议,约定服务期。劳动者违反服务期约定的,应当按照约定向用人单位支付违约金。违约金的数额不得超过用人单位提供的培训费用。用人单位要求劳动者支付的违约金不得超过服务期尚未履行部分所应分摊的培训费用。用人单位与劳动者约定服务期的,不影响按照正常的工资调整机制提高劳动者在服务期间的劳动报酬。"《中华人民共和国劳动合同法实施条例》第十六条规定:"劳动合同法第二十二条第二款规定的培训费用,包括用人单位为了对劳动者进行专业技术培训而支付的有凭证的培训费用、培训期间的差旅费用以及因培训产生的用于该劳动者的其他直接费用。"本案中,K医院请求W某返还的培训费311648.37元,实为其向W某支付培训期间的工资、社会保险及公积金,因上述费用不属于上述条款中规定的培训费用的范畴,K医院请求W某返还上述费用,于法无据。一审法院未支持K医院的上述请求有事实及法律依据，本院予以维持。

综上所述，K医院的上诉请求不能成立，应予驳回；一审判决认定事实清楚，适用法律正确，应予维持。依照《中华人民共和国民事诉讼法》第一百七十六条第一款、第一百七十七条第一款第（一）项规定，判决如下：

驳回上诉，维持原判。

本判决为终审判决。

2022年3月20日

解除劳动合同证明书

本单位与D医生（身份证号码：_____）签订的劳动（聘用）合同，由于_____劳动者提出_____原因于20____年____月____日解除，该职工在本单位的相关工作情况：

1. 本单位与其最近一次签订的劳动合同期限为：自20____年____月____日起至20____年____月____日止。

2. 该职工在本单位的所从事的工作内容或工作岗位为_____：专业技术岗。

3. 该职工在本单位的工作年限共计为：_____年____月。

单位盖章：
20　年　月　日

一式三份（用人单位和职工各留存一份，一份存入职工个人档案）

二　C某与E医院支付工资等福利待遇纠纷案

天津市第二中级人民法院
民事判决书

（2014）二中民一终字第0145号

上诉人（原审原告）：C某

被上诉人（原审被告）：E医院

上诉人C某因劳动争议纠纷一案，不服天津市河西区人民法院于

2013年9月23日受理，2013年12月8日作出的（2013）西民二初字第1330号民事判决，向本院提起上诉。本院于2014年1月22日受理，并依法组成合议庭，于2014年2月14日公开开庭审理了本案。本案现已审理终结。

……

原审法院认为，当事人对自己提出的诉讼主张，有责任提供证据予以证实，未能提供证据或证据不足，由负有举证责任的一方承担举证不能的不利后果。本案中，被告主张原告曾经于2010年12月至2011年2月期间在案外人公司工作，并提供了相应的证据；原告认为被告证据1（原告书写的工资收条）中签字系原告本人所签，该收条部分内容是后加的，非原告所写，但原告对其主张没有证据予以证明。据此，原告2010年12月至2011年2月工资由案外人公司发放，原告与被告之间的劳动关系于2010年11月终止，2011年3月起双方再次建立事实劳动关系。关于原告的第1项诉讼请求，庭审中原告陈述其工资情况是2011年3月至2012年4月每月1000元，2012年5月至2013年4月每月1350元；被告对此没有异议，被告存在低于我市最低工资标准支付原告劳动报酬的情况，被告应向原告支付2011年3月至2013年4月期间低于最低工资标准的差额部分，具体数额为2380元。

关于原告的第2项诉讼请求，《最高人民法院关于审理劳动争议案件适用法律若干问题的解释（三）》第九条规定：劳动者主张加班费的，应当就加班事实的存在承担举证责任。原告未提供充足证据证明其在2005年5月至2011年12月期间存在加班的事实，该主张法院不予支持。关于原告的第3项诉讼请求，未休带薪年休假工资受劳动争议1年仲裁时效的限制，仲裁裁决并无不妥，被告也认可该结果，原告对仲裁计算其2012年至2013年期间未休带薪年休假工资为2175.25元的数额也没有异议，法院依仲裁裁决结果对原告2012年至2013年4月期间的未休带薪年休假工资予以支持，即被告支付原告2012年至2013年未休带薪年休假工资2175.25元。关于原告的第4、5项诉讼请求，因防暑降温费与冬季取暖补贴不属于劳动者的劳动报酬亦受1年仲裁时效的限制，原告主张2011年及之前的费用均不应得到支持，但被告对仲裁裁决未提起诉讼，法院按仲裁裁决支持原告的主张。关于原告的第6项诉讼请求，原告庭审中表示其主张未签订书面劳动合同二倍工资的期间为2008年2月1日至2008年12月31日，由于劳动者获得用人单位支付的未签订书面劳动合同二倍工资是基于用人单位的违法行为，而非基于劳动者的劳动，同样受劳动争议1年仲裁时效的限制，该主张期间也早已过仲裁时效，法院不予支持。

关于原告的第7项诉讼请求，原、被告双方对于原告离职的情况各执一词。原告表示被告计划对其工作岗位外包，通知原告与外包公司建立劳动关系，原告不同意，被告便解除了双方之间的劳动关系，通知原告不用工作了；被告对此予以否认，表示只是因岗位外包找原告谈话，与原告协商岗位调整之事，原告不同意，后原告便自行离开再未到被告处上班，被告认为双方之间的劳动关系并未解除。法院认为原告主张被告违法解除双方之间的劳动关系，没有提交任何证据予以证明，没有证据显示双方已经解除劳动关系，对原告的主张，法院不予支持。另，案件审理中，原告向法院提出申请调取被告医院2005年5月至2013年4月的录像记录、医院后勤部门的工程任务单，被告向法院出具书面说明，表示因医院电脑存储空间限制及历史原因等，无此证据提供，原告也没有证据证明该材料仍存在于被告处，法院对原告提出的调查取证申请予以驳回。

综上，依据《劳动合同法》第十四条第三款、《中华人民共和国劳动争议调解仲裁法》第六条、第二十七条、《最高人民法院关于审理劳动争议案件适用法律若干问题的解释（三）》第九条之规定，判决如下：一、自本判决书生效之日起五日内，被告E医院支付原告C某2011年3月至2013年4月期间低于最低工资标准差额2380元；二、自本判决书生效之日起五日内，被告E医院支付原告C某2012年至2013年未休带薪年休假工资2175.25元；三、自本判决书生效之日起五日内，被告E医院支付原告C某2011年至2012年冬季取暖补贴670元；四、自本判决书生效之日起五日内，被告E医院支付原告C某2011年至2012年防暑降温费799.2元；五、驳回原告的其他诉讼请求。如果未按本判决指定的期间履行给付金钱义务，应当依照《中华人民共和国民事诉讼法》第二百五十三条之规定，加倍支付迟延履行期间的债务利息。案件受理费 10 元，减半后收取 5 元，由原告 C 某承担。

上诉人 C 某不服原审判决，提出上诉。……

经审理查明，本院查明的事实与原审法院查明的事实一致。

本院认为，劳动者的合法权益受法律保护。当事人对自己提出的诉讼主张，有责任提供证据予以证实。上诉人主张工资收条的部分内容不是其本人书写，但上诉人未提供证据予以证实，其上诉理由不能成立。关于上诉人提出的由被上诉人支付 2005 年 5 月至 2013 年 4 月低于最低工资标准的工资差额的问题，2011 年 3 月双方再次建立劳动关系，上诉人 2013 年 4 月 30 日离职，原审认定被上诉人应支付 2011 年 3 月至 2013 年 4 月的最低工资标准的工资差额 2380 元，并无不当，应予以维持。关于上诉人主张被上诉人支付 2005 年 5 月至 2011 年 12 月期间加班费的问题，上诉人没有对其加班事实提出证据证实，上诉请求不成立。关于上诉人主张被上诉人支付 2005 年 5 月至 2013 年 4 月未休带薪年休假工资、支付 2005 年至 2012 年防暑降温费、支付 2005 年至 2012 年冬季取暖补贴和支付 2008 年 2 月 1 日至 2008 年 12 月 31 日期间未签订劳动合同双倍工资的问题，上诉人对该项申请仲裁超过 1 年的时效期间，其上诉请求亦不能支持。上诉人主张被上诉人支付违法解除劳动关系经济赔偿金不符合法律规定，原审判决并无不妥。综上，原审判决认定事实清楚，适用法律正确，上诉人的上诉请求均不能成立，本院不予支持。依照《中华人民共和国民事诉讼法》第一百七十条第一款第（一）项之规定，判决如下：

驳回上诉，维持原判。

二审案件受理费 10 元，由上诉人 C 某负担。

本判决为终审判决。

2014 年 3 月 7 日

第二节　医生被患者侵犯人格权、名誉权案

一　医生被侵犯名誉权案

天津市第一中级人民法院
民事判决书

（2021）津01民终7016号

上诉人（原审原告）：X医生

被上诉人（原审被告）：W患者

上诉人X医生因与被上诉人W患者生命权、身体权、健康权纠纷一案，不服天津市南开区人民法院（2021）津0104民初2090号民事判决，向本院提起上诉。本院于2021年8月26日立案后，依法组成合议庭，进行了审理。本案现已审理终结。

……

X医生向一审法院起诉请求：1. 判令被告赔偿原告医疗费12000元、误工费15700元（2018年8月9日至2019年4月14日）、交通费246元；2. 判令被告赔偿原告精神损害抚慰金50000元；3. 判令被告承担本案全部诉讼费用。

一审法院认定事实：2018年8月7日上午11时30分左右，被告W患者在医院门诊楼内，因排队就医问题与原告X医生发生争执，后被告用言语辱骂原告。2019年3月8日派出所出具行政处罚决定书，决定给予W患者罚款500元的行政处罚。庭审中，原告主张医药费为1656.29元、交通费246元，同时提交医院人事处于2021年3月19日出具的误工证明，证明自2018年8月原告请病假7天，病假期间工资、待遇扣款为4696.2元；对此被告予以认可并同意支付原告医药费1656.29元、交通费246元、误工费4696.2元。

一审法院认为，公民的身体健康权应受法律保护。公安局派出所出具的行政处罚决定书认定被告W患者在就医过程中与原告发生争执，后被告用言语辱骂原告，并对被告作出行政处罚，故一审法院据此认定被

告应对原告的合理损失承担赔偿责任。庭审中，被告对原告主张的并提交证据证明的医药费1656.29元、交通费246元、误工费4696.2元予以认可并同意支付，一审法院准许。关于原告主张的其他医药费、误工费，因未能提供证据证明，一审法院不予支持；对于原告第二项诉讼请求，因无法律依据，一审法院不予支持。一审法院判决：一、本判决生效后十五日内，被告W患者赔偿原告X医生医疗费1656.29元、交通费246元、误工费4696.2元，合计6598.49元；二、驳回原告X医生其他诉讼请求。如未按本判决指定的期间履行给付金钱义务，应按照《中华人民共和国民事诉讼法》第二百五十三条的规定，加倍支付迟延履行债务期间的债务利息。案件受理费减半收取计289.5元，由被告W患者负担，于本判决生效后十五日内直接给付原告。

二审中，当事人没有提交新证据。本院对一审法院查明的事实予以确认。

本院认为，本案二审期间的争议焦点是W患者应赔偿X医生医疗费、误工费的数额及是否应赔偿精神损害抚慰金。关于医疗费和误工费，X医生一审中提交的证据证明其产生医药费1656.29元、误工费4696.2元，X医生对其超过上述范围的诉请未能提交证据予以证明，一审法院对超出部分不予支持并无不当。关于精神损害抚慰金，综合考虑本案侵权后果等情形，一审法院对X医生精神损害抚慰金的诉请不予支持并无不当，本院予以维持。

综上所述，X医生的上诉请求不能成立，应予驳回；一审判决认定事实清楚，适用法律正确，应予维持。依照《中华人民共和国民事诉讼法》第一百六十九条第一款、第一百七十条第一款第（一）项规定，判决如下：

驳回上诉，维持原判。

二审案件受理费579元，由X医生负担。

本判决为终审判决。

2021年11月9日

二 医生被侵犯名誉权案

天津市南开区人民法院
民事调解书

（2019）津 0104 民初 6022 号

原告：Y 某

被告：L 某

原告 Y 某与被告 L 某人格权纠纷一案，本院于 2019 年 5 月 5 日立案后，依法适用简易程序公开进行了审理。

原告向本院提出诉讼请求：1. 判令被告立即停止侵犯 Y 某肖像权、名誉权的行为；2. 判令 L 某立即删除在各网络平台上发布侵犯 Y 某肖像权、名誉权的内容，包含百度贴吧、新浪微博；3. 判令百度公司、微梦公司立即将 L 某在其经营网站（即百度贴吧、新浪微博）上发布侵犯 Y 某肖像权、名誉权的内容进行删除、屏蔽、断开链接；4. 判令百度公司向法院提供或披露在其经营网站上注册的真实身份信息；5. 判令 L 某在全国公开发行报纸上向 Y 某赔礼道歉，致歉内容应包含本案民事判决书的主要内容，致歉持续时间不少于 7 日；6. 判令被告立即向 Y 某赔偿精神损害抚慰金 2 万元，公证费 4040 元；7. 本案诉讼、鉴定、公告等一切费用由被告负担。

事实和理由：L 某与 Y 某原系同事关系，因工作中所产生冲突和私人恩怨，L 某在网络发布对 Y 某及医院不实侮辱言论。由于 L 某长期针对原告所在单位及工作环境散布类似侮辱性言论，对原告个人生活和工作造成严重影响，使得原告的名誉权和肖像权受到严重侵害，精神长期处于抑郁状态，现原告以被告持续发表更新侮辱性文字及不当言论构成侵权为由，要求被告承担恢复名誉、消除影响、赔礼道歉等民事责任。庭审中，原告撤销对百度公司的起诉，只要求被告承担上述民事责任。

本案在审理过程中，经本院主持调解，当事人自愿达成如下调解协议：

被告 L 某就网上发表的不恰当言论，向原告当庭口头道歉，承诺互不再发表侵权言论，并删除已发表的侵权言论；

二、被告 L 某承诺不在任何媒体、网络，或以其他途径发表类似言论侵害原告的名誉权；

三、原告放弃其他诉讼请求，不再向被告主张赔偿相关费用及损失。上述协议，不违反法律规定，本院予以确认。

案件受理费 150 元，减半收取计 75 元，原、被告各半负担（已执行）。

本调解书经各方当事人签收后，即具有法律效力。

审判员：

2019 年 6 月 11 日

第三节　医疗损害纠纷案

一　Z 某与某医院医疗损害纠纷案

天津市南开区人民法院

民事判决书

（2021）津 0104 民初 5561 号

原告：Z 某

被告：Z 医院

被告：N 医院

原告 Z 某与被告 Z 医院、被告 N 医院医疗损害责任纠纷一案，本院于 2021 年 3 月 26 日立案后，依法适用简易程序，后因案情复杂转为普通程序、公开开庭进行了审理。本案现已审理终结。

Z 某向本院提出诉讼请求：1. 医疗费 23088.53 元、误工费 12413.79 元、护理费 10012.93 元、交通费 3200 元、住院伙食补助费 2200 元、营养费 3000 元、残疾赔偿金 476590 元、被扶养人生活费 15447.5 元、精神损害赔偿金 30000 元、鉴定费 21000 元（以上按 85% 赔偿）；2. 本案诉讼费用由被告承担，由被告直接给付原告。

……

本案审理过程中，经原告申请，本院委托某司法鉴定中心就二被告对原告的诊疗行为是否存在过错，若存在，医方过错与原告的损害后果之间是否存在因果关系及原因力大小进行鉴定；对原告的伤残等级、误工期、护理期、营养期进行评定。某司法鉴定中心于 2021 年 7 月 1 日作出《司法鉴定意见书》其中分析说明为：依据委托人提供的现有文证资料，结合本次医疗损害司法鉴定听证会情况，综合分析如下：1. 关于损害后果：被鉴定人 2018 年 8 月 20 日因发现下腹部肿物入 Z 医院就诊，医方诊断为"盆腔肿物、子宫平滑肌瘤"等，2018 年 8 月 24 日行"腹腔下左附件切除术 + 右输卵管切除术"，术后病理检查提示卵巢癌（黏液性），于 2018 年 9 月 4 日行"腹腔镜下全子宫切除 + 右卵巢切除 + 网膜切除 + 阑尾切除 + 盆腔淋巴结切除 + 左侧输尿管断端吻合术 + 膀胱镜下左输尿管 DJ 管置入术"手术治疗，2018 年 12 月 6 日取出 D-J 管。此后被鉴定人分别至 Z 医院、N 医院、总医院等医院就诊，经相关检查，诊断为左肾积水，至目前左肾无功能等，根据其病情发生发展情况，认为本案最终损害后果为被鉴定人卵巢癌（黏液性）术后出现左肾积水最终左肾无功能。2. 医方诊疗行为的评价：（一）对 Z 医院诊疗行为的评价：（1）被鉴定人第一次入 Z 医院，医方诊断为"盆腔肿物"等，给予腹腔镜下左附件切除术 + 右输卵管切除术手术治疗，出院后病理检查发现为卵巢癌（黏液性），及时召回病人，给予第二次手术治疗，医方两次手术均有手术指征，术前有相关风险告知，第二次手术因发现左侧输尿管与淋巴结粘连紧密，请外科医生会诊协助操作，符合被鉴定人当时病情需要，医方上述诊疗行为符合诊疗常规。（2）第二次手术时医方发现左侧输尿管与淋巴结粘连紧密，术中未确认其性质即切除左输尿管及包绕的淋巴结，术后未见医方对该部分组织进行病理检查，认为医方切除输尿管较为盲目，存在过错。（3）根据第二次手术记录记载，术中医方"间断缝合输尿管两侧断端，成形左侧输尿管，同时在膀胱镜下放入左侧 D-J 管"，其上述缝合方式欠妥；手术记录中对于输尿管的缝合情况（具体部位、张力等）未进行详细记录，不能说明医方在手术过程中尽到充分的注意义务，医方存在过错。（4）D-J 管拔出后，被鉴定人出现左肾积水症状，结合目前提供的被鉴定人至医方处的就诊材料，医方多次开具 B 超检查，但对检查结果无明确诊断，未进行进一步检查，亦未彻底落实转诊义务，医方存在过错。（二）对 N 医院诊疗行为评价：以目前材料记载，被鉴定人 2018 年 12 月 10 日经超声检查，提示存在左肾积水、左侧输尿管扩张等，当日即至医方处就诊，医方仅给予尿常规检查等，不能认为医方对其肾积水情况尽到高度注意义务。另经听证会了解，Z 医院的医生表示多次就被鉴定人左肾异常情况联系 N 医院泌尿科医生，但无相关记录，该情况是否属实，应由法庭进一步核实。3. 医方过错与损害后果之间的因果关系及原因力大小：根据被鉴定人病情发生发展过程，以目前鉴定材料认为，被鉴定人术后除 D-J 管后出现左肾积水、左肾扩张等情况与 Z 医院第二次手术切除其左肾输尿管和包绕的淋巴结并吻合输尿管关系密切，若医方能第二次手术过程中先明确左输尿管和包绕淋巴结的性质，则有可能保留输尿管而避免后期不良损害后果的发生。即使切除输尿管，若医方能够规范缝合，同时早期发现左肾异常情况，两医方同时规范处理，则很有可能避免不良后果的发生，故综合考虑医方过错、医疗风险、医院等级等因素，认为两医方上述过错与被鉴定人不良损害后果的发生存在一定因果关系，建议原因力大小为主要为宜；若 Z 医院就每次被鉴定人的检查结果均与 N 医院进行了充分沟通，则建议两医方共同承担该责任比例，否则，Z 医院的过错行为占该原因力大小的主要部分，N 医院的过错行为占该原因力大小的轻微部分。鉴定意见：（1）Z 医院、N 医院对王某的诊疗行为存在过错，两医方过错与被鉴定人不良损害后果的发生存在一定因果关系，建议原因力大小为主要为宜；若 Z 医院就每次被鉴定人的检查结果均与 N 医院进行充分沟通，则建议两医方共同承担该责任比例，否则，Z 医院的过错行为占该原因力大小的主要部分，N 医院的过错行为占该原因力大小的轻微部分。（2）被鉴定人目前肾功能状态构成六级伤残。（3）建议被鉴定人的误工期 150 日、护理期为 60 日、营养期为 60 日为宜。鉴定费 21000 元，由原告方预付。

庭审中，原告及 Z 医院对《司法鉴定意见书》无异议。原告同时表示，原告于 2018 年 12 月 10 日到 N 医院就诊，N 医院未予原告书写病历，Z 医院同时表示，就其医院对原告每次检查结果均与 N 医院进行沟通一事,无证据证实。N医院对《司法鉴定意见书》持有异议,主张原告于2018年12月6日取出D-J管,12月10日到N医院,有尿频、尿急、尿痛的症状,因拔管后三天有炎症、积水的症状属正常,原告已于当日在Z医院做了B超检查,因此不能再在N医院做此检查,按常规原告应在三个月后复查,对此,N医院已尽到相应义务,并为原告书写了门诊病历,但原告至今未提交当日门诊病历,应承担举证不能的责任。

本院认为,患者在被告医院就医,双方形成了医疗服务合同关系,结合《司法鉴定意见书》,可认定Z医院对原告的诊疗行为存在过错,Z医院的过错行为与原告的损害后果存在因果关系,故本院对《司法鉴定意见书》作出的"原因力大小为主要为宜"的鉴定结论予以认定。关于N医院的过错问题,因患者门(急)诊就医,医方书写门(急)诊病历后,病历由患方持有,现原告不能提交在N医院就诊的门(急)病历,Z医院亦不能证明对原告检查结果是否与N医院进行了沟通,故现有证据不能认定N医院对原告的诊疗行为存在过错。

关于原告的经济损失,本院认定如下:

一、医疗费:原告主张的医疗费中因有951.89元的费用不能证明与本案具有关联性,故本院不予支持。据此,本院认定原告的医疗费为22136.64元。

二、误工费:原告提交的工资收入证明、工资清单、银行卡交易清单可证明原告于2018年8月后每月减少1800元收入,结合《司法鉴定意见书》对误工期的评定,本院认定原告的误工费为9000元(1800元/月÷30天×150天)。

三、护理费:结合《司法鉴定意见书》对护理期的评定,并参照本市上一年度居民服务业标准,本院对原告主张的护理费认定为9081.37元(55245元/年÷365天×60天)。

四、交通费:考虑原告居住地与就诊医院的距离,本院酌定交通费为2000元。

五、住院伙食补助费:依据原告实际住院天数,本院对原告主张的住院伙食补助费2200元予以认定。

六、营养费:结合《司法鉴定意见书》对营养期的评定,本院对原告主张的3000元营养费予以认定。

七、残疾赔偿金：结合《司法鉴定意见书》对原告伤残等级的评定及原告年龄，并参照本市上一年度城镇居民人均可支配收入47659元/年的标准，本院对原告主张的残疾赔偿金认定为476590元（47659元/年×20年×50%）。

八、被扶养人生活费：结合《司法鉴定意见书》对原告伤残等级的评定及被扶养人年龄和扶养人数，并参照本市上一年度城镇居民人均消费支出标准，本院对原告主张的15447.5元被扶养人生活费予以认定。

九、鉴定费：《司法鉴定意见书》已作为本案的判决依据，故原告主张的鉴定费21000元，本院予以认定。

上述费用合计560455.51元（22136.64元+9000元+9081.37元+2000元+2200元+3000元+476590元+15447.5元+21000元）。关于Z医院应承担的责任比例，依据《司法鉴定意见书》对Z医院医疗行为过错的评定，本院酌定Z医院承担70%的损害赔偿责任，即392318.86元。另，根据原告已构成伤残的事实，本院酌定Z医院一次性赔偿原告精神损害抚慰金30000元。

综上所述，Z医院在对原告诊疗过程中的过错行为对原告的损害后果具有原因力，应承担70%的赔偿责任，并赔偿原告相应的精神损害抚慰金。本院判决如下：

一、本判决生效后三十日内，被告Z医院一次性赔偿原告Z某392318.86元（含医疗费、误工费、护理费交通费、住院伙食补助费、营养费、残疾赔偿金、被扶养人生活费、鉴定费）；

二、本判决生效后三十日内，被告Z医院一次性赔偿原告Z某精神损害抚慰金30000元；

三、驳回原告Z某其他诉讼请求。

如未按本判决指定的期间履行给付金钱义务，应当依照《中华人民共和国民事诉讼法》第二百五十三条规定，加倍支付迟延履行期间的债务利息。

案件受理费2735.5元，由原告Z某负担323.5元，由被告Z医院负担2412元。被告负担的部分于本判决生效后三十日内直接给付原告。

如不服本判决，可在判决书送达之日起十五日内，向本院交上诉状，并按对方当事人的人数提出副本，上诉于天津市第一中级人民法院。

审　判　长
审　判　员
2021 年 12 月 13 日

二　L 某与 S 口腔门诊部医疗损害纠纷案

天津市河西区人民法院
民事判决书

（2021）津 0103 民初 9518 号

原告：L 某

被告：S 口腔门诊部

经营者：S 某

原告 L 某与被告 S 口腔门诊部医疗损害责任纠纷一案，本院于 2021 年 6 月 1 日立案后，依法适用简易程序，公开开庭进行了审理。本案现已审理终结。

L 某向本院提出诉讼请求：请求法院依法判令：1. 被告赔偿原告医疗损害费 12 万元、精神损失费 3 万元、营养费 3 万元；2. 本案的诉讼费等由被告承担。

……

本院查明如下事实：

L 某与 S 口腔门诊部系医患关系。2019 年 10 月 10 日，L 某至 S 口腔门诊部要求镶牙，诊断为：牙列缺失。局麻下预备两侧基牙 57，去除倒凹，制取印模，烤瓷冠桥修复 6。后 L 某因感不舒适再次至该门诊部，经多次治疗并未达到 L 某满意。后，L 某至天津市口腔医院治疗，花费的医疗费均由 S 口腔门诊部垫付。L 某起诉至法院后，申请了医疗损害鉴定，我院先后委托三家鉴定机构。T 司法鉴定中心于 2021 年 3 月 23 日出具《不予受理鉴定告知书》，该中心认为现有鉴定材料由于难以客观评价损害结果，超出该中心鉴定能力范围，致使鉴定工作无法受理。J司法鉴定中心于2021年4月16日出具《终止鉴定告知书》，认为依据现有材料，以该中心目前技术条件无法满足鉴定要求，致使鉴定工作无法继续进行。D司法鉴定中心于2021年8月23日出具《不予受理通知书》，认为在进行医疗损害鉴定听证会时患者表示目前多颗牙齿不适受损且仍需治疗，该中心本次鉴定无法予以明确被鉴定人损害后果，无法得出明确鉴定意见，故该中心决定不受理本案。

本院认为，L某与S口腔门诊部形成医患关系。医疗责任的承担需以有损害后果为前提，本案中原告方通过鉴定无法明确损害后果，且无法举证其目前的损害后果，故其主张的精神损害和营养费应当以有损害后果为前提，其主张的医疗损害赔偿费12万元系未来看牙费用，可待实际发生后另行主张。故本院对原告的诉讼请求不予支持。

综上，依照《中华人民共和国民事诉讼法》第六十四条第一款规定，判决如下：

驳回原告L某的全部诉讼请求。

案件受理费1200元，减半收取600元，由原告L某负担。

如不服本判决，可在判决书送达之日起十五日内，向本院递交上诉状，并按对方当事人人数或者代表人的人数提出副本，上诉于第二中级人民法院。

审判员

2021年11月4日

本案属于医疗纠纷中比较典型的案件。当事人认为自己的合法权益受到损害，受法律知识的匮乏和经济状况的限制，当事人并不去人民法院诉讼，而是直接去口腔门诊部的上级部门——市场监管局、卫健委、信访办等部门去投诉和举报，导致门诊部陷入较大的被动中。经过多次协调后，门诊部负责人驱车带着当事人去法院立案，相关起诉书的起草、诉讼费用都是门诊部负责人替原告缴纳的，从而使一起信访投诉案件转变为医疗纠纷诉讼案件。本案从法律上来讲非常简单，但背后处理过程比较艰辛，也为此类纠纷的处理提供了参考经验。

第四节　民商事案件

一　J医疗耗材公司与E医院货款纠纷案

天津市河西区人民法院
民事判决书

（2016）津0103民初2250号

原告：J科贸有限公司

被告：E医院

原告J科贸有限公司与被告E医院买卖合同纠纷一案，本院受理后，依法组成合议庭，公开开庭进行了审理。本案现已审理终结。

原告诉称，自2013年至2016年2月，原告按照被告采购要求，多次向被告供应手术室用医疗器具（包括高频电刀刀笔、双回路负极板、延长电极）以及眼科所用的相关耗材。原告将货送至被告处并给被告开具了相应的增值税专用发票，被告对于原告所送的上述医疗器具均已签收并也已经实际使用。原告给被告所供应的医疗器具的全部货款金额为87万余元，被告始终不予支付。起诉后，应被告要求，原告于2016年3月8日再次向被告提供了眼科耗材，原告也为被告开具了增值税专用发票，被告欠付原告货款金额为87.6万余元。诉讼请求：1. 被告给付原告货款87.6万余元；2. 本案诉讼费、保全费由被告承担。

……

经审理查明，自2013年起至2016年3月3日，按口头约定，原告多次向被告供应手术室用医疗器具（包括高频电刀刀笔、双回路负极板、延长电极）及眼科所用的相关耗材，原告将货送至被告处并为被告开具了金额共计87万余元的增值税专用发票，被告收货后未付款。2016年3月8日，应被告要求，原告再次向被告提供了眼科耗材，并开具了增值税专用发票，被告亦未付款。被告共计欠付原告货款87.6万余元。

本院认为，原告按口头合同约定向被告提供医疗产品，系双方当事人依口头买卖合同约定的买卖行为，双方的意思表示真实，未违反有关法律规定，口头买卖合同有效。原告按约定向被告提供货物后，被告应按约定付款，故原告要求被告给付货款的诉讼请求本院予以支持。关于被告需对货款87.6万余元其中的一部分及被告于2016年3月8日所收医疗产品进行核对而不予确认之主张，根据双方庭审中确认的原告送货后向被告开具发票，被告按发票金额付款的交易习惯，上述货款原告均向被告开具了增值税专用发票，被告收到发票后未付款，故原告要求被告给付货款87.6万余元的诉讼请求，本院予以支持。综上所述，依照法律规定，判决如下：被告E医院于本判决生效之日起十日内给付原告J科贸有限公司货款87.6万余元。如未按本判决指定的期间履行给付金钱义务，应当依照《中华人民共和国民事诉讼法》第二百五十三条之规定，加倍支付迟延履行期间的债务利息。

如不服本判决，可于本判决书送达之日起十五日内，向本院递交上诉状（上诉费向天津市第二中级人民法院交纳），并按对方当事人的人数提出副本，上诉于天津市第二中级人民法院。

2016年5月24日

二　Z医生与T人寿保险股份有限公司保险纠纷案

天津铁路运输法院
民事判决书

（2019）津8601民初1900号

原告：Z某

被告：T人寿保险股份有限公司天津分公司

原告Z某与被告T人寿保险股份有限公司天津分公司人身保险合同纠纷一案，本院于2019年8月28日立案受理后，依法适用简易程序对本案公开开庭进行了审理。本案现已审理完毕。

Z某向本院提出诉讼请求：1. 判令T人寿天津分公司按保险合同约定给付Z某癌症轻症保险金250000元，支付利息8938元（自2018年10月31日至2019年8月26日，按银行同期贷款利率计算）；2. 判令T人寿天津分公司支付自 2019 年 8 月 27 日至实际给付保险金之日的利息；3. 判令 T 人寿天津分公司返还 Z 某所缴的第三期保险费 7635 元；4. 诉讼费由 T 人寿天津分公司承担。本案审理中，Z 某变更诉讼请求为：1. 请求判令 T 人寿天津分公司按保险合同约定给付 Z 某癌症保险金 500000 元；2. 判令 T 人寿天津分公司支付自 2018 年 10 月 31 日至实际给付保险金之日的利息（以 500000 元为本金，按银行同期贷款利率算）；3. 判令 T 人寿天津分公司返还 Z 某所缴的第三期保险费 7635 元；讼费由 T 人寿天津分公司承担。

……本院经审理认定事实如下：2016 年 12 月 20 日，Z 某在 T 人寿天津分公司投保了爱无忧两全保险 A 款、附加爱无忧防癌疾病保险 A 款等险种，保险期间自 2017 年 1 月 1 日 0 时起至 2060 年 12 月 31 日 24 时止或合同列明的终止性保险事故发生时止。其中附加爱无忧防癌疾病保险 A 款基本保险金额为 500000 元；保险责任 2.3 条保险责任中癌症保险金部分约定：若被保险人在本附加合同生效或最后一次复效之日起 180 日后，被确诊初次发生本附加险合同约定的癌症，我们按基本保险金额给付癌症保险金，主险合同及本附加险合同同时终止；3.3 条保险金给付及保险费豁免核定部分约定：在收到保险金给付或保险费豁免申请书及合同约定的证明和资料后，将在 5 个工作日内作出核定，情形复杂的在 30 日内作出核定，对属于保险责任的我们在与受益人达成给付保险金的协议后 10 日内履行给付保险金义务；释义 7.1 癌症：指恶性细胞不受控制地进行增长和扩散，浸润和破坏周围正常组织，可以经血管、淋巴管和体腔扩散转移到身体其他部位的疾病。经病理学检查结果明确诊断，临床诊断属于世界卫生组织《疾病和有关健康问题的国际统计分类》（ICD-10）的恶性肿瘤范畴。

2018 年 10 月 17 日，天津市中医药研究院附属医院对 Z 某出具诊断证明，诊断结论为：蕈样肉芽肿（斑片期）；2019 年 1 月 25 日，北京协和医院对 Z 某出具证明书，诊断结论为：外周 T 细胞淋巴瘤。Z 某就所患疾病两次向 T 人寿天津分公司申请理赔，该公司分别于 2018 年 10 月 31 日、2019 年 3 月 20 日出具暂不予受理通知书，认为 Z 某所患疾病未达到条款约定的重大疾病和特定疾病条件，蕈样肉芽肿现阶段为斑片期，尚未到达肿瘤期，现阶段不属于恶性肿瘤范围，对 Z 某未予理赔。另查明，T 人寿天津分公司于 2019 年 1 月 2 日收取了 Z 某第三期保险费 7635 元。

……

本院认为，原、被告之间的人身保险合同系双方真实意思表示，合法有效，应当受到法律保护，双方均应如约履行各自的义务。本案的争议焦点为：T 人寿天津分公司是否应对 Z 某承担赔偿责任及赔偿范围。第一，根据 Z 某提交的病情诊断结论及本院委托作出的司法鉴定结论，可以确认 Z 某所患的疾病属于世界卫生组织《疾病和有关健康问题的国际统计分类》（ICD-10）的恶性肿瘤范畴，属于双方签订的附加爱无忧防癌疾病保险 A 款条款中约定的保险责任赔偿范围，故 T 人寿天津分公司应当按照附加爱无忧防癌疾病保险 A 款的基本保险金额 500000 元，对 Z 某承担赔偿责任。第二，按照附加爱无忧防癌疾病保险 A 款条款 2.3 条、3.3 条约定，根据 Z 某的病情，T 人寿天津分公司在接到 Z 某的理赔申请后，应对其核保并进行理赔，同时主险合同及附加险合同应该终止，但保险公司于 2018 年 10 月 31 日作出了不予理赔的决定，使 Z 某未能按照合同约定取得癌症保险金、主险合同及附加险合同亦未能终止，从而导致 Z 某于 2019 年 1 月 2 日被扣划了第三期的保险费。依照保险合同的约定，该笔保费不应产生且不应由 Z 某承担，故 T 人寿天津分公司应将第三期保险费 7635 元退还 Z 某。第三，Z 某关于保险金 500000 元相关利息的诉讼请求，无明确的合同及法律依据，本院不予支持。

综上所述，对 Z 某的诉讼请求，本院部分予以支持。依照《中华人民共和国保险法》第十三条、第十四条，《最高人民法院关于适用〈中华人民共和国民事诉讼法〉的解释》第九十条规定，判决如下：一、被告 T 人寿保险股份有限公司天津分公司于本判决生效之日起十日内赔偿原告 Z 某保险金 500000 元；二、被告 T 人寿保险股份有限公司天津分公司于本判决生效之日起十日内退还原告 Z 某保险费 7635 元；三、驳回原告 Z 某其他诉讼请求。

如果被告未按本判决指定的期间履行给付金钱义务，应当依照《中华人民共和国民事诉讼法》第二百五十三条之规定，加倍支付迟延履行期间的债务利息。案件受理费 4400 元，由被告 T 人寿保险股份有限公司天津分公司负担。如不服本判决,可在判决书送达之日起十五日内,向本院递交上诉状,并按对方当事人的人数或者代表人的人数提出副本,上诉于天津市第一中级人民法院。

2019 年 12 月 27 日

第五节　刑事诉讼案件

一　医生致他人受伤,最终不起诉案

大同市云冈区人民检察院
不起诉决定书

云冈检一部刑不诉〔2021〕Z12 号

被不起诉人:彭×,男,1977 年生,公民身份证号码×××,系某医院医生,2020 年 12 月 16 日因涉嫌故意伤害罪被大同市公安局云泉分局刑事拘留。2020 年 12 月 28 日经本院批准逮捕,次日由大同市公安局云泉分局执行逮捕。2021 年 9 月 18 日因证据发生变化被大同市云冈区人民法院改变强制措施。

本案由大同市公安局云泉分局侦查终结,以被不起诉人彭×涉嫌故意伤害罪,于 2021 年 1 月 26 日向本院移送审查起诉。本院受理后 2021 年 2 月 4 日依法提起公诉,2021 年 10 月 22 日从大同市云冈区人民法院撤回起诉。

经本院依法审查查明:

2020 年 9 月 17 日 10 时许,在大同市云冈区某医院单身公寓,被不起诉人彭×与被害人马某因琐事发生口角和揪扯,造成马某当场被 120 急救车送往同煤总医院救治,2020 年 12 月 7 日山西某 1 司法鉴定中心鉴定马某因外伤致"左侧第 5、6 肋骨多发性骨折;第 1 腰椎压缩性骨折;脑震荡"的法医学诊断成立。依据《人体损伤程度鉴定标准》第 5.6.4.b 条、第 5.9.4.d 条之规定,综合评定为轻伤二级。

经庭审后，2021年9月15日山西某2司法鉴定所对马某的伤情重新鉴定，依据2021年6月4日山西省高级人民法院、山西省人民检察院、山西省公安厅、山西省司法厅关于印发《人体损伤程度鉴定标准》有关条款的适用意见、《人体损伤程度鉴定标准》。经鉴定：马某腰1椎体压缩性骨折符合陈旧性骨折，故不能作为本次伤情鉴定评定依据。马某伤后导致第5、6前肋（骨皮质成角、未达髓质）骨折，构成轻微伤。马某伤后导致脑震荡，现伴有头疼、头晕，记忆力减退，睡眠差等症状，构成轻微伤。马某本次外伤后导致：脑震荡、左第5、6前肋骨折，未构成伤残等级。

本院认为，因鉴定意见所依据的法律规定发生变化，造成伤害案中受害人马某的伤情鉴定未达轻伤二级的立案标准，彭×的伤害行为不构成故意伤害罪。依照《中华人民共和国刑事诉讼法》第十六条、第一百七十七条第一款的规定，决定对彭×不起诉。

被不起诉人如不服本决定，可以自收到本决定书后七日内向本院申诉。

被害人如果不服本决定，可以自收到本决定书后七日以内向大同市人民检察院申诉，请求提起公诉；也可以不经申诉，直接向大同市云冈区人民法院提起自诉。

大同市云冈区人民检察院
2021年11月10日

二　犯罪嫌疑人拒不认罪，构成故意伤害案

山东省荣成市人民法院
刑事附带民事判决书

（2022）鲁1082刑初251号

公诉机关：山东省荣成市人民检察院

附带民事诉讼原告人：周某1

被告人：周某2，因涉嫌犯故意伤害罪，于2021年5月6日被荣成

市公安局取保候审,同年 5 月 11 日被荣成市人民检察院取保候审,2022 年 5 月 13 日被本院取保候审,同年 7 月 18 日被逮捕。现羁押于山东省荣成市看守所。

荣成市人民检察院以荣检一部刑诉〔2022〕Z13 号起诉书指控被告人周某 2 犯故意伤害罪,于 2022 年 5 月 12 日向本院提起公诉。在诉讼过程中,附带民事诉讼原告人向本院提起附带民事诉讼。现已审理终结。

荣成市人民检察院指控,2020 年 6 月 27 日 19 时许,被告人周某 2 与邻居周某 1 发生争执,继而相互殴打对方,被告人周某 2 将周某 1 打倒后骑在周某 1 身上殴打周某 1,致周某 1 肋部等处受伤,周某 1 用石头击打周某 2 左侧肩胛骨,之后双方被人拉开。经鉴定,周某 1 右侧第 7、8、9 肋骨骨折,其伤势构成轻伤二级。

针对上述指控,公诉机关向本院提交了书证、证人证言、附带民事诉讼原告人陈述、被告人供述、视听资料、鉴定意见等证据证实。公诉机关认为,被告人周某 2 故意伤害他人身体,致人轻伤,其行为触犯了《中华人民共和国刑法》第二百三十四条第一款,应当以故意伤害罪追究其刑事责任。

附带民事诉讼原告人周某 1 诉称,请求判令被告人周某 2 赔偿医疗费人民币(以下币种同)16207.65 元、住院伙食补助费 3000 元、误工费 20886.23 元、护理费 2724.29 元、交通费 4500 元、营养费 3000 元、理疗费 10000 元、后续治疗费 2000 元、复印费 1000 元,共计 63318.17 元。并提供了医疗费单据、住院病历等证据。

被告人周某 2 辩称,周某 1 的伤势不是其造成的,其不构成故意伤害罪,也不应对附带民事部分的经济损失进行赔偿。

经审理查明,2020 年 6 月 27 日 19 时许,在荣成市虎山镇桥头庄村,被告人周某 2 与邻居周某 1 因菜园垒石头问题发生争执,继而相互厮打,被告人周某 2 将周某 1 打倒后骑在周某 1 身上殴打周某 1,致周某 1 肋部等处受伤,周某 1 用石头击打周某 2 左侧肩胛骨,之后双方被人拉开。经鉴定,周某 1 右侧第 7、8、9 肋骨骨折,其伤势构成轻伤二级。

另查明,被告人周某 2 之行为给附带民事诉讼原告人周某 1 造成医疗费人民币(以下币种同)14885.5 元、住院伙食补助费 1400(100 元/天×

14 天）元、护理费 1805.27（酌情认定住院期间一人护理，47066 元/年÷365 天×14 天×1 人）元、交通费 500（酌情认定）元，共计 18590.77 元的经济损失。

以上事实，有经庭审举证、质证，本院予以确认的下列证据证实：

1. 被害人陈述
2. 证人证言
3. 书证
4. 视听资料
5. 鉴定意见
6. 被告人供述

本院认为，被告人周某 2 故意伤害他人身体，致人轻伤，其行为构成故意伤害罪，应予依法惩处。公诉机关指控的犯罪成立。关于被告人周某 2 提出的周某 1 的伤势不是其造成的，其不构成故意伤害罪，也不应对附带民事部分的经济损失进行赔偿的辩解和辩护人提出的无证据证实附带民事诉讼原告人伤势由被告人造成，故周某 2 不构成故意伤害罪的辩护意见不予支持。

经查，被告人周某 2 的供述与证人证言，均证实周某 2 与周某 1 因矛盾发生肢体接触，附带民事诉讼原告人周某 1 的陈述与证人的证言证实在肢体接触过程中，周某 2 将周某 1 推倒并殴打。周某 1 的多次陈述及就诊过程自述中，均对受伤部位和痛点做了准确一致的描述，且有购药凭证、门诊病历、住院病历证实其诊疗过程，该过程符合病程的正常发展，证人证言对病历中 X 光片和 CT 片的诊断不同做了专业合理的解释，综上，本案证据已形成完整的证据链条，足以证实被告人周某 2 故意伤害附带民事诉讼原告人周某 1，致其轻伤二级的犯罪事实，对附带民事诉讼原告人提起的合理的诉讼请求部分，被告人应予赔偿。故被告人及其辩护人的上述辩解和辩护意见与查明的事实不符，本院不予采纳。

对于附带民事诉讼原告人提出的医疗费的诉讼请求，经查，其中 2021 年 6 月 9 日与 2022 年 5 月 13 日的医药费，距案发时间较长且无相关病历证实与本次伤情的关联性，故对该部分本院不予支持。对于附带民事诉讼原告人提出的护理费、交通费的诉讼请求，因未提供相关证据证实，由本院酌情认定。对于附带民事诉讼原告人提出的后续治疗费的诉讼请求，因无相关证据证实，可于实际发生后另行主张。对于附带民事诉讼原告人提出的误工费、营养费、理疗费的诉讼请求，因未提供相关证据证实，本院不予支持。对于附带民事诉讼原告人提出的复印费的诉讼请求，因不属于法定赔偿项目，本院不予支持。综上，根据被告人犯罪的事实、性质、情节和对于社会的危害程度，依照法律规定，判决如下：

一、被告人周某2犯故意伤害罪，判处有期徒刑一年两个月（刑期从判决执行之日起计算。判决执行以前先行羁押的，羁押一日折抵刑期一日，即自2022年7月18日起至2023年9月17日止）。

二、被告人周某2赔偿附带民事诉讼原告人周某1经济损失共计人民币18590.77元。

如不服本判决，可在接到判决书的第二日起十日内，通过本院或者直接向山东省威海市中级人民法院提出上诉。书面上诉的，应当提交上诉状正本一份，副本六份。

2022年8月4日

后　　记

　　2020年5月，《可可托海的牧羊人》开始在网络热播，歌手王某2021年在中央电视台春节联欢晚会上再次演唱这首歌，这首歌迅速红遍大江南北，并传唱到海外。这首歌和创作者当年在新疆十年的生活经历是分不开的，正是这样的生活经历，才赋予了这首歌以生命力。这部《中国医院法律问题研究》和《可可托海的牧羊人》的创作背景有些类似，是我在医院工作8年的经验总结，我相信，如果没有在医院工作的经历，是不可能出版这样一部专著的。

　　2018年，我获得博士学位，进入大学任教。由于同时还从事兼职律师工作，很多医生有大量的医疗法律问题向我咨询，有些问题我也把握不好，便咨询了许多专家。所以，这本书也是一本和医院及医护人员密切相关的法律问题的汇编，大家所关心的法律问题，我相信绝大多数在本书中都可以找到答案。希望本书的出版能够使我国的医院管理水平、医护人员的法律意识得到提升，也能使事业单位的管理水平得到提升。

　　本书的出版，首先我要感谢我的家人对我的鼓励和支持。还要感谢在本书出版中给我鼓励和支持的诸位专家、学者和朋友。我的博士生导师、南开大学哲学院杨桂华教授，之前在医科大学工作，对于本书的出版多次给予鼓励。国医大师张大宁院士、南开大学法学院院长宋华琳教授为本书撰写了序言。

　　由于本书涉及医学和法律的交叉学科，所以，本书特别要感谢几位推荐人：医学方面由天津大学副校长、医学部执行主任明东教授、天津市胸科医院孙大强院长推荐。法学方面由天津市律师协会会长才华、天津市律师协会医疗专业委员会主任蒋宏建、原天津市劳动人事争议仲裁院陆岩副院长推荐。对于各位推荐人表示由衷的感谢。

本书的内容涵盖了医药、法律等内容，单一学科背景的人很难单独完成。所以正是由于诸位专家的指导，才使本书得以顺利出版。

再次感谢。

周秀龙
2022 年 3 月天津大学北洋园校区图书馆